Der Tschernobyl-Weg – Von der Katastrophe
zum Garten der Hoffnung

Der Tschernobyl-Weg

Von der Katastrophe
zum Garten der Hoffnung

Alexander Tamkowitsch

Aus dem Russischen übersetzte und
überarbeitete deutsche Ausgabe
herausgegeben von
Irina Gruschewaja,
IC COC – International Council for the Future
of the Children of Chernobyl

Bibliografische Informationen der Deutschen Nationalbibliothek: Die Deutsche Nationalbibliothek verzeichnet diese Publikation in der Deutschen Nationalbibliografie, detaillierte bibliografische Daten sind im Internet über https://portal.dnb.de/ abrufbar.

Dieses Buch ist zuerst unter dem Titel Філасофія дабрыні. Ад катастрофы - да сада надзеі. / Аляксандр Тамковіч- Мінск: Медысонт, 2016.-354 с. ISBN 978-985-7136-14-8 in Minsk/Belarus 2016 erschienen. Die deutsche Ausgabe erscheint mit der freundlichen Genehmigung des Autors Alexander Tamkowitsch, Minsk/Belarus. Für die deutsche Ausgabe wurden die Texte ins Deutsche übertragen und für die deutschsprachige Leserschaft redaktionell bearbeitet, dabei wurden Kapitel teilweise umgestellt, Fotos ausgetauscht und hinzugefügt.

Umschlaggestaltung, Illustration: Umschlag für die russische/belarussische Ausgabe: Arthur Wakarow, Minsk. Für die deutsche Ausgabe Stefan Seeger und Rainer-Maria Fritsch, Berlin. Logo der Stiftung »Den Kindern von Tschernobyl« e. V. von Sergej Sarkissow.

Bilder/Fotos/Grafiken: Die verwendeten Fotos sind u. a. von Jewgenij Koktysch, Andrej Davydchik, Andrej Wyschinskij, aus den Archiven der Belarussischen gemeinnützigen Stiftung »Den Kindern von Tschernobyl« e. V. sowie aus vielen Familienarchiven. Soweit nicht anders angegeben, alle Bildrechte bei Prof. Dr. Irina Gruschewaja, Berlin.

Übersetzung: Irina Narkewitsch, Julia Gribko, Alexej Schtscherbakow, Siarhei Paulavitski und Tina Wünschmann.

Lektorat, Korrektorat: Prof. Dr. Bernhard Maleck, Prof. Dr. Irina Gruschewaja, Gisela Schmidt-Wiesbernd und Rainer-Maria Fritsch.

Schriften: EB Garamont von Georg Duffner www.georgduffner.at/ebgaramond/de und Optima.

ISBN 978-3-9818594-0-9
©2017 Verlag RMF.Berlin, Rainer-Maria Fritsch, Berlin
Alle Rechte, auch des auszugsweisen Nachdruckes, der auszugsweisen oder vollständigen Wiedergabe, der Speicherung in Datenverarbeitungsanlagen und der Übersetzung, vorbehalten.
Buchsatz: Rainer-Maria Fritsch, gesetzt mit X$\exists$LTEX und KOMA-Script
Druck: Pro BUSINESS digital printing Deutschland GmbH, Berlin
Internet: verlag.rmf.berlin
E-Mail: verlag@rmf.berlin

Gennadij Gruschewoj
in Liebe und Dankbarkeit gewidmet

Geleitwort von Rita Süssmuth

Vor 30 Jahren – am 26. April 1986 – geschah etwas, das als unmöglich galt. Ein Atomreaktor explodierte im ukrainischen Tschernobyl. Das benachbarte Belarus war am stärksten vom radioaktiven Fallout betroffen. Allerdings wusste das dort niemand. Auch die westliche Welt erfuhr nur durch einen Zufall von der Katastrophe. Im Anblick des Tschernobyl-Desasters standen Menschen in der Belorussischen Sowjetischen Sozialistischen Republik auf. Betroffene und Engagierte durchbrachen die Mauer des Schweigens und begannen zu kämpfen für das Leben und die Zukunft. Tschernobyl wurde von ihnen nicht nur als technisches Desaster begriffen, sondern zugleich auch als eine politische Katastrophe. Im Zuge von Glasnost und Perestroika formierte sich auch in Belarus eine demokratische Volksbewegung, die Volksfront »Wiedergeburt«.

Rita Süssmuth

Im Frühjahr 1989 gründete Prof. Dr. Gennadij Gruschewoj mit anderen Engagierten im Rahmen der Volksfront die erste Bürgerinitiative, das Komitee „Kinder von Tschernobyl". Sie wollten diesem Desaster etwas entgegensetzen und konkrete Hilfe für die betroffenen Menschen organisieren. Aus dem Komitee entstand später die gemeinnützige Stiftung »Den Kindern von Tschernobyl« e. V.

Geleitwort von Rita Süssmuth

Diese Stiftung lernte ich in meinem Wahlkreis in Göttingen in den 90er-Jahren kennen. HELGE SCHENK, Chefarzt eines Göttinger Krankenhauses war damals einer der treusten und aktivsten Helfer in der deutschen Hilfsbewegung für die von Tschernobyl betroffenen Kinder. So habe ich ganz hautnah vom schweren Los der Menschen nach der Katastrophe erfahren. Nicht nur ich war davon sehr berührt.

In Deutschland waren viele Initiativen nach dieser Reaktorkatastrophe und dem daraus folgenden Leid der Kinder entstanden. In dieser Größe und Breite war das neu – ein Zeichen einer großartigen Hilfsbereitschaft und Willkommenskultur. Es wurden nicht nur vielen hunderttausend Kindern Erholungsaufenthalte im Ausland ermöglicht, sondern diese tatkräftigen und engagierten Menschen haben Brücken zwischen Ost und West für ein gemeinsames demokratisches und soziales Europa gebaut.

Als ich bei der Preisverleihung »Frauen Europas« 2011 an Prof. Dr. Irina Gruschewaja sie nach der Motivation für dieses Engagement fragte, wurde mir mit Worten von Václav Havel geantwortet: »Die Hoffnung, im Gegensatz zum Optimismus, ist nicht die Erwartung, dass es gut ausgeht, sondern das Engagement in Gewissheit, dass es Sinn hat, egal wie es ausgeht.«

Es ist den vielen engagierten Menschen in Belarus, in Europa und gerade in Deutschland zu verdanken, dass Tschernobyl und seine Folgen nicht vergessen werden. Das zivilgesellschaftliche Engagement dieser Menschen ist für mich auch Ausdruck einer politischen Arbeit für Demokratie, gegen die Atomkraft und für Menschenrechte und Frieden in einem vereinten Europa.

Ich wünsche diesem Buch viele Leserinnen und Leser. Ich hoffe, dass es ihnen zeigen wird, dass solidarische Menschen auch mit wenigen Mitteln für Menschen, insbesondere für Kinder, vieles erreichen können.

Und ich hoffe, dass es die Leserinnen und Leser ermutigt, sich zu engagieren für ihre Nächsten, für freiheitliche Demokratie und ein vereintes Europa.

Prof. Dr. Rita Süssmuth

Prof. Dr. Rita Süssmuth war von 1985 bis 1988 Bundesministerin für Jugend, Familie und Gesundheit und von 1988 bis 1998 Präsidentin des Deutschen Bundestages. Sie ist Ehrenpräsidentin des Netzwerks Europäische Bewegung Deutschland (EBD) https://www.netzwerk-ebd.de/.

x

Inhalt

Geleitwort von Rita Süssmuth	VII
Vorwort	XIII
Einführung	XVII
1 Lebensbegegnungen	3
2 Der rebellische Anfang	33
3 Der Wind von Tschernobyl	61
4 Zivilgesellschaftlicher Aufbruch und staatliche Bedrückung	121
5 Ein Menschenrecht auf Selbsthilfe	137
6 Unter der Walze der staatlichen Repression	175
7 Gemeinsam das Leiden überwinden	201
8 Vielfalt der Tschernobyl-Initiativen	237
9 Garten der Hoffnung auf der Erde des Glaubens	311
10 Freiwillige und Engagierte der Stiftung	331
11 Ein Blick in die Zukunft	405

Inhalt

12 Requiem   423

13 Ostrowez als Platz der Unabhängigkeit   457

Danksagung   467

Abkürzungsverzeichnis   471

Ortsregister   475

Personenregister   479

Karten   487

Weitere Informationen und Kontakt   493

Vorwort

Auf dem Weg von der Katastrophe zum »Garten der Hoffnung«

Burkhard Homeyer

»Das gemeinsame Haus Europa« – diese Vision faszinierte die Menschen in Ost und West. Die Gräben waren tief. Weltkrieg und »Kalter Krieg« hatten ihre Spuren hinterlassen. Es war die Aufgabe der Kriegs- und Nachkriegskinder jenseits von Gewaltherrschaft, Vorurteilen und gegenseitigen Bedrohungen neue Wege zueinander zu finden – Wege des Friedens. So kamen die ersten Deutschen aus dem Westen, und so wurden sie in Belarus empfangen. Und es entstanden in den folgenden Jahren tausende kleine Friedensbrücken zwischen Ost und West durch menschliche Begegnung von Mensch zu Mensch, von Familie zu Familie, von Ort zu Ort. Über die Kinder, die zur Erholung in den Westen reisten und ihre Gasteltern zum Gegenbesuch in Belarus anregten. Es waren die Menschen selbst, die das gemeinsame Haus bauten.

Gemeinsam musste man nun einem zweiten, unsichtbaren Krieg standhalten, der hieß »Tschernobyl«. Ihm fiel wieder ein Drittel der Bevölkerung in Belarus zum Opfer, vor allem Kinder. Und so richteten sich alle Bemühungen darauf, das Leid der Kinder in aller Welt bekannt zu machen, die Kinder zu retten und für ihre Zukunft Sorge zu tragen.

Vorwort

Der Aufruf wurde in aller Welt gehört – aus ganz Europa, aus allen Kontinenten kamen Menschen, die helfen wollten. In Belarus entstand eine Selbsthilfebewegung, die als belarussische gemeinnützige Stiftung »Den Kindern von Tschernobyl« e. V. bekannt wurde. Sie hatte ihren Sitz in Minsk und war in allen Regionen Belarus vertreten. Sie wurde zum Knoten- und Drehpunkt vieler Partnerschaften zwischen »Tschernobyl-Initiativen« in Belarus und in den westlichen Ländern.

Und eine dritte Front tat sich auf. Es kam in Belarus ein autoritäres, diktatorisches Regime an die Macht, das eine zivilgesellschaftliche selbstbestimmte Bewegung nicht tolerieren konnte und wollte. Die Stiftung wurde schikaniert, diskreditiert und bedroht, ihre Mitarbeiter und Mitarbeiterinnen ebenso wie auch ihre gesamte Arbeit.

Immer wieder wurde angedroht, mit den Erholungsreisen für Kinder in den Westen Schluss zu machen. Die Partnerinitiativen im Westen wurden aktiv, denn es ging um die leidenden und kranken Kinder. Sie mobilisierten die Öffentlichkeit in den Medien, in der Politik und in der Gesellschaft. Offensichtlich fürchtet eine Diktatur nichts mehr als Öffentlichkeit, vor allem die internationale Öffentlichkeit. Die Initiativen schlossen sich zusammen, in Deutschland z. B. zur Bundesarbeitsgemeinschaft »Den Kindern von Tschernobyl« und 1997 im Internationalen Rat »Für die Zukunft der Kinder von Tschernobyl«.

»Es geht um die Zukunft der Kinder«, das betonte immer wieder GENNADIJ GRUSCHEWOJ, Gründer, Leiter und Motor der Stiftung und Vorsitzender des Internationalen Rates. Zum gemeinsamen Symbol wurde der »Garten der Hoffnung«, bis dahin eine Brache auf einem Kirchengelände.

Gerade das ÖFCFE[1] hat die Stiftung beim Anlegen des »Gartens der Hoffnung« zum 10. Jahrestag der Katastrophe Tschernobyl unterstützt. Manche dachten dabei vielleicht an das Martin Luther zugesprochene Wort: »Wenn ich wüsste, dass morgen die Welt unterginge, würde ich heute noch einen Apfelbaum pflanzen«. Manche brachten Birnbäume passend zum

---

[1] ÖFCFE – Ökumenisches Forum christlicher Frauen in Europa

Namen von GENNADIJ GRUSCHEWOJ[2], und später auch Rosenstöcke, auf dass die Freundschaft blühe ...

So entstand der »Garten der Hoffnung«, der noch heute existiert und nun den Namen von GENNADIJ GRUSCHEWOJ trägt. Er war es, der das Humanitäre und das Politische zusammenbrachte.

Die Bäume wachsen und tragen Früchte. Eine Bank lädt dort ein zum Verweilen und zum Nachdenken über den Tschernobyl-weg mit Visionen des Friedens, einer Welt ohne atomare Bedrohung, der Freiheit im gemeinsamen Haus Europa für die Zukunft aller Kinder. Das möchte auch dieses Buch leisten. An Tschernobyl erinnern und an die vielen, vielen Menschen, die gemeinsam versuchten, den Kindern von Tschernobyl eine bessere Zukunft zu geben.

»Die Kinder von Tschernobyl« war weit mehr als eine humanitäre Bewegung. Sie wurde zu einer großartigen Friedensbewegung zwischen Ost und West, von Mensch zu Mensch, von Familie zu Familie, von Ort zu Ort.

Burkhard Homeyer
Vorsitzender der Bundesarbeitsgemeinschaft
»Den Kindern von Tschernobyl« in Deutschland e. V.

---

[2] Gruscha bedeutet auf Deutsch sowohl Birne als auch Birnbaum

XVI

Einführung

Tschernobyl – 30 Jahre danach

Alexander Tamkowitsch

Am 26. April 2016 jährte sich das Unglück im Atomkraftwerk Tschernobyl zum 30. Mal. Es sind schon 30 Jahre vergangen.
Erst 30 Jahre... Würde jemand erwarten, dass es sich bei diesem Buch um eine »Jahrestagsschrift«, also eine rein anlassbezogene Publikation handele, so irrte er oder sie sich. Man darf nicht Tschernobyl als etwas Vergangenes oder Zurückliegendes betrachten. Die radioaktive Strahlung ist nicht verschwunden, sondern nur in offiziellen Ansprachen der Verwaltung und der Politik in Belarus »harmlos« geworden. Deswegen neige ich eher zu den Worten, die sehr oft bei der Arbeit zu diesem Buch von vielen Beteiligten gefallen sind: Es geht nicht um das Leben nach Tschernobyl, sondern mit Tschernobyl.

Es ist sehr bedauerlich, aber die belarussischen Machthaber sind heute bestrebt, vor allem die eigene Stabilität zu erhalten, d. h. jede Bewegung im Lande bedroht ihre herrschende Ordnung und Ruhe. Also eine Stabilität um jeden Preis! Und selbstverständlich heißt das, dass die ersehnte Stabilität nur durch die staatlichen Strukturen gewährleistet werden kann. Wenn die Initiativen aus dem Westen in Belarus Partner finden und helfen wollen, heißt es für sie auch: »Wollt ihr helfen, so helft geordnet und macht das nur über die staatlichen Behörden! Keine Eigeninitiative, alles nur mit Genehmigung! Dabei sollt ihr gefälligst darüber hinwegsehen, wie der Staat bzw. das Regime schamlos davon profitiert und nicht die Menschen!«

Einführung

Man soll darüber hinwegsehen, dass dieser Staat die eine Hand nach Hilfe ausstreckt und mit der anderen ein eigenes Atomkraftwerk errichtet. Ich bringe es nicht über die Lippen, diejenigen Ausländer zu verurteilen, die sich dem Willen des Regimes gefügt haben, weil sie sich praktisch immer von dem edlen Willen leiten ließen, den Belarussen zu helfen und für die Zukunft unseres Landes zu sorgen. Und doch: Glücklicherweise haben sich bei weitem nicht alle, die helfen wollten, mit dieser Konstellation zufrieden gegeben. Die belarussische gemeinnützige Stiftung »Den Kindern von Tschernobyl« e. V. gehörte zu den ersten, die diese Logik nicht beherzigen wollte.

Die Philosophie des Handelns der Stiftung bestand darin, dass die Menschen Hilfe nicht nur von außen empfangen, sondern es auch schaffen können, sich selbst zu helfen. Die Stiftung »Den Kindern von Tschernobyl« e.V. wollte das »gehorsame« Wahlvolk bei der Verwandlung in eine Zivilgesellschaft unterstützen und half die Brücke aufzubauen von »Hilf uns!« zu »Das wollen wir gemeinsam machen.« Nur so konnte man zu einer Zusammenarbeit unter gleichberechtigten Partnern kommen.

Gerade deswegen möchte ich die Rolle von Irina und Gennadij Gruschewoj hervorheben, die Gründer und leitende Persönlichkeiten der Stiftung waren, die das internationale Netz der Engagierten inspirierten und zusammenhielten. Sie sind nicht nur ein Ehepaar gewesen, sie waren Gleichgesinnte und Mitstreiter. Wie Nadel und Faden wirkend, konnten sie gemeinsam das Gewebe der Barmherzigkeit und Herzensgüte, das Gewebe der Zukunft hervorbringen.

Anliegen dieses Buches ist es, ein zweifaches Dankeschön zu sein: Es ist der herzliche Dank an diejenigen, die sich selbst gerettet und bei der Rettung anderer geholfen haben. Und es ist der Dank an alle, die von außen – aus allen Ecken und Enden der Welt – Hilfe bei der Rettung von Belarus geleistet haben.

Dieses Buch ist ein Puzzle, das sich aus dem zusammensetzt, was ich als Autor erlebt und gehört habe und dem, was meine GesprächspartnerInnen in ihren Interviews und Monologen sagen wollten.

In den zurückliegenden dreißig Jahren konnte dank der Arbeit der Belarussischen gemeinnützigen Stiftung »Den Kindern von Tschernobyl« e. V. und den redlichen Bemühungen ausländischer Freunde über 600 000 belarussischen Kindern ein Erholungsaufenthalt im Ausland er-

möglicht werden. Zusammen würden sie die Bevölkerung einer Großstadt bilden.

Und zählt man noch die Millionen von Menschen dazu, die in irgendeiner Weise beim guten Handeln mitgewirkt haben, dann reichte ihre Zahl für ein ganzes Land.

Alexander Tamkowitsch

Unser Verhalten hatte mit Tschernobyl zu tun. Wir haben uns das nicht einfach ausgesucht. In einem gewissen Sinne hat es uns vollkommen »verschlungen«. Wir hatten keine Wahl. Ich hatte und ich habe das Gefühl, dass jemand für uns alles entschieden hat.

Irina Gruschewaja

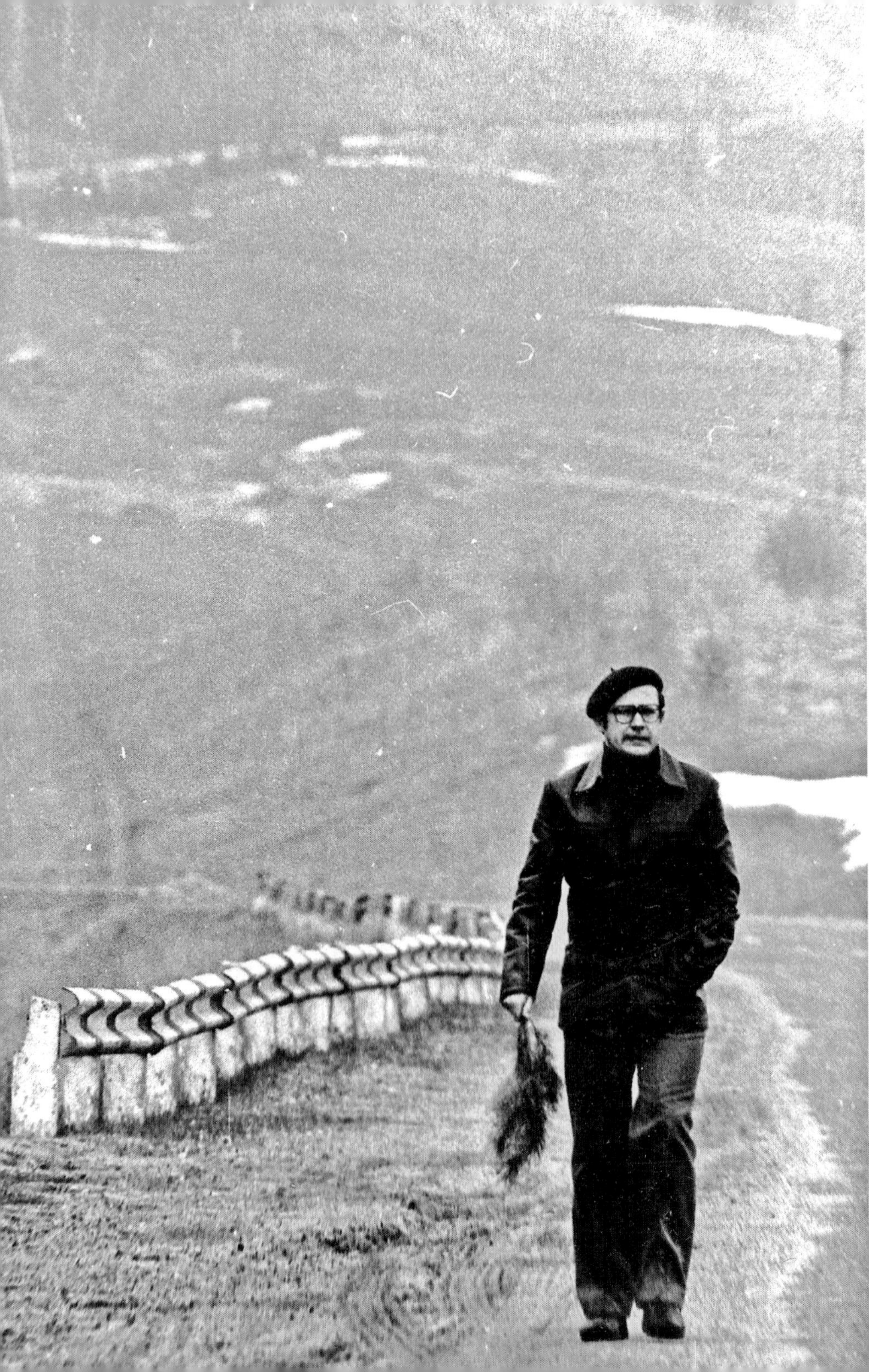

1 Lebensbegegnungen

Sie kamen aus verschiedenen Richtungen, deren Ausgangspunkte 1 100 km voneinander entfernt liegen: Sie wurde in Simferopol auf der Krim und er in Minsk geboren. Auf wunderbare Weise kreuzten sich dann die Wege dieser außergewöhnlichen Menschen und später kam die gemeinsame Ausrichtung auf die Tschernobyl-Arbeit.

Gemeinsam mit hunderten Gleichgesinnten leisteten sie das, was die Anhänger der »Machtvertikale« am meisten befürchten: sie zerstörten ideologisch untermauerte Stereotype und brachten Befreiung aus der Zwangsjacke des »demokratischen Zentralismus«.

Sich selbst über alles Klarheit verschaffen

Kinderjahre

GENNADIJ GRUSCHEWOJ erzählt: Ich bin am 24. Juli 1950 in Minsk geboren. Mein Vater war Wladimir Jeremejewitsch Gruschewoj, geboren im Jahre 1919. Seine Vorfahren stammten aus dem alten Geschlecht der Saporosher Kosaken. Während der Umsiedlung bekam seine Familie ein Grundstück im Pamirvorland. Das ganze Dorf war umgezogen.

Meine Mutter Sinaida Nikolajewna stammt aus Nowgorod. Gott sei Dank lebt sie immer noch. Ihr Geburtsname ist Rjabowa. Es war ein altes Kaufmannsgeschlecht. In den Nowgoroder Chroniken wird es etwa seit dem 12./13. Jahrhundert erwähnt.

Bild links: Gennadij Gruschewoj – Auf dem Weg

1 Lebensbegegnungen

Mein Vater absolvierte 1941 in der kirgisischen Stadt Frunse (heute Bischkek) die physikalisch-mathematische Fakultät der Hochschule. Ein Diplom konnte er nicht verteidigen – er musste in den Krieg. Er wurde in die berühmte Panfilow-Division einberufen und begann seinen Dienst als Soldat. Wegen seiner höheren Bildung wurde er bald zum Feldwebel ernannt. Bei Kriegsende war er Major und in Königsberg, der alten preußischen Königsstadt und Hauptstadt Ostpreußens, stationiert. Die

Der kleine Gennadij

Stadt und die Region kamen nach dem Krieg zur Sowjetunion. Heute ist es ein Teil des russischen Territoriums. Die Stadt wurde damals in Kaliningrad umbenannt. In der Armee von Tschernjachowskij war mein Vater Kommandeur eines Regiments. So eine Karriere in nur vier Jahren. Bis 1946 war er Kommandant einer Stadt im früheren Ostpreußen. Das Schicksal brachte auch meine Mutter dorthin.

Die Deutschen haben sehr bald nach dem Kriegsanfang 1941 Nowgorod zerbombt und die Stadt besetzt. Meine Mutter und Großmutter, die in Nowgorod lebten, mussten fast drei Jahre lang unter der Besatzung der Deutschen ausharren. Als die Rote Armee die Gegenoffensive startete, wurden sie von den Deutschen als kostenlose Arbeitskräfte zunächst ins Baltikum und dann nach Ostpreußen zur Zwangsarbeit gebracht. Meine Mutter war damals 19 Jahre alt. Sie floh aus der Zwangsarbeit und geriet in ein Lager für internierte Personen, das sich in der Stadt befand, wo der Vater kämpfte. Sie trafen sich dort. So begann die Geschichte unserer Familie, der Familie meiner Eltern und ihrer Nachkommen.

Nach dem Krieg wollte mein Vater ins Zivilleben zurückkehren. Immerhin hatte er das Diplom der Hochschule schon fast in der Tasche. Man hat ihn aber nicht entlassen. Er wurde in die Militärakademie namens »Frunse« geschickt, die er im Jahre 1947 mit einem Militärdiplom erfolgreich abschloss. Mein Vater wurde zum Oberstleutnant befördert und in die Operativabteilung des Stabs des Belarussischen Militärbezirks beordert. 1949 versammelte sich die ganze Familie in Minsk, wo ich ein Jahr später 1950 zur Welt kam. Zu unserer Familie gehörte noch eine zwei Jahre ältere Schwester. Galja, so ihr Rufname, starb leider 1998 an Diabetes.

Nach dem Krieg wuchs ich gemeinsam mit der Stadt Minsk. Ich erinnere mich sehr gut, wie 1956 das Stalin-Denkmal auf dem Oktoberplatz abgerissen wurde. Ich sah das mit eigenen Augen: wir wohnten nicht weit davon entfernt im Haus »Unter der Turmspitze«, direkt gegenüber dem Gebäude, in dem das Arbeitszimmer des Vaters war. Unser Wohnhaus war 1952 fertig gebaut worden. Wir konnten sofort nach Fertigstellung dort in eine kleine Wohnung einziehen.

Die Stalin-Statue wurde nach dem XX. Parteitag der KPdSU[1] 1956 dort abmontiert, und der Sockel mit Dynamit gesprengt. Es stimmt nicht, dass alles insgeheim getan wurde. Gesprengt wurde sie vor den Augen der Menschen. Der Trichter wurde eingeebnet. Wir haben noch dort gespielt. Überall waren Steinplatten, dort aber blieb ein Erdquadrat. Ich habe auch gesehen, wie der Siegesplatz errichtet wurde. Dieser Platz wurde offiziell »Platz des Sieges« genannt und war im Zentrum von Minsk zur Erinnerung an den Sieg über den Hitlerfaschismus als heroischer Ort gestaltet worden. Der Krieg hinterließ viele schreckliche Folgen – beinlose Krüppel, die schwarz aussahen und extrem abgemagert waren. Sie rollten auf Brettern mit kleinen Rädern und bettelten. Es gab Kinder, Jungs vor allem, die nur noch einen Arm hatten, weil sie nicht explodierte Kriegsgeschosse und Handgra-

---

[1] KPdSU – Kommunistische Partei der Sowjetunion

1 Lebensbegegnungen

naten gefunden hatten und damit spielten, bevor diese explodierten. Ich hatte mehrere solcher Klassenkameraden, denen es so ergangen war.

Ich erinnere mich, wie wir als Kinder auf den damals viel besuchten Markt gingen (heute befindet sich dort das Kaufhaus »Belarus«). Dort stibitzten wir Sonnenblumenkerne und allerlei andere Kleinigkeiten. Wir versuchten auch an Zigaretten zu kommen und bettelten nach Papirossenstummeln oder lasen vom Boden Zigarettenkippen auf. Dann gingen wir an einen sicheren Ort, wo man uns nicht erwischen konnte. Meistens gingen wir zum alten jüdischen Friedhof von Minsk, auf dem riesige Granit- und Marmordenkmäler standen, um die Beute zu teilen. Heute befindet sich dort das Justizministerium.

Gennadij im Pionierlager

Mitte der fünfziger Jahre gab es noch die zwischen Mädchen und Jungen getrennte Schulbildung. Ich wohnte in der Nähe der Schule Nr. 21, wo meine Schwester lernte. Mein großer Wunsch war, auch dort zur Schule gehen zu dürfen. Es war aber leider eine Mädchenschule. Allerdings gelang es mir einmal doch hinein zu kommen und mich mit einer Mädchenklasse zum Schuljahresanfang am 1. September fotografieren zu lassen. Da war ich fünf Jahre alt. Bald danach wurde die Geschlechtertrennung in den Schulen abgeschafft. Ich konnte dann von 1957 an die 21. Schule besuchen.

Im Jahre 1959 wechselte ich in die Schule Nr. 50, die gerade erst eröffnet worden war. Heute ist es ein Gymnasium. Einen erweiterten physikalisch-mathematischen Unterricht hat es damals auch schon gegeben. Als eine der Ersten wurde diese Schule mit dem Rotbannerorden ausgezeichnet. Als man den Orden an die Schulfahne anbrachte, war ich als Fahnenträger auserwählt worden.

Begeistert für den Sport

Fußball mit den Künstlern Nikolaj Seleshtschuk, Nikolaj Kirejew u. a.

Ich galt nicht als der beste Schüler, dafür aber war ich der bekannteste Sportler der Schule. Ich habe mich mit allerlei beschäftigt. Heutzutage nehmen die Eltern das Kind an die Hand und bringen es in einen Sportklub, damals war jedoch alles anders. Sobald jemand irgendetwas Neues erfuhr, von neuen Möglichkeiten hörte, dann ging man dorthin und ließ sich einschreiben. Zwei Jahre lang besuchte ich in der Schwimmhalle »Olymp« ein Schwimmtraining. Dann hatte ich es satt.

Ich muss sagen, dass ich wohl mit schweren Geburtsfehlern zur Welt kam. Im Mutterleib hielt ich mich viel zu lange auf. Ich war deswegen bei der Ge-

1 Lebensbegegnungen

burt sehr groß und wog mehr als fünf Kilo. Die Entbindung war für meine Mutter sehr schwer. Als ich schließlich zur Welt kam, waren meine Beine nach innen gedreht. Ich bin meiner Mutter zu Dank verpflichtet, dass sie mein ganzes erstes Lebensjahr meine Beine besonders trainierte. Ihre Arbeit, ihr Eifer und ihre Beharrlichkeit machten mich zum Sportler.

Ich konnte ziemlich schnell laufen. Hatte ein gutes Reaktionsvermögen. Zwei Jahre lang spielte ich Basketball, unter anderem für die Jugendmannschaft der Stadt. Dann warben mich meine Freunde für das Ringen an. Ein ganzes Jahr widmete ich dem Ringkampf. Offensichtlich hatte ich recht gute Perspektiven. Ich bekam eine Sportstufe, wie man einen höheren Grad im Ringen nannte, aber mein Sehvermögen verschlechterte sich. Ich habe mich nicht getraut, darüber offen zu sprechen. Ich habe zunächst eine medizinische Untersuchung versäumt und ging nicht zur nächsten. Zu den Wettkämpfen musste man eine medizinische Bescheinigung vorlegen, aus der hervorging, dass man gesundheitlich in der Lage war, den Sport auszuüben. Aber ich ging nicht zur medizinischen Untersuchung. Der Trainer kam zu meinen Eltern und wollte wissen warum. Er beruhigte sich erst, als er alles erfahren hatte.

So hatte ich wieder nichts, um mich im Sport zu beweisen. Das blieb aber nicht lange so. Einmal kam ich mit Freunden in die Schulsporthalle. Ich sah, wie meine Klassenkameraden über irgendeine Latte sprangen. Ich stand da und beobachtete. Ich hatte ja nichts anderes zu tun. Einige Zeit später boten mir der Sportlehrer und die Freunde an, es selbst einmal zu probieren und zu springen. Ich wollte erst nicht. Dann bat ich darum, mir zu zeigen, wie man das richtig macht. Man zeigte es mir und ich begann mitzumachen. Die Latte wurde immer höher eingestellt. Und so stellte sich schließlich heraus, dass ich der einzige war, der die Höhe bewältigen konnte. Das war schon wie ein richtiger Wettbewerb. Ich erreichte schließlich sogar eine Höhe bei diesem Hochsprungwettbewerb, der meiner Körpergröße entsprach. Die Stimmung war schon fast wie bei Olympischen Spielen. Ich wollte weiter machen, aber der Lehrer stoppte mich und schrieb eine Mitteilung an den Trainer in der Leichtathletiksektion.

Die entsprechende Kinder- und Jugendsportschule befand sich damals in der Nähe des Zirkus, direkt gegenüber dem Gorki-Park in Minsk. Drei Monate später wurde ich dort einer der führenden Sportler und wurde nach Kaunas zu internationalen Wettkämpfen im Pionierwettkampf geschickt. Aus Belarus waren wir nur zu zweit – ich und ein Mädchen. Ich belegte den dritten Platz. Damit fing es an. Später stellte es sich heraus, dass sich auch mein Vater seinerzeit mit Leichtathletik befasst hatte. Vielleicht waren es die Gene.

In der Schule lernte ich gut und hatte fast immer ausgezeichnete Noten. Am besten gefiel mir Chemie. Meine Schwester konnte nicht auf Anhieb in die Hochschule aufgenommen werden und bekam einen Arbeitsplatz in unserer Schule als Laborantin im Kabinett für Chemie. Auf meine Bitte hin brachte sie einige Reagenzien und Stoffe nach Hause. Danach wurde all das natürlich zurückgebracht, aber erst nachdem ich meine Versuche durchgeführt hatte. Einmal verursachte ich sogar eine richtige Explosion mit Feuer. Das war eine gefährliche Situation.

Im Unterricht löste ich alle Aufgaben immer sehr schnell, buchstäblich innerhalb von ein paar Minuten und befasste mich dann demonstrativ mit anderen Sachen. Das reizte natürlich die Lehrerin, und sie gab mir oft die Note Zwei, wobei die beste Note eine Fünf und die schlechteste eine Eins war. Im Klassenbuch sah es so aus: 5-5-5-5-2-2-2-5-5-5-5-2-2-2-5-5-5-5. Nach einem Vierteljahr stand daher in meinem Lieblingsfach fast nur die Note Vier.

Ich nahm an allen Schulwettbewerben (Olympiaden) in den verschiedensten Schulfächern teil. Zu den Republiks- und internationalen Olympiaden kam ich nur deswegen nicht, weil dazu – das war eine obligatorische Voraussetzung – ein chemisches Gerät zusammengebaut werden musste. Gewöhnlich halfen die Schulen dabei, in meinem Fall half mir aber niemand. Ich habe versucht, etwas mittels einer Säge zu bauen. Möglicherweise

1 Lebensbegegnungen

sah es so aus, als würden Ureinwohner, die noch nicht die Segnungen der Industrialisierung und der modernen Technologien kannten, mit eigenen Kräften und mit Einsatz von Behelfswerkstoffen einen modernen Weltraumapparat bauen wollen.

Als ich zur Stadtolympiade in die 24. Schule kam, und die von anderen Schülern gebastelten Modelle sah, habe ich mich geschämt und mein »Gerät« versteckt. Die Aufgaben habe ich wie immer sehr schnell gelöst und ging als erster aus dem Raum. Ich nahm mein »Gerät« und ging nach Hause. Man kann sagen, dass damit meine Karriere als Chemiker ein Ende fand, ehe sie wirklich angefangen hatte. Obwohl man mir damals den ersten Platz zuerkannte, wurde ich nicht weiter empfohlen. Im Pioniermehrkampf war ich Mitglied der Mannschaft der Republik.

Sprung über das Feuer – Freizeit mit Freunden

Bei der Meisterschaft im Rahmen der Sowjetunion belegten wir den dritten Platz. Wegen einer Verletzung konnte ich nicht in der Auswahlmannschaft der UdSSR teilnehmen. Das war verständlich. Unverständlich war aber, dass man mich dadurch nicht mehr an Trainingslehrgängen teilnehmen ließ. Diese wurden normalerweise vor den nachfolgenden Wettkämpfen durchgeführt, bei denen ich im Staffellauf gewöhnlich als Erster lief. Als Startläufer war ich immer gut, aber die Trainer beschlossen, mich zu schonen und leisteten sich damit psychologisch einen Fehlschuss.

Ein paar Monate vorher ereignete sich ein Vorfall. Wir nahmen an der weißrussischen Republiksolympiade in Gomel teil. Unsere Mannschaft wohnte in einem Studentenheim einer Hochschule. Unter meinem Bett fand ich ein Buch ohne Umschlag und ohne Impressum. Vielleicht benutzte es irgendjemand, um Spickzettel daraus zu machen. Bücher las ich immer gerne und da ich gerade viel freie Zeit hatte, begann ich zu lesen und war hingerissen. Das hatte Folgen. Ich verpasste die Zeremonie, bei der die Medaillen verliehen wurden. Es gab deshalb einen großen Skandal. Später stellte sich heraus, dass ich in dem Lehrbuch von Spirkin über die marxistisch-leninistische Philosophie gelesen hatte.

Fanatisch im Studium der Philosophie

Ich war von der Logik Spirkins überwältigt und begann, mich ernsthaft mit philosophischen Büchern zu beschäftigen. Es war Sommer, ich hatte viel Zeit und sollte zu einem Sporttrainingslager fahren. Man hat mich dann aber nicht mitgenommen. Daraufhin vernachlässigte ich den Sport immer mehr. Der Trainer war durch mein Verhalten schockiert. Heute habe ich sogar Verständnis für ihn. Er hatte sich so viel Arbeit mit mir gemacht, aber alles war schließlich umsonst. Ich wollte mich nun ernsthaft mit Philosophie beschäftigen.

Ich erkundigte mich nach der Philosophenausbildung in Minsk. Wie ich erfuhr, wurden Philosophen in Minsk tatsächlich ausgebildet, aber es gab Bedingungen und Voraussetzungen dafür. Man musste entweder schon den Armeedienst absolviert haben oder mindestens zwei Jahre in einem Beruf gearbeitet haben. Ich war gerade sechzehn Jahre alt. Das Abitur machte ich bereits zwei Monate vor meinem siebzehnten Geburtstag. Ich entwickelte nun einen Plan: Ich werde in einem Werk arbeiten und in der Abendschule des Instituts für Marxismus-Leninismus studieren. Körperlich war

1 Lebensbegegnungen

ich in Ordnung, so dass ich mir schwere körperliche Arbeit zutraute, auch weil ich zu jener Zeit oft mit meinen Freunden Eisenbahnwaggons ausladen ging. Natürlich gefiel diese Variante meinen Eltern nicht. Sie wollten, dass ich auf eine Hochschule gehe.

An die Armee wollte ich nicht denken, aber sie dachte an mich: Aus der Leningrader Militärpolitischen Schule kam für Minsk die Order, zwei Stellen zu besetzen und dies ohne Prüfungen, und die Aufnahme erfolgt auf Empfehlung des Komsomolkomitees des Stadtteilbezirks. Eine der offenen Stellen wurde mir angeboten. Zunächst freute ich mich darauf, weil man mir sagte, dass das mit dem Studium der marxistisch-leninistischen Philosophie verbunden sei. Als ich meinen Eltern davon berichtete, waren sie jedoch nicht sonderlich begeistert. Mein Vater führte ein langes Gespräch mit mir. Ich möchte über den Inhalt hier jetzt nicht sprechen, aber nach zwei Tagen des Nachdenkens lehnte ich das Angebot ab, auf die Leningrader Militärpolitische Schule zu gehen, und ich dankte ausdrücklich meinem Vater, dass er mir vertraut hatte.

Kurz vor meinem Schulabschluss erfuhr ich zufällig, dass das Bildungsministerium eine kleine Quote von Studienplätzen für Abiturienten bereitgestellt hatte, die an der philosophischen Abteilung der Fakultät für Geschichte studieren wollten. Das änderte alles von Grund auf. Es gab nun ein Ziel, das ich um jeden Preis erreichen wollte. Ich legte die Prüfungen ab und wurde immatrikuliert. Das war ein harter Wettbewerb. Es gab 6,5 Bewerber je Studienplatz. Der Wettbewerb, ja der Konkurrenzkampf war auch nicht immer fair. Aber es gelang mir die partielle Voreingenommenheit der Prüfer zu überwinden. In meiner Studiengruppe gab es nur zwei Schulabsolventen, mich und Mischa Medwedew, der auch Medaillenbesitzer war und leider nicht mehr am Leben ist. Unsere Studiengruppe bestand aus 30 Studenten.

Im Studium war ich ein Fanatiker. Ich unterhielt nicht einmal Kontakt zu meinen Studienkameraden. Anfang September begann ich mit dem Studium des »Kapitals« von Karl Marx. Jeden Tag arbeitete ich fünf bis sechs Seiten durch. Dies nahm fünf bis sechs Stunden in Anspruch. Es wurde nichts ausgelassen, tagaus, tagein. Ich habe den Text mehrmals gelesen, machte Auszüge, lernte ihn fast auswendig, und so ging es bis zu den Dezemberprüfungen. Später hat man mir vorgeschlagen, eine Dissertation in politischer Ökonomie zu schreiben. Dieses hier skizzierte Vorgehen war eine richtige Schule, die mich zu einem Menschen geformt hat, der logisch denken kann.

Welchen Weg wählen wir?

Ich vertiefte mich in die Geschichte der Philosophie, weil ich verstand, auf welchem kolossalen Potential und Niveau der Denkarbeit der dialektische und historische Materialismus fußte, der leider sehr primitiv unterrichtet wurde. Wenn man seine Phantasie entfaltet, spürt man einen Mangel an empirischen Material verschiedener philosophischer Strömungen. Der Synchrophasotron[2] des Denkens arbeitet im Leerlauf. In der Geschichte

---

[2] Wikipedia: Das Synchrophasotron war ein Synchrotron-Teilchenbeschleuniger

1 Lebensbegegnungen

der Philosophie fand ich aber die mir fehlende Harmonie. Und ich danke Gott, dass ich eben diesen Weg gewählt habe, weil es an der Belarussischen Staatlichen Universität keine philosophische Schule, im Sinne einer eigenen Denktradition, gegeben hat und auch jetzt nicht gibt. Es gab lediglich gute Lehrkräfte, wie etwa Professor Stjopin.

Selbstverständlich, erhielt ich bei so einem Verhalten im Studium lauter ausgezeichnete Noten und absolvierte demzufolge auch die Universität mit Auszeichnung. Bereits im zweiten Studienjahr begann ich meine wissenschaftliche Arbeit zu schreiben. Als ich im fünften Studienjahr war, sah sie Prof. Igor Sergejewitsch Narskij, der damalige Doyen der Philosophie der Sowjetunion und eine Leuchte des philosophischen Denkens.

Ich schrieb in meiner Arbeit über einen großen französischen idealistischen Philosophen und Theologen. Das war für die marxistisch-leninistische Philosophie der Sowjetunion eine völlig inakzeptable Persönlichkeit. Es handelte sich um den Theologen Nicolas Malebranche. Niemand interessierte sich in der Sowjetzeit für ihn. Es war Nonsens: Dieser Philosoph wurde von Marx fünf Mal erwähnt, von Lenin zitiert, sein Name steht in einer Reihe mit Descartes, Spinoza, Leibniz, aber es gab über ihn keine sowjetische philosophische Literatur. Dabei war er einer der Hauptdenker des Systems der Metaphysik des 17. Jahrhunderts.

Ich begann Französisch zu lernen und suchte Informationsquellen aus der Zeit vor der Großen Französischen Revolution. Kurzum, ich beschloss, mir selbst über alles klar zu werden.

In dieser Zeit arbeitete Narskij an einem neuen Buch und stieß offensichtlich auf ein philosophisches Problem und suchte neuere Studien dazu. Da fand er meine Arbeit. Es war ein Glücksfall für mich. Narskij gab ein Zeichen nach Minsk: Er signalisierte, dass meine Arbeit gut und wichtig sei

---

am Vereinigten Institut für Kernforschung in Dubna/UdSSR. Das Synchrophasotron ging im April 1957 in Betrieb. Hier im übertragenen Sinne gemeint.
https://de.wikipedia.org/wiki/Synchrophasotron

und ich eine Dissertation schreiben könne. Mit diesem Thema wurde ich in eine Aspirantur[3] aufgenommen.

Als ich im fünften Studienjahr war, lernte ich meine künftige Frau Irina in der Silvesternacht von 1971/72 kennen. Studentinnen der Hochschule für Fremdsprachen luden mich ein, das Fest in ihrem Studentenwohnheim zu feiern. Schon am 12. Oktober 1972 fand unsere Hochzeit statt und im März 1973 brachte Irina unsere Tochter Marina und im Jahre 1978 unseren Sohn Maxim zur Welt.

Meine Aspirantur verlief recht seltsam. Ich wurde im September 1972 aufgenommen, und im Frühjahr 1973 geschah Folgendes: Von Zeit zu Zeit wurden für UNO[4] Dozenten unserer Fakultät als Berater eingeladen. Die BSSR[5] galt als eigenständiges Mitglied der UNO. Diesmal hatte Nikolaj Wassiljewitsch Roshin das Glück gehabt, eingeladen zu werden. Die Angebote der UNO wurden niemals abgelehnt, weil das eine riesige Chance war, ins Ausland zu fahren und dort zu arbeiten. Roshin bat mich dann, ihn in seinem Unterricht zu vertreten.

Die Vorlesungen sollten bereits ab 6. September gehalten werden. Ich wollte aber auch auf meine Aspirantur nicht verzichten. Ich fasste einen paradoxen Beschluss: Ich erklärte mich einverstanden, die Vorlesungen zu halten, weigerte mich jedoch als Lehrkraft eingestellt zu werden. Damit behielt ich meine Aspirantur. Wenn ich nur gewusst hätte, was das für mich für Folgen haben würde.

Man teilte mir ziemlich schnell mit, dass ich einen vollen Umfang der Arbeit als Lehrkraft zu leisten hätte, das heißt, außer den vereinbarten 140

---

[3] Wikipedia: Aspirantur bezeichnet in der ehemaligen UdSSR und ihren Nachfolgestaaten (Russland, Belarus, Ukraine, Kasachstan und andere) sowie in den Ländern des Ostblocks eine Fortsetzung des Studiums mit dem Ziel, einen weiteren wissenschaftlichen Grad zu erlangen. https://de.wikipedia.org/wiki/Aspirantur

[4] UNO – United Nations Organization (deutsch Organisation der Vereinten Nationen), häufig auch verkürzt zu UN – United Nations, dt. Vereinte Nationen

[5] BSSR – Belorussische Sowjetische Sozialistische Republik

1 Lebensbegegnungen

Vorbereitung der Vorlesungen

Stunden kamen noch 420 dazu, weil alle Lehrkräfte mehrere Kurse zu gestalten hatten. Ich hatte also insgesamt 560 Unterrichtsstunden vorzubereiten und zu geben. Gleichzeitig erwartete man, dass ich meine Aspirantur zügig fortführe und erklärte es für dringend, dass ich einen ersten Entwurf der Dissertation in wenigen Monaten vorbereiten sollte.

Ich ging dieses Abenteuer ein. Ich strotzte vor Gesundheit. Der Sport hat mir dabei sehr geholfen. 36 Tage schrieb ich den Text der Dissertation. Jeden Tag 10–12 Seiten. Eine einzigartige Arbeitsleistung! Mein Tagesablauf sah wie folgt aus: Um neun Uhr früh setzte ich mich an den Schreibtisch, und ohne Pause arbeitete ich bis vier oder fünf Uhr am Abend. Dann rannte ich zwei Stunden lang durch die Parkanlagen, um mit dem Stress fertig zu werden. Zurückgekehrt, wusch ich mich, aß, ruhte mich aus und bereitete den Lehrstoff für den nächsten Tag vor. So erarbeitete ich einen Text von

280 Seiten. Faktisch war das die ganze Dissertation. Als eine Voraussetzung für die Zulassung zur Verteidigung der Dissertation waren einige Veröffentlichungen in Fachzeitschriften erforderlich. In der UdSSR[6] gab es dafür nur eine einzige Fachzeitschrift »Woprosy Filosofii – Fragen der Philosophie«. Für Veröffentlichungen in dieser Zeitschrift gab es demzufolge eine lange Warteliste. Es konnte mehrere Jahre dauern, bis man an der Reihe war.

Vor Beginn der dritten Dekade im August war der Text der Dissertation fertig geschrieben. Bereits am 6. September sollte ich Vorlesungen halten, auf die ich aber, wegen der Arbeit an der Dissertation, noch nicht ausreichend vorbereitet war. Um einigermaßen ins Lot zu kommen, fuhr ich in ein Sanatorium bei Minsk. Anfang September kam ich zurück und begann mit der Vorbereitung der Vorlesungsreihe. Aber ich hatte offensichtlich meine Kräfte überschätzt. Im Oktober stellte man bei mir Neurasthenie fest. Die Ärzte wollten mich für mindestens einen Monat im Krankenhaus behalten. Ich willigte ein, nur eine Woche zu bleiben.

Im Jahre 1975 erlangte ich den Doktortitel. Zu jener Zeit war ich bereits Stellvertreter des Lehrstuhlleiters. Ich war damals 25 Jahre alt.[7]

Ein tiefer Wunsch, andere Sprachen zu verstehen und zu sprechen

IRINA GRUSCHEWAJA erzählt: Ich bin in Simferopol geboren. Meine Eltern haben mir den Namen Irina gegeben. Der Name stammt aus dem Altgriechischen und bedeutet »Frieden«. Ich habe noch eine ältere Schwester namens Ljussja, ihr voller Name ist Ludmila Lwowna. Sie ist 1943 in Sibirien geboren, wo mein Vater Lew Michajlowitsch im Spital wegen einer schwe-

---

[6] UdSSR – Union der Sozialistischen Sowjetrepubliken
[7] Der Text ist ursprünglich erschienen in: GENNADIJ GRUSCHEWOJ: Тамкович А. Л. «Лесы», СПб.: «Невский простор», 2010.

1 Lebensbegegnungen

ren Verwundung lag, die er schon in den ersten Tagen des Krieges bekommen hatte.

Die Geschichte unserer Familie ist für das 20. Jahrhundert typisch, denn im Laufe von mehreren Dutzend Jahren schickte das Schicksal Menschen von Ort zu Ort. Meine Mutter Klara Karlowna stammte aus Riga. Anfang des vorigen Jahrhunderts wurde ihr ganzes Dorf im Zuge der Stolypin-Reformen nach Sibirien umgesiedelt, in den Bolscheulujskij-Kreis im Gebiet Kemerowo. Keine normalen Bedingungen, ein ganz anderes Klima. Später wurde die Stadt in Stalinsk, noch später wieder zu Kemerowo umbenannt. Meine Mutter wurde in Kemerowo geboren, und die Schwester in Stalinsk, alles an demselben Ort. In der Nähe von Kemerowo gab es ein ganzes lettisches Dorf, namens Kandata. In unserem Haus wurde Lettisch gesprochen, aber wir Kinder haben außer wenigen Worten und zwei Kinderliedern leider nichts behalten. Mein tiefer Wunsch, andere Sprachen zu verstehen und zu sprechen, hat vielleicht dort seine Ursache.

Vor dem Krieg trafen die Repressalien der Stalinzeit auch meine Mutter, weil sie die Tochter eines sogenannten »Volksfeindes« war. Wegen seiner lettischen Abstammung wurde ihr Vater in ein Straflager gebracht und dort hingerichtet. Ihr Stiefvater erlitt das gleiche Schicksal. Meine Mutter erinnerte sich manchmal daran, wie in jenen Jahren Leute des NKWD[8] kamen und bei den Letten nach irgendwelchen Reichtümern suchten, obwohl sie fast alle hungerten. Ihr ganzes Leben lang erinnerte sie sich daran, wie sie beim Großvater ein bisschen Mehl »klaute«, es mit Wasser anrührte und den Fladen auf den Burzhujka-Ofen klebte und dort gebacken hat. Bis zu ihrem Tod spürte sie den Geschmack auf ihrer Zunge, dass sie in ihrem Leben nichts Süßeres und Besseres gegessen hätte. Später lebte Mama auf der Krim, wo fast kein Roggen und kein Weizen wuchsen. Wann immer sie

---

[8] NKWD – Narodny kommissariat wnutrennich del (russisch НКВД = Народный комиссариат внутренних дел – Volkskommissariat für innere Angelegenheiten)

Weihnachten mit den Kindern Marina und Maxim

nach Minsk kam, konnte sie sich nicht satt riechen am Geruch von frischem Brot. Es war für sie eine heilige Delikatesse.

Mein Vater hat eine ganz andere Geschichte. Er wurde in Belarus, irgendwo bei Kalinkowitschi geboren. Sein Vater wurde von den Weißgardisten[9] erschossen, weil er Vorsitzender des Revwojensowjets (Revolutionsrat) war. Es blieben sieben Kinder. Mein Vater geriet in ein Kinderheim. Irgendwie

---

[9] Wikipedia: Als Weiße Armee (russisch Белая армия Belaja armija, – Originalschreibweise: Бѣлая армія), auch Weiße Garde (ru. Белая гвардия Belaja gwardija) bezeichnet man die Truppen der russischen Weißen Bewegung, die im Russischen Bürgerkrieg (1918–1922) gegen die Bolschewiki kämpften und deren Hauptkontrahenten waren. Keimzelle der Weißen Armee war die Freiwilligenarmee.
https://de.wikipedia.org/wiki/Wei%C3%9Fe_Armee

1 Lebensbegegnungen

kam er auf die Krim. Er wuchs dort mit anderen Kindern auf. Ich kenne einen seiner Freunde sehr gut. Er hieß Koljka Mokroussow. Seltsamerweise befand sich ihr Kinderheim ausgerechnet in der Mokroussowstraße. Nach der Zeit im Kinderheim wurden mein Vater und Koljka Mokroussow nach Leningrad in die Schifffahrtsschule für Binnenschifffahrt geschickt. Sie waren beide wirkliche Romantiker. Nur auf Flüssen schippern mochten sie nicht. Sie gingen lieber nach Murmansk und verdingten sich auf einem Trawler. Vier Jahre lang arbeitete der Vater in der Barentssee. Er hatte in dieser Zeit keinerlei Verbindungen zu seinen Verwandten. Sie fanden erst viel später zueinander.

Ein halbes Jahr vor Kriegsbeginn wurde mein Vater in die Armee einberufen. Seine Truppe wurde nach Belarus immer nur nachts verlegt. Wegen der Tarnungsmaßnahmen dauerte die gesamte Verlegung mehrere Monate. Der Krieg überraschte ihn im Raum Brest. In schweren Kämpfen und unter dem ständigen Feuer des Feindes ging er den harten Weg nach Osten. Er bekam für seinen Mut im Kampf eine Tapferkeitsmedaille. Eine Seltenheit eigentlich – an und für sich ist es eine Soldatenauszeichnung, er aber war ein Offizier. Im Oktober 1941 – es gab schon den ersten Schnee – wurde er an der Brust verwundet. Die Kugel drang durch die Lunge ein und blieb im Mittelfellraum stecken. Er wurde in ein Spital nach Sibirien ins Hinterland geschickt.

Meine Mutter hatte zu Beginn des Krieges eine medizinische Fachschule absolviert. Sie träumte ursprünglich davon, Lehrerin zu werden. Sie durfte aber als Tochter eines »Volksfeindes« nicht an einer Hochschule studieren. Sie wurde an die Front geschickt und auf dem Weg an die Front zusammen mit ihrer Gruppe einem Spital im Gebiet Kemerowo zugeteilt. In diesem Spital trafen sich meine Eltern, und mein Vater warf ein Auge auf meine Mutter.

Die Mediziner hatten es nicht eilig, die Kugel aus dem Brustraum meines Vaters zu entfernen. Ein Spezialist, ein extra angereister Professor sagte dem jungen Offizier sogar, wenn er am Leben bleiben wolle, dann solle er mit der Kugel in der Brust leben. Mein Vater hat mit der Kugel noch dreißig Jahre gelebt, letztendlich aber tötete sie ihn. Die Kugel hatte sich eingekapselt, sich ab und zu bewegt, war aber auf allen Röntgenaufnahmen zu sehen. Die Medizin entwickelte sich zwar weiter, aber als die Medizin endlich ein höheres Niveau erreichte, half das meinem Vater nicht mehr. Eine Operation war dann nicht mehr möglich. Die Gefahr für sein Leben war zu groß. Er hatte bereits zwei Herzinfarkte überstanden. Eine Vollnarkose hätte er mit aller Wahrscheinlichkeit nicht mehr überlebt. Seine letzten elf Lebensjahre war er bettlägerig. Meine Mutter hat ihn aufopferungsvoll gepflegt und betreut und ihm so buchstäblich jeden einzelnen Tag dieser elf Jahre geschenkt. Sie war ihr ganzes Leben Krankenschwester gewesen, auf ihrer Arbeitsstelle in der Meningitisabteilung und zu Hause eben auch.

Nach dem Krieg siedelten meine Eltern nach Simferopol um. Das Klima auf der Krim war für meinen Vater besser als das sibirische. Mein Vater war immer ein gläubiger Kommunist gewesen.

Alexander Tamkowitsch: In welchem Sinne denn?

Irina Gruschewaja: Im ideellen Sinne. Er glaubte an die Ideale des Kommunismus. Er war absolut unfähig, sich im Alltag anzupassen. Heute verstehe ich, dass das ein Ergebnis seines Aufenthaltes im Kinderheim war. Die Großmutter beklagte sich immer, dass er vom wirklichen Leben nichts verstehe. Wir lebten am Rande von Simferopol in einer kleinen Hütte, zwölf Quadratmeter groß. Fünf Personen mussten in dieser schlimmen Armut leben. Nebenan aber wurden normale Häuser aus Stein gebaut. Mein Vater ging deshalb zur Militärverwaltung von Simferopol. Dort riet man ihm, selbst eine »Niemandsunterkunft« zu finden, also eine Unterkunft, in der aus welchen Gründen auch immer, niemand wohnte. Solche Unterkünfte gab es nach dem Krieg nicht wenige. Er versuchte, eine solche Wohnung für uns zu finden, aber wann immer er glaubte, eine gefunden zu haben, stellte sich leider heraus, dass jemand schneller als er gewesen und dort einfach eingezogen war. Mein Vater fand also etwas, aber die Anderen, die flinker waren und die richtigen Leute kannten, zogen dort ein. Mein Vater war ein

1 Lebensbegegnungen

offener, aufrichtiger und ehrlicher Mensch, viele andere aber lebten offensichtlich nach ganz anderen Regeln. Er wollte so nicht sein.

Als ich in der siebten Klasse war, organisierte ich bereits eine Mädchengruppe nach dem Vorbild des Helden des von Kindern viel gelesenen Buches von Arkadij Gaidar »Timur und sein Trupp«. Wir Mädchen kamen in Kontakt mit einem alten hilflosen Maler, der gemeinsam mit seiner Frau ein elendes Dasein fristete. Wir gruben ihnen den Gemüsegarten um, ich las ihm Bücher vor. Bereits damals hatte ich den Wunsch, anderen Menschen zu helfen. Ich erinnere mich, dass auf meinem Schreibtisch ein Schild mit den Worten stand »Hast Du es schwer, hilf einem anderen« und »Mensch, hilf dir selbst!«. Mit diesen für mich wichtigen Lebensmaximen ging und gehe ich durch das ganze Leben.

Ich muss gestehen, dass es auch mir nicht immer gelingt, mir selbst zu helfen. Dann ist es gut, wenn man Freunde hat, und dann erfährt man auch, dass man wirklich Freunde hat, ganz liebe und verwandte Seelen. Dann versteht man, dass wohltätiges Verhalten eine Art Staffelstab ist, der übergeben werden muss. Der Zustand der Dankbarkeit bringt den Wunsch hervor, diese Energie der Liebe an andere weiterzugeben. Bei ihnen lodert es dann als Feuer auf. Ich habe in meinem Leben solche feurigen Menschen getroffen. Ich wollte ursprünglich gar nicht Pädagogin werden, bin es jedoch nach der Absolvierung der Hochschule für Fremdsprachen in Minsk geworden.

Warum gingen Sie ausgerechnet nach Minsk zum Studium?

Diese Wahl war ein Zufall, jedoch nicht zufällig. In der Schule lernte ich gut. Als ich in der neunten Klasse war, beteiligte ich mich an einer Bewegung innerhalb des Jugendverbandes »Komsomol«. Diese Bewegung nannte sich Kommunardenbewegung und kämpfte gegen Bürokratisierung und Formalismus im Komsomol. Dieser Kampf war wie ein Nachhall der Jugendbewegungen des Westens, die versucht haben, alte verkrustete Strukturen des öffentlichen Lebens durch neue lebendigere und beweglichere zu ersetzen. Das Jahr 1968 gab den Anstoß für ernsthafte demokratische Veränderungen im Westen. Aber die Kommunardenbewegung im Komsomol hatte vor allem eigene Ursachen und eigene Bewegungsformen entwickelt. Chrustschow's Tauwetter von 1956 bis zu seiner Entmachtung 1964 trug wesentlich zur Entstehung der sogenannten Kommunardentrupps bei. Sie entstanden damals in der ganzen Sowjetunion.

Unserem Trupp gehörten Schüler der neunten, zehnten und elften Klassen an. Unser Motto lautete: »Unser Ziel ist das Glück der Menschen. Wir werden siegen, es kann nicht anders sein!«. Was für ein kommunistischer Romantizismus, aber alles kam bei uns Jugendlichen von Herzen. Das war nicht das Ergebnis einer Anweisung von oben. Ein Beispiel: Es war das Jahr 1962. Der Schuldirektor hatte uns manches erlaubt, sogar dass wir uns im Keller versammeln durften. Den bemalten wir mit karminroten Segeln – genauso, wie wir es in der Novelle von Alexander Grin[10] gelesen hatten. Wir sangen zur Gitarre Lieder, und die Mädchen träumten von Prinzen und Schiffskapitänen.

Das war jedoch bei weitem nicht alles. Wir befassten uns auch mit konkreten Sachen. So führten wir eine so genannte Operation »FM« durch, was »Freude den Menschen« heißen sollte. Wir verabredeten uns z.B. mit den Verantwortlichen eines Kindergartens. Wir gingen nachts dorthin und bauten verschiedene Figuren aus Schnee und begossen sie mit Wasser. Am darauf folgenden Morgen sperrten die Kinder bei ihrer Ankunft im Kindergarten staunend Augen und Münder auf und bewunderten die schönen Eisfiguren, die wie von Zauberhand geschaffen in ihrem Kindergarten standen. Oder wir gingen in ein Krankenhaus und traten vor kranken jungen Soldaten mit Konzerten auf. Einmal fuhren wir zum Beispiel auch ins Dorf Suja, 18 Kilometer von Simferopol entfernt, und arbeiteten dort in den Weinbergen. Wir organisierten dort allein ein Lager für Arbeit und Erholung. Heutzutage ist es in Belarus völlig undenkbar, dass Schüler etwas ohne Lehrer unternehmen oder eigenverantwortlich gestalten dürfen.

---

[10] Alexander Grin: Purpursegel, Unionsverlag

1 Lebensbegegnungen

Gennadij mit Marina und Maxim auf der Datsche.

So ging es zwei Jahre lang. Als die Periode der Stagnation der Breshnewzeit 1964 begann, war es damit vorbei. Als ich meine Schulzeit abschloss, gab es schon keine Kommunardentrupps mehr. Als ich in der elften Klasse war, wurde ich krank. Die Ärzte konnten keine Diagnose stellen. Ich hatte sehr starke Kopfschmerzen, rund um die Uhr. Ich war erst sechzehn Jahre alt. Man brachte mich in ein Krankenhaus, dann in ein anderes. Man besuchte mich, Freunde und Verwandte kamen, und ich versuchte trotz der unbestimmten, aber schmerzhaften Krankheit zu lernen. Auf Verdacht entfernte man mir die Mandeln. Aber das half nicht. Die ständigen Kopfschmerzen blieben. Sie erschöpften mich total, ich war einfach nicht in der Lage irgendetwas Sinnvolles zu tun. Hoffnung hatte ich, und ihre Farbe war in meinen Augen grün. Aber das ganze Jahr war völlig grau und durch die Krankheit geprägt. Als ich schließlich aus dem Krankenhaus entlassen wurde, war die Diagnose »Hydrozephalitis« gestellt worden. Ich nahm eine medizinische Enzyklopädie und las darin, dass man mit dieser Krankheit höchstens achtzehn Jahre leben kann. Aber ich bekam keine Todesangst.

Meine Mutter war eine weise Frau und blieb ganz ruhig. Sie hatte ihre eigenen Erfahrungen. Ich war als Kind sehr klein und wuchs gar nicht. Meine Mutter dachte sogar, dass ich wohl eine Liliputanerin sein werde. Sie ging deshalb aber nicht mit mir zu den Ärzten. Sie wollte nicht, dass ich Wachstumshormone verordnet bekomme. So war es bis zur achten Klasse. Dann aber wuchs ich in nur einem Sommer um ganze zwanzig Zentimeter. So verhielt sie sich dann auch im Falle der schrecklichen Diagnose, die man mir gestellt hatte. Man kann darüber streiten, ob dieses Verhalten im Allgemeinen richtig war, in meinem Fall erwies es sich als Segen. Meine Mutter riet mir, einfach zu leben, als ob es diese Diagnose gar nicht gäbe.

Die Mediziner hatten jedoch aufgrund ihrer Diagnose beschlossen, dass ich keine geistige Arbeit leisten durfte. Das hatte für mich die Konsequenz, dass ich mich nicht um einen Studienplatz bewerben durfte. Das Abiturzeugnis erhielt ich zwar, aber ohne dass ich Abschlussprüfungen ablegen musste, sondern nur aufgrund der Noten, die ich im Verlaufe des letzten Schuljahres bekommen hatte. Damit war mir der Weg zu allen in der Nähe unseres Wohnortes liegenden Hochschulen verschlossen. Mein Ziel war Psychologin zu werden.

Es gab aber nur zwei Fakultäten in der ganzen UdSSR, an denen man Psychologie hätte studieren können, in Moskau und in Leningrad. Es gab einen extrem harten Wettbewerb um die wenigen Studienplätze in Psychologie. Ich beschloss, mich dem nicht auszusetzen, aber unbedingt ein Studium aufzunehmen. Auch wenn mir nur noch wenige Jahre zu leben vergönnt sein würden.

1 Lebensbegegnungen

Ausgerechnet in jenem Jahr, in dem ich mich bewerben wollte, wurden für die Studienrichtung Psychologie Aufnahmeprüfungen in den Fächern Mathematik, Physik und Chemie eingeführt. Diese Fächer waren nicht meine Stärke. So dachte ich über eine Alternative nach. Das Fach Deutsch fiel mir z. B. nicht schwer. Einmal sah ich im Fernsehen eine Sendung, in der die Minsker Hochschule für Fremdsprachen gezeigt wurde. Und da hatte ich meine Alternative gefunden. Ich möchte meinen Eltern noch heute da-

Gennadij, Marina, Irina, Maxim

für danken, dass sie mir erlaubt haben, mich an einer Hochschule tausende Kilometer weg von zu Hause zu bewerben. Ich war doch so krank. Heute bin ich mir nicht sicher, ob ich so etwas Ähnliches meinen Kindern erlauben würde. Also kam ich nach Minsk zusammen mit meiner Schwester, und versuchte die Aufnahmeprüfung zu bestehen. Ich hatte damals sehr starke Kopfschmerzen. Ich konnte nicht einmal lesen, so las mir meine Schwester vor, ich hörte zu und schrieb. Im Ergebnis habe ich eine Punktezahl erreicht, die nicht für die Immatrikulation reichte. Ich wurde nicht aufgenommen. Meine erreichte Punktzahl war auch deshalb nicht ausreichend, weil in jenem Jahr zwei Abschlussjahrgänge an die Hochschulen drängten, Schüler der zehnten und elften Klassen. Der Wettbewerb um die Studienplätze war dadurch besonders hart. Ich kam noch dazu aus einer anderen Republik. Ich schied also aus, und meine Hoffnung eine Studentin zu werden, zerstob.

Mein Vater war zu dieser Zeit zwar schon bettlägerig, aber er wollte mir helfen. Er schrieb einen Brief an Mascherow (der damalige Generalsekretär der Kommunistischen Partei der Belorussischen Sowjetischen Sozialistischen Republik) und bat ihn, etwas für mich zu tun, da mein Vater doch im Krieg für Belarus gekämpft hatte. Im Ergebnis wurde es mir gestattet, den Unterricht bis zur ersten Prüfungszeit als Gasthörerin zu besuchen. Danach wurde ich als Studentin immatrikuliert. Allerdings war für mich kein Platz im Studentenwohnheim vorhanden, und ich erhielt auch kein Stipendium. Das war der Start: Kein Dach über dem Kopf und kein Geld zum Leben. Ich verbrachte die ersten Nächte meines Studiums im Bahnhof. Das war eigentlich verboten. Es ging dort jede Nacht ein Milizionär umher und kontrollierte, ob dieses Verbot auch eingehalten wurde und niemand im Warteraum übernachtete.

Nach drei Nächten konnte ich nicht mehr und brach während des Unterrichts in Tränen aus. Meine Studienfreundinnen erfuhren nun, wie meine Lage war und schlugen vor, bei ihnen illegal im Studentenwohnheim zu wohnen und auf einem Klappbett zu schlafen. So durfte ich die Solidarität unter Frauen erfahren. Nach ein paar Monaten bekam ich dann offiziell

1 Lebensbegegnungen

einen Wohnheimplatz. Übrigens, meine Kopfschmerzen verschwanden damals. Seitdem habe ich keine mehr.

Wie haben Sie Gruschewoj kennengelernt?

So wollte es das Schicksal. Er studierte damals an der Belarussischen Staatlichen Universität. Es war sein letztes Studienjahr an der philosophischen Fakultät. Gruschewoj war in seinem Studienjahr der jüngste Student, weil er der einzige Student war ohne Berufserfahrung in einem Betrieb. Einige meiner Freundinnen kannten ihn und hielten ihn für einen sympathischen jungen Mann mit einem »durch Philosophie vernebelten Blick«.

Zwar waren zwei vorherige Arbeitsjahre eine obligatorische Bedingung, um zum Studium zugelassen zu werden, aber offensichtlich gelang es Gruschewoj die Aufnahmekommission auch ohne eigene Joberfahrung zu überzeugen, ihn zu nehmen. Ich selbst habe die Hochschule schließlich mit Auszeichnung absolviert. Deshalb hat man mich dann auch am Lehrstuhl für Deutsch als Dozentin angestellt.

Zurück zum Jahr 1972. Anfang des Jahres stand das Neujahrsfest bevor. Meine Mitbewohnerinnen aus dem Zimmer des Studentenheims, wo ich früher gewohnt hatte, wollten Neujahr in der Gesellschaft von jungen Männern feiern. Sie hatten aber noch keine Freunde und suchten wenigstens männliche Gesellschaft. Ich fuhr also in das Studentenheim der Universität und sprach mit Bekannten dort über unser Anliegen. Es fanden sich einige Jungs, die auch nicht nur in der Gesellschaft von Männern feiern wollten. Einer meiner Bekannten sagte mir, dass er einen Freund einladen werde. Das war Gennadij.

Es war allerdings nicht erlaubt, dass Jungs des Nachts in das Mädchenwohnheim gingen. Üblicherweise versuchte es dann so mancher junge Mann mit irgendwelchen waghalsigen Aktionen hineinzugelangen, z. B. über die Feuerwehrleiter. Nicht so Gennadij. Er konnte die gestrenge diensthabende

Wächterin überreden und kam so durch den Haupteingang hinein. Wir saßen dann beide gemeinsam auf nur einem Stuhl und aßen von einem Tel-

Gennadij und Irina

ler. So wollte es das Schicksal. Schon im Oktober 1972 gingen wir zum Standesamt und im Jahr darauf kam unsere Marina zur Welt. Fünf Jahre nach ihr wurde unser Maxim geboren.

Ich fühle mich schuldig meinen Kindern gegenüber. Seit 1989 lebten sie wie Waisen, obwohl die Eltern lebendig waren. Das ist mein großer Schmerz. Unser Verhalten hatte mit Tschernobyl zu tun. Wir haben uns das nicht einfach ausgesucht. In einem gewissen Sinne hat es uns vollkommen »verschlungen«. Wir hatten keine Wahl. Ich hatte und ich habe das Gefühl, dass jemand für uns alles entschieden hat. Dennoch bleibt ein großer Schmerz meinen Kindern gegenüber.[II]

[II] Dieser Text ist ursprünglich erschienen in: IRINA GRUSCHEWAJA: Тамкович А. Л. «Женщины».- СПб.: «Невский простор», 2007.-128 с.

Ich komme immer mehr zu der Überzeugung, dass Impulse zur Geheimhaltung und zu Verboten nicht nur von dem Politbüro, dem KGB und hohen Militärs ausgingen. Die wichtigste Rolle spielte der Wunsch, die gewohnte Routine weiterzuleben. Die Schuld liegt nicht bei jemandem allein. Das ganze System hat tüchtig gelogen.

Die Ärzte mussten lügen, weil das Unglück von Tschernobyl klar vor Augen führte, dass sie auf solche Situationen gar nicht gefasst waren. Die Gerätebauer logen, weil sie schlechthin technisch unprofessionell waren. Die Behörde für Atomenergie log, die die größte Schuld für den Unfall trägt.

Da lag es im gemeinsamen Interesse aller, das Unglück als einen geringen Störfall hinzustellen. Als Folge der Lügen vergrößerte sich ihre Schuld unendlich.

Alesj Adamowitsch,
belarussischer Schriftsteller

Алесь Адамовіч, «Апакаліпсіс па графіку», Мінск, Беларусь, 1992 vorgetragen in einer Sendung von Radio Free Europe/Radio Liberty

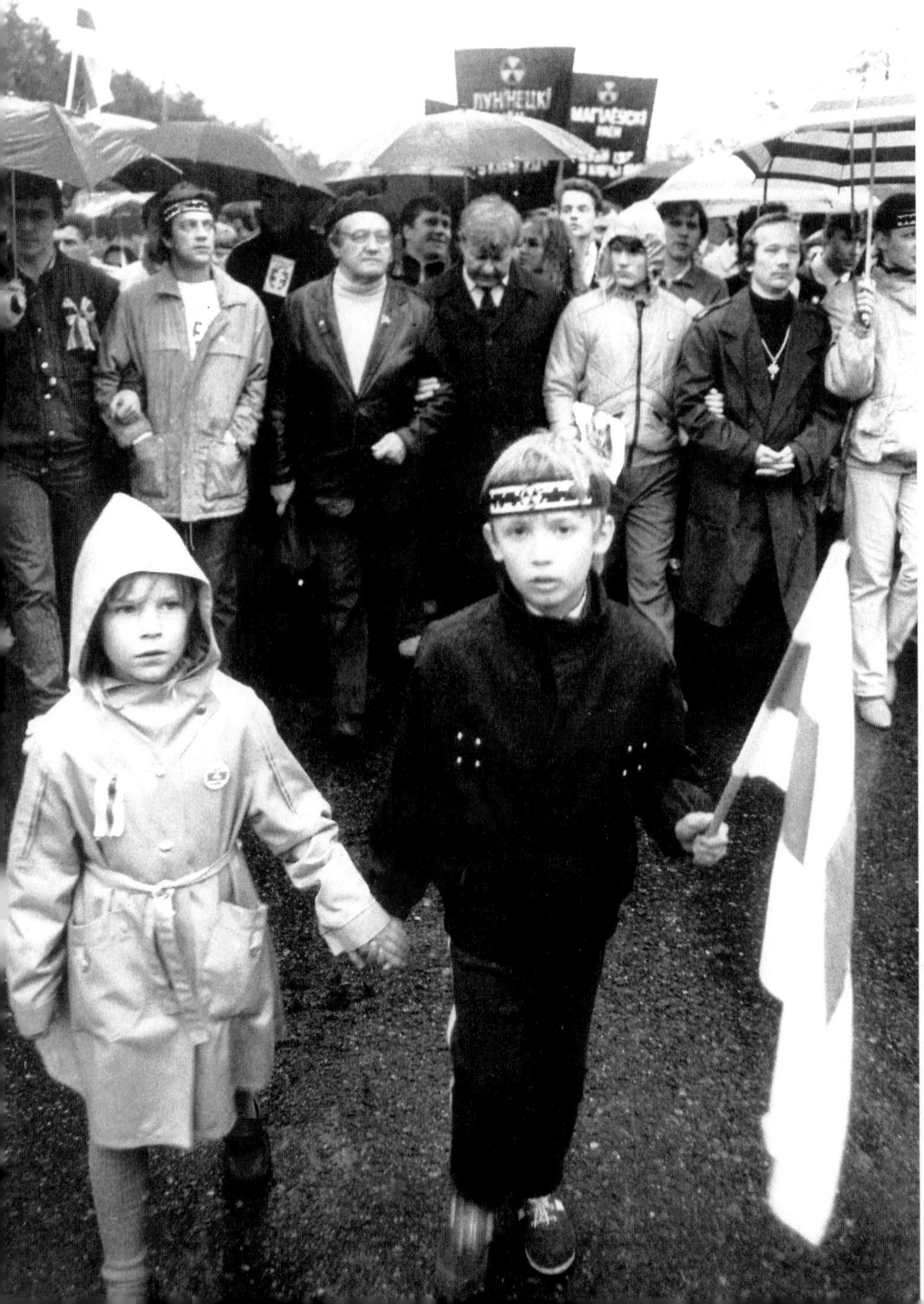

2 Der rebellische Anfang

Tschernobylzy – Ökologische Flüchtlinge

IRINA GRUSCHEWAJA erzählt: Es gibt so viele Ausgangspunkte für Erinnerungen, dass es sehr schwer fällt, sich für einen einzigen zu entscheiden. Man müsste noch mit der Sowjetzeit anfangen, also eine Zeitreise von 45 Jahren in die Vergangenheit machen. Ich glaube, ich verstoße nicht gegen die Wahrheit mit der Behauptung, dass Gennadij und ich uns nicht als durchschnittliche Sowjetbürger fühlten. Wir suchten immer etwas Besonderes, strebten nach Unbekanntem, stellten vor allem Dogmen in Frage, trotzten der Gleichschaltung.

Seit den ersten Minuten unserer Bekanntschaft überraschte mich Gena, wie sein Kurzname war, mit seiner erhabenen Einstellung zum Leben. Er brauchte etwas Größeres als Essen-Trinken-Unterhaltung. Das war sehr wohl auch dafür entscheidend, dass wir einander gefunden haben. Weder er noch ich dachten damals an eine Ehe. Unsere Lebensziele lagen ganz woanders. Ich wollte ein Doktorstudium antreten, er absolvierte gerade die Universität. Bis zur Katastrophe in Tschernobyl war es noch sehr weit. Und wir, wenn auch fortschrittliche junge Menschen, waren jedoch in das System integriert und bewegten uns im abgesteckten Rahmen. Wir waren sogar glücklich, bis wir an diesen Rahmen stießen.

Es traf Gennadij als Ersten. An seiner Hochschule spürte er auf einmal Druck: Um weiter beruflich aufzusteigen, sollte er in die kommunistische

Bild links: 1. Tschernobyl-Protestmarsch in Minsk, 30. September 1989 (3. von links: Alesj Adamowitsch)

2 Der rebellische Anfang

Partei eintreten. Man begann, seine Doktoranden zu verfolgen. Er war ja der jüngste Doktor für Philosophie in Belarus. Hervorragen ohne Genehmigung, aus eigener Kraft – das war nicht gut. Alle Themen, zu denen er forschte, hatten direkt oder indirekt Bezug auf die Freiheit der Menschen, und das wurde damals doch nicht gern gesehen. Höhere Mächte sollten es so gewollt haben, dass zwei sehr verschiedene Menschen zueinander fanden. Er wie ich taten unser Bestes (und wie es sich erwies, war es sehr viel), um einander bei allen Initiativen zu unterstützen.

Als Gennadij 50 Jahre alt wurde, kam in einem Interview die Frage, wie er den Raum mit seiner Frau teilt, weil wir ja beide starke Persönlichkeiten seien. Seine Antwort war: »Irina und ich sind im Großen und Ganzen eine Persönlichkeit. Was sie anfängt, kann nur ich zu Ende führen, und was ich anstoße, kann sehr oft nur sie vollbringen. Wäre jeder von uns, vom Konkurrenzgedanken beherrscht, seinen Weg gegangen, hätten wir beide verloren.«

Der Ausschnitt dieses Interviews hing lange in der Stiftungszentrale und gefiel unseren Frauen sehr. Was soll man da schönreden: Männer sehen sonst die Frauen selten für voll an.

Im Jahr 1988 schloss sich Gennadij der BNF[1] an. Zusammen mit Senon Posnjak und anderen BNF-Mitgliedern besuchte er das Waldstück Kuropaty bei Minsk, zu Stalins Zeiten ein Massenerschießungsort. Er war mit dem Verein Martyrolog befreundet, machte mich mit der berühmten Maja Kljaschotrnaja, der Überlebenden der Stalinschen Repressalien, bekannt. Also war er der Erste von uns beiden, dem politisch die Augen aufgingen. Und nicht nur politisch.

Die schreckliche Wahrheit über Tschernobyl erfuhren wir nach und nach. Gennadij und ich machten uns natürlich schon auch vor 1988 Sorgen

---

[1] BNF – russische Abkürzung für Belarusskij Narodny Front, dt. Belarussische Volksfront

um das Schicksal der Einwohner der Atomkraftwerk-Stadt Pripjat[2], sammelten Kleider für die ersten ökologischen Flüchtlinge, die in Kryshowka[3] und im Erholungsheim Shdanowitschi wohnten, aber damals waren mir der ganze Schrecken und das Ausmaß der Tragödie nicht bewusst.

Übrigens bezeichnete man damals ökologische Flüchtlinge als Tschernobylzy (in etwa wie Tschernobyl-Opfer) und sprach nur wenig darüber. In der Presse stand nichts davon, und nur aus Gesprächen in der Universität erfuhren wir, dass in Kryshowka und Shdanowitschi evakuierte Frauen mit Kindern unter drei Jahren untergebracht waren. Später wurde bekannt, dass ältere Kinder getrennt von ihren Eltern evakuiert worden waren und dass es sehr viel Chaos, Durcheinander und dadurch Schaden gegeben hatte. Man möge mir meine Schroffheit verzeihen, aber mit seiner hirnlosen Politik hat der Staat tatsächlich den Menschen sehr viel Kummer gebracht.

So schickte man zum Beispiel Kinder aus den betroffenen Regionen auf die Krim. Auch ich kam im Sommer 1986, wie jedes Jahr mit meinen Kindern dorthin. Ich weiß noch, wie wir über den Zaun des Sanatoriums sehen konnten, wie die Kinder aus Pripjat buchstäblich in Ohnmacht sanken, und man sie trotzdem zum Strand schleppte. Bis man endlich einsah, dass die Kinder in der Heimat so stark der Gammastrahlung ausgesetzt waren, dass zusätzliche Sonnenbäder sie einfach überfordern würden. Beim Versuch zu helfen, hatte man Schlimmes getan.

Man kann schwer einem Einzelnen konkret die Schuld geben. Der Unfall von solchem Ausmaß ereignete sich erstmalig in der menschlichen Geschichte. Die Menschen waren einfach ratlos. Niemand wusste genau, was passiert. Dazu glaubten damals viele, dass vom Unglück allein die Ukrai-

---

[2] Wikipedia: Prypjat (ukrainisch Прип'ять, russisch Припять/Pripjat) ist heute eine Geisterstadt in der Oblast Kiew (Rajon Tschornobyl) in der Ukraine, die 1970 im Zusammenhang mit dem Bau des Atomkraftwerks Tschernobyl gegründet und infolge des Reaktorunglücks von 1986 geräumt wurde.
https://de.wikipedia.org/wiki/Prypjat_(Stadt)
[3] Datschensiedlung bei Minsk. — Anm. des Verf.

2 Der rebellische Anfang

ne, in der das Atomkraftwerk Tschernobyl liegt, betroffen sei, und Belarus nichts damit zu tun habe.

Ich weiß noch, wie bei unserer Krimreise der Zug durch die radioaktiv verstrahlten Regionen fuhr und auf den Bahnsteigen, wie gewohnt, rege mit Äpfeln, Kräutern, eingelegten Gurken usw. gehandelt wurde. Fahrgäste kauften ein und aßen das. Die Menschen wussten nicht, wie gefährlich das alles für die Gesundheit war und sich später auswirken sollte. In jenen Jahren (1986 und 1987) war die ganze Staatspolitik darauf ausgerichtet, dass niemand je etwas davon erfuhr.

Aber glücklicherweise krachte es schon in der Sowjetunion im Gebälk. Und nicht zuletzt gerade wegen Tschernobyl. Gorbatschows »Perestroika« kam in Gang, Menschen glaubten daran und fingen an, überall die Wahrheit zu suchen. Die Propaganda scherte alle über einen Kamm, aber sobald ein Mensch das Offizielle ablegte, begann er sein Herz auszuschütten, zu reden, wie ihm der Schnabel gewachsen war. Man sehnte sich nach Ehrlichkeit und Offenheit. Man wollte sein Land verwandelt sehen. Es entstand ein großes Interesse an früher verbotenen Büchern. Es herrschte eine Aufbruchstimmung und das tat gut.

Bei uns zu Hause ging es aber schlecht. Weil gegen meinen begabten Ehemann an der staatlichen Universität, an der Gennadij Geschichte der Philosophie und klassische Philosophie unterrichtete, eine Hetze betrieben wurde. Er forschte und schrieb wissenschaftliche Werke und Beiträge zur Religionsphilosophie. Mit seiner offen kritischen Haltung, auch bei der Beurteilung von Promotionsarbeiten konnten viele nicht zurechtkommen. Es ging so weit, dass man ihm schlichtweg die Luft abdrehte. Und so ging der 35-jährige Mann, voller Begabung und Tatkraft, zur Arbeit und kam zurück, legte sich auf das Sofa und machte nichts. Heute würde man das wohl eine Depression nennen, aber in Wirklichkeit war das die Verzweiflung eines Menschen, der sich im sowjetischen System nicht gebraucht fühlte. Ich hatte Mitleid mit ihm, aber der Alltag, kleine Kinder, eigene Promotion, Arbeit an der Universität, ehrenamtliche Verpflichtungen usw. ließen nicht viel Zeit zum Nachdenken.

Man muss sagen: Wir waren nicht wie die mutigen Dissidenten in Moskau, deren öffentliche Proteste mit Verhaftungen bestraft wurden. An so einen aktiven Protest haben wir tatsächlich nicht einmal gedacht. Als ich in Deutschland 1988 für einen fünf Monate langen Studienaufenthalt war, interessierte sich Gennadij für die Belarussische Volksfront, schloss sich der Organisation an und widmete von nun an viel Zeit den Aktivitäten der BNF.

G. Gruschewoj am 30. September 1989 in Minsk – der 1. Tschernobyl-Protestmarsch »Tschernobylskij schljach«

Der Geist von Freiheit und Unabhängigkeit erfüllte unsere Familie immer mehr. Mein Mann war davon sofort und vollständig ergriffen, bei mir aber geschah das langsamer und nicht so intensiv. Ich beobachtete die Geschehnisse um mich herum, verspürte aber selbst noch keinen Tatendrang. Ich sah zu, fragte nach, staunte, aber auch nicht mehr. So lebten wir einige Monate nebeneinander.

Im Juni 1989 wurde mein Mann zum Sojm (Vorstand) der BNF gewählt. Er hat sofort vorgeschlagen, eine Reise durch die radioaktiv belasteten Regionen zu machen, vor allem um zu erfahren, was dort tatsächlich passiert. Denn sonst lebte man von Gerüchten und nur von den BNF-Mitgliedern aus Choiniki, Narowlja und anderen Orten hörte man, dass dort etwas Un-

2 Der rebellische Anfang

Gennadij Gruschewoj trifft sich mit Frauen in der Tschernobyl-Zone.

verständliches geschehe. Es galt, alles mit eigenen Augen zu sehen und einzuschätzen. So schilderte Gennadij diese Situation selbst:

Wir kamen zusammen. Die Künstler ALEXEJ MAROTSCHKIN, MIKOLA KUPAWA, KONSTANTIN LOBKO, WALERIJ SEDOW waren dabei. Wir wollten helfen, wussten aber nicht wie. Man spekulierte, formulierte abstrakte Aufgaben, verfasste humanistische Deklarationen. Einmal schlug ich vor: ›Wir müssen in die Zone fahren.‹[4] Darauf kamen Fragen ›Wie? Womit?‹ Es war nicht einfach, aber ich schaffte es, die Reise doch zu organisieren. Wir beschafften einen Kleinbus, mit Hilfe des Chefredakteurs NIKOLAJ TOLSTIK der regionalen Zeitung schalteten wir die regionalen Behörden ein. Offiziell hieß es, wir machen eine Vortragsreise.

---

[4] Noch heute werden die von Tschernobyl betroffenen Gebiete »Zone« genannt

Das unheimlichste Erlebnis: Ein asphaltierter Platz, auf dem zwei- bis vierjährige Kinder wie matte Fliegen hin und her trudelten. Sie waren nicht heiter, spielten nicht, sondern trotteten nur lustlos hin und her. Kein besseres Bild erlebten wir auch in Slawgorod, wo das Kinderheim für Waisen im Alter unter 7 Jahren auf einem Fleck mit 20 Curie pro Quadratkilometer Verseuchung[5] stand! Seit drei Jahren wohnten die Kinder da, und Chancen für die Verlegung des Heims gab es kaum.

Als wir nach Minsk zurückkamen, wandte ich mich an den Sowjetischen Kinderfonds. Ja, hieß es, sie teilten die Sorge, sie hätten das Bildungsministerium alarmiert, das sei empörend. Tun aber könnten sie nichts. Warum? Weil es vorläufig keine freien Plätze in Kinderheimen in sauberen (unbelasteten) Regionen gäbe. War also das Abwarten der einzige Ausweg? Doch wir entschieden uns anders. ALESJ ADAMOWITSCH, der damals im Vorstand des Filmemacherverbandes der Sowjetunion war, die Schauspielerin MARGARITA TERECHOWA, der Vorsitzende des Belarussischen Filmemacherverbandes WJATSCHESLAW NIKIFOROW und der Sekretär JEWGENIJ OGURZOW unterstützten unsere Idee, umgehend den Kindern von Tschernobyl zu helfen. Sie alle trugen dazu bei, dass die Entscheidung getroffen wurde, eine beträchtliche Summe von 100 000 Rubel für die Tschernobyl-Hilfe bereitzustellen.[6] Und ich erfuhr, dass ein Erholungsheim in Aksakowschtschina bei Minsk nicht belegt war. Dort könnte man wohnen, sich erholen, es gäbe Spielmöglichkeiten für die Kinder. Wir bezahlten mit dem Geld des Filmemacherverbandes den Aufenthalt in diesem kleinen Paradies für die Kinder, die ich im Waisenhaus bei Slawgorod getroffen hatte. 20 Tage später waren alle Kinder geborgen. Was für eine Freude!

Die Kinder mussten dringend behandelt werden: Bei 85 von 115 Kindern waren schon Erkrankungen festgestellt worden. Die Kinder verwandelten sich und schöpften Kraft und neuen Lebensmut. Das Wichtigste, was ich

---

[5] 1 Curie pro Quadratkilometer war der damalige Grenzwert
[6] Das durchschnittliche Monatsgehalt betrug damals ca. 150–200 Rubel

2 Der rebellische Anfang

Das 1. Tschernobyl-Tribunal, November 1989,
(v. l. n. r. J. Chadyka, S. Pasnjak, M. Tkatschew, G. Gruschewoj)

damals erkannte, war: Auch ohne einen schwachen Staat kann man Probleme lösen. Danach war mir klar, *was* zu tun war und *wie* man handeln musste.

Gennadij machte sich an den Aufbau einer selbständigen Struktur, die finanzielle, sachliche und Organisationsmöglichkeiten sucht und findet, um unabhängig vom Staat Veränderungen im Leben der hilfsbedürftigen Menschen und Familien zu bewirken. Natürlich beschäftigte mich auch davor die Frage, was mit uns allen passiert. Ich hörte, dass ALESJ ADAMOWITSCH einen Brief an Gorbatschow schrieb, der dem Generalsekretär persönlich überreicht wurde. Ich wusste, dass der Aufenthalt in der »Zone« gefährlich sein kann, hatte Angst und bat Gennadij, dass er nicht mehr dorthin fährt.

Das menschliche Denken ist schwer zu ergründen. Einerseits fürchtet man sich, denn man hat schon verstanden, dass die Durchschnittsdosis, für die ganze Sowjetunion berechnet, so nicht stimmen kann, weil man in dieser Hinsicht ja keinesfalls Wladiwostok und Gomel gleichsetzen darf. Diese »Statistik« besagte, dass auf jeden Sowjetbürger so eine geringe Strahlendosis entfalle, dass es keinen Grund zu Beunruhigung gäbe.

Andererseits wird man neugierig. Aber das waren sozusagen sporadische Einfälle. Die Gedanken kamen und gingen, weil offiziell ein massiver Informationsangriff gestartet wurde: »Sie brauchen nichts davon zu wissen, alles ist in Ordnung, es gibt keinen Grund für Befürchtungen.«

Offen gestanden, man wollte selbst auch das glauben, weil keiner gerne ein Kreuz über sein eigenes Leben macht und zugibt, dass es viel zu viel Lügen darin gegeben hat. Solange wie möglich, verwarf jeder von uns diesen Gedanken, wollte die reale Gefahr nicht wahrhaben, aber die Einsicht kam unabwendbar. Auch mir wurde auf einmal glasklar, dass wir alle sterben können, dass wir von einem solchen Unglück heimgesucht wurden, das die menschliche Zivilisation noch nie gekannt hatte. Man kann nicht »etwas tot« und »ganz tot« unterscheiden und es ist damit völlig egal, wie weit weg von Tschernobyl du lebst, einige dutzend oder einige hundert Kilometer entfernt.

Ich weiß noch, ich sagte damals zu Gennadij, dass wir unsere kleinen Kinder retten und von hier weggehen müssten. Er war schon vollkommen mit den Volksfront-Angelegenheiten ausgefüllt und entgegnete ziemlich schroff: »Dann geh halt weg.« Wohin? Alleine? Die Frage stand dann nicht mehr auf der Tagesordnung, obwohl damals das Gerücht aufkam (es stimmte sicherlich nicht, aber man wollte es glauben), dass Kanada alle von Tschernobyl betroffenen Belarussen aufnehmen wollte, man müsste nur irgendwo irgendwelche Papiere ausfüllen. Die Angst ließ einen verschiedene Märchen glauben.

2 Der rebellische Anfang

Text auf dem Schild: »Tränen von Tschernobyl – Blindheit der Regierung«, Minsk 1990

… denn ich weiß, die Milch ist verseucht.

Gleich nach der Reise durch die verstrahlten Gebiete wurde eine Kundgebung veranstaltet, zu der etwa zehntausend Menschen kamen. Sie fand neben dem Hotel »Planeta« im Zentrum von Minsk statt. Das Hotel gibt es immer noch, aber das Dorf in der Nähe ist jetzt weg, an der Stelle befindet sich das neue Museum für den Großen Vaterländischen Krieg. Neben dem Dorf wuchs Gebüsch, in dem sich trotz der offiziellen Genehmigung für die Kundgebung Antiaufruhrtruppen mit Hunden versteckt hielten. Das zeigte, wie viel Angst die Machtstrukturen vor den Bürgern hatten. Diese Kundgebung fand am 25. Juli 1989 statt. Warum habe ich das so genau in Erinnerung? Weil das am Tag nach Gennadijs Geburtstag war, den er jedoch in der »Zone« verbracht hatte. Bei der Kundgebung berichteten die Teil-

Schriftsteller A. Adamowitsch und Philosoph G. Gruschewoj

nehmer der Reise von ihren Erlebnissen und teilten mit, was ihnen andere Menschen dort, in den direkt belasteten Gebieten erzählt hatten. Alle hörten sehr aufmerksam zu. Es waren schreckliche Sachen. Ich konnte die Tränen nicht zurückhalten, alles sträubte sich in mir zu glauben, dass es wahr ist. Sie erzählten, wie Schwangere vor ihnen in die Knie gingen und um Erklärung flehten, was denn bei ihnen passiert. Wie Frauen weinten, dass man sie dort zum Sterben gelassen hatte, dass sie im Monat ein halbes Kilo unbelasteten Buchweizen bekommen und Milch von der eigenen Kuh trinken müssen, weil eine andere es einfach nicht gibt. Ich weiß noch, eine Frau hieß Maria Borzowa. Man hatte ihre Stimme auf Tonband aufgenommen. Ich zitiere aus dem Gedächtnis: »Ich gebe meinem Kind die Milch, es trinkt sie, und ich muss wegschauen und weinen, denn ich weiß, die Milch ist verseucht.«

2 Der rebellische Anfang

G. Gruschewoj eröffnet den 1. Kongress »Die Welt nach Tschernobyl«, Minsk, 1992
(v. l. n. r. Prof. J. Konoplja, Philaret (Metropolit von Minsk und Sluzk, Exarch des Patriarchen),
Prof. E. Schuchardt, Universität Hannover)

In den Rajons Tschetschersk und Slawgorod gab es Betriebe für die Verarbeitung von Äpfeln. Mitte 1989 waren bereits über drei Jahre nach dem Unfall verstrichen. Klar waren alle Äpfel strahlenbelastet. Die Frauen zeigten den Vortragsrednern ihre Hände, mit Ekzemen übersät – vom Sortieren der Äpfel. Sie sagten, sie arbeiteten ihr ganzes Leben lang in diesen Fabriken, aber nie sei etwas Ähnliches vorgekommen.

Noch etwas brannte sich mir ein: Wenn Kinder zusammenkamen und vom Asphalt zum Spielen aufs Gras gehen wollten, riefen ihnen Passanten zu, sie dürften das keinesfalls tun, weil die Straßen gewaschen wurden, der Rasen jedoch nicht.

Die Vortragsredner übernachteten in einem verlassenen Ferienheim. Das Personal war evakuiert worden. Wer weiß, vielleicht nahm Gennadij gerade dort die Dosis auf, die später seine Leukämie verursachte.

1. Kongress »Die Welt nach Tschernobyl«, 1992

Die Reise zeigte, dass Belarus nicht geringer belastet war als die benachbarte Ukraine. Nur über die Ukraine wusste man Bescheid, weil dort das Atomkraftwerk Tschernobyl liegt, und von den Verhältnissen in Belarus, nur 12 Kilometer weiter im Norden, hatte man jedoch keine Ahnung.

Man kam erst darauf, dass das Rajon Choiniki im Gebiet Gomel sehr stark mit Strontium verseucht war, als dort vermehrt Kinder mit Missbildungen zur Welt kamen. Strontium gefährdet ja die Erbanlagen. Regelrecht explosionsartig nahmen die Missbildungen zu, die in dieser Region zuvor nie vorgekommen waren. Wir listeten Kinder mit solchen Fehlbildungen auf. Allerdings wollte der Chefarzt diese Liste von den Kindern, die in dieser Klinik waren, nicht unterschreiben. Die Menschen lebten dort und waren der Strahlung ausgesetzt, ohne das zu wissen und ohne sich davor irgendwie schützen zu können.

So kam Tschernobyl in unser und mein persönliches Leben.

2 Der rebellische Anfang

Gennadij war nicht nur ein guter Philosoph, sondern auch ein echter, starker Kämpfer. »Die Zeit der Gespräche ist vorbei, lasst unser Handeln für uns sprechen!« sagte er. Als Erstes brachte Gennadij, wie oben berichtet, den Vorschlag ein, das Kinderheim aus Slawgorod mit 115 Kindern im Alter unter 7 Jahren vom radioaktiv verstrahlten Standort mit einer Belastung von 21 Curie pro Quadratkilometer und damit des 21-fachen des Grenzwerts, nach Aksakowschtschina zu verlegen.

Die Kinder sollten zusammen mit dem Personal in das Erholungsheim der Atomenergiebehörde im unbelasteten Gebiet bei Minsk untergebracht werden. Ein Erholungsheim, das besser als andere mit Medizintechnik ausgerüstet und mit guter Verpflegung ausgestattet war. Und anschließend sollten die Kinder nicht in die verseuchten Gebiete zurückkehren, sondern der Staat sollte dem Kinderheim ein anderes Gebäude in einer unbelasteten Region zuweisen.

Er sprach deswegen bei vielen Beamten, auch bei Kebitsch, dem damaligen Leiter der Planungsbehörde der Belorussischen Sowjetrepublik (später Premierminister der BSSR) vor. Ich weiß noch, wie nach dem Gespräch mit einem solchen »Natschalnik«[7] mein Ehemann eine erstaunliche Metamorphose erlebte. Als er hinging, war er, wie es heißt, ein blühender Mann im besten Alter. Aber als er zurückkam, hatte er ergraute Schläfen. So viel Willen und Kraft, so viel Energie und Durchsetzungsvermögen verbraucht! Ich war erschüttert darüber, dass ich meinen Mann kaum wieder erkennen konnte: Ein sanfter, ruhiger, sensibler Mensch war jetzt bis zum Zerreißen gespannt. Ein ganz veränderter Mensch war er geworden! Finster, äußerst konzentriert, wie geballt. Die ganze Freude am Leben schien für ihn vorbei zu sein. In den nächsten zwei Jahren war er wie ein Hammer, der unablässig auf einen Amboss einschlug.

---

[7] Natschalnik: Vorgesetzter, Chef – wird im Russischen auch in einem ironischen oder spöttischen Sinn benutzt.

Vater Alexander Nadson – einer der ersten, der die Hilfe für die Tschernobyl-Kinder organisiert hatte.

2 Der rebellische Anfang

Die Kinder aus dem Kinderheim Slawgorod wurden nach Aksakowschtschina gebracht. Aber bereits zwei Monate später schickte der Staat sie alle dahin, wo sie herkamen, an den radioaktiv verstrahlten Ort zurück.

Die ersten Kinderreisen ins Ausland

Der historische Lufthansa-Flug Minsk–Frankfurt für die Kinder von Tschernobyl gelandet am 06. 08. 1990 in Frankfurt/M.

Im Dezember 1989 ergriff Gennadij erneut die Initiative und sprach in Moskau ab, dass die Kinder aus dem Dorf Strelitschewo, Rajon Choiniki, die sich in drei Jahren wegen der hohen Cäsium- und Strontiumbelastung in verbitterte kleine Greise verwandelt hatten, nach Indien geschickt werden konnten. Heute kann man sich nur wundern, warum Indien? Aber damals war das die einzige gegebene Möglichkeit, die Kinder der Zerstörung durch radioaktive Stoffe zu entreißen und ihnen wenigstens für zwanzig Tage ein normales Leben zu ermöglichen. Die Kosten für die Reise durch ei-

G. Gruschewoj und die erste Gruppe erkrankter Kinder, Berlin 1990

nige indische Städte übernahm Mahatma Gandhis Großneffe, Yogesh Gandhi, Milliardär aus Amerika, der Schüleraustauschprogramme zwischen Indien und USA sowie USA und der Sowjetunion finanzierte. Wie es kommen konnte, dass statt der Schüler aus Moskau die belarussischen Kinder aus dem verseuchten Dorf Strelitschewo reisten, ist eine Geschichte für sich. Tatsache ist aber: Die allererste Gruppe der belarussischen Kinder von Tschernobyl flog am 19. Dezember 1989 aus Moskau nach Indien. In den Parteikreisen der Belorussischen Sowjetrepublik jedoch wirkte es wie eine Bombenexplosion: »Wer hatte das genehmigt?«

Gennadij hatte selbständig alle Unterlagen für die Gruppe vorbereitet und diese an der belarussischen Nomenklatura und dem Geheimdienst

2 Der rebellische Anfang

KGB[8] vorbei nach Moskau geschickt. Die Reise fand statt, die Kinder kehrten erholt und heiter nach Hause zurück, und wir alle erkannten, dass das auch ein Weg war, den kleinen Opfern von Tschernobyl zu helfen.

Die ersten Kinderreisen

Das Land hatte kein Geld. Wir baten Menschen im Ausland um Hilfe. Nicht die Regierungen sprachen wir an, sondern einfache Menschen. Norwegen, Jugoslawien (bis zum Krieg von 1991), Tschechien, Polen, Österreich, Italien, Deutschland meldeten sich als Erste. Im Ausland fingen wir mit den Gleichgesinnten an, Initiativen mit dem Namen »Den Kindern von Tschernobyl« zu schaffen.

---

[8] KGB – Комитет государственной безопасности, dt. Komitee für Staatssicherheit war der sowjetische In- und Auslandsgeheimdienst.

Im März 1990 wurde Gennadij trotz des massiven Widerstandes der lokalen kommunistischen Parteistrukturen ins belarussische Parlament gewählt. Als dessen Mitglied setzte er sich für die von den Volksfrontabgeordneten eingebrachte Gesetzgebung für die Kinder von Tschernobyl ein. Dank seiner häufigen Reisen in die verstrahlten Regionen, Gespräche und ermutigenden Reden und Taten, dank seines Organisationstalents konnten in 71 Rajons von Belarus Selbsthilfegruppen als Netzwerk der Stiftung »Den Kindern von Tschernobyl« e. V. entstehen.

Seine Ansprachen in verschiedenen Ländern ermöglichten, dass unsere Gruppen Partner nicht nur in Europa, sondern auch in Kanada, den USA und Japan finden konnten. Bürger aus 21 Nationen entdeckten das Land Belarus für sich, lernten seine Probleme kennen und begannen diese gemeinsam mit engagierten Belarussen zu lösen.

Die UN-Vollversammlung verabschiedete die Kinderrechtskonvention am 20. November 1959. Am selben Tag im Jahr 1990 wurde die Belarussische gemeinnützige Stiftung »Den Kindern von Tschernobyl« e. V. offiziell eingetragen, ein Folgeschritt in der Umsetzung der Kinderrechtskonvention. Unsere Arbeit jedoch, wie ich bereits sagte, hatten wir viel früher aufgenommen: Zum Zeitpunkt der offiziellen Eintragung bestand die erste unabhängige Bürgerinitiative in Belarus schon seit eineinhalb Jahren.

Vielen Menschen wurde vollkommen bewusst, dass man sich nicht aus der Verantwortung für das eigene Leben, ebenso wenig aus dem Leben der Kinder stehlen darf. Und am wenigsten darf man sich auf den Staat verlassen, der die ganze Gefahr der Lage verschwieg und vertuschte. Tschernobyl wurde zur Verkörperung des auf Lüge beruhenden Systems und gleichzeitig zu seiner Verurteilung.

Die von GENNADIJ GRUSCHEWOJ vorgelebte Losung »sich selbst helfen« fand in den Herzen vieler Menschen Anklang. Die ersten regionalen Strukturen entstanden und wurden lange vor der rechtlichen Eintragung der Stiftung aktiv. Das wurde zur gemeinsamen Philosophie, der Philosophie des guten Handelns. Gennadij bewog sich und uns, den damaligen

2 Der rebellische Anfang

Das Projekt »Kindergarten für Kinder mit Zerebralparese« in Minsk

Homo Sovieticus, unser Leben und das der anderen zum Besseren zu verändern.

Unser »Kampfabschnitt« war der Aufbau von Selbsthilfegruppen, die Organisation einer internationalen Hilfsbewegung, die Zusammenarbeit von Menschen mit dem Ziel, ihr Leben zu verbessern. Das war die Arbeit und der Traum von Gennadij, seine Vision. Und die Menschen vereinten sich. Gennadij versuchte nicht nur die Gesundheit der Kinder nach Tschernobyl zu retten, sondern er half den Menschen auch konkrete Aufgaben zur Gestaltung ihres Lebens und zur Schaffung einer Zivilgesellschaft zu lösen. Einer Zivilgesellschaft, in der freie Bürger ihr Leben nach eigenen Entwürfen gestalten, ohne abzuwarten, dass Väterchen Staat für sie sorgt.

Die Menschen verlangten vom Staat Handlungsfreiheit und Vertrauen darin, dass seine Bürger im gemeinsamen Interesse handeln und damit das eigene Land stärken. Sie forderten für ihre Kinder den Schutz vor Strah-

Der evangelische Kirchentag in Hamburg, 1995. Die BAG und die Stiftung »Den Kindern von Tschernobyl« e. V. am gemeinsamen Stand auf dem Markt der Möglichkeiten.

lung und vor Erkrankungen, aber auch Entfaltungsmöglichkeiten, eine sichere Zukunft und Chancen für die Verwirklichung ihrer Träume, Wünsche und Pläne. Das war für jeden nachvollziehbar. Tausende Menschen wirkten mit: Lehrer, Ärzte, Hochschulangehörige, Professoren, Assistenten, Sänger, Komponisten, Künstler, Journalisten und Sozialarbeiter. Allmählich kamen sogar Mitarbeiter aus Behörden dazu, die unterschiedliche Posten in lokalen Räten und Verwaltungen bekleideten.

Der Name *Stiftung* wurde übrigens nicht umsonst gewählt, obwohl die eigentliche Rechtsform der eingetragene Verein war. Nein, nicht das Geld

2 Der rebellische Anfang

Eine deutsche Gastmutter zu Besuch bei »ihren« Tschernobylkindern.

war die Grundlage unserer Organisation, wie es die Rechtsform einer Stiftung gewöhnlich voraussetzt, sondern Menschen waren das Fundament der Balarussischen gemeinnützigen Stiftung »Den Kindern von Tschernobyl« e. V. Mit ihrer Energie und Kreativität, mit ihrer Kühnheit und der alltäglichen Kleinarbeit stifteten sie die Initiativen und waren selbst das ihr zugrunde liegende Kapital.

Sie hatten kein Geld. Aber sie gestalteten Programme, schickten Kinder zur Erholung und Behandlung, bauten Jugendzentren auf, verhalfen zur Gründung von Vereinen für Liquidatoren, Behinderte, Umsiedler, gaben ihre Erfahrungen in der humanitären Zusammenarbeit weiter. Das muss man sich einmal vorstellen: In der Zeit unserer Arbeit kamen etwa 600 000 belarussische Kinder zu Erholungsaufenthalten ins Ausland. Die Bevölkerung einer ganzen Stadt!

Und wie viele Erwachsene haben mitgewirkt? Etwa zwei Millionen Menschen kamen nicht nur mit der konkreten Sache des Kinderschutzes in Kontakt, sondern nahmen auch aktiv daran teil. Sie konnten spüren, wie wichtig und gefragt ihr Handeln war.

Dabei ging es ja nicht nur um Erholung und Behandlung im Ausland, sondern auch um neue Eindrücke, neue Erlebnisse, neue Freundschaften, von denen noch viele bis heute bestehen. Wenn man will, auch eine neue Lebensphilosophie. Ich behaupte nicht, dass bei allen Kindern ein Umdenken erfolgt ist, dass sie aber ein anderes Leben miterleben konnten, prägte für immer ihre Sicht. Sie fingen an, das, was da ist, mit dem, was möglich ist, zu vergleichen.

»Warum gerade die Kinder?« fragen Sie vielleicht. Jeder ehemalige Sowjetbürger hat es noch im Ohr: »Alles Beste für Kinder!« – »Der Heimat danken wir für die glückliche Kindheit!« Schöne Parolen, aber leider sehr oft nichts als leere Phrasen, Floskeln! Heute wissen wir, dass sie mit zu den zentralen Mythen der Sowjetideologie gehörten. Schaute man aber hinter die Kulissen, tat sich ein ganz anderes Bild auf – gerade nach der Tschernobyl-Katastrophe.

Kinder, die im verstrahlten Sand spielten, strahlenbelastete Milch tranken, die verdünnt wurde, damit die Dosis unter den Grenzwert sank, der an sich schon unzulässig war. Diese *zulässig* gewordenen Dosen der Radionuklide, die sich im Körper des Kindes anreicherten, überforderten mit ihrer Belastung vielfach das kindliche Immunsystem und untergruben die kindliche Gesundheit.

Der schnell wachsende Körper eines Kindes kommt zeitlich mit der Selbstregenerierung der von kleinen Strahlendosen zwar geschädigten, aber immer noch lebendigen Zellen nicht zurecht. Gerade darin liegt die besondere Gefahr geringer Strahlendosen, dass sie die Zellen nicht töten, sondern beschädigen. Und dann teilen sich solche schadhaften Zellen beim Wachs-

2 Der rebellische Anfang

tum, und ihre Anzahl nimmt mit jeder weiteren Zellteilung zu. Da will man zurufen: »Wachst nicht so schnell! Haltet ein!« Ist das aber nicht das Schönste an Kindern, dass sie wachsen? Leider werden Kinder durch diese schöne Eigenschaft bei ständiger Strahlung besonders empfindlich. Ich muss es wiederholen: Sogar wenn die Strahlung in kleinen oder kleinsten Dosen aufgenommen wird. Stimmt, da geht es noch nicht um Erkrankungen, aber auch niedrige Strahlendosen schaffen die Voraussetzungen dafür. Je größer die Belastung, desto höher die Wahrscheinlichkeit, dass es zu einer Störung im Körper kommt, zu einer schlimmen Erkrankung.

Irina Gruschewaja spricht auf der Kundgebung 10 Jahre nach Tschernobyl.
Die Sicherheitskräfte sind noch unentschlossen, ob sie eingreifen sollen.

Als wir uns des ganzen Schreckens des Unglücks von Tschernobyl voll bewusst wurden, versuchten wir, mit Hilfe der Stiftung den Kindern, die stets der Strahlenbelastung ausgesetzt waren, eine Erholung wenigstens für eine kurze Zeit zu ermöglichen. Eine Verschnaufpause für den Körper, damit die Regenerationsprozesse über die Zerstörung, die durch kleine Strahlendosen verursacht wird, die Oberhand gewinnen könnten.

Gerade zu diesem Zweck starteten wir Aktionen, die etwas später als »Erholung der Kinder im Ausland« bezeichnet wurden.

1. Tschernobyl-Protestmarsch in Minsk, 30. September 1989, damals noch in der Sowjetunion

Am tragischen Morgen des 26. April 1986 blies der Wind gerade aus der Ukraine.

Zwei Drittel der radioaktiven Stoffe, die nach der Explosion im Atomkraftwerk in den Himmel stiegen und zu todesgefährlichen Wolken wurden, legten sich auf Belarus nieder.

Die Häuser wurden mit Zäunen und Brunnen, mit Familienalben und Büchern, Möbeln und Haushaltsutensilien in dafür ausgehobene Gräben geschoben und mit Erde zugeschüttet.

деревня Липа
127 дворов
312 жителей
Выселена
1991-1992 гг.

3 Der Wind von Tschernobyl

Luninez[1] befindet sich im Südwesten des Gebietes Brest. Die Entfernung bis zur belarussischen Hauptstadt Minsk beträgt 260 km und bis zum Atomkraftwerk Tschernobyl, das sich fast an der Grenze zwischen der Ukraine und Belarus befindet, nur 100 km mehr. Das spielte eben seine fatale Rolle am 26. April 1986. An dem tragischen Morgen blies der Wind gerade aus der Ukraine. Zwei Drittel der radioaktiven Stoffe, die nach der Explosion im Atomkraftwerk in den Himmel stiegen und zu todesgefährlichen Wolken wurden, legten sich deswegen auf Belarus nieder. Am meisten betroffen waren die Gebiete Gomel und Mogilew, aber auch vier Rajons der benachbarten Region Brest wurden verseucht.

Wusste bei der Demonstration zum 1. Mai 1986 noch keiner in Luninez von der Katastrophe in Tschernobyl, so waren einige am Vorabend der traditionellen Parade am 9. Mai schon unterrichtet, dass im Atomkraftwerk Tschernobyl etwas Schlimmes passiert war und Menschen, vor allem Kinder, sich davor hüten müssten. Aber das alles ging zuerst nur als Gerücht um. Die offizielle kommunistische Propaganda schwieg niederträchtig.

Die Stadt Luninez hat neben der Verseuchung durch Tschernobyl mit zwei weiteren Umweltproblemen in der Umgebung zu kämpfen. Es geht erstens um die sehr gesundheitsschädliche und umweltfeindliche Gewin-

---

[1] Anmerkung des Autors: Ich bin dank der Deutschen Botschaft in Minsk circa 5 000 km durch die Orte gefahren, die von der Katastrophe im Atomkraftwerk Tschernobyl betroffen sind. Meine erste Station war Luninez.

Bild links: Gedenktafel für das Dorf Lipa, 127 Höfe, 312 Einwohner, ausgesiedelt 1991–1992

3 Der Wind von Tschernobyl

nung und Verarbeitung von Gesteinen durch den Staatsbetrieb »Granit« in der Stadt Mikaschewitschi und zweitens um das Endlager für radioaktive Abfälle im benachbarten Stolin in einer direkten Entfernung von 40 km, von dem früher allein Militärs und die Einheimischen wussten.

Noch nennt man Luninez »Erdbeerenhauptstadt« von Belarus. Tatsächlich kommen die meisten Autos, die zu Anfang der Saison Erdbeeren zum Verkauf nach Minsk bringen, aus dieser Rajonstadt. Vor Ort, wo Beeren gesammelt werden, kosten sie nur die Hälfte oder ein Drittel vom Preis auf dem zentralen Komarowski-Markt in Minsk.

Aber wie gefährlich sind diese Beeren? Die Behörden von Minsk sprechen von genauester Überprüfung der radioaktiven Belastung, aber viele haben in dieser Hinsicht ernsthafte Bedenken – wie überhaupt in Bezug auf die Behauptung, dass Lebensmittel aus den radioaktiv verstrahlten Regionen heute völlig ungefährlich für die menschliche Gesundheit wären. Weil man weiß, wie die Werte manchmal eingehalten werden: Strahlenbelastete Lebensmittel werden schlichtweg mit strahlungsfreien verdünnt oder vermischt. So verkauft man etwa heute Milch aus Luninez schon frei, während es früher nachdrücklich untersagt war, Kleinkinder damit zu ernähren. In die lokalen Milchküchen wurde die Milch in besonderen Flaschen gebracht. Schwer zu beurteilen, ob die Lebensmittel tatsächlich unbedenklich geworden sind. Klar ist nur, dass diejenigen, die wissen, wie sie hergestellt werden, selbst dieses »saubere Zeug« so gut wie nie zu sich nehmen.

Was man von denen nicht sagen kann, die stets in den radioaktiv verstrahlten Regionen leben. Die Menschen haben meist vergessen, dass man in ihrem Gebiet keine Pilze und Beeren sammeln darf und keine Milch von den Kühen trinken darf, die dort weiden. Es stimmt, an der Erdoberfläche gibt es jetzt weniger radioaktive Stoffe als früher, aber sie sind nicht verschwunden, sondern etwas tiefer in den Boden eingedrungen. Es fällt sehr schwer, über die Objektivität der offiziellen Statistiken zu diskutieren, aber auch ihre Angaben sind von Zeit zu Zeit haarsträubend. Vor kurzer Zeit wurde mitgeteilt, dass 42 % der Pilze und 30 % der Beeren, die in Belarus wachsen, einen erhöhten Gehalt an Cäsium 137 aufweisen. Und das, obwohl seit der Tschernobyl-Katastrophe schon 30 Jahre vergangen sind.

Cäsium ist nur eines der Probleme, es gibt noch viele andere. Das Rajon Luninez gehört zu den am stärksten mit Plutonium bzw. seinem Zerfallsprodukt Americium verseuchten Regionen. Ihre Strahlung wirkt sich sehr stark auf das Kreislaufsystem aus. Gerade deswegen werden neben Krebserkrankungen in der Region Luninez so oft Herzinfarkte und Schlaganfälle festgestellt wie fast nirgendwo sonst in Belarus. Dazu kommt, dass die Radioaktivität die Sehkraft stark beeinträchtigt. Deswegen sieht man in der Region Luninez überdurchschnittlich viele Kinder, die Brillen tragen müssen. Auch ein ungewöhnlicher Zuwachs von Diabetes wird verzeichnet. Diabetes mellitus wird hier sogar schon bei Säuglingen diagnostiziert.

Tatjana Koslowa

TATJANA KOSLOWA moderiert nahezu die ganze Tschernobyl-Arbeit in der Region Luninez. Das von ihr gegründete Jugendzentrum bildet den Mittelpunkt davon.

TATJANA KOSLOWA: Gleich Anfang der 1990er Jahre zeichnete die Soros-Stiftung[2] die Bildungsqualität unserer Schüler mit einem Sonderpreis aus. Bei dem Empfang zu diesem Anlass lernte ich IRINA GRUSCHEWAJA kennen. Wir beschlossen gemeinsame Aktivitäten. Sie bat uns, einen Raum für ein Büro zu finden, und bald darauf brachte sie Schweizer zu uns. Beim Treffen besprachen wir die Schwerpunkte der Tätigkeit und erfuhren, dass die Stiftung neben der rein auf Tschernobyl bezogenen Themen noch viel Interessantes machte. Zu ähnlichen Aktivitäten wurden auch wir aufgerufen. So entstand in Luninez ein eigenes unabhängiges Jugendzentrum. So-

---

[2] Die Open Society Foundations (OSF) ist eine Gruppe von Stiftungen des amerikanischen Milliardärs George Soros, die den Gedanken der Offenen Gesellschaft durch Unterstützung von Initiativen der Zivilgesellschaft vertritt und politische Aktivitäten finanziert, insbesondere in Mittel- und Osteuropa.

3 Der Wind von Tschernobyl

Tatjana Koslowa, Leiterin der Tschernobyl-Arbeit in der Region Luninez

fort begannen wir verschiedene Jugendprojekte zu verwirklichen, uns mit den Umweltproblemen auseinanderzusetzen und Alten und Behinderten zu helfen.

Besonders attraktiv war für uns das Jugendfestival »Blick in die Zukunft«, organisiert für die Jugendlichen der Tschernobyl-betroffenen Regionen von der Stiftung »Den Kindern von Tschernobyl« e. V. in Minsk. In einem dreitägigen bunten Programm war auch ein Wettbewerb der Projektpräsentationen vorgesehen, wobei die Sieger mit wertvollen und von Jugendlichen begehrten Preisen/Geschenken ausgezeichnet wurden, z. B. Computer, Hifi-Anlagen, Fernseher o. ä. Diese Preise wurden in den jeweiligen Orten für die Jugendprojekte verwendet. Erfreulich war, dass schon beim ersten Jugendfestival 1995 in Minsk, unsere Mannschaft »Zukunft der

Tatjana Koslowa und Angela Gessler zu Besuch in der Redaktion einer örtlichen Zeitung in Luninez

Region Luninez« den Sieg davontrug. Mit der Zeit änderte sich die Zusammensetzung unserer Teams, aber sie schnitten immer gleich gut ab. Gleich blieb auch der Name. Dazu boten diese Festivals, die dann zu Foren wurden, unseren Jugendlichen die Gelegenheit, Beziehungen zu ihren Gleichaltrigen aus anderen belarussischen Regionen zu knüpfen und mit ihnen Freundschaft zu schließen. Es gab Jahre, an denen bis zu 20 Mannschaften an den Festivals teilnahmen. Und nachdem die bei uns entwickelte Solaranlage »Pramen« zum besten Umweltprojekt des Landes erklärt worden war, reisten wir dank IRINA GRUSCHEWAJA zum ersten Mal nach Deutschland. So TATJANA KOSLOWA.

Manchmal entsteht der Eindruck, dass der belarussische Staat ausschließlich das gut findet, woran er sich beteiligt. Alles andere wird als »subversive Tätigkeit« der so genannten fünften Kolonne abgestempelt. Sogar wenn

3 Der Wind von Tschernobyl

die »subversive Tätigkeit« Hilfe für Menschen zum Zweck hat. Manchmal kommt es einem so vor, als ob es in Belarus zwei Arten von Einwohnern gibt, die ein völlig verschiedenes Leben führen.

Der Staatspräsident Alexander Lukaschenko rührt alljährlich vor dem Trauertag am 26. April persönlich die Propagandatrommel, wenn er sich auf eine Reise durch die Regionen macht, die von der Katastrophe im Atomkraftwerk Tschernobyl am meisten betroffen sind. Nach dem Motto: »Was schwafelt ihr da bei euren Tschernobyl-Gedenkmärschen rum, während ich mich hier ins Zeug lege, um konkrete Ergebnisse zu erzielen«. Der Zynismus besteht vor allem darin, – damit der Staatschef dieses Themenfeld für sich allein beanspruchen kann – dass das heutige Regime auf jede erdenkliche Weise die Zivilgesellschaft daran hindert, den Bewohnern der radioaktiv verstrahlten Regionen zu helfen. Es gibt haufenweise Beispiele dafür, wie Beamte Menschen gezwungen haben, auf die Hilfe zu verzichten, die nicht von den Behörden selbst kam. Nicht einmal mit den Kinderheimen hatten sie Mitleid. Sie mussten »oppositionelle« Spielsachen und Nahrung ablehnen ebenso durften Bibliotheken und Schulen keine Bücher annehmen. Es gab Fälle, in denen Schwerkranke nicht rechtzeitig die aus dem Ausland gebrachten Arzneimittel bekommen konnten. Die Menschen starben an Krebserkrankungen, während Zollbeamte absichtlich die Abfertigung von Hilfslieferungen verzögerten.

Auch in Luninez wurde die Entstehung der neuen Initiative von den Behörden ohne Begeisterung aufgenommen. Darüber hinaus konnten die Beamten nicht begreifen, wozu man etwas Neues aufbauen wollte, wenn es das so genannte Haus für kreative Jugendliche sowie entsprechende Arbeitsgemeinschaften an Schulen gab. »Was für ein Jugendzentrum denn noch?« TATJANA KOSLOWA musste erklären, dass das Jugendzentrum am Wochenende arbeitet, wenn die Schulen geschlossen sind. Wenn die lokalen Behörden zuerst auch gewisse Unterstützung leisteten, bald war es damit vorbei. Ein Zeugnis dafür ist die Tatsache, dass das Zentrum bisher fünfmal umziehen musste. Was ein Umzug bedeutet, bedarf keiner besonderen

Erklärung: Wie es im Volksmund heißt, kommt ein Umzug zwei Bränden gleich. Besonders wenn man berücksichtigt, dass die Räumlichkeiten, die man TATJANA KOSLOWA zur Verfügung stellte, nicht immer – sehr diplomatisch ausgedrückt – den angenehmsten Anblick boten. Jedes Mal nach dem Einzug musste sie mit einer gründlichen Renovierung beginnen.

Auch die »harmlosesten« Erfolge wurden von den Behörden gereizt aufgenommen. Und bevor, wie erwähnt, die Solaranlage »Pramen« zum besten Umweltprojekt des Landes ausgewählt wurde, setzte man TATJANA KOSLOWA verstärkt unter Druck. Die Zeitung »Luninezkije Nawiny« schrieb, TATJANA KOSLOWA setze sich mit ihren Aktivitäten der Politik von Lukaschenko entgegen und stelle sich zusammen mit zwölf Schülern gegen den Bau des Atomkraftwerks in Belarus. Den Autor dieser Zeitung kümmerte es nicht einmal, dass die Suche nach alternativen, umweltfreundlichen Energieträgern keine »Umtriebe von Luninez« sind, sondern es eine weltweite Entwicklung für alternative Energiequellen gibt. Es war ein so offensichtlicher Unsinn, dass der Chefredakteur später um Verzeihung bitten musste. Aber jeder weiss, was man schreibt, das bleibt.

TATJANA KOSLOWA fährt fort: Vor zwanzig Jahren haben wir mit Hilfe des Ehepaars Gruschewoj Kontakt zu einer Initiative aus der deutschen Stadt Rottweil aufgenommen. Diese Initiative wird von der wunderbaren Frau ANGELA GESSLER geleitet. Sie ist ebenso wie ich Lehrerin und arbeitet in einer Sonderschule. Soviel ich weiß, gehörte sie zu den ersten Partnern der Stiftung »Den Kindern von Tschernobyl« e. V. Solche guten und tatkräftigen Leiterinnen sind mir bisher noch nicht begegnet. ANGELA GESSLER arbeitete nicht nur mit den Freunden ihrer Initiative, sondern auch mit der lokalen Verwaltung effektiv zusammen. Aus diesem Anlass hatte sie der Oberbürgermeister sogar mit einer Urkunde ausgezeichnet. Wenn wir kamen, veranstaltete sie immer ein Konzert im Rathaus. Die belarussischen Kinder in belarussischen Trachten sangen belarussische Lieder. Wie schön war das!

3 Der Wind von Tschernobyl

Tatjana Koslowa (Mitte) bei der Protestkundgebung gegen Atomkraft, Lüchow-Dannenberg, 2011

Von unseren aktuellen Projekten setzten wir die meisten gerade mit Rottweil um. Das erste Projekt hieß »Die kleine Welt soll groß werden«. Die Zielgruppe waren behinderte Kinder und Kinder aus dem Kinderheim. Zusammen mit ihnen veranstalteten wir Konzerte und feierten Feste. Das zweite Projekt hieß »Hüte dich vor Unheil, bevor es hereinbricht«. Es ging hier um Drogensucht- und AIDS-Prävention. Mit interessanten Konferenzen, Gesprächen, Wettbewerben usw. versuchten wir vor allem die so genannten arbeitenden Jugendlichen anzusprechen, das heißt Auszubildende und junge Arbeiter in Betrieben wie im Werk »Granit« in Mikaschewitschi.

Der Umweltschutz ist unser dritter Schwerpunkt, dazu gibt es seit über 15 Jahren das Projekt »Mit guten Ideen die Welt verändern« mit wechselnden Themen. Jetzt gilt es, den Einbau von neuen Filtern im Werk »Granit« durchzusetzen, das nicht nur der größte, sondern auch der umweltschädlichste Betrieb in unserem Rajon ist. Auch die Abfälle dieses Betriebs machen uns Sorgen, weil sie so viel gesundheitsschädliches Blei enthalten. Daneben forschen wir zu dem Thema, wie der Konsum einzelner Kartoffelsorten mit der Entwicklung der Zuckerkrankheit zusammenhängt.

Nach dem gleichen Muster wie mit Rottweil arbeiten wir seit über zehn Jahren mit der Schweizer Initiative »Tschernobylhilfe Hardwald« e. V. zusammen, die sich auch nicht nur mit der Erholung unserer Kinder beschäftigen, sondern auch andere Jugend- und Umweltprojekte unterstützen.

Nochmals will ich an dieser Stelle IRINA UND GENNADIJ GRUSCHEWOJ danken. Solche Menschen gibt es nur einmal! Dank ihnen konnten sich auch etwa 1 500 Kinder aus Luninez im Ausland erholen, die Erholungsaufenthalte finden immer noch statt. Die Hauptsache ist, dass sie uns beigebracht haben, wie man sich engagiert.

Galina und Galina

Die Reise ins Rajon Slawgorod war ein Abenteuer für sich. Nach vier Stunden Fahrt war die Asphaltstraße zu Ende. Es gab keine Menschen und auch keine Straße mehr. Verlassene Dörfer, mit Brettern zugenagelte Fenster, fehlende Gemüsegärten ließen gewisse Vermutungen aufkommen. Bald wurden sie bestätigt: Schilder an Bäumen, die vor Strahlungsgefahr warnten, zeigten unmissverständlich, dass wir zufällig in die Zone eingedrungen waren. Früher hatten Milizbeamte keinen dorthin hineingelassen. Heute kümmert sich niemand mehr darum. Man sagt, von den drei Posten der Verkehrspolizei GAI, die früher aufgestellt waren, funktioniert jetzt höchstens einer. Es geht dabei nicht nur um den immer wieder beschworenen Spardruck. Offiziell haben wir ja die Strahlung besiegt, deshalb wurde die Straße, die es in der Wirklichkeit nicht mehr gibt, wieder in die Karte aufgenommen.

Dem Fahrer und mir wurde ein wenig unheimlich zumute. Dann, etwa nach hundert Meter Landstreifen, der das lebensgefährliche Gebiet vom

3 Der Wind von Tschernobyl

»unbelasteten« trennt, sah ich einen ganz frisch gebauten Kuhstall. Der Anstrich war noch nicht ganz trocken. Vielleicht war gerade das eine Verkörperung des von der Propaganda erklärten »Sieges über die Strahlung«. Ich glaube das nicht, dass der Abstand zwischen »Leben nicht möglich« und »alles in Ordnung« auf hundert Meter bemessen wird. Besonders wenn man an Regen, Wind und Grundwasser denkt.

Der Name des Dorfes Rshwaka ist vielsagend, er leitet sich von der Fügung »rostiges« Wasser ab, weil es zahlreiche Sümpfe um das Dorf herum gibt. Verwaltungsmäßig gehört es zum Rajon Slawgorod im Gebiet Mogilew. 2005 wurde das Dorf zum Agrarstädtchen erklärt. Nach statistischen Angaben beträgt seine Einwohnerzahl aktuell etwa 400 Menschen.

Schulleiterin Galina Siwakowa (links) und Lehrerin Galina Jermakowa

Die Geschichte der Schule in Rshwaka begann im Jahr 1918. Zuerst war sie nur eine Grundschule und wurde nach dem Krieg in eine so genannte

Basisschule mit acht bzw. später neun Klassen umgewandelt. Die Schule in einigen Holzhäusern untergebracht, zog 1989 in einen Steinbau, der ursprünglich für ein Internat geplant war. Nach dem traurig bekannten Unfall im Ort Krasnopolje, wo im Januar 2004 während des Sportunterrichts eine Mauer und das Dach der Sporthalle einstürzten, vier Menschen tödlich und weitere zwanzig verletzt wurden, wurden alle Schulen in Belarus sorgfältig auf ihren Bauzustand überprüft. In Rshwaka erkannten Experten aus Grodno sofort das Problem, das davor mehrmals angesprochen, allerdings von einigen sehr gern »überhört« worden war: Undichtes Dach und Risse im Mauerwerk.

Die Schule wurde für eine Sanierung geschlossen, die drei Jahre dauerte. Wer weiß, worauf alles hinausgelaufen wäre – höchstwahrscheinlich auf eine Zweckentfremdung –, wenn sich die Bewohner des Ortes nicht für die Bildungschancen ihrer Kinder eingesetzt hätten. Sie richteten eine Eingabe an den Leiter der Gebietsverwaltung Mogilew und wiesen darauf hin, dass das Agrarstädtchen Rshwaka der Mittelpunkt einer leistungsstarken landwirtschaftlichen Produktionsgenossenschaft sei, die aber ohne eine eigene Schule bald verkommen könne. Das Argument wirkte. Eine Zweckentfremdung trat nicht ein, und die Sanierung wurde mit einem ansehnlichen Betrag von 12 Milliarden belarussischen Rubeln bezuschusst.

Drei Jahre lang mussten die Lehrer aus Rshwaka in anderen Schulen arbeiten, die über das ganze Rajon Slawgorod verstreut waren, die meisten in einer Schule, die 25 km vom Dorf entfernt lag. Die Schüler wurden mit Bussen täglich zu den Lernorten befördert. 2013 nahm die Basisschule in Rshwaka nach der sehr ordentlich ausgeführten Sanierung ihre Arbeit wieder auf. Gerade dort kamen wir nach unseren Abenteuern an. Im Lehrerzimmer erwarteten uns und machten sich schon Sorgen die Schulleiterin GALINA SIWAKOWA und ihre Mitstreiterin in allen Tschernobyl-Angelegenheiten GALINA JERMAKOWA, die viele Jahre Erdkunde unterrichtet, den Hort betreut hat und jetzt noch dazu als Schulpsychologin wirkt. Einst hatte sie davon geträumt, Lehrerin für Belarussisch zu werden, aber als sie sich um

3 Der Wind von Tschernobyl

die Aufnahme an der Hochschule bewarb, wurden keine entsprechenden Studienplätze angeboten. Ihr Satz »Wenn ich Kühe gehütet habe, habe ich mit ihnen Belarussisch gesprochen« bleibt mir noch für lange in Erinnerung, denn es stimmt mich gleichzeitig fröhlich und traurig. Fröhlich, weil es solche Menschen gibt, für die Belarussisch so natürlich ist. Und traurig, weil ich verstehe, dass sie jetzt kaum jemand finden, mit dem sie sich in der Sprache unserer Vorfahren unterhalten können.

Ende der neunziger Jahre schrieben die beiden Frauen an GENNADIJ GRUSCHEWOJ: »... den Kollegen aus dem benachbarten Ort Swensk wird geholfen, uns aber nicht.« Einige Wochen später kam ein Anruf aus Minsk mit der Frage nach konkreten Bitten. Um alles besser zu erklären, kamen die beiden Galinas anschließend nach Minsk. In einem persönlichen Gespräch mit dem Leiter der Stiftung »Den Kindern von Tschernobyl« e. V. schilderten sie ihre Bedürfnisse. Seit der Zeit sind mehr als 15 Jahre vergangen.

In meinem Leben habe ich viele Dorfschulen erlebt, an diese aber werde ich mich noch lange erinnern. Sie fällt vor allem durch ihren gepflegten Zustand auf. Seit den ersten Minuten spürt man, dass es eine sorgende Hand im Haus gibt. Alles wirkt akkurat und schön, hier herrscht eine ideale Ordnung wie in »Vorzeige-Garnisonen«. Der Unterschied ist allerdings der, dass in einer Garnison die ideale Ordnung erst vor einer nächsten Prüfung einkehrt, und hier in dieser Schule lebt man sie jeden Tag.

Prüfungen sind in der Schule übrigens auch keine Seltenheit. Man könnte an dieser Stelle lange über »wertvolle Hinweise« hoch gestellter Besserwisser spotten, weil die Situation mit der Schule in Rshwaka für die belarussische Gegenwart ganz typisch ist. Ich beschränke mich aber auf die Volksweisheit »Wer den Wagen gut zieht, dem wird noch mehr aufgeladen.« Als Journalist stehe ich dem Gesehenen immer recht kritisch gegenüber. Zum Glück ist die Schule in Rshwaka der seltene Fall, wenn die Augen das sehen, was tatsächlich ist. Um Ordnung kümmert man sich nicht, weil Gäste kommen, sondern es gehört zum Lebensstil. Vieles kann sich hier sehen lassen: eine schöne Aula, eine ganz neue Sporthalle (vor der Sanierung konnten die

Schüler nur draußen Sport treiben), ein ansprechender Speiseraum, gemütliche Klassenräume, ein Spielzimmer und ein Schlafraum für die Erstklässler.

Beeindruckend ist, dass den Schülern kostenlose Mahlzeiten angeboten werden: Dreimal für diejenigen, die im Hort bleiben und zweimal für die anderen Schüler. Geben Sie zu, in den Zeiten der Marktwirtschaft ist so etwas kaum zu erwarten. Sogar wenn sich diese Wirtschaft sozial orientiert gibt. Übrigens ist Rshwaka im Rajon Slawgorod nach der Anzahl der Familien mit Adoptivkindern führend, und die meisten davon sind die Familien der Lehrer dieser Schule. Die Schule hat für 60 Schüler Platz, derzeit werden hier 51 Kinder und Jugendliche von 17 Lehrern unterrichtet. Kurz und gut: Alles ist, wie es sich gehört.

GALINA SIWAKOWA wirkt schon seit mehr als 30 Jahren an der Schule, 20 davon in leitenden Positionen. Eine interessante Tatsache: Als nach drei Jahren Sanierung beschlossen wurde, die Schule in Rshwaka wieder zu eröffnen, wollte sie, wie das junge Volk sagt, »downshiften« und wieder eine gewöhnliche Lehrerin werden, doch keiner zeigte Verständnis für ihren Wunsch: Die Beamten in der Bildungsbehörde wussten wohl zu gut, dass sie kaum einen anderen so einsatzbereiten und arbeitsamen Schulleiter finden würden.

Nicht weniger Arbeitserfahrung als Lehrerin hat auch GALINA JERMAKOWA, die 1982 auch an diese Schule kam. Die beiden zählen sich zur alten Formation, und es geht gar nicht so um das Alter, sondern vielmehr um verantwortungsvolles Herangehen an jede Aufgabe. Die beiden Galinas können einfach nicht nachlässig oder liederlich arbeiten. Und noch eins: Anhänger der pragmatischen Einstellung zum Leben, die in letzter Zeit äußerst viele geworden sind, werden das wohl nicht nachvollziehen können: Mit allen Tschernobyl-Projekten beschäftigen sich die Frauen ehrenamtlich, also völlig ohne Entgelt. So ist eben die Philosophie der Gemeinnützigkeit.

Nach dem persönlichen Kennenlernen der Stiftung »Den Kindern von Tschernobyl« e. V. ging man in Rshwaka sofort an die Arbeit. Alles begann

3 Der Wind von Tschernobyl

mit der Kindererholung im Ausland. Schon im nächsten Sommer hörte man im Dorf die Namen der Länder: Deutschland, Italien, die USA. GALINA SIWAKOWA koordinierte die Arbeit und GALINA JERMAKOWA begleitete unmittelbar Kindergruppen ins Ausland. Gemeinsam stellten sie Gruppen zusammen, wobei kinderreiche Familien bevorzugt wurden, reichten Unterlagen ein und begleiteten die Kinder bis Brest, bis zur belarussischen Landesgrenze. Und das alles auf eigene Kosten.

Wer sich mit solcher Arbeit beschäftigt hat, weiß gut, wie viele Nerven sie kostet. In der Theorie sieht alles leicht und einfach aus, aber in der Wirklichkeit stößt man auf Schritt und Tritt auf Hindernisse. Manchmal bekommt man den Eindruck, die einheimische Bürokratie sei geradezu dazu geschaffen worden, um freiwilligen Helfern Probleme zu bereiten. An dieser Stelle muss man allerdings die Haltung der Rajon- und Gemeindeleiter würdigen. Keiner von ihnen versuchte je, auf die Auswahl von Kindern für einen Erholungsaufenthalt im Ausland Einfluss zu nehmen.

Übrigens beschränkte sich die gemeinsame Arbeit der Schule in Rshwaka und der Stiftung »Den Kindern von Tschernobyl« e. V. nicht auf die übliche Kindererholung im Ausland. Damals schon fanden in Minsk jährlich Jugendkonferenzen und Jugendfestivals statt. Die beiden Galinas wurden zweimal als Gäste eingeladen, bevor man dann sagte: »Sie haben jetzt genug von den anderen gesehen, es ist Zeit, etwas Eigenes aufzubauen!«. So entstand das Jugendzentrum »Hoffnung des 21. Jahrhunderts«. Wenn etwas Ähnliches in einer Stadt gegründet wird, so ist das mehr oder weniger gewöhnlich, aber in einem Dorf? Ich irre mich nicht, wenn ich behaupte, dass es für die meisten fast wie ein Märchen, eine unglaubliche Phantasie erschien. In Rshwaka setzte man sie in die Wirklichkeit um.

Eine Schulleiterin hat immer viel Arbeit, deswegen beschlossen die Frauen ihre Tschernobyl-Aufgaben zu teilen. GALINA SIWAKOWA konzentrierte sich ausschließlich auf die Erholung und GALINA JERMAKOWA übernahm alles, was die Arbeit des Jugendzentrums betraf. Zu tun gab es mehr als genug. Zuerst wurde im Kulturhaus des Dorfes ein Raum für das Zentrum zur Verfügung gestellt. Doch bald wurde klar, dass dieser zu eng war und größere Räumlichkeiten gefunden werden mussten. Am Anfang gab es wie gewöhnlich nichts als kahle Wände. GALINA JERMAKOWAS Mann baute Regale aus den Brettern, die der hiesige Agrarbetrieb bereitstellte, und die Schule half mit der Erstellung von Informationstafeln.

Die schönen Bilder, die heute die Leistungen des Jugendzentrums zeigen, gehören auch dazu, sagen aber nichts darüber aus, wie viel uneigennütziger Einsatz dahinter steckt. Eben uneigennützig, weil die Frauen für diese Arbeit mit keinem Groschen belohnt wurden. Mehr noch: Manchmal mussten sie noch eigenes Geld ausgeben, etwa für Reisekosten bis Brest, wenn Kinder ins Ausland gebracht wurden, oder für den Kauf von Büromaterial oder für die Erstellung von Fotos – in voller Klarheit darüber, dass diese Ausgaben nie erstattet würden. Deswegen, wenn ich jemand lästern höre, dass solche Menschen angeblich »nicht einfach so« Initiative entfalten, schlage ich dem Lästerer immer vor, mit ihnen mal den Platz zu tauschen, aber noch nie hat einer diese Gelegenheit wahrgenommen. So gab es einen Versuch, etwas wie ein Jugendzentrum zu schaffen, auch in Slawgorod; als der Anreger aber erfuhr, dass die ganze Sache absolut keinen Ertrag abwirft, verflüchtigte sich sein Elan schlagartig.

Viele können diese Motivation ebenso wenig verstehen wie die Tatsache, dass die Gutherzigkeit der »legendären Frauen«, wie GENNADIJ GRUSCHEWOJ sie genannt hat, in den Herzen derer Widerhall findet, die tausende Kilometer von Belarus entfernt leben. Zum Glück gibt es dort sehr viele solcher Herzen. Die Geschichte, wie die ersten Computer ins Dorf Rshwaka kamen, ist ein überzeugender Beweis dafür. Vor vielen Jahren begleitete ein junger Mann aus Slawgorod, der damals an der Hochschule für Fremdsprachen studierte, eine Gruppe von Kindern zur Erholung nach Deutschland und erzählte den Deutschen vom Jugendzentrum auf dem Lande, das auf Hilfe angewiesen sei. So bekam »Hoffnung des 21. Jahrhunderts« drei gebrauchte Computer mit Druckern, und das ganze Dorf kam seitdem ins Zentrum, um etwas auszudrucken. Die Tinte in den Druckerpatronen

3 Der Wind von Tschernobyl

reichte bis zur Selbstauflösung des Jugendzentrums, die im Jahr 2014 aus einem banalen Grund erfolgte: Ermüdung.

Die Kollegen in Swensk versuchten lange herauszufinden, wer hinter dieser Initiative stand, weil es etwas Ähnliches nicht einmal in der Rajonstadt gab. Schließlich wurde klar, dass es eine einzigartige lokale Initiative ohne Deckung durch übergeordnete Strukturen war. Leider erwies sich gerade dieser fehlende Anschluss als ein Problem, das die Selbstauflösung des Zentrums begünstigte. Ich will betonen: Selbstauflösung und keine von außen erzwungene Schließung. Vielmehr zeigte man zuerst sein Unverständnis, als GALINA JERMAKOWA dies ankündigte. Als sie aber den anderen anbot, die Führung des Jugendzentrums zu übernehmen, hörte sie die nur zu gut bekannte Antwort: »Wozu brauche ich denn das?« Kurz und gut: »Den Wagen weiterziehen« wollte keiner. Da das Eigentum ehemals formell für Steuerzwecke von der örtlichen Komsomolzenorganisation bilanziert war, fiel alles in den Jahren des Bestehens Dazugekommene der regimetreuen Jugendunion BRSM[3] zu. Zurück blieben wieder nichts als kahle Wände. Keinen kümmerte es, dass Kinder sehr gern ins »Niemandszentrum« kamen. Dort wurden auch ohne Lehrer für Musik und Choreografie künstlerisch so hochwertige Festival-Auftritte vorbereitet, dass bei einigen Zweifel aufkamen, ob die jungen Künstler tatsächlich vom Lande, aus der Umgebung von Slawgorod kamen und nicht aus dem Gebietszentrum.

Tatsächlich wurden nie auswärtige Berufskünstler für die Teilnahme an den Jugendfestivals engagiert. Gleichzeitig fand die Initiative aus Rshwaka Unterstützung bei der lokalen Verwaltung: Der Leiter der Rajonverwal-

---

[3] BRSM – Wikipedia: Die Weißrussische Republikanische Junge Union (rus.: Белорусский республиканский союз молодежи) ist eine weißrussische regierungstreue Jugendorganisation. Die Organisation bezeichnet sich auf der eigenen Internetseite als Nachfolger der Komsomol. Die Weißrussische Republikanische Jugend ist patriotisch und steht loyal zum Präsidenten Aljaksandr Lukaschenka. Von seinen Kritikern wird der Verband verächtlich »Lukamol« (in Anlehnung an den Komsomol) genannt. https://de.wikipedia.org/wiki/Wei%C3%9Frussische_Republikanische_Junge_Union

tung Slawgorod und sein Stellvertreter halfen mit Transfers und stellten sogar die Bühne des zentralen Kulturhauses im Rajon für Proben zur Verfügung. So war es vor zehn Jahren, und nun kann man sich leider nur an den guten Erinnerungen erfreuen.

Seit Anfang der 2 000er-Jahre lief in der Region Slawgorod das von der UNO aufgelegte Core-Programm an. Der Name steht für Cooperation for Rehabilitation, also Wiederaufbau durch Zusammenarbeit in den vom Unfall im Atomkraftwerk Tschernobyl betroffenen Regionen. Im Rahmen dieses Programms entwickelte GALINA JERMAKOWA für ihr Jugendzentrum das Projekt »Club der jungen Familie«, bei dem es vor allem um technische Hilfe ging. Das Projekt wurde bewilligt und gefördert, so dass bald viele neue Bürogeräte und sogar eine Musikanlage zu den alten PCs hinzukamen. »Hoffnung des 21. Jahrhunderts« wurde zum echten Mittelpunkt des Kulturlebens im Dorf Rshwaka. Besonders attraktiv war die Einrichtung für Grundschüler. Sobald die Kinder freie Zeit hatten, kamen sie dorthin, um am Computer zu arbeiten, zu malen, Gesellschaftsspiele zu spielen und sogar Geburtstage zu feiern. Den Kuchen buk man zu Hause und brachte ihn ins Jugendzentrum.

Bequem war es auch für diejenigen Schüler, die nach dem Unterricht mit dem Bus nach Hause fahren mussten. Das ist schon ein Unterschied: An der Haltestelle im Wind oder unter einem freundlichen Dach mit Mitschülern und Unterhaltungsmöglichkeiten zu warten. Im Zentrum bestand ein ausdrückliches Rauch- und Alkoholverbot.

Unter anderem gehörten einige Nähmaschinen zur Ausstattung des Jugendzentrums, zum Teil aus Deutschland gebracht. Bemerkenswert ist, dass nicht nur Mädchen, sondern auch Jungen damit gerne gearbeitet haben, was äußerst selten vorkommt, dabei mit echter Begeisterung. Man muss kein Pestalozzi oder renommierter Psychologe sein, um zu verstehen, dass bei Jugendlichen nur dann etwas möglich wird, wenn die Beschäftigung ihnen wirklich Freude macht. Übrigens waren diese Nähmaschinen neben noch einigen Sachen, die GALINA JERMAKOWA persönlich aus dem Aus-

3 Der Wind von Tschernobyl

land mitbrachte, die einzige humanitäre Hilfe, die dem Zentrum zuteil wurde. Dass jetzt viele von denen in der Schule in Rshwaka unterrichten, die hier einst gelernt haben, spricht für sich.

Die heutige Fremdsprachenlehrerin Olga Buratschkowa wurde einst selbst zur Erholung nach Deutschland geschickt. Und sie ist damit nicht die einzige im Kollegium, auch der Grundschullehrer Sergej Romanow war als Kind zu Erholungsaufenthalten im Ausland.

Wie bekannt, gingen 70 % des Fallouts nach dem Unfall im Atomkraftwerk Tschernobyl über Belarus nieder. Damit steht das Land an erster Stelle nach der Stärke der radioaktiven Verseuchung des Territoriums vor allen seinen Nachbarn einschließlich der Ukraine, in der sich das Atomkraftwerk Tschernobyl befindet. Die Regionen Mogilew und Gomel waren am meisten betroffen. Im Gebiet Mogilew wurden 14 von 21 Rajons und damit 38,6 % des Gesamtterritoriums teilweise kontaminiert. Die stärkste Verseuchung wurde in den Rajons Slawgorod, Krasnopolje, Tscherikow und Kostjukowitschi festgestellt.

Ein Fünftel der belarussischen Wälder gilt nach wie vor als radioaktiv verstrahlt, Pilze und Beeren sind dort gefährlich für die Gesundheit. In der Umgebung von Rshwaka, wie im ganzen Rajon Slawgorod, liegt die Verseuchung durch Radionuklide bei 47,5 % Beerenproben und 73 % Pilzproben über dem Grenzwert. Eine weitere fürchterliche Zahl: Der Schaden für Belarus durch die Tschernobyl-Katastrophe mitsamt der geschätzten Kosten für 30 Jahre Bekämpfung der Folgen wurde auf 32 Staatshaushalte der Sowjetrepublik Belarus mit dem Stand von 1985 beziffert. Jemand wird nun, nach Ablauf von 30 Jahren, wahrscheinlich wieder eine Berechnung machen und den Voranschlag mit den realen Ausgaben vergleichen. Ich persönlich habe allerdings schon jetzt große Zweifel in Bezug auf die Objektivität der Ergebnisse, die veröffentlicht werden. Offiziell heißt es, wir hätten die Strahlung besiegt.

Nur das Gedenken bleibt. Am 26. April 1996 wurde in Slawgorod eine Gedenkallee zur Erinnerung an die Dörfer angelegt, die nach dem Unfall im Atomkraftwerk Tschernobyl verlassen (lies: begraben) werden mussten. Und das ist wörtlich gemeint. Die Häuser wurden mit Zäunen und Brunnen, mit Familienalben und Büchern, Möbeln und Haushaltsutensilien in dafür ausgehobene Gräben geschoben und mit Erde zugeschüttet. Dieses traurige Schicksal hat 25 Ortschaften ereilt.

Zum Schluss unseres Gesprächs fragte ich die beiden Galinas, ob die Menschen ihnen dankbar dafür sind, was sie alles getan haben und immer noch tun. Nein, die Dankbarkeit halte sich in Grenzen, darüber hinaus könne man mehrere Beispiele bringen, wenn man die Selbstlosigkeit der anderen wie etwas Selbstverständliches auffasst, als wären diese anderen es einem so gut wie schuldig.

Vor dem Abschied führten mich die Frauen kurz durch die Schule, und in einem Klassenraum bekam ich von Schülern angefertigte Wytynanka, kunstvoll geschnittene Papiermuster geschenkt. Sehr schöne Sachen und mit so viel Talent gestaltet, dass sie mich sofort an einen Leitsatz der gemeinnützigen Stiftung »Den Kindern von Tschernobyl« e. V. erinnerten: »Niemand wird unser Leben verändern außer wir uns selbst.«

Anatolij und Anatolij

Anatolij Budnitschenko

Die Tschernobyl-Initiativen in den Ortschaften Oktjabrskij im Gebiet Gomel und Belynitschi im Gebiet Mogilew werden von ANATOLIJ BUDNITSCHENKO und ANATOLIJ DUNTSCHENKO geleitet. Das ist recht ungewöhnlich, da diese Positionen in den Initiativen doch meistens von Frauen besetzt werden. Soziale Arbeit wird doch traditionell eher von Frauen geleistet. Auf jeden Fall in Belarus.

ANATOLIJ BUDNITSCHENKO habe ich als ersten besucht. Er erzählt:

Ich stamme aus Narowlja. Das Atomkraftwerk liegt 60 Kilometer von uns entfernt, also kann man sagen, dass wir nach dem Unfall im Atomkraftwerk Tschernobyl fast in den Mittelpunkt der Hölle gerieten. Die Stadt wur-

3 Der Wind von Tschernobyl

de zur »Zone der freiwilligen Umsiedlung«, und viele vernünftige Menschen verließen sie. Manche gingen nach Russland, manche sonst noch wohin. Wenn man es objektiv betrachtet, wurden wir, diplomatisch ausgedrückt, nicht überall erwartet und freundlich aufgenommen, deswegen mussten einige später zurückkehren. Das war sicherlich ein Grund dafür, dass ich von Anfang an keinen Wunsch hatte, Belarus zu verlassen.

Als die Verlegung eines der größten Betriebe im Rajon Narowlja in ein unbelastetes Gebiet bevorstand, beschloss ich mitzuziehen, denn ich konnte nicht anders, sie hatten sehr viel Gutes für mich getan. In Narowlja hatte ich viele Jahre als Schulleiter gearbeitet, deswegen bot man mir nach dem Umzug nach Oktjabrskij die gleiche Stelle an. Doch lehnte ich das Angebot fast sofort ab: Die Schule war da, sie arbeitete schon seit einem Jahr, aber es gab keine Unterkünfte für Lehrer, ich hätte mich allein wegen der Karriere darauf einlassen sollen,

Anatolij Budnitschenko, Leiter der Tschernobyl-Initiative Oktjabrskij im Gebiet Gomel

die ich nun aber wirklich nie für den Sinn des Lebens gehalten habe.

Unser ganzer Bezirk wurde extra für Umsiedler gebaut und die Schule, an der ich dann arbeitete, extra für Kinder aus Narowlja. In Oktjabrskij gibt es zwei weitere Schulen. Aber unsere gilt als eine Eliteschule. Mittlerweile wurde sie in ein Gymnasium umgewandelt. Lange Zeit unterrichtete ich hier Physik und Astronomie als einfacher Lehrer, dann konnte ich nach Erreichung des Dienstalters in Pension gehen. Jetzt arbeite ich als Programmierer und beschäftige mich parallel dazu mit der Kindererholung als Freiwilliger der Stiftung »Den Kindern von Tschernobyl« e. V.

Noch in Narowlja war ich ein wenig mit der Organisation von Erholungsaufenthalten im Ausland vertraut, deswegen wurde mir nach meinem Umzug nach Oktjabrskij im Jahre 1992 angeboten, damit fortzufahren. Das Angebot kam von LUBOWJ SCHEJKA, die auch aus Narowlja umgezogen war. An dieser Stelle will ich mich bei ihr herzlich bedanken, denn ohne Ljubows Unterstützung wäre es mir viel schwerer gefallen, die Tschernobyl-Aktivitäten durchzuführen.

Zur Minimierung der Folgen des Unfalls im Atomkraftwerk Tschernobyl wird schon seit vielen Jahren ein staatliches Programm verwirklicht. Ich glaube aber grundsätzlich, dass nicht nur der Staat den Menschen helfen soll. Niemand hilft uns besser als wir selbst. Mit solchen Ideen kam ich ins Büro der Stiftung »Den Kindern von Tschernobyl« e. V., das damals im Bezirk Troizkoje-Vorstadt der belarussischen Hauptstadt lag. Zu dieser Zeit war ich persönlich mit Gruschewoj nicht bekannt, obwohl ich viel von ihm gehört und gelesen hatte.

Bevor das Gespräch begann, studierte ich aufmerksam die Informationen an den Wandtafeln und stellte fest, dass es im Unterschied zu anderen Regionen keine Tschernobyl-Aktivitäten im Rajon Oktjabrskij gab. Auch zur Erholung ins Ausland wurden aus anderen Orten je 20–30 Kinder geschickt, jedoch aus unserer Siedlung nur zwei. Das konnte man auch nachvollziehen: Das Rajon Oktjabrskij galt ja als unbelastet und nur wenige wussten, dass Kinder aus Narowlja dorthin gezogen waren. Das war der Ausgangspunkt meines Gesprächs mit GENNADIJ GRUSCHEWOJ. Obwohl ich aufgeregt sprach, konnten wir uns sehr bald einigen: Gruschewoj war ein geduldiger Mensch und ein guter Zuhörer. Ruhig und rücksichtsvoll lauschte er meinen Ausführungen, schlug vor, dass wir eine Organisation gründen und uns selbst um diese Sache kümmern. So machten wir es dann auch.

Fünf Personen führten die Gründungsversammlung durch, erstellten die erforderlichen Unterlagen und begannen mit der Arbeit. Besonders will ich betonen, dass sich die Vertreter der Staatsmacht vor Ort zu uns sehr

3 Der Wind von Tschernobyl

Anatolij Budnitschenko mit einer Kindergruppe in Deutschland, Sommer 2012

wohlwollend stellten, die Rajonverwaltung trug unseren Verein ein und stellte uns einen Raum zur Verfügung. Schon in nächster Zeit vervielfachte sich die Zahl der Kinder, die aus Oktjabrskij zur Erholung reisten. Kurz darauf musste auch ich mich als Betreuer einer Gruppe bewähren. Dann unterwies ich viele Jahre andere im Umgang mit Kindern, weil es kaum möglich ist, ohne pädagogische Ausbildung einhundert Kinder zu bändigen. Zuerst arbeiteten wir lange Zeit mit Deutschland, und dann kamen Kanadier nach Belarus und wollten einen Partner nicht aus Minsk, sondern aus der Provinz finden. Gennadij bot es auch mir an, am Kennenlerntreffen teilzunehmen. Wir müssen den Gästen sehr gut gefallen haben, weil sich die Kinder aus unserem Ort seit dieser Begegnung ausschließlich in Kanada erholten.

Anatolij Budnitschenko mit Teilnehmern des Workschops gegen Menschenhandel und Häusliche Gewalt. Links: Nina Sobowa (Swetlogorask), rechts: Moderatorin Tamara Jelissejewa (Minsk)

Übrigens kann unser Umzugsgebiet nur mit Vorbehalt radioaktiv unbelastet genannt werden. Als wir hierher zogen, wiesen die Befunde der Kinder aus Narowlja oft bessere Werte auf als die der einheimischen Kinder auf. Das ist darauf zurückzuführen, dass unsere Kinder nach dem Unfall im Atomkraftwerk Tschernobyl nur unbelastete Lebensmittel zu essen bekamen, die zentral nach Narowlja gebracht wurden, während die einheimischen in den Ferien zu ihren Verwandten und Großeltern in die Richtung fuhren, aus der die Strahlungswelle kam, dort aßen, Milch tranken, Pilze sammelten.

Im Ausland wurden die Kinder nicht nur in Gastfamilien, sondern auch im Kurheim im berühmten Volkersdorf bei Dresden untergebracht. 17 Jahre lang schickte die Stiftung die Kinder jeden Monat ohne geringste Unterbrechung dorthin! Von 300 Kindern monatlich am Anfang in den Jahren 1991–1993 bis zu 80 Kindern zuletzt im Jahre 2007. Leider schwand das In-

3 Der Wind von Tschernobyl

teresse von Ausländern für die Erholung unserer Kinder mit der Zeit immer mehr, die Suche nach Förderern fiel den Organisatoren immer schwerer. So stellten wir uns nach und nach auf Kultur-, Bildungs- oder Umweltprojekte um.

Aktuell arbeiten wir schon seit über fünf Jahren mit einer Initiative aus Berlin zusammen. Letzten Sommer ging unser Ensemble »Soratschki« »Sternchen« gemeinsam mit deutschen Kindern auf eine Gastspielreise durch ganz Deutschland. Vor kurzem reisten Kinder aus Oktjabrskij von zwei Lehrern betreut nach Berlin, um sich zusammen mit Gleichaltrigen aus Polen und Italien mit Umweltproblemen auseinanderzusetzen.

Insgesamt hat sich in den langen Jahren der Zusammenarbeit in Tschernobyl-Programmen ein sehr freundliches Verhältnis zwischen uns und den Ausländern herausgebildet. Einige von ihnen schreiben nicht nur Briefe oder rufen an, sondern sie kommen zu uns in den Ort, um ihre ehemaligen Gastkinder zu besuchen. Interessant ist, dass die Kinder von damals bereits eigene Kinder haben, und die Deutschen kommen nach Belarus, nur um sie kennenzulernen. Fast immer suchen sie persönlich die Familien von Liquidatoren und den Friedhof auf, helfen dort, wo sie können. Ein Behinderter bekam nach der persönlichen Begegnung sogar einen Rollstuhl geschenkt!

Übrigens haben die Mannschaften aus unserem Ort nahezu an allen Jugendfestivals und Jugendkonferenzen in Minsk teilgenommen und gehörten so gut wie immer zu den Besten. Das Projekt der Stiftung das soziale Zentrum »Zukunftswerkstatt« haben wir toll gefunden und mit Elan mitgetragen. So konnten die Jugendlichen, die nicht mehr als Kinder von Tschernobyl ins Ausland reisen, andere Projekte zu Hause entwickeln, in Minsk mit anderen austauschen, die zu den Foren kamen. Sie fühlten sich wichtig, wahrgenommen und recht selbständig.

Besonders will ich die Einstellung der lokalen Behörden erwähnen. Zu allen Zeiten war sie ausschließlich positiv. Vom ursprünglichen Misstrauen ist längst nichts mehr zu spüren. Niemand zwingt uns je auf, welche Kinder ins Ausland reisen sollten und welche nicht. Darüber hinaus gehört eine

Vertreterin der Verwaltung zu den Gründungsmitgliedern unseres Vereins und hilft immer gerne. [4]

Anatolij Duntschenko

Ich bin studierter Chemiker, Absolvent der Universität Tomsk, deswegen weiß ich sehr gut, was die Begriffe Radioaktivität und Strahlung bedeuten. Als das Unglück im Atomkraftwerk Tschernobyl passierte, war meine Tochter damals zehn Monate alt und mein Sohn kam ein Monat nach dem Unfall zur Welt.

Zu dieser Zeit unterrichtete ich in der örtlichen Berufsschule. Am 26. April 1986 wurde auf dem Friedhof in der Nachbarschaft ein Denkmal eingeweiht und die Leitung verpflichtete uns, dabei zu sein. Ein fürchterliches Bild: Unter freiem Himmel stehen Menschen

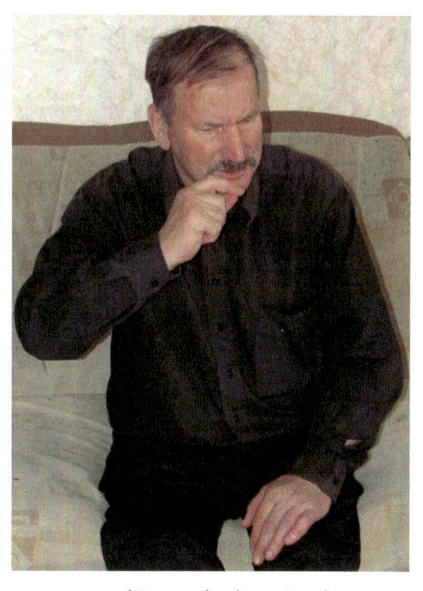

Anatolij Duntschenko, Leiter der Tschernobyl-Initiative in Belynitschi im Gebiet Mogilew

– unter anderen meine schwangere Frau – und die Asche von Tschernobyl rieselt ihnen auf die Köpfe! So wurde Belynitschi zu einem radioaktiv belasteten Fleck. Gelinde ausgedrückt: Unsere Gegend hat Pech gehabt.

---

[4] Anmerkung des Autors:

> Hinsichtlich des Verhältnisses zwischen Tschernobyl-Initiativen und lokalen Behörden stellt die Siedlung Oktjabrskij tatsächlich eher eine Ausnahme dar, wobei gerade solches Verhältnis aus meiner Sicht selbstverständlich und normal sein sollte, weil diese zivilgesellschaftliche Organisation nichts Schlechtes tut. Nur das Gute.

3 Der Wind von Tschernobyl

Die Wolke, die nach den Explosionen in Tschernobyl in die Luft stieg, ging hier nieder. In der Umgebung gibt es Stellen, wo das Strahlungsniveau den Grenzwert um ein Vielfaches übersteigt.

Bald nach dem Unfall kündigte ich und zog in den russischen Norden, in die Region Tjumen, zu meiner leiblichen Schwester. Dort wäre ich wohl auch geblieben, aber zwei Jahre später erkrankte meine Schwiegermutter schwer, und wir mussten dringend nach Belarus zurückgehen. Nach der Rückkehr aus Sibirien arbeitete ich zuerst als Inspektor in der lokalen Bildungsverwaltung und wurde dann Lehrer. Jetzt unterrichte ich Chemie und Biologie im Dorf Swetilowitschi. Seit meiner Rückkehr verbrachte ich eine Weile mit Gedanken, dass die Hilfe für Tschernobyl-Betroffene nicht gerecht genannt werden kann. So fuhr ich schließlich von Belynitschi nach Minsk und ging zur Stiftung »Den Kindern von Tschernobyl« e. V., von der ich schon viel gehört hatte.

Ich weiß noch, es war in einem Oktober. Kälte, Matsch unter den Füßen, Schneeregen, meine Stiefel waren nass, ich fror wie ein Schneider. Damals kannte ich IRINA GRUSCHEWAJA, die mich in Empfang nahm, noch nicht. Gleich an der Türschwelle begann ich ihr von der bei uns gängigen Meinung zu erzählen: Nur wer Vitamin B habe, könne sein Kind zur Erholung ins Ausland schicken, während der gemeine Mann leer ausginge. Sie schlug vor, ich sollte zuerst eine Tasse heißen Tee trinken, um warm zu werden, dann würden wir alles besprechen. An diesen Vorschlag werde ich mich mein Leben lang erinnern. Ich dachte mir damals, dass man sich genau so, freundlich und rücksichtsvoll zu Menschen verhalten muss.

So stärkten wir uns, und dann gab es ein sachliches Gespräch. GENNADIJ GRUSCHEWOJ hörte mir genau zu und sagte: »Wollen Sie mit uns arbeiten, so gründen Sie eine eigene Initiative.« Im Oktober 1991 wurde unsere Initiative gegründet, und schon im November kam FRANK NÄGELE aus Solingen, der die Tschernobyl-Initiative in dieser Stadt leitete, nach Belynitschi. Unsere Zusammenarbeit war äußerst nützlich. Schon kurz darauf fuhr ein Krankenwagen durch das Dorf, den die Deutschen nach der Auflösung der

DDR[5] übernahmen und gleich nach Belynitschi brachten. Das war, wenn ich mich nicht irre, im Jahr 1992, aber der Krankenwagen ist immer noch im Einsatz. Dazu brachten die Partner viele Arzneimittel und Verbandzeug in unser Krankenhaus.

Und die Hauptsache ist, dass seitdem 50–60 Kinder aus dem Dorf jedes Jahr zur Erholung nach Solingen reisen und für einen Monat in deutschen Gastfamilien untergebracht werden. Die Zeit während des Aufenthalts ist dort folgendermaßen gestaltet: Am Morgen bringt der belarussische Betreuer der Gruppe die Kinder in eine Sportanlage, in der sie den Tag verbringen, und am Abend werden sie von ihren deutschen Gasteltern abgeholt. Recht ähnlich wie in einer Kindertagesstätte. Alle sind zufrieden und am Ende des Aufenthalts sagen die Kinder sogar zu den Menschen, die sie aufgenommen haben, »meine deutschen Eltern«. Diese Arbeit wird auch jetzt fortgesetzt. Es gibt mehrere Beispiele, in denen die deutschen Gasteltern dieselben Kinder einige Male einluden und die Reisekosten für sie übernahmen. Viele unserer Betreuerinnen haben nach Deutschland geheiratet.

Sehr wichtig war, dass die Auswahl der Kinder völlig transparent war und keinesfalls damit zusammenhing, welche Posten ihre Eltern bekleideten. Wir bevorzugten kinderreiche Familien und diejenigen, die wirklich Hilfe brauchten. Das war die Forderung der Stiftung in Minsk sowie unserer deutschen Partner. Alles wurde in ein Register eingetragen, da konnte keiner mehr sagen, es ginge bei uns nicht mit rechten Dingen zu. Meine grundsätzliche Überzeugung ist, dass unsere Kinder mindestens einen Monat im Jahr gerade in Deutschland verbringen müssten, damit sich ihre Körper ein wenig vom Einfluss der Strahlung erholen.

Dass unsere Nahrung unbedenklich sei, glaube ich auch nicht, weil ich zu gut weiß, wie man die Grenzwerte einhält: Belastete Lebensmittel werden mechanisch mit unbelasteten verdünnt. Da bekommt man den Eindruck, dass diejenigen, die das tun, von nichts eine Ahnung haben. Sofort nach

---

[5] DDR – Deutsche Demokratische Republik

3 Der Wind von Tschernobyl

dem Unfall im Atomkraftwerk Tschernobyl habe ich von dem angeblichen Vorschlag gehört, die Belarussen nach Westsibirien mit seinen ausgedehnten unerschlossenen Gebieten umzusiedeln. Vielleicht wäre das ein Ausweg gewesen, doch so hieß es, habe Gorbatschow entgegnet, die Maßnahme sei sehr teuer, die Umsiedlung blieb somit aus. Damit hätte man sich wohl auf ein Abenteuer eingelassen, aber auch das, was getan wurde, lässt viele Fragen entstehen.

Unser Gebiet Witebsk lässt sich kaum als dicht besiedelt bezeichnen und doch wurden die Menschen nicht dorthin, sondern in andere Orte umgesiedelt. Es kam vor, dass der neue Ort lediglich 15–20 km vom evakuierten Dorf entfernt lag. Reichte der Platz im Lande etwa nicht aus? Ich würde mich nicht wundern, sollte es sich einmal herausstellen, dass jemand damit ein gutes Geschäft gemacht hat.

Wenn einheimische Beamte eine Bewegung sehen, die sich ihnen nicht unterordnen will, versuchen sie, sie schnellstens unter ihre Kontrolle zu bringen oder zu spalten. Leider war die Stiftung »Den Kindern von Tschernobyl« e. V. in dieser Hinsicht keine Ausnahme. Als sie sich spaltete, (vgl. im Kapitel »Unter der Walze der staatlichen Repression« ab Seite 175) wurde ein Großteil der ausländischen Partner von denjenigen »belegt«, die auf freundschaftlichem Fuß mit dem Staatsapparat stehen. So erging es auch der Initiative aus Solingen, bei der ein Führungswechsel stattfand. Natürlich konnten wir unmöglich so weiter zusammenarbeiten und fanden einen neuen deutschen Partner, die Initiative der Stadt Herford, mit der wir bis heute weitermachen. Übrigens fand auch in Belynitschi eine Zellteilung statt. Ich will nicht auf Details eingehen, sage nur, dass es nun in unserem kleinen Ort gleich zwei Organisationen gibt, die sich um die Tschernobyl-Angelegenheiten kümmern, natürlich mit verschiedenen politischen Hintergründen.

Speck aus einem unbelasteten Dorf

Mit Walentina Smolnikowa habe ich viele Stunden gesprochen. Die aphoristische Qualität ihres Ausdrucks, den ich als Titel für diese Reportage ausgewählt habe, fiel mir sofort auf. Die Aussage einer der Aktivistinnen der Tschernobylhilfe-Bewegung im Land klingt wie eine einleuchtende Antwort auf die Redereien derer, die den Unfall im Atomkraftwerk Tschernobyl für eine »absolvierte Phase« erklären wollen.

Verstehen Sie, 30 Jahre sind verstrichen und immer noch, wenn wir unsere Gäste bewirten, versichern wir: »Keine Angst, nehmen Sie sich ein Stück. Dieser Speck kommt aus einem unbelasteten Dorf!« Nein, wir haben keine »Phasen« durchgemacht.

Hätte jemand in den ersten Jahren nach dem Unglück behauptet, dass die Belarussen einmal ein eigenes Atomkraftwerk bauen würden, hätte man sich über seine Worte mächtig gewundert. Leider ist die Lage heute anders geworden. Besonders was die offizielle Haltung angeht. Ich irre mich sehr wahrscheinlich nicht, wenn ich sage, dass der Name der Stadt Ostrowez auch denjenigen ein Begriff ist, die sich nicht für Geografie begeistern.[6] Ich will nicht erneut darauf eingehen, dass dieses Abenteuer eindeutig einen politischen Hintergrund hat und wieweit das Vorhaben, unserem Land die so genannte Energieunabhängigkeit bescheren wird. Traurig wird einem aber bei dem Gedanken, dass Menschen,

Walentina Smolnikowa, Kinderärztin und Gründerin der Tschernobyl-Initiative in Buda-Koschelewo im Gebiet Gomel

---

[6] Siehe Kapitel 14 – Ostrowez als Platz der Unabhängigkeit, S. 457

3 Der Wind von Tschernobyl

die dort in Ostrowez zu Hause sind, mit dem Atomreaktor allein zurechtkommen müssen. Die Bauarbeiter werden auf sichere Entfernung von ihrem Bau gehen. Die Ideologen des »friedlichen Atoms« bekommen ihren Judaslohn in Form einer Villa in einer Elitesiedlung wie Drosdy bei Minsk. Jemand wird schlicht und ergreifend seine Schäfchen ins Trockene bringen und sich in einer Steueroase vor der strafrechtlichen Verfolgung verstecken. Aber die potenziellen Opfer bleiben dort leben.

Mit potenziellen Opfern übertreibe ich gar nicht, denn ich bin da mit Walentinas Tochter Swetlana Krassikowa, die heute das Büro des gemeinnützigen Vereins »Helfen wir den Kindern von Tschernobyl« in Buda-Koschelewo leitet, grundsätzlich einverstanden: Es kann keine völlig sicheren Atomkraftwerke geben. Von jedem geht eine gewisse Gefahr auf die Umwelt aus, auf Menschen, Tiere, Pflanzen. Ich will jetzt nicht diskutieren und bitte einfach um die Antwort auf eine einzige Frage: Wenn die Verhältnisse in Atomkraftwerken keinen gesundheitlichen Schaden verursachen, warum gibt es dann Rentenvorrechte für die Mitarbeiter? Auch sollte man sich Gedanken machen, warum die zweifache Nobelpreisträgerin und Radiologin Marie Skłodowska Curie in einem Bleisarg bestattet wurde und man ihre Sachen noch anderthalbtausend Jahre nicht berühren darf.

Überdies wirft die Sicherheit der Anlage, die bei Ostrowez errichtet wird, mehrere Fragen auf. Das Atomkraftwerk Tschernobyl wurde seinerzeit auch als etwas völlig Sicheres präsentiert. Die japanische Qualität und Sicherheitsvorkehrungen galten ja vor Fukushima überhaupt als nahezu perfekt. Es sind nur wenige Organisationen in Belarus bestehen geblieben, die das Wort »Tschernobyl« im Namen führen, das ist kein Zufall. Das Regime hat vor, im Bewusstsein der Menschen alle kritischen Meinungen, alle negativen Assoziationen, die mit der Atomkraft zusammenhängen, auszulöschen. Leider gibt es keine Gewähr, dass beim Bau nichts gestohlen wird. Und gerade dieser Mangel der menschlichen Natur, meinen einige, sei unter anderem an dem vor nicht so langer Zeit, am 18. Dezember 2005 geschehenen Unfall im Atomkraftwerk Leningrad schuld. Ich glaube, es bedarf keiner Erklärung, dass auch in Ostrowez »verschiedene Menschen« im Einsatz sind. In diesem Zusammenhang fällt mir sofort das Erdbeben im armenischen Spitak von 1988 ein, als mehr als 25 000 Menschen getötet und eine weitere halbe Million obdachlos wurden. Die Häuser dort stürzten wie Sandbauten zusammen und dann stellte sich heraus, dass dieser Eindruck im Großen und Ganzen auch richtig war, weil der Zement von den Baustellen einfach geklaut worden war, die Häuser waren aus Sand.

Außerdem wird von vielen berichtet, dass sich die Zusammensetzung der Bauarbeiter in Ostrowez jetzt erheblich verändert hat. Man zahlt keine Gehälter wie früher, deswegen bieten sich immer öfter die Flüchtlinge aus der Ostukraine als Bauarbeiter an, die an das Märchen von der belarussischen Stabilität geglaubt hatten, dann enttäuscht wurden und nun bereit sind, für jeden Lohn zu arbeiten. Ich bezweifle sehr, dass jemand von diesen Gastarbeitern für längere Zeit bei Ostrowez leben will, statt in die Heimat zurückzukehren.

Swetlana Krassikowa, Leiterin der Tschernobyl-Initiative in Buda-Koschelewo im Gebiet Gomel

Misstrauisch macht auch die Tatsache, dass am Bau des Atomkraftwerks Ostrowez immer wieder Baubrigaden teilnehmen, die sich aus Mitgliedern der Jugendorganisation BRSM für ihre Regimetreue und Konservatismus, abschätzend Lukomol genannt, zusammensetzen. Das sind Freiwillige, die in der Regel für diese Arbeit keine berufliche Qualifikation haben.

Weiter kann man noch daran denken, dass Starkstromleitungen für das Atomkraftwerk von Chinesen errichtet werden, deren Arbeitsqualität berüchtigt und leider auch in Belarus schon durch nicht fest genug angezogene Muttern nachgewiesen worden ist.

Die Entstehung dieser Reportage wurde in vielem von Swetlana Krassikowa angeregt. Wir lernten einander bei einem der regelmäßigen Jugendforen in Minsk kennen. Die Einladung nach Buda-Koschelewo war eine unter den ersten, deswegen kann Swetlana in gewissem Sinne als Ideengeberin für diese Reportage gelten.

Böse Zungen werden wohl sofort die Tatsache aufgreifen, dass Walentina Smolnikowa die Leitung des von ihr gegründeten Vereins an ihre

3 Der Wind von Tschernobyl

Tochter übergeben hat, gleich wird man Machenschaften und Geschäfte wittern. Da muss ich sofort enttäuschen: Außer Kopfschmerzen hat man von zivilgesellschaftlichen Tschernobyl-Aktivitäten keine spürbaren Vorteile, weil sie ausschließlich ehrenamtlich durchgeführt werden. Das sei meine Antwort an die, die fremdes Geld allzu gern zählen oder sich über Bereicherungsabsichten der anderen einfach so ausbreiten. Mehr noch: Ich werde mich nicht wundern, sollte es sich erweisen, dass Swetlana Krassikowa ebenso einen Teil ihres kargen Ingenieurgehalts ab und zu den karitativen Zwecken zugeführt hat.

Walentina Smolnikowa spricht auf der Kundgebung in Minsk, 26. April 1996

In den letzten zehn Jahren ist die Bevölkerungszahl in der Rajonstadt Buda-Koschelewo, die sich 48 Kilometer nordwestlich von Gomel befindet, stets geschrumpft und hat bereits den Stand von 1991 erreicht. Kaum jemand wird auch in dieser Hinsicht von Stabilität sprechen, aber eine Ursache für den Bevölkerungsrückgang ist die im Land herrschende Aussichtslosigkeit. Das steht außer Zweifel. Schwerlich lässt sich der Einfluss des Faktors Tschernobyl bestreiten: Was man da auch von »absolvierten Phasen« und dem »Sieg über das Unglück« daherreden mag. Es reichte schon ein Gang zum Friedhof, um festzustellen, dass die einschlägigen Statistiken, wie es heißt, vom Bösen stammen. Natürlich ist auch der den Belarussen hart zusetzende Alkoholkonsum für das frühere Sterbealter verantwortlich zu machen, aber dass Krebserkrankungen als Todesursache fast den ersten Rang belegen, kann und darf man auch nicht ignorieren.

Leider hat die belarussische Öffentlichkeit jetzt so gut wie keinen Zugang zu Statistiken darüber. Offizielle Angaben werden automatisch als vertraulich eingestuft. Wenn solche Aktivisten wie Walentina Smolnikowa dann manchmal doch in Besitz von offiziellen Informationen gelangen, geht es meistens um Erkenntnisse aus der Botanik oder aus der Zoologie. Es entsteht der Eindruck, dass sich Forscher heute mit der Auswirkung der Strahlung auf den Boden, Pflanzen, Tiere befassen – nur nicht mit der Auswirkung auf die Menschen, die in dieser Umwelt leben müssen. Darüber hinaus sind alle unabhängigen Forschungsvorhaben auf diesem Gebiet untersagt.

Auf meine Bitte erinnerte sich Walentina Smolnikowa an die ersten Tage nach der Havarie in Tschernobyl:

Nach der Absolvierung der Medizinischen Hochschule Lwow (Lemberg) bekam ich meinen ersten Arbeitsplatz im Dorf Uwarowitschi, Rajon Buda-Koschelewo zugeteilt. Dort heiratete ich, und wir zogen in die Stadt Nischni Tagil im Ural und kamen 1979 zurück. Kurz darauf wurde ich Chef-Kinderärztin im Rajon Buda-Koschelewo, und TAMARA RYSHANOWA arbeitete mit mir als Krankenschwester. Seit der Zeit sind wir befreundet.

Als es in Tschernobyl »krachte«, wusste niemand etwas davon. Außer von westlichen Rundfunkstimmen gab es keine Informationen. Unser guter Bekannter ALEXANDER SUWOROW leitete damals die Hygienebehörde des Rajons, die über Geräte zur Messung der Gammastrahlung verfügte. Auf einmal wurde aus dem regionalen Militärkommissariat – man hörte dort wahrscheinlich »Voice of America« – eine Prüfung der Geräte angefordert. Als man von den gemessenen Werten hörte, hieß es: »Das kann nicht stimmen. Die Geräte müssen kaputt sein. Es hat keine Meldung über

3 Der Wind von Tschernobyl

einen Krieg gegeben.« Suworow machte noch eine Messung mit dem gleichen Ergebnis.

Am 29. April prüfte ALEXANDER SUWOROW mit diesen Geräten Milch in der örtlichen Molkerei. Sie war sehr stark belastet. Suworow verbot deren Vertrieb und wurde sofort ins regionale Komitee der kommunistischen Partei bestellt, wo man ihn anfuhr: Wie könne er sich anmaßen, Tonnen Milch ausschütten zu lassen? Da wurde er mit einem schwierigen Dilemma konfrontiert: Einerseits musste er als Fachmann sein Verbot durchsetzen, andererseits aber bestand die konkrete Gefahr, aus der Partei ausgeschlossen zu werden, was einen damals hätte teuer zu stehen kommen können. Zum Glück fand er Unterstützung bei der damaligen Chefärztin des Rajons, und die strahlenbelastete Milch wurde schließlich vernichtet. Dann wurden in dem Milchverarbeitungsbetrieb erforderliche Geräte installiert, die die Überwachung der Radioaktivität ermöglichten. Natürlich war die ganze damals in den Betrieb gelieferte Milch verseucht und ungenießbar, aber es kam zu keinen weiteren öffentlich ausgetragenen Konflikten. Man kann nur raten, was mit der Milch geschah.

Menschen aus seiner nächsten Umgebung empfahl Suworow alle Fensterspalten abzudichten, sich nach Möglichkeit im Haus aufzuhalten und ebenso Kinder nicht draußen spielen zu lassen. So handelten wir auch, aber es gelang nicht ganz, alle Empfehlungen zu befolgen.

Am 1. Mai sollte die traditionelle Demonstration stattfinden. Die lokalen Führungskräfte konnten diesen Anlass sicherlich nicht völlig ignorieren, doch wurde die Veranstaltung sehr kurz angelegt und neben Erwachsenen wurden nur Oberstufenschüler herangezogen. Später erfuhren wir vom Unfall. Es stellte sich die Frage: »Was tun?«

TAMARA RYSHANOWA setzt das Projekt »Den kindlichen Opfern von Tschernobyl« um, bei dem es ausschließlich um Krebskranke geht. Als sie den Erinnerungen ihrer Kollegin an die tragischen Tage zuhörte, konnte sie kaum die eigenen Gefühle zurückhalten. Es war sehr spürbar, dass die Wunde, die aus der Zeit von vor dreißig Jahren stammte, sie bis heute schmerzt. Jetzt soll auch TAMARA RYSHANOWA zu Wort kommen:

Gerade an dem Tag hatte ich als Stationsschwester Dienst. Gewöhnlich haben Kranke drei Mahlzeiten täglich, aber an diesem Morgen kam die Frau, die das Essen auf die Zimmer bringt, aus der Küche mit leeren Händen zurück. Die Frühstücksausgabe wurde zuerst verschoben und dann ganz verboten. Anderthalb Stunden später wurden Verpflegungspakete verteilt. Und so ging es zwei Tage lang. Dabei wurden keine Begründungen angegeben. Es hieß nur: »Verboten.«

Tamara Ryshanowa, Krankenschwester und Mitglied in der Tschernobyl-Initiative in Buda-Koschelewo im Gebiet Gomel

Kurz danach breiteten sich Gerüchte aus, aber die Führung schwieg dazu und erst am 2. Mai wurde uns alles offiziell erläutert. Eine zentral organisierte Massenevakuation der Kinder aus der Region setzte ein. Man brachte sie nach Anapa am Schwarzen Meer, ins Gebiet Leningrad und sogar nach Grosny in Tschetschenien. Vom Bahnhof wurden die Kinder mit ihren Eltern mit Zügen in verschiedene Erholungsheime abtransportiert.

Ende April 1986 sollten wir in eine neue Wohnung umziehen, weil das Haus, in dem wir davor wohnten, abgerissen werden sollte. Am 27. April brachte ich alle Sachen nach draußen zum Trocknen. Ich sitze daneben. Die Tochter spielt im Hof. Die Sonne scheint. Auf einmal rückt eine schwarze Wolke aus der Richtung Gomel heran. Ich denke mir, gleich gibt es einen Sandsturm, fasse das Kind und renne ins Haus. Die Wolke zog über die trocknenden Sachen, aber zu einem Sturm kam es nicht. Dann begann ich schnell die Sachen ins Haus zu holen. Mir wird heute bange beim Gedan-

3 Der Wind von Tschernobyl

Hilfe für die Kinder von Tschernobyl in Buda-Koschelewo im Gebiet Gomel

ken, was für welche und wie viele radioaktive Stoffe darin steckten. Ich habe ja diese Sachen nicht weggeschmissen. Ich habe sie ja weiter benutzt.

Von den Problemen, die mit dem Unglück zusammenhängen, kann man lange erzählen, aber ich erwähne nur eins davon. Es kommt vor, dass Frauen aus unseren Orten nicht schwanger werden können. Sie haben sehr schlechte Hormonwerte. Es ist insgesamt so: Erfährt man, dass der junge Mann oder die junge Frau aus unserer Region stammt, dann haben sie wenig Chancen zu heiraten.

Den Spruch »Ohne Vergangenheit keine Zukunft« hat wohl jeder schon einmal gehört, aber kennen und sich erinnern sind zwei verschiedene Dinge. Im Rajon Buda-Koschelewo wurden 24 Dörfer begraben. Das ist nicht metaphorisch gemeint, weil sie mit Erde wirklich zugeschüt-

Die Menschenkette der Hilfe – zusammen mit den deutschen Freunden in Buda-Koschelewo im Gebiet Gomel

tet wurden, und nur die Einheimischen wissen noch, dass auf den heute leeren Flächen einst Menschen gelebt haben. Gerade aus diesem Anlass stellt der gemeinnützige Verein »Helfen wir den Kindern von Tschernobyl«, dem heute ungefähr hundert Personen angehören, an den Standorten dieser Dörfer Gedenktafeln auf.

Derzeit arbeitet der Verein aus Buda-Koschelewo mit Initiativen aus Deutschland, Spanien, Italien, England und Japan zusammen. Es geht wirklich um Zusammenarbeit, weil die Gleichberechtigung in den Beziehungen dabei der Grundsatz ihrer Philosophie immer war und bleibt. Alles begann Ende 1989 mit einem Anruf aus Minsk: Ein Vertreter der von dem Ehepaar Gruschewoj gegründeten Stiftung schlug Walentina Smolnikowa vor, Ausländer in Buda-Koschelewo zu empfangen. Der Vorschlag kam völlig überraschend. Natürlich hatten alle schon von staatlichen Stiftungen gehört (Friedensfond, Frauenunion usw.), aber gewöhnlich reisten die Kinder von Vorgesetzten oder Menschen mit Beziehungen

3 Der Wind von Tschernobyl

Zu Besuch im neuen Jugendzentrum in Buda-Koschelewo – A. Pleskatschowa, G. Gruschewoj, W. Smolnikowa, G. Tietzen und I. Gruschewaja

ins Ausland. Hier zeigte man zum ersten Mal Interesse für einfache Menschen.

Dazu muss man sich jene Zeiten vergegenwärtigen, als die Einstellung zu allem Ausländischen in der Sowjetunion mit ihrer harten Hegemonie der Kommunistischen Partei, gelinde ausgedrückt, sehr misstrauisch war. Die Begegnung, die im Jahr 1990 stattfand, war aber sehr erfolgreich und produktiv. Unter den Gästen war auch ein Deutscher, Georg Tietzen aus dem sächsischen Kamenz. Gerade er war es, der im nächsten Jahr den ersten Hilfskonvoi nach Belarus brachte.

Bemerkenswert ist, dass Hilfsgüterlieferungen in der Regel von Menschen organisiert wurden, die man nur schwer steinreich nennen kann: Kinderreiche Eltern, ehemalige Soldaten (wie Georg Tietzen und seine Freunde), einfache Arbeiter, Lehrer. Viele von ihnen sind mehrmals nach Belarus gekommen. Und so selbstlos handeln sie teilweise bis heute. Das kann man sich schwer vorstellen: Deutsche nutzen ihren Urlaub, um mit einem Hilfskonvoi nach Belarus zu reisen. Phantastische Menschen!

Zu den ersten Hilfsgütern gehörten Medikamente und, was besonders wichtig war, Kindernahrung. Die Muttermilch der Frauen, die damals Kinder zur Welt brachten, war radioaktiv belastet. Sie durch Kuhmilch zu ersetzen war kein Ausweg, weil auch diese kontaminiert war. Mit Müh' und Not ermittelte man im Rajon einen unbelasteten Standort. Kühe wurden in einem abgesonderten Stall gehalten und nur mit unbelastetem Futter ernährt, ihre Milch dann zentralisiert an Milchküchen ausgeliefert. Doch diese Mengen waren unzureichend. Zwar versuchte man das Problem mithilfe der Babyfertignahrung zu lösen, aber die belarussische Fabrik in der Stadt Wolkowysk, Gebiet Grodno war dem rasant gestiegenen Auftragsvolumen nicht gewachsen. Dazu ließ die Qualität ihrer Produkte viele Fragen aufkommen. Die deutsche Säuglingsmilch war dagegen hypoallergen.

Leider gelten alle Überlegungen ähnlicher Art damals wie heute als »feindliche Stimmungen«. Die offizielle Propaganda will und wollte schon immer nicht nur jegliche Kritik, sondern auch alle Versuche unterbinden, frei in dieser Hinsicht nachzudenken. Es wird für selbstverständlich gehalten, dass alles bei uns im Lande das Beste in der Welt sei – sogar die Radioaktivität.

Das Erste, was Gennadij Gruschewoj seinen Mitstreitern beibrachte, war die Freiheit, zuerst die Freiheit von sowjetischen Stereotypen und dann auch von der staatlichen Fürsorge. Die Filiale der Stiftung »Den Kindern von Tschernobyl« e. V. in Buda-Koschelewo wurde 1991 eingetragen und 2006 wurde diese auf Gruschewojs persönliches Drängen als Verein »Helfen wir den Kindern von Tschernobyl« neu registriert. Gennadij wollte, dass seine Mitstreiter in der Region auf diese Weise dem verstärkten Druck entkommen könnten, unter dem ein weiteres Mal er selbst sowie alle Strukturen der Stiftung »Den Kindern von Tschernobyl« e. V. in der Hauptstadt gerieten. Schließlich zweifelte bei uns keiner, dass nach vielen Verfolgungen und Versuchen, die Arbeit der Stiftung zu diffamieren, das Ansehen in der Bevölkerung zu untergraben und somit zu zerstören, die Machthaber beschlossen, endgültig das System zu vernichten, das Gruschewoj im Laufe von fast zwei Jahrzehnten aufgebaut hatte. Deswegen erwies sich die Entscheidung über die Neuregistrierung der Stiftungsfiliale als einer selbständigen Organisation als äußerst hilfreich und weitblickend. Vielleicht konnte gerade deshalb das gerettet werden, was bis jetzt Bestand hat.

3 Der Wind von Tschernobyl

Leider ist es gar nicht sicher, dass diese Arbeit endlos weitergeht, wofür die persönlichen Erfahrungen von Walentina Smolnikowa ein sehr aufschlussreiches Beispiel sind. Im Jahr 2004 trat sie als Kandidatin bei der Parlamentswahl an und konnte mit eigenen Augen sehen, wie in unserem Land für die »Stabilität in der Politik« gesorgt wird. Über die Geschichte und die gegenwärtigen Aktivitäten des Vereins in Buda-Koschelewo kann man sehr lange erzählen, nicht umsonst zählt er zu den besten seiner Art in Belarus. Ich möchte auf einige Zahlen aufmerksam machen. Ich fange mit den jüngsten Daten an, die aktuell vorliegen.

Von 1 588 Umsiedlern, die ins Rajon Buda-Koschelewo 1989 aus den stärker belasteten Gebieten gezogen sind, leben hier nur noch 377 Personen. Außerdem gibt es jetzt im Rajon 775 so genannte Liquidatoren, das sind 419 weniger als früher. Von 1 347 Personen, die innerhalb des Rajons wegen der hohen radioaktiven Belastung umgezogen sind, sind derzeit 309 geblieben. Natürlich ist ein Anteil davon weiter gezogen, aber die überwiegende Mehrheit lebt nicht mehr. Die Ursache dafür ist nicht der Alterstod, sondern die Folgen von Tschernobyl.

Im Februar 2016 hat WALENTINA SMOLNIKOWA einen Vortrag in Deutschland bei dem IPPNW[7]-Kongress gehalten. Es sei erlaubt, an dieser Stelle einen Auszug daraus zu bringen, der die oben stehende These sehr überzeugend belegt: In unserem Rajon wird in den letzten 10 Jahren der Zuwachs genetischer Störungen unter den Nachkommen verstrahlter Eltern verzeichnet. Aus meiner Sicht werden genetisch bedingte Erkrankungen und Behinderungen bei Kindern weiter zunehmen. Diese Krankheiten sind als Ergebnis des Lebens unter der ständigen Einwirkung kleiner Strahlendosen zu sehen. Der Zuwachs wird allerdings bei uns nach wie vor verschämt mit »der Gesamtauswirkung der Strahlung und einer ganzen Reihe weiterer Faktoren« erklärt, aber nicht mit der beständigen Auswirkung von kleinen Strahlendosen auf die Menschen.

Zum Rückgang dieser Erkrankungen könnten beitragen: Ein ständiges Monitoring der radioaktiven Körperbelastung von Kindern und Schwan-

---

[7] IPPNW – Deutsche Sektion der Internationalen Ärzte für die Verhütung des Atomkrieges/Ärzte in sozialer Verantwortung e. V. https://www.ippnw.de

geren mit hochempfindlichen Geräten, der weitere Maßnahmenkomplex zur Entfernung von Radionukliden aus dem Körper bei Betroffenen zur Senkung der Belastung auf minimale Werte sowie Erholungsaufenthalte in unbelasteten Gebieten. Das verursacht geringere Kosten als gewaltige Ausgaben für die Behandlung schwerkranker Kinder und nachfolgende Geldleistungen an Behinderte.

Die Entwicklung der gesundheitlichen Qualität dieser, schon dritten heranwachsenden Generation lässt sich an der Verteilung Neugeborener auf Gruppen nach ihrem Gesundheitszustand über den Zeitraum von 10 Jahren verfolgen:

2006: völlig gesunde Neugeborene machten 33,6 %, Gesunde mit Normabweichungen 61,6 %, Kranke 4,5 %, Behinderte 0 % aus;

2013: Gesunde 10,9 %, mit Normabweichungen 83,6 %, Kranke 5,5 %, Behinderte 0 %;

2015: Gesunde 33,7 %, mit Normabweichungen 62,8 %, Kranke 3,2 %, Behinderte 0,23 % (1 Kind).

Ähnliche Tendenzen lassen sich auch in anderen Altersgruppen beobachten. So lag die Wehrdiensttauglichkeit Jugendlicher in der Zeit vor Tschernobyl bei 73–75 %, 2006 bei 46,0 %, 2013 bei 50,2 %, 2015 bei 48 %.

Die Schwangerschaft und die Geburt verlaufen normal bei ca. 10–15 % der Frauen, der Rest hat verschiedene Krankheiten, die Anomalien der Wehentätigkeit verursachen.

Unter Erwachsenen ging der Anteil der als gesund Befundenen im Jahr 2014 gegenüber 2013 um 0,4 %, der als praktisch gesund Befundenen um 2,1 % zurück, während sich der Anteil der chronisch Kranken dementsprechend um 2,5 % vergrößerte. Bei den Erkrankungen der Erwachsenen dominieren die Erkrankungen des Herz-Kreislaufsystems, gefolgt von den Krankheiten des Atmungssystems, des endokrinen Systems, des Stütz- und Bewegungsapparats und der Bluterkrankungen.

Unter Kindern wurde 2014 ein Zuwachs von Primärinfektionen, Erkrankungen des Atmungssystems und der Haut verzeichnet, was von einer

3 Der Wind von Tschernobyl

Schwächung des Immunsystems zeugt. In der allgemeinen Struktur der Erkrankungen bei Kindern nehmen gleichzeitig die Erkrankungen des Herz-Kreislauf-, des Verdauungssystems sowie des Harn- und Geschlechtsapparats zu. Kinder wachsen auf und erreichen das Erwachsenenalter zusammen mit ihren Krankheiten. Praktizierende Ärzte stellen fest, dass nahezu jedes Kind an chronischen Krankheiten leidet, die sonst für das fortgeschrittene Alter kennzeichnend sind.

Nach offiziellen Angaben betrug der Schaden vom Unfall im Atomkraftwerk Tschernobyl für Belarus 235 Milliarden US-Dollar, und die Vertreter des Staats waren dann auf die Leistungen zur Beseitigung der Folgen der Katastrophe sehr stolz. Dabei »vergaß« man immer zu erwähnen, dass die Staatsmacht zum Handeln buchstäblich gezwungen werden musste – von solchen Menschen wie den Wissenschaftlern Wassilij Nesterenko, Jewgenij Konoplja, Iwan Nikitschenko, dem Schriftsteller Alesj Adamowitsch und dem Philosophen Gennadij Gruschewoj.

Leider gibt es heute fast keine solchen Menschen in den »oberen Machtetagen«, deswegen wohl erscheint »unbelasteter Speck« nur in ihren Berichten als solcher.

Auf der Suche nach der »Sauberkeit«

»Sauber« (unbelastet) wie die Ostslawen dazu sagen, heißt in diesem Fall natürlich »nicht radioaktiv verseucht«.

Tamara Iwolgina erzählt, dass ihre Familie vor knapp sechs Jahren als erste im Ort Wosnessensk die bisher in Belarus seltenen vietnamesischen Hängebauchschweine zu züchten begonnen hat, um unbelasteten Speck zu haben.

Glaubt man dem globalen Wissen der Suchmaschinen, dann ist die Züchtung von Hängebauchschweinen eine gewinnbringende und spannende Beschäftigung. Die vietnamesischen Schweine seien futtermäßig nicht anspruchsvoll und haben ein starkes Immunsystem, was sie gegen verschiedene Erkrankungen nahezu resistent mache. Tatsächlich gilt gerade diese Schweinerasse für die Tierzucht in verstrahlten Regionen als sehr aussichtsreich.

Das Agrarstädtchen Wosnessensk liegt bei Tschetschersk, im Norden des Gebiets Gomel, etwa 67 km von der Stadt Gomel entfernt, von dort aus ist es nur ein Katzensprung bis Tschernobyl. Wosnessensk, früher ein Dorf, wurde wie viele andere zukunftsfähige Dörfer 2009 zu einem Agrarstädtchen erklärt. Die Folgen des Unfalls im Atomkraftwerk Tschernobyl spielten da ohne Zweifel nicht die letzte Rolle. Mir aber macht es keine Freude, wenn ich Agrarstädtchen in stark kontaminierten Gebieten sehe.

Es war Regina Garmasch, die bei der ganzen Tschernobyl-Arbeit in Wosnessensk den Anfang machte. Nachdem Irina *und* Gennadij Gruschewoj *die Erholung belarussischer Kinder im Ausland eingeleitet hatten, wurde sie ihre erste Partnerin in der Region Tschetschersk. Es entwickelte sich so, dass nach einer Weile die Aktivisten aus Tschetschersk, die Gruschewoj unterstützten,* Tamara Iwolgina *anboten, eine Kindergruppe aus Wosnessensk zur Erholung nach Deutschland zu begleiten.*

Tamara Iwolgina, Mitglied der Tschernobyl-Initiative in Wosnessensk

Übrigens hat Tamara Iwolgina *(Diplom-Russistin) ihre Deutschkenntnisse im Selbststudium erworben. Ihre aktive Teilnahme an der Tschernobyl-Bewegung hat sie den Deutschen zu verdanken. Im Dezember 1996 kamen Gäste, Mitglieder einer Initiative aus Heidenheim, ins Dorf Wosnessensk. Sie baten Iwolgina ihnen mit der Kommunikation zu helfen und boten ihr dann an, diese Funktion auf ständiger Basis zu übernehmen. Etwas später wurde in völliger Übereinstimmung mit der Philosophie der Stiftung klar, dass mit der Kindererholung im Ausland allein die Sache noch nicht erledigt ist.*

Der Leitgedanke »Niemand hilft uns, außer wir uns selbst« wurde ein weiteres Mal in die Tat umgesetzt, als die Aktivitäten der Menschen aus Wosnessensk von noch einer Initiative aus Deutschland, näm-

3 Der Wind von Tschernobyl

lich »Freu(n)de für Belarus« um Christel Weißenfels, gefördert wurden. Dank der Bemühungen der ausländischen Freunde wurde um die Schule ein Obstgarten angelegt, und jeder Dorfbewohner bekam auf Kosten der deutschen Freunde einige junge Apfelbäume zum Pflanzen. Bedenkt man, dass es zum Zeitpunkt unseres Gesprächs in Wosnessensk 430 Höfe gab, lässt sich die erforderliche Zahl errechnen. Das Kindererholungszentrum »Nadeshda« bei Wilejka, das auch von den Deutschen betreut wird, bekam aus Deutschland sehr gute Pflanzkartoffeln, passte sie an die belarussischen Verhältnisse an und lieferte 10 Tonnen davon dank der Sponsoren nach Wosnessensk. Dann funktionierte im Dorf zwei Jahre lang das Projekt »Meine Jahre sind mein Reichtum«, dessen Teilnehmer Weihnachts- und Neujahrsgeschenke für die Einwohner im Alter von 70 Jahren plus vorbereiteten.

Wie bereits erwähnt, legte die UNO Anfang 2003 das Programm Core auf, bei dem es um Zusammenarbeit für den Wiederaufbau der vom Unfall im Atomkraftwerk Tschernobyl betroffenen Regionen ging. Dieses Programm wurde stark kritisiert. Aber das ist ein Thema für sich, hier will ich auf ein Beispiel seiner praktischen Umsetzung eingehen. Gerade im Rahmen dieses Programms wurde das Projekt »Treibhaus« finanziert, dessen Ziel es war, den Menschen die selbständige Produktion von möglichst wenig mit Unkrautbekämpfungsmitteln und Radionukliden belasteten Lebensmitteln zu ermöglichen. Leider konnten Iwolgina und ihre Gleichgesinnten damals die erwünschte Variante des Treibhauses nicht bestellen, weil der Lieferant irgendwo weit weg saß, während die Entscheider auf verschiedenen Ebenen darauf bestanden, dass das für Wosnessensk bereitgestellte Geld unbedingt innerhalb des Rajons Tschetschersk ausgegeben wurde. So musste man sich mit dem zufriedengeben, das vor Ort angeboten wurde. Hauptsache, man konnte sogar unter solchen Bedingungen das wichtigste Ziel erreichen, nämlich den Menschen den Anbau unbelasteten Gemüses nahezubringen. Die Erzeugnisse wurden so sorgfältig auf die radioaktive Belastung überprüft, wie das sogar in besser aufgestellten Orten nicht immer der Fall war.

Die Gurken, die Iwolgina und ihre Mitstreiterinnen ernteten, wurden eingelegt und »für Groschen« an den kommunalen Gaststättenbetrieb verkauft. Von dort aus wurden sie an Kunden, unter anderem an die Dorfschule bereits »für Taler« vertrieben. Die Gurken schmeckten so gut, dass die Schüler sogar ihre Eltern manchmal baten, »das Essen wie in der

Schule« zu kochen. Ebenso lecker war das Sauerkraut. Wie man es leider auch erwarten konnte, hatte mit der Zeit die regionale staatliche Hygieneinspektion daran etwas auszusetzen. Ihr Befund war: Das geht nicht. Nun bringt man in die Schulkantine Fässer, deren Inhalt alles andere als angenehm riecht.

Mittlerweile kam ein zweites Treibhaus dazu und zwei neue Funktionen: Praktischer Unterricht für die Schüler und, wie es in der Amtssprache heißt, »außerbudgetäre Finanzierung«. Man begann in Wosnessensk mit eigenen Setzlingen Tomaten und Radieschen anzubauen und zu verkaufen. Das erwirtschaftete Geld wurde für die Schüler ausgegeben, etwa für die Auszeichnung der Teilnehmer verschiedener Wettbewerbe. Übrigens sind die Leistungen der jungen Künstler aus Wosnessensk von recht hoher Qualität, davon konnte man sich bei zahlreichen Jugendfestivals und -foren überzeugen, die von der Stiftung »Den Kindern von Tschernobyl« e. V. ausgetragen wurden.

Vor sechs Jahren, als die ersten sechzehn Einwohner von Wosnessensk den Wunsch äußerten, Hängebauchschweine zu züchten, halfen ihnen die deutschen Sponsoren, die ungewöhnlichen Ferkel zu kaufen, und weiter ging es nach dem Dominoeffekt: Wenn eine Sau Junge warf, mussten die Besitzer ein Ferkel kostenlos abgeben und die restlichen konnten sie verkaufen. So geht jetzt die Zahl der in der Umgebung früher nie gesehenen vietnamesischen Hängebauchschweine in die Hunderte. Man gibt ihnen möglichst wenig verstrahltes Futter. Das Informationsteam der Schule, das von dieser Initiative beim Wettbewerb des Instituts für Strahlensicherheit »Belrad« berichtete, wurde als eins der besten ausgezeichnet. Es gilt für sie allgemein die Regel: Die Besten zu sein. Es gibt viele Beispiele für die Siege der Kinder aus diesem radioaktiv verseuchten Ort.

Eines, das Tamara Iwolgina in gewissem Sinne persönlich betrifft, ist das Projekt »Deutsch ist mein zukünftiger Beruf«. Denn nachdem sie selbst die deutsche Sprache gut gelernt hatte, fing sie an, andere zu unterrichten. Natürlich besteht die Kerngruppe des Projekts aus den Kindern, die mit Iwolgina ins Ausland reisen, aber dass viele von ihnen dann die Aufnahmeprüfungen an der berühmten Fremdsprachenhochschule, der Linguistischen Universität Minsk, bestehen, ist vor allem ein Zeichen des qualitativ hochwertigen Sprachunterrichts. Auch zwei Töchter von Tamara Iwolgina, Oxana und Jekaterina, konnten sich dort einschreiben. Hier lohnt sich noch die Anmerkung, dass Tamara noch eine Tochter und

3 Der Wind von Tschernobyl

einen Sohn hat und dass sie alle vier Kinder allein, ohne Mann großgezogen hat. Vor solchen Frauen zieht man den Hut, sie flößen einem wirklich Respekt ein.

Das gleiche gilt auch für Olga Kusnezowa aus Bychow. Eine gute Stunde ging es in unserem Gespräch darum, wie sie anderen hilft, erst zum Schluss, fast durch Zufall, erfuhr ich, dass Olga nur eine Niere hat und ohne Schilddrüse leben muss. Die Organe wurden ihr in Borowljany, im landesweit bekannten Krebszentrum entfernt.

Ist von Frauen die Rede, so versuche ich, ebenso wie viele, ohne Wörter wie Veteranin oder ähnliche auszukommen, aber in diesem Fall kann man einfach nicht

Olga Kusnezowa, Krankenschwester und Leiterin der Tschernobyl-Initiative in Bychow

umhin. Eine Veteranin der regionalen Tschernobyl-Bewegung ist Olga Kusnezowa, da Bychow zu den ersten Orten gehörte, in denen ein Ableger der gemeinnützigen Stiftung »Den Kindern von Tschernobyl« e. V. entstand.

Alles begann im Jahr 1992, als Gennadij Gruschewoj im zweiten Anlauf nach Bychow kam. Gerade damals wurde die lokale Stelle gegründet. Die Leitung übernahm Alina Sgirowskaja, die als Lehrerin an der Musikschule arbeitete. Nach einer Weile gewann sie Olga Kusnezowa für das Engagement in der neuen Bewegung, die dann seit 1999 diese Arbeit auch leitete.

Olga Kusnezowa wurde im Dorf Gluchi bei Bychow geboren, absolvierte die medizinische Fachschule Mogilew und arbeitete bis zur Pensionierung als Krankenschwester im regionalen Krankenhaus. Heute ist Gluchi ein Agrarstädtchen, hier stehen noch die Schule und das Kulturhaus, die mit dem Geld von Olga Kusnezowas Onkel gebaut wurden. Dieser Onkel, Stepan Krassowski, war als Marschall der sowjetischen Luftstreitkräfte ein wirklich wohlhabender Mensch. Während des deutsch-sowjetischen Kriegs kommandierte er Luftarmeen und leitete später die

Militärakademie der Luftstreitkräfte »Jurij Gagarin«. Heute sind nach dem Helden der Sowjetunion Stepan Krassowski ein Platz in Bychow, die Schule in seinem Heimatdorf und eine Straße im russischen Woronesh benannt, wo er die Luftstreitkräfte der Front befehligt hat.

Aber nun zurück zu den Anfängen und sogar in die Zeit davor, nämlich in den Frühling 1990, als die Stiftung »Den Kindern von Tschernobyl« noch nicht eingetragen war, sondern als Komitee »Kinder von Tschernobyl« bei der Belarussischen Volksfront BNF von der Bevölkerung wahrgenommen wurde. Gennadij Gruschewoj, der Vorsitzende dieses Komitees, wurde gerade zum Mitglied des belarussischen Parlaments gewählt und war schon mitten in seiner Tschernobyl-Odyssee. Aus Deutschland wurden auf die Bitte des Komitees vier riesengroße Kartons Vitamine für die verstrahlten Regionen gebracht. Um zu ermitteln, wo der Bedarf am stärksten war, richtete man sich nach der Karte der Verteilung der radioaktiven Belastung. Rajon Bychow gehörte darauf zu den am stärksten betroffenen Regionen.

Die lokale Verwaltung war über den Namen des Abgeordneten, der kommen sollte, nicht informiert, deswegen wurde er in Begleitung seiner Frau Irina mit einem Blumenstrauß empfangen. Als aber die Leiterin erfuhr, dass es sich beim Besucher um einen Abgeordneten der BNF-Fraktion handelte, warf sie vor Angst die Blumen auf den Boden und lief weg. Mit solcher Aufnahme hatte das legitime Mitglied des Parlaments nicht gerechnet. Er beschloss die Vitamine im örtlichen Krankenhaus und in der Schule selbst abzuliefern. Aber der Chefarzt und der Schulleiter wagten es nicht, das Geschenk ohne Bewilligung von oben anzunehmen, auch wenn sie sich des Wertes desselben bewusst waren. Die vier Kisten Vitamine gingen zurück nach Minsk.

Aus diesem Grund wurde beschlossen, mit der Gründung einer Stiftungsgruppe hier ein wenig abzuwarten. Als jedoch zwei Jahre später hier die Arbeit aufgenommen wurde, herrschte dann ein wirklich starker Betrieb. Auf der Strecke Bychow–Minsk verkehrten fast wöchentlich in beide Richtungen sowohl die Vertreter der Stiftungsleitung als auch ihre Kollegen aus Bychow. Davon, wie das funktioniert hat, erzählt Olga Kusnezowa am besten selbst:

In Minsk passierte so viel Spannendes, dass wir seitdem sehr oft, auch mit unseren Kindern und Jugendlichen dorthin kamen. Als wir das Jugendzen-

3 Der Wind von Tschernobyl

Olga Kusnezowa. Hier befand sich die Mietwohnung für die Jugendarbeit, bevor ein Dorfhaus angemietet werden konnte.

trum der Stiftung im Wohnbezirk Malinowka besuchten, beschlossen wir sofort, etwas Ähnliches bei uns aufzubauen.

Wir mieteten ein Dorfhaus, renovierten es, gruben sogar einen Brunnen im Hof und fingen an, dort verschiedene Veranstaltungen mit Jugendlichen zu organisieren. Ich kann nicht sagen, dass die Verwaltung unsere Aktivitäten, die ja nicht von ihr angewiesen wurden, sofort willkommen hieß. Zuerst kam es sehr oft zu »Missverständnissen«. Zum Beispiel beschlossen wir, nachdem unter unserer Beteiligung ein Kinderspielplatz in Minsk angelegt worden war, einen ähnlichen auch in Bychow zu errichten.

Leider wurde er schon bald auf Verfügung eines »Natschalniks«[8] vom Kommunaldienst abgetragen. Es kümmerte keinen, dass die Kinder nun keinen Platz mehr zum Spielen hatten. Ich wollte diesen Zerstörungsprozess mit meiner Kamera dokumentieren. Das verwirrte die Arbeiter etwas, deswegen wurde als offizielle Begründung vorgebracht, dass es gefährlich sei, weil durch den Hof unseres Hauses Autos durchführen. Die Erklärung fiel so blöd aus – als ob es keine Autos in anderen Höfen gäbe! –, dass sogar die Verwaltungsleitung das nachvollziehen konnte oder einfach Proteste vermeiden wollte. So wurde der Spielplatz erneuert. Allerdings nicht so, wie er gewesen war, und aus anderen Baustoffen als unserer. Ich sehe den tatsächlichen Grund darin, dass »die da oben« das Handeln der Menschen aus eigener Initiative für eine Zumutung, ja als Protest gegen die Macht hielten.

Am Anfang der Tätigkeit wurden wir sehr stark kontrolliert, besonders wenn die Deutschen kamen, weil ja der Eiserne Vorhang in den Köpfen nach wie vor bestand. Genau passte man natürlich auch immer auf die Gruschewojs auf, sowohl auf Gennadij als auch auf Irina. Ich weiß noch, wie einmal bei ihrem Besuch ein unbekannter Wagen uns überallhin folgte. Man wollte wahrscheinlich ihre Telefonate abhorchen, oder uns allen Angst einflößen, denn die wussten genau, wo wir hinfahren wollten, so gut wie wir selbst. Später aber gestalteten sich die Arbeitsbedingungen viel günstiger, weil man festgestellt hatte, dass wir nichts Schlechtes vorhatten.

GENNADIJ GRUSCHEWOJ, könnte man sagen, steckte Menschen mit seinem Elan an, mit dem eigenen Vorbild spornte er sie zum aktiven Handeln an. Unser Leben veränderte sich von Grund auf, es wurde inhaltsreicher und spannender. In die Stadt, von der man früher außerhalb von Belarus so gut wie nichts gekannt hatte, kamen jetzt Ausländer. Viele sehr nützliche Projekte wurden verwirklicht, wie etwa »Umgang mit Behinderten«

---

[8] Natschalnik: Vorgesetzter, Chef – wird im Russischen auch in einem ironischen oder spöttischen Sinn benutzt.

3 Der Wind von Tschernobyl

oder »Mutter und behindertes Kind«, bei dem unsere kranken Kinder dreimal im Jahr in ausländische medizinische Zentren zur Behandlung geschickt wurden. Übrigens wird diese Arbeit in gewissem Umfang auch heute fortgeführt: Mit dem Geld unserer ausländischen Freunde unterstützen wir kranke Menschen bei hohen Medikamentenkosten.

Ordentlich wurde auch die Arbeit mit Minderjährigen in Haft und nach ihrer Entlassung organisiert. IRINA GRUSCHEWAJA betreute das Projekt persönlich. Einem Mädchen half sie nach der Freilassung in Minsk die Ausbildung zur Friseurin zu machen, einem anderen half sie zusammen mit Gennadij, die Wohnung zu behalten (nach dem Tod ihrer Eltern ein außerordentlich schweres Unterfangen), noch einigen ermöglichte sie die Teilnahme an den Resozialisierungsprogrammen, die sie mit Unterstützung aus Betzdorf und Detmold organisiert hat.

Olga Kusnezowa auf dem Friedensmarsch durch Europa, 2011

Besonders muss das Projekt zur Hilfe für Pflegefamilien erwähnt werden. Da staune ich immer wieder: Einige Pflegeeltern nehmen gleichzeitig sechs bis acht Pflegekinder auf. In einem Fall haben gleich zwanzig auf solche Weise eine Ersatzfamilie gefunden. Klar, Kinder standen bei unserer Tätigkeit immer im Mittelpunkt. Mit Erholungsreisen ins Ausland begannen wir fast sofort nach der offiziellen Eintragung.

Niemand sollte es mir übel nehmen, wenn ich sage, dass auch Kinder früher etwas anders als heute waren. Irgendwie offener, unkomplizierter und weniger pragmatisch. Früher haben sie sich über die geschenkte Puppe gefreut und jetzt kommen manche zu mir, damit ich für Ausländer ihre Bitten um einen Fernseher, PC oder Laptop übersetze. Übrigens sind die Familien von Behinderten viel bescheidener als die von Trinkern. Es kommt vor, dass die Kinder aus der Umgebung nicht verstehen, warum gerade sie zur Erholung geschickt werden. Sie wissen nichts von Tschernobyl, von der Radioaktivität. Fragt man sie, so lauten die Antworten: »Man hat uns ausgewählt, weil wir die Besten sind.« Das bekommen sie sicher in der Schule beigebracht, offiziell haben wir ja Tschernobyl schon »überwunden«.

Überhaupt haben wir von keiner Struktur so viel Unterstützung gespürt wie von der Stiftung »Den Kindern von Tschernobyl« e. V. Begabte Jugendliche wurden sogar mit den Stipendien der Stiftung gefördert. Mit Gruschewoj ließ es sich sehr leicht arbeiteten. Die für Beamte typische Arroganz war ihm völlig fremd. Jeden Gast empfing er freundlich, mit unablässigem Lächeln. Das letzte Mal im Leben habe ich ihn in der Schweiz bei unserem gemeinsamen Friedensmarsch durch Europa für die Kinder von Tschernobyl und von Fukushima getroffen. Dieser aussergewöhnliche Mensch wird bei uns immer in guter Erinnerung bleiben.

Hinzugefügt sei, dass die Aktivisten aus dem Rajon Bychow mit der Initiative von Barbara Gladysch, später von Angela Nagel als Vorsitzende abgelöst, gut zusammengearbeitet haben. Nach misslungenen Versuchen, bei der Organisation eines Jugendzentrums in Tschetschersk zu helfen (die dortige Initiative übergab alles freiwillig an die Stadtverwaltung und die Administration des Präsidenten), knüpfte auch Rudolf Düber, dem die Arbeit mit Jugendlichen besonders am Herzen lag, Kontakte zu Bychow.

3 Der Wind von Tschernobyl

Viktor und Jurasj Meleschkewitsch

VIKTOR MELESCHKEWITSCH und sein Sohn Jurasj haben dasselbe erlebt – aus verschiedener Sicht – der eine als Erwachsener, der andere als Kind.
VIKTOR MELESCHKEWITSCH erinnert sich:
Ich stamme aus der Region Brest. Nach dem Wehrdienst bei der Marine an der Ostsee absolvierte ich erfolgreich die Agrarfachschule in Ljachowitschi, dann die landwirtschaftliche Akademie in Gorki und bekam den ersten Arbeitsplatz als Lehrer an der Berufsschule 62 in Slawgorod zugeteilt. Dort heiratete ich, dort kamen meine Kinder zur Welt, dort erlebte ich den Tag, an dem das Unglück in Tschernobyl passierte.

Seit der Gründung der Belarussischen Volksfront BNF bleibe ich ihr Anhänger. 1989 wurde vom Sojm (Vorstand) der BNF ein Komitee für Tschernobyl-Angelegenheiten eingesetzt. Den Vorsitz übernahm GENNADIJ GRUSCHEWOJ – Gott hab' diesen wunderbaren Menschen selig! Er hat es geschafft, einen so gigantischen Apparat in Gang zu setzen, dass man wohl in der Zeitgeschichte weltweit, geschweige denn in Belarus, nichts Vergleichbares kennt.

Ich arbeitete mit ihm mehr als sechs Jahre zusammen, nämlich bis zum Zeitpunkt, als die Stiftung »Den Kindern von Tschernobyl« e. V. zum Ziel von Angriffen, Anschuldigungen und schließlich der offenen Verfolgung seitens des Sicherheitsrats wurde. Leider wurde damit unsere Zusammenarbeit brutal unterbrochen. In der Zeit, als ich im BNF-Rat in Slawgorod für das Thema Tschernobyl zuständig war, haben wir dank Gruschewoj und seiner Stiftung mehr als tausend Kinder aus Slawgorod zur Erholung ins Ausland geschickt. Fast jeden Monat besuchte ich die Zentrale in Minsk, einige Male im Jahr kam Gennadij zu uns. Er war sehr oft auf Reisen, deswegen stand ich im engen Kontakt mit Irina Gruschewaja und anderen Mitarbeitern der Stiftung. Mit unserem intensiven Einsatz konnten wir in der Sommersaison die Ausreise von 5 bis 6 Kindergruppen aus unserer Stadt organisieren.

Viktor Meleschkewitsch mit seiner Familie

Den Einwohnern von Slawgorod halfen Italiener, Deutsche, Polen, Finnen, Engländer, Ukrainer (ihnen gehörten ja damals die Erholungsheime auf der Krim) und sogar Japaner. Außer der Kindererholung ging es um Hilfslieferungen von Lebensmitteln, Kleidung, Medikamenten, Geräten zur Messung der radioaktiven Belastung. Delegationen aus Dänemark, Belgien, Luxemburg kamen zu uns zu Besuch. Die ganze Welt hörte den Ruf der Stiftung und wollte Belarus retten. Es hat sehr viele extrem rührende Szenen gegeben. Ich weiß noch, wie die Polen uns besucht haben. Sie schauten sich alles an, brachen in Tränen aus und sagten: »Wir sind bereit, alle eure Kinder zu uns zu holen.«

Etwas Ähnliches hörten wir auch von Italienern, als sie für drei Tage kamen, um die Familien ihrer belarussischen Gastkinder kennenzulernen. Wie auch die Deutschen, schickten sie uns viele Medikamente. Ganze Flug-

3 Der Wind von Tschernobyl

zeugladungen. Der legendäre FELIX SCHKIRMANKOW und ich brachten sie dann zusammen ins regionale Krankenhaus. FELIX SCHKIRMANKOW ist neunzig Jahre alt. Er ist ein Kriegsveteran. Zu der Zeit war er Vorsitzender des Stadtrats. Wir hatten dort ein eigenes Büro und Lagerräume. Er half uns mit vielen Sachen, unter anderem mit Kraftstoff. Es war die Zeit der beginnenden Demokratie, wo jeder etwas dazu beitragen konnte. Auf uns wurde kein Druck ausgeübt. Weder von rechts noch von links, weil der Chefredakteur der Lokalzeitung ALEXANDER MALINOWSKIJ Mitglied der BNF war.

Einen großen Beitrag leistete ALEXANDRA STAROWOJTOWA, die als Krankenschwester im regionalen Krankenhaus arbeitete und während des Urlaubs Kinder bei Auslandsaufenthalten betreute, auf ihren Gesundheitszustand und die Unterbringungsbedingungen aufpasste. Leider lebt diese wunderbare Frau heute nicht mehr. Ihr Mann MICHAIL PROKOFJEW war ein echtes Arbeitspferd, wie man selten trifft. Er setzte Listen von Kindern für Erholungsreisen zusammen, fuhr durch die Dörfer in der Umgebung, suchte nach Familien, die Arzneimittel gut gebrauchen konnten oder bedürftig waren und die humanitäre Hilfe am meisten brauchten usw. Ein einmaliges Organisationstalent! Viel geholfen hat uns auch der Hauptmann der Miliz TELMAN ISMAILOW, ein Aserbaidschaner, der nach Slawgorod geheiratet hatte. Kurz und gut, in Slawgorod bestand eine gute, zuverlässige Gemeinschaft der Gleichgesinnten. Einmal brachten Italiener Fleischkonserven, je zwei 400-Gramm-Dosen für alle 38 000 Einwohner unseres Rajons. Einige Hilfskonvois waren dafür erforderlich. So eine Menge an Blechdosen kann man sich kaum vorstellen!

1992 bot sich die Gelegenheit, meine Frau und Kinder nach Minsk zu bringen. Ich selbst blieb noch für 10 Jahre in Slawgorod leben. Eine Zeit lang bekleidete ich sogar den Posten des Stellvertretenden Vorsitzenden des Exekutivkomitees der Stadt und leitete das Landwirtschaftsamt unseres Rajons. Auf meine Anregung wurde die Nutzung der Hälfte der Anbauflächen eingestellt, weil man dort nichts anbauen durfte. Leider wurden bis heute alle Maßnahmen rückgängig gemacht. Dann mischte sich die große

Tante Wolha mit Jurasj Meleschkewitsch, Maifest 1986

Politik in mein Leben ein. Als klar wurde, dass man uns »der zivilisierten Welt nicht nachlaufen« lässt (so der Staatschef Lukaschenko), wollte ich als Andersdenkender dem aktiv entgegenwirken und nahm an der alternativen Präsidentschaftswahl 1999 teil. Daraufhin wurde mir gekündigt. Sogar ein Parlamentsabgeordneter kam nur deswegen aus Minsk angereist.

Und so erinnertn sich Viktors Sohn JURASJ MELESCHKEWITSCH an die Ereignisse jener Jahre:

Der Tag der Katastrophe im Atomkraftwerk Tschernobyl prägte sich mir so ein: Ich spielte draußen, die Eltern holten mich drängend ins Haus und sagten etwas wie »Die Sonne ist radioaktiv!« Ich weiß noch, wie wir mit Furcht das überraschende Unglück diskutiert haben und uns nicht zurechtfinden konnten. Es schien, wir würden alle sterben. Zur radioaktiven Verseuchung kam der Untergang des sowjetischen Systems hinzu. Die ohnehin unheilvollen Zeiten wurden durch den wirtschaftlichen Zusammenbruch, lange Warteschlangen vor Geschäften und einen totalen Warenmangel noch stärker getrübt.

Und auf einmal erleuchtete ein Sonnenstrahl diese Kulisse: Man lud mich nach Italien ein, ein halbes Jahr vor meinem neunten Geburtstag. Den ersten Schock bekam ich gleich auf dem Militärflugplatz, auf dem unser Flugzeug landete. Man ließ uns Kinder in Busse einsteigen — und jeder bekam eine Pizza und eine Dose Cola oder Fanta. So etwas hatte ich nur in Trickfilmen gesehen. Die italienischen Gastfamilien nahmen uns wie eigene Kinder auf, aber ich sehnte mich schon sehr nach meiner Mutter, erwachte in der Nacht und weinte. Am Morgen sagte die Gastmutter, dass sie mir für einen Monat zur zweiten Mutti wird, und seitdem weinte ich nicht mehr. Diese Kindererinnerungen an Italien sind das Beste aus jener zeit.

Die Natur um Slawgorod herum ist wunderschön (es reicht allein die so genannte Blaue Quelle zu nennen), aber die Stadt selbst bot zu jener Zeit nicht die beste Lebensqualität. Es lag nicht nur an der Verseuchung durch Tschernobyl. Das kommunistische Regime hat zu allen Zeiten sehr wenige Gedanken an den Umweltschutz verschwendet. Genau durch unseren Hof floss ein »Stinkefluss«, dem das nahe Fernwärmewerk seine Heizölreste zuführte. Später gab man sogar die Idee auf, sie zu reinigen, sondern sperrte sie schlichtweg in einen Sammelkanal ein und schüttete mit Erde zu. Der Fluss floss direkt hinter dem Spielplatz und einmal brannte er buchstäblich. Wie im

Karla Behnes, Viktor Meleschkewitsch mit seiner Familie, Slawgorod, 1991

bekannten Unsinnsgedicht. Nur brannte hier nicht das Meer, sondern ein Heizölfluss.

1992 zogen wir nach Minsk um, und 1993 ging ich in die fünfte Klasse. Der Wohnbezirk Malinowka in der Hauptstadt war damals ein Baugebiet pur. Ganze Dörfer aus verschiedenen von Tschernobyl betroffenen Regionen wurden hierher umgesiedelt. In unserem Haus wohnten die Umsiedler aus dem Rajon Slawgorod, darunter einige gute Bekannte von uns. Im Nachbarhaus wurden Menschen aus Tschetschersk untergebracht. Bei der Zuweisung von Wohnungen ging man also meistens nach dem »Landsmannschaftsprinzip« vor.

Fast zu hundert Prozent stammten die neuen Einwohner vom Lande, hatten nie in einer Stadt gelebt und wiesen eine rein bäuerliche Mentalität auf.

Wunderliches gab es genug. Eine Treppe höher etwa wohnte ein Mann, der seine Bienen mitgebracht und Bienenstöcke auf dem Balkon aufgestellt hatte. Und vor dem Haus wurden jedes Jahr bis Ende 1990er Beete umgegraben, auf denen dann Kartoffeln blühten. Das ist aber auch voll verständlich: Die Menschen wurden aus der Lebensordnung herausgerissen, die sie seit Jahrhunderten gewohnt waren, von allem abgeschnitten, was jeder von ihnen nicht aufgeben wollte – und gewaltsam in die Stadtverhältnisse versetzt. Niemand hat damals daran gedacht.

Das Leben gestaltete sich sehr schwierig. Der Vater kam zu uns aus Slawgorod fast jede Woche herüber. 10 Jahre lang lebte er sozusagen schichtweise dort und hier. Meine Mutter Jekaterina sorgte für mich und meine ältere Schwester Nadeschda.

Die Schwester erkrankte nach dem Tschernobyl-Unfall stark, sie litt an Schilddrüsenkrebs, wurde dann operiert und gerettet. Nadeschda absolvierte die juristische Fakultät der Belarussischen Staatlichen Universität BGU, war Geschäftsführerin eines IT-Unternehmens. Jetzt hat sie gekündigt, erholt sich, pflegt ihre Gesundheit und ist mit ihrem Privatleben beschäftigt.

3 Der Wind von Tschernobyl

Leider haben andere viel weniger Glück gehabt. Es ist nicht klar, wie sich Tschernobyl noch in unserem Leben auswirken wird.

Während an diesem Buch gearbeitet wurde, kürzte die belarussische Regierung mit einer Verfügung die Liste der radioaktiv verstrahlten Orte um 203 und schaffte damit Vergünstigungen für 31 000 Menschen ab. Denkt man daran, was bereits alles früher gekürzt worden ist, so erkennt man deutlich einen Trend zum »Sieg über die Strahlung«. Ein offiziell verkündeter Sieg – doch die Wirklichkeit ist von der Propaganda weit entfernt. Man zwang die Menschen zu glauben, dass die Gefahr nicht mehr bestünde, ohne ihre Ursachen beseitigt zu haben.

Gennadij fragte: »Warum können jetzt eure Kinder ins Ausland fahren?«

Da kam die Antwort: »Weil wir ja im verseuchten Gebiet leben.«

Darauf Gennadij: »Alles klar, das Gebiet ist verstrahlt. Aber ihr selbst seid doch noch zusammen? Wo bleibt euer konkreter Beitrag? Wollt ihr jetzt auf ein nächstes Almosen warten? So geht es nicht. Wenn sich eure Kinder im Ausland erholen können, macht etwas Gutes auch hier, für andere Kinder!«

Ein verlassenes Dorf in der Tschernobyl-Zone

4 Zivilgesellschaftlicher Aufbruch und staatliche Bedrückung

IRINA GRUSCHEWAJA erzählt: Gennadij stieß immer wieder an Grenzen, die ihm der einheimische Bürokratismus setzte. Bildhaft ausgedrückt, stieß er sich den Kopf an dieser Mauer blutig. Mein stärkster Wunsch war, ihm zu helfen.

Sicherlich konnte uns manches gelingen, denn die Sowjetunion befand sich damals schon auf dem Weg zum Zusammenbruch. Die sowjetische Lügenpropaganda zerbröckelte. Und das betraf vor allem Tschernobyl. Man entdeckte, dass eine echte Lebensgefahr mit Lügen verdeckt wurde. Und es waren sehr viele, die diese Erkenntnis teilten. Allein zehntausende Liquidatoren zählten dazu.

Unmittelbar nach der Katastrophe gab es überhaupt keine wahrhaftigen Informationen. Später erfuhren wir, dass nur dank der Feuerwehrleute, die ihr Leben eingesetzt hatten, Europa vor einem noch schrecklicheren Unglück bewahrt worden war. Aber neben diesen gab es ja noch eine gewaltige Zahl an Menschen, die man hätte schützen können, wenn wir sofort die Wahrheit erfahren hätten. Leider kam es anders... Gennadij entrüstete sich über das alte Leben. Er weigerte sich, weiter in Lügen zu leben. Nicht nur in unserer Familie, sondern auch in tausenden anderen belarussischen Familien wurde es den Menschen bewusst, in welcher Finsternis man sie mit Lügen gehalten hatte, und die Geburtsstunde des Widerstandes war gekommen. Tschernobyl wurde zum letzten Tropfen in der langen Reihe von Mythen und Betrug, der das Fass zum Überlaufen brachte.

4 Zivilgesellschaftlicher Aufbruch und staatliche Bedrückung

Auf dem Kongress »Die Welt nach Tschernobyl«, Minsk, 2001, Prof. J. Konoplja am Mikrofon (2. v. r: Prof. R. Wernstedt, Präsident des Landtages Niedersachsen)

Ich bin dem Schicksal dankbar für die Begegnung mit Gennadij und dafür, dass wir die Wendezeit zusammen erleben durften. Es heißt, keiner will in einer Zeit der Erschütterungen leben, man solle sich davor fürchten, aber gerade diese Zeit war die glücklichste und spannendste in meinem Leben, abgesehen von dem Glück, unsere Kinder zu haben. Aus der heutigen Perspektive kann ich sagen, dass wir aus dieser Zeit das Beste machen konnten. Sowohl für das persönliche Wachstum als auch für die Veränderung der Zustände. Sowohl im Land, als auch im Bewusstsein der Menschen.

Wir erkannten es zuerst selbst und dann verhalfen wir vielen zu der Einsicht, dass niemand außer uns selbst unser Leben verändern kann. Nur wir selbst, kein »guter Onkel«, nicht die Regierung und nicht der Staat und schon gar nicht ein einzelner Präsident. Keiner weiß es besser als die Men-

Beim Empfang des Metropoliten von Minsk und Sluzk, Exarch des Patriarchen von ganz Belarus. Es wird von Jekaterina Sarezkaja für die ausländischen Teilnehmer übersetzt.
3. Kongress »Die Welt nach Tschernobyl«, Minsk, 1996

schen selbst, wie und wo sie Hilfe brauchen. Alles beginnt mit jedem von uns. Und jeder trägt auch die Verantwortung für sein Kind, seine Familie, sein Dorf und sein Land.

Glücklicherweise vermochten wir die wenigen Jahre zwischen 1988 und 1994 voll und ganz auszunutzen. Nur sechs Jahre waren es, aber sie reichten, um eine Umwälzung in unserem persönlichen Leben sowie im Leben von hunderttausenden Belarussen und einer gewaltigen Zahl von Menschen im Ausland anzustoßen. Wir stiegen quasi hoch in die Luft und erkannten wie aus der Vogelperspektive, dass die Welt ebenso wie wir lebt und leidet. Dass alle Gruselgeschichten über den »bösen, feindlichen Kapitalismus« nichts als Mythen der Sowjetpropaganda waren. Wir sahen, dass es Menschen gab, die anderen aus der Not helfen wollten.

4 Zivilgesellschaftlicher Aufbruch und staatliche Bedrückung

3. Kongress »Die Welt nach Tschernobyl«, Minsk, 1996

Eben mit diesen Menschen zusammen überlegten wir uns, wie und was man tun sollte, wie man mehr Gleichgesinnte findet und mehr Unterstützer gewinnt. Wir setzten uns tief mit konkreten Problemen auseinander und wurden zu Experten auf bestimmten Gebieten. Zunächst, das wussten wir alle, konnten wir sehr vieles nicht. Zum Beispiel wussten wir nicht, wie man anderen hilft, Erholungsreisen für Kinder organisiert, Projekte startet, Freiwillige schult, unabhängige Informationen sammelt, Symposien, Kongresse, Foren oder Workshops sowie Spendenaktionen durchführt und anderes mehr.

Was die Kinderreisen der Tschernobyl-Kinder anbetrifft, hatte man auch im Westen davon meist keine Ahnung. Es gab unzählige Treffen und Gespräche, wir werteten unsere Fehler, Mängel und auch unsere totalen Misserfolge aus.

Wir führten ein höchst ausgefülltes Leben und hatten dabei solches Vertrauen zueinander, dass bei Fehlern nicht nach der Schuld der ausländischen Partner gesucht, sondern festgestellt wurde: »Es ist bei euch schief gegangen, weil auch wir irgendwo etwas falsch gemacht hatten.« Die gemeinsame Verantwortung für Erfolge, aber auch für Fehler wurde zur Norm.

Der Bau des SOS-Kinderdorfs bei Minsk, 1994

Weder im Westen noch im Osten gibt es ein anderes Land, das von so vielen Ausländern (keinen Touristen!) in bester Absicht besucht wurde und aus dem Kinder so massenhaft zu Erholungsaufenthalten ins Ausland reisen konnten. Obwohl wir anfangs sehr Unterschiedliches erlebt haben.

4 Zivilgesellschaftlicher Aufbruch und staatliche Bedrückung

Ich weiß noch, wie nach den ersten Besuchen im Rajon Choiniki der dortige Parteisekretär in der Lokalzeitung schrieb, dass sich hier Ausländer herumtreiben, spionieren, ausschnüffeln, Infektionen verbreiten würden. Viele sowjetische Menschen verspürten damals eine Art Angst vor dem Rest der Welt. Auch Ablehnung, Hochmut, auf dem Glauben gegründet, dass wir in der Sowjetunion die Besten seien. Und dann, als sie erlebten, dass Menschen in ihrer sozialen Stellung vergleichbar, wie Ärzte, Krankenschwestern, Lehrer, Ingenieure, Bus-, Zug- und Taxifahrer, Verkäufer, Angestellte in den Behörden im Westen viel besser lebten – unsere Bürger konnten von solchem Wohlstand nicht einmal träumen – führte man den Hochmut der Armen ins Feld mit Sätzen wie »Hätten wir die Probleme, die die Westler haben.«

Gennadij und Irina Gruschewyje besuchen die Baustelle des SOS-Kinderdorfs

Leicht gesagt, aber sehr schwer getan: Gennadij hat es geschafft, die gewohnte Denkweise, die Psychologie des Sowjetmenschen in Frage zu stellen. Die von ihm gegründete Stiftung veranlasste bei den Menschen ein Umdenken. Ich arbeitete meistens im Westen, um Menschen zu bewegen, den Belarussen zu helfen. Meine Arbeit war nicht einfach, aber einfacher, als die von Gennadij. Er half den Menschen den Hass, die tief sitzende Arroganz der Armut: »Unsere Sorgen wiegen viel. Die von den Westlern bedeuten nichts!« und falschen Stolz loszuwerden. Mehrfach konnte man hören: »Wieso soll ich die da um Hilfe bitten? Das sind ja Faschisten, die mein Dorf zerstört haben!« Und das ist verständlich. In Belarus wurde jeder vierte, nach den neuesten Angaben jeder dritte Einwohner während des Krieges umgebracht, verbrannt, zu Tode gequält. Schreckliche Spuren, nicht heilende Wunden.

Damit mussten wir uns auseinandersetzen. Wir mussten erklären, dass die, die uns helfen wollten, nicht die Täter von damals waren, sondern die Kinder und Enkel sind von denen, die in unser Land eingefallen sind und sie selbst nicht die Schuld an den schlimmen Taten ihrer Vorfahren tragen. Das alles war nicht einfach, aber als die Menschen sich wieder als Menschen – edel, tolerant, großmütig und sogar großzügig fühlten, indem sie Ausländer freundlich empfingen und mit ihnen zusammen – dabei nicht mit entfernten, sondern mit unmittelbaren Nachkommen derjenigen, die ihre Dörfer zerstört hatten – weinten, Lieder sangen, in die Banja (Dampfbad) gingen, Wodka tranken, war das eine »stille Revolution«. Das war ein wichtiger Prozess. Für mich auch.

Die Vorurteile des sowjetischen Bewusstseins wurden auch auf einem anderen Wege untergraben. Die Ausländer, die uns halfen, wurden von niemandem dazu gezwungen. Sie kamen aus eigener Initiative nach Belarus, um sich selbst ein Bild zu machen und alles persönlich beurteilen zu können. Auch in ihrem Bewusstsein vollzog sich eine »stille Revolution«.

Das erste SOS Kinderdorf wurde aufgrund der Initiative der Stiftung »Den Kindern von Tschernobyl« e. V. in Belarus gebaut

Es gab natürlich viele, die nur zum Geben hierher kamen. Und hier gab es auch viele, die nur nehmen und darüber hinaus nichts machen wollten. Die Welt ist vielfältig, und ich will sie nicht schönfärben oder gar idealisieren. Die Stiftung jedoch hielt an der Philosophie fest, die wir die Philosophie des guten Handelns, des Lasst-uns-gemeinsam-Handelns nennen. Wer auf das Geben-Nehmen-Verhältnis fixiert war, verließ uns bald. Gott sei Dank!

Unsere Ideen kamen in einen gemeinsamen Topf, und daraus wurde ein gemeinsames Projekt zusammengebraut. So wurde im Keller des Kinderheimes in Belynitschi eine Trocknungsanlage installiert, damit sich kein Wasser dort ansammelte, je eine Banja (eine Art öffentliches Dampfbad) in Kalinkowitschi und Bychow gebaut. Immer blieb »gemeinsam« unser Leitwort.

4 Zivilgesellschaftlicher Aufbruch und staatliche Bedrückung

1. Kongress »Die Welt nach Tschernobyl«, 1992 (v. l. n. r. Vater Igor Korostyljow, Vater Vitalij Rodomyslskij, Schriftsteller Wassil Bykow, Helen Golombeck, Irina Gruschewaja)

Während wir die Hilfe organisierten, den Menschen halfen, versuchten wir immer sie selbst zum aktiven Handeln, zur Selbsthilfe anzuregen. Wir sollten uns alle nicht als Opfer sehen, die um Hilfe betteln müssen, sondern auch bereit sein, etwas für andere zu tun. Wenn Deutsche aus Mitleid belarussische Kinder für einen Monat Erholung zu sich einluden, so sprachen wir als koordinierende Organisation in dem Ort, in dem die Kindergruppe ausgewählt wurde, mit Menschen, zum Beispiel mit den Mitarbeitern eines Bauunternehmens, und schlugen ihnen vor, auch selbst zur Verbesserung der Situation in diesem betroffenen Ort beizutragen.

Ein typisches Gespräch verlief dann in etwa so. Gennadij fragte: »Warum können jetzt eure Kinder ins Ausland fahren?« Da kam die Antwort: »Weil wir ja im verseuchten Gebiet leben.« Darauf Gennadij: »Alles klar, das Gebiet ist verstrahlt. Aber ihr selbst seid doch noch beisammen? Wo bleibt euer konkreter Beitrag? Wollt ihr jetzt auf ein nächstes Almosen warten? So geht es nicht. Wenn sich eure Kinder, zum Beispiel in Solingen erholen können, macht etwas Gutes auch hier, für andere Kinder!«

Als zum Beispiel die Kirche »Allen Trauernden zur Freude« gebaut werden sollte, spendete der Betrieb für Bauteilfertigung in Shlobin Eisenbetonteile für den Bau als Dank dafür, dass die Kinder aus dieser kontaminierten Stadt ins Ausland zur Erholung reisen konnten.

Leider wurden wir nicht selten auch mit der Schmarotzer-Philosophie konfrontiert. Die Arbeit in der Stiftung hat mich gelehrt: Zuerst streckt mancher Mensch die Hand aus und sagt: »Gib her!« Dann macht er den Mund auf und bittet, etwas reinzutun. Dann öffnet sich dieser Mund immer mehr und kann die ganze Welt verschlingen, und trotzdem wird dieser Mensch nie satt.

Kleinbus der Stiftung »Den Kindern von Tschernobyl« e. V. ein Geschenk des Innenministeriums in Nordrhein-Westfalen, 1991

4 Zivilgesellschaftlicher Aufbruch und staatliche Bedrückung

Eine Gruppe von Umsiedlern aus Malinowka, ein Stadtteil in Minsk, wo Tausende Umsiedler wohnen, erschien 1991 in der Starowilenskaja Straße, im Büro der Stiftung. Es waren wütende Mitbürger, die den kleinen Raum füllten. Sie schrien ihre Empörung heraus, dass die Stiftung den ihnen vermeintlich zustehenden Service nicht erbringe. »Was sollte es denn sein?«, fragte Gennadij höflich in den Lärm hinein. Die Antwort war: »Kostenlose Versorgung mit Medikamenten! Erholung der Kinder im Ausland! Humanitäre Hilfe!« Es wurde klar. Verzweifelte Menschen konnten in den staatlichen Behörden keine Hilfe finden und beschlossen, weiter zu kämpfen. Aber gegen wen?

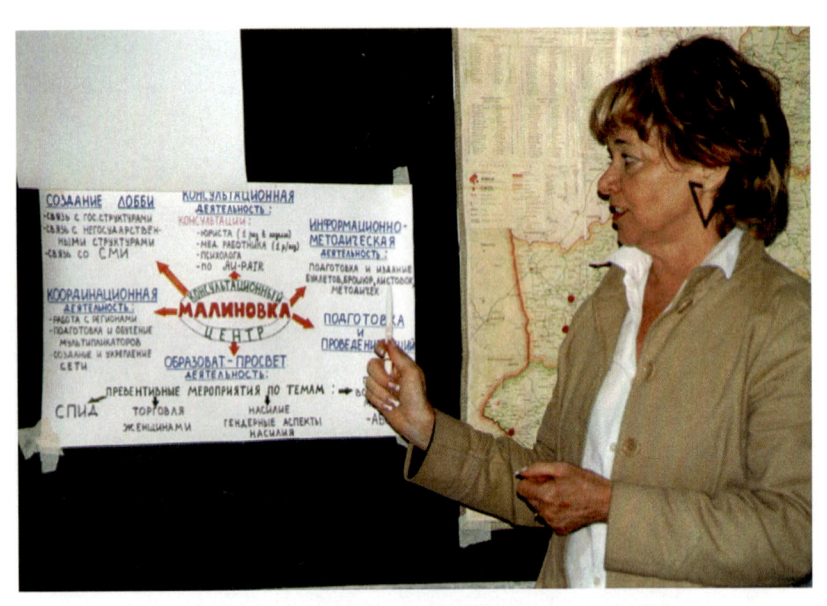

Irina Gruschewaja stellt das neue Projekt »Malinowka – Beratungsstelle für Frauen« vor.

Am nächsten Tag fuhr WLADIMIR GOLYNSKIJ, ein Stiftungsvorstandsmitglied nach Malinowka. Nach einem langen Gespräch wurde beschlossen, eine Organisation für Umsiedler zu gründen, der später 72 Aktivisten angehörten. Mit dieser Organisation »Pereselenez« (Umsiedler) arbeitete die Stiftung partnerschaftlich viele Jahre zusammen. Sie vermittelte unzählige Partnerschaften mit Organisationen im Ausland und Erholungsreisen nach Deutschland, Italien, Belgien, Niederlanden, Polen, Norwegen, Österreich, der Schweiz und sogar Japan, verwirklichte Projekte für Jugendliche, Behinderte, kinderreiche Familien, für Alte und Kranke, für die Einsamen und in der Großstadt verlorenen Menschen.

In den kurzen sechs Jahren, bis 1995 (nicht nur im Zusammenhang mit der Kindererholung) gelang es uns, Menschen in Belarus zum Engagement zu bewegen. Hilfsprojekte für Senioren, Behinderte und kranke Kinder, wie einst in Malinowka, entstanden in vielen Orten. Initiativen wurden gegründet, in deren Rahmen belarussische Bürger mit ausländischer Hilfe soziale Arbeit leisteten. Es ging um selbstentwickelte Angebote, um ein Pendant zu den Aktivitäten staatlicher Behörden, den staatlichen Sozialämtern zu schaffen. Das war eine total neue Entwicklung. In den sechs Jahren nahm diese Bewegung ein beeindruckendes Ausmaß an. Hilft man einem Menschen ein wenig, so entfaltet er oft seine schönsten Eigenschaften. Sie liegen in jedem Herzen verborgen.

Der Bus, geschenkt von den deutschen Nordinitiativen für die Stiftung »Den Kindern von Tschernobyl« e. V., 1994

In 71 Rajons von Belarus wurden Gruppen von Menschen gegründet, die sich sozial engagieren wollten, weil sie so ein neues Leben anfangen konnten. Ihre Kinder reisten zur Erholung ins Ausland, sie bekamen Besuch von Ausländern, die zu neuen Freunden wurden. Das alltägliche Leben wurde viel spannender, und sie spürten, dass sie jetzt viel mehr Möglichkeiten zur Mitgestaltung hatten. Es begann für sie ein anderes Leben. Jederzeit konnten sie die LeiterInnen der Initiativen, die für die Auswahl

4 Zivilgesellschaftlicher Aufbruch und staatliche Bedrückung

von Kindern bzw. Verteilung der humanitären Hilfe zuständig waren, auf die Richtigkeit der Entscheidungen ansprechen und ihre Meinung dazu äußern, wie das gerechter gemacht werden könnte.

Der Empfang der deutschen Gasteltern in Slawgorod

Von den staatlichen Behörden und Einrichtungen in Belarus wurden und werden solche Fragen grundsätzlich nicht akzeptiert. Dort hält man alle Türen immer fest zu. Hier aber musste jeder seine Entscheidungen öffentlich begründen. Es galt dabei, Menschen wirklich überzeugen zu können, sonst verlor man bald sein Ansehen und musste den anderen Platz machen. Kurz gesagt, eine Zivilgesellschaft formierte sich. Allerdings kannten wir damals dieses Wort noch gar nicht. Sicher gab es auch Fehler, Missverständnisse und auch Versagen. Aber viele erkannten, dass sich bei einem solchen

Ansatz Möglichkeiten eröffneten, das Leben gerechter, inhaltsreicher und vielfältiger zu gestalten.

Übrigens wirkten solche Beispiele auch auf Außenstehende sehr anziehend. Menschen kamen und sagten: »So wollen wir auch leben.« Sie fragten, was zu tun wäre, und entwickelten gleich eigene Ideen z. B. Clubs für Senioren zu schaffen, in denen sich alte Mütterchen und Väterchen bei Tee und Keksen versammeln könnten und vieles anderes mehr.

Die Menschen lernten, den anderen Freude zu bereiten. Manche Initiativen waren so ergreifend und wirksam, dass es eine echte Tragödie war, als der Staat erneut die Kontrolle über die gesamte soziale Arbeit übernahm, und 1997 das »Departement für humanitäre Hilfe« beim Präsidenten eingerichtet wurde. Wer den Kopf erhoben hatte, wurde mit Gewalt gezwungen, ihn wieder zu senken.

Glücklicherweise hatten wir bis zu diesem Zeitpunkt bereits so viel aufgebaut, dass es niemand bis heute ganz zunichte machen konnte. Die Menschen hielten sich im Schatten, setzten aber ihre Aktivitäten weiterhin fort. Das Engagement nahm möglicherweise andere Formen an, auch war die Effektivität nicht mehr so hoch wie früher, aber der Versuch, die Zeit wieder umzukehren, war gescheitert.

Humanitäre Hilfe aus Deutschland, 1994

Umladen der Hilfsgüter aus dem Ausland

Wir sind sehr erschüttert über die Katastrophe, die in Tschernobyl passiert und von der wir erst den Anfang erleben. Wir fordern Hilfe für die Opfer vor Ort und dass uns berichtet wird, wohin sich die Wolke bewegt, wie viele Opfer es schon gibt und was Menschen tun sollen, die von der Wolke betroffen sind.

Eva Quistorp

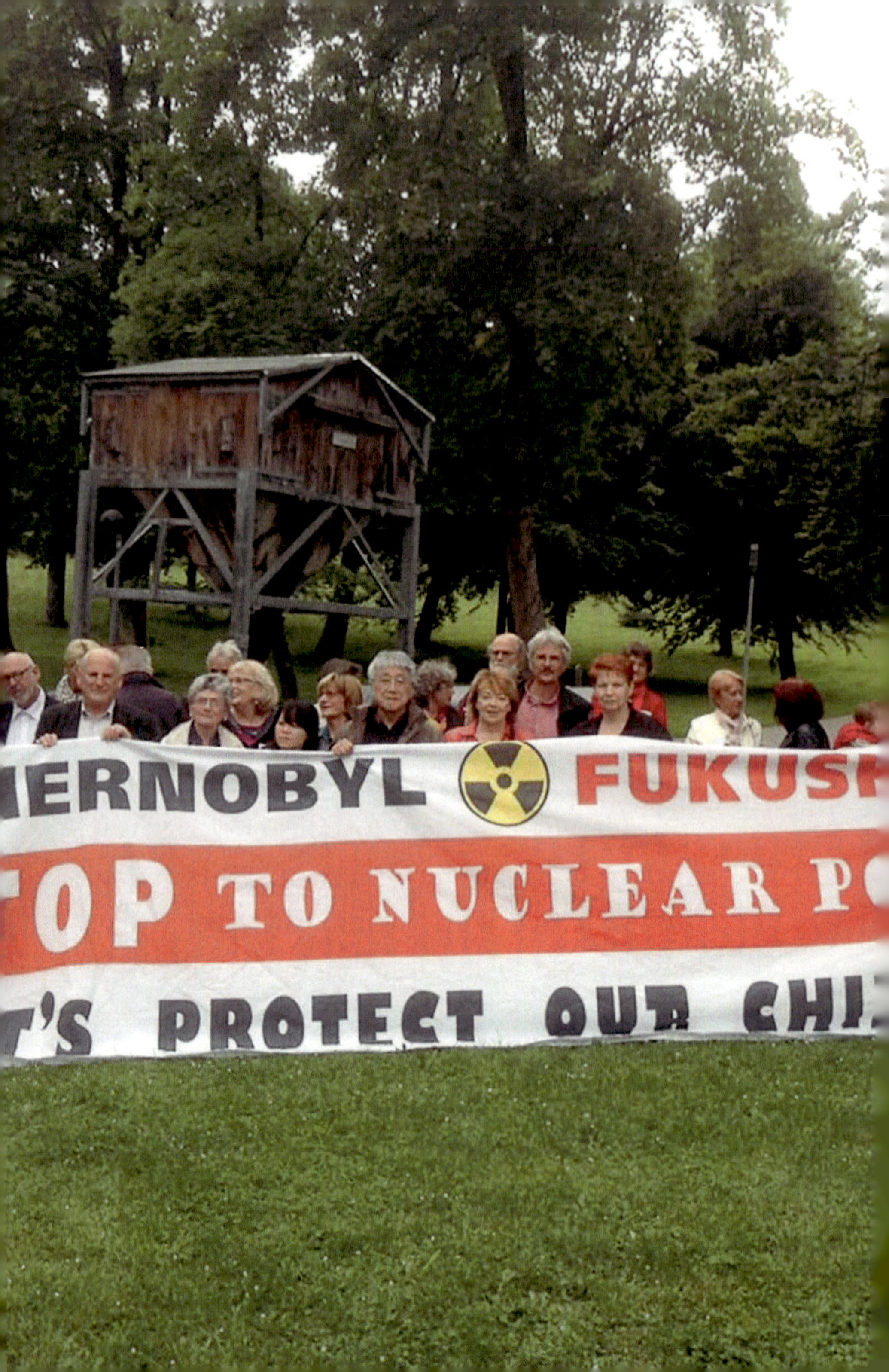
IERNOBYL
FUKUSH
TOP TO NUCLEAR PO
T'S PROTECT OUR CHI

5 Ein Menschenrecht auf Selbsthilfe

Brücken des Friedens und der Verständigung

BURKHARD HOMEYER lebt in Münster im Nordwesten Deutschlands und wurde 1941 nahe bei Dortmund geboren – also im Jahr des Überfalls Hitlerdeutschlands auf die Sowjetunion – aufgewachsen in einem sozialdemokratischen Elternhaus zwischen Bombenhagel, Bunkern, Trümmern, Naziterror. »In unserer Wohnung klafften große Löcher von einem Granatendurchschuss, das Haus gegenüber lag in Trümmern von Bomben getroffen. Eine Frau aus unserem Haus verschwand, abgeholt von der Gestapo, ein Nachbar hatte sie angezeigt.« Vor diesem Hintergrund begleitete Burkhard die Frage nach Frieden von klein auf. Weiter erzählt Burkhard:

Nach dem Abitur studierte ich in Heidelberg, Bonn, Münster und Hamburg Theologie. Das Interesse hatten Freunde geweckt. Aber ich wollte auch die letzten Gründe von Frieden und Versöhnung entdecken. Nach dem Studium leitete ich eine evangelische Jugendbildungsstätte in Dortmund und dann ein ökumenisches Zentrum in Wuppertal. Ich machte Besuche in Ruanda, noch vor dem Völkermord, Kongo und Tansania. Afrika war der Schwerpunkt meines Interesses. Von Wuppertal zogen wir, meine Frau und unsere zwei Kinder, nach Münster. Hier war ich evangelischer Studentenpfarrer bis zur Pensionierung.

Für meine Entscheidung gab es triftige Gründe. Der wichtigste davon war meine Überzeugung: Der Mensch muss immer offen sein gegenüber

Bild links: 25 Jahre deutsch-belarussischer Zusammenarbeit, Juni 2015, Rottweil

5 Ein Menschenrecht auf Selbsthilfe

Burkhard Homeyer, ev. Studentenpfarrer in Münster, Mitbegründer der
Bundesarbeitsgemeinschaft »Den Kindern von Tschernobyl«, 1. Vorsitzender

dem, was höher als er selbst ist. So wollte auch ich mehr von dem erfahren, was höher und stärker ist als wir, was über die Grenzen der menschlichen Vorstellung von der Welt geht. »Woran denken wir? Wovor fürchten wir uns? Was ist das Wesen von Freundschaft und Feindschaft? Woher kommen sie?«

Im Jahre 1986 wurde ich Mitherausgeber des Buches »Brücken der Verständigung – Für ein neues Verhältnis zur Sowjetunion«. Das war eine äußerst gefährliche Zeit der Konfrontation zwischen Ost und West, weil die Raketen auf beiden Seiten voll einsatzbereit waren. In Westdeutschland entstand eine breite Friedensbewegung.

Im Buch schrieb ich, wir müssen unbedingt die besuchen gehen, die im Krieg unsere Feinde waren. Die Menschen sollen sich begegnen, einander kennenlernen und gemeinsam sagen: »Wir wünschen keinen Krieg, wir sind gegen den Krieg und wollen nie mehr aufeinander schießen. Wir wollen Frieden.« Gleich danach sprach ich mit Studierenden, und wir bildeten eine Gruppe für eine Reise in die Sowjetunion. So kamen wir zum ersten Mal nach Minsk. Danach folgten noch viele Reisen, denn ich begann einen Studentenaustausch mit der medizinischen Hochschule in Minsk. Das war Ende der achtziger Jahre, die Zeit der Perestrojka, die Zeit großer Wandlungen.

Im Unterschied zu Belarussen lasen und hörten Deutsche viel von der Havarie im Atomkraftwerk Tschernobyl. Viele Informationen kamen aus Schweden, wo man gleich nach der Katastrophe erheblich erhöhte radioaktive Werte feststellte.
Zahlreiche Beiträge in den Zeitungen und im Rundfunk gab es auch in Westdeutschland selbst. Dazu kam, dass unter den Studierenden in der Reisegruppe mehrere künftige Mediziner, Physiker und Chemiker waren. Sie sprachen wie aus einem Munde, dass etwas sehr Schlimmes passiert sei.

In Minsk besuchten wir die Gesellschaft für Freundschaft und Kulturbeziehungen mit dem Ausland, das Friedenskomitee, die Akademie der Wissenschaften. Wir wurden überall sehr freundlich empfangen, man sprach mit uns gerne zu verschiedenen Themen. Dann stellten unsere vorlauten Studenten jedes Mal auch Fragen zu Tschernobyl. So viel hätten wir, Deutsche, davon gelesen und was halte man hier davon? Auf die Frage hörte man nur das offizielle Klischee: Nichts ist passiert, und wenn schon, wir haben alles unter Kontrolle.

Im Herbst 1990 waren wir wieder mit einer Studentengruppe in Minsk. Nach dem üblichen Gespräch in der Akademie der Wissenschaften sagte uns ein Journalist: »Wollt ihr wirklich wissen, was in unserem Land tatsächlich vor sich geht, dann geht in die Rote Kirche am Lenin-Platz. In diesem Gebäude, im Zimmer unter der Treppe, da findet ihr Menschen, die genau sagen können, was passiert ist.« Es stellte sich heraus, es ging um die künftige Stiftung »Den Kindern von Tschernobyl« e. V., damals noch ein Komitee. So lernte ich GENNADIJ GRUSCHEWOJ und seine Frau IRINA kennen.

5 Ein Menschenrecht auf Selbsthilfe

Hier in dieser Kirche »im Zimmer unter der Treppe« auf dem damaligen Lenin-Platz begann das Komitee »Kinder von Tschernobyl« seine Arbeit (bis 1990 der Sitz des Verbandes der Filmschaffenden).

Was mich damals sehr stark beeindruckte, war der Arbeitsrhythmus dort. Das Büro ähnelte einem Ameisenhaufen: Menschen kamen und gingen, es wurde diskutiert, Maschine geschrieben. Es summte und brummte und schwirrte dort förmlich. Mir kam der Gedanke, dass ich gerade mit solchen Menschen zusammenarbeiten wollte. Um die Worte aus dem Film »Casablanca« zu zitieren: »Es war der Beginn einer wunderbaren Freundschaft!« Das kann ich nur wiederholen. Und so war es, etwas Neues begann, die Geschichte einer tiefen deutsch-belarussischen Partnerschaft. Zur Brücke wurden Kinder aus den kontaminierten Zonen, die nach Deutschland zur Erholung kamen. Es kamen »die Russen« bis ins letzte deutsche Dorf, und auch umgekehrt: Mit den Gasteltern der Kinder kamen »die Deutschen« nach Belarus, nun nicht als Feinde, sondern als Freunde der Kinder. So ent-

Das erste Aktiv der Stiftung »Den Kindern von Tschernobyl« e. V. in Minsk, 1991

standen Tausende von Brücken des Friedens: Von Mensch zu Mensch, von Familie zu Familie, von Ort zu Ort.

In Deutschland schlossen sich Tschernobyl-Initiativen, die mit der Stiftung in Minsk zusammenarbeiteten, zur Bundesarbeitsgemeinschaft (BAG[1]) »Den Kindern von Tschernobyl« in Deutschland zusammen. Ich vertrat die Informationsstelle Tschernobyl in Münster, die ich mit meinem Kollegen WERNER LINDEMANN gegründet hatte, und wurde zum Vorsitzenden der BAG gewählt. Wir vereinten über 250 deutsche Initiativen in unseren Reihen. Das war die Lage im Jahr 1992.

---

[1] BAG – Bundesarbeitsgemeinschaft »Den Kindern von Tschernobyl« Deutschland e. V.

5 Ein Menschenrecht auf Selbsthilfe

Als die Erholungsreisen belarussischer Kinder anliefen, versammelte ich viele der deutschen Gastgeber und organisierte für sie eine Reise nach Belarus, um die Familien zu besuchen, aus denen Kinder kamen. Rund sechshundert Deutsche kamen mit. Es war ein ganzer Zug voll. Ich weiß noch, einmal organisierten wir sogar einen Charterflug für Eltern, deren Kinder aus Belarus eingeladen wurden. Jene Reise fiel äußerst lustig aus, weil der Treibstoff nur für den Hinflug nach Münster bezahlt worden war. Als sich die Gäste auf die Rückreise machten, stellte sich heraus, dass der Treibstoff alle war, und die Piloten kein Geld hatten. So musste ich alles selbst bezahlen.

Jedes Mal machten neue Begegnungen mit unserer eigenen Geschichte auf mich einen sehr starken Eindruck. Mit der grausamen Geschichte der Deutschen in Belarus. Man könnte zahlreiche Beispiele nennen, aber eines fällt sofort ein: Chatyn. Viele Deutsche wussten nicht einmal, was sich da während des Krieges abgespielt hatte. Als die Deutschen die Eltern ihrer Gastkinder besuchten, erfuhren sie alles aus erster Hand. Sie wohnten bei den Menschen, die erzählen konnten, was die Nazis in ihren Dörfern angerichtet hatten, wie das alles passiert war. Die Deutschen hörten nur zu. So erfuhren sie etwa, wie man ganze Familien in Korma erschossen hatte. Dann erzählten sie ihrerseits, dass ihre Väter und Großväter im Krieg gefallen waren und sie als Waisen aufwuchsen. So sah man, dass der Krieg für alle ein Leiden bedeutete, für die Opfer wie für die Täter. Diese Gespräche dauerten oft bis spät in die Nacht. Mit ungewöhnlichem Vertrauen und Offenheit erzählten die Menschen einander ihre Geschichten und am Morgen saßen sie alle beim Frühstück und weinten zusammen. Und zusammen kamen sie zu dem Schluss, dass sie sich eine Welt herbeiwünschen, in der es keine Kriege gibt, eine Welt, in der der Frieden herrscht. Jede solche Begegnung war eine Brücke des Friedens und der Verständigung. Tausende davon entstanden damals.

Ein anderes großes Thema, das mich heute wie damals aufrührt, ist Tschernobyl. Da ist etwas geschehen, was keiner davor gekannt hat. Und nur zusammen konnten wir etwas erreichen. Das heißt auch begreifen, was geschehen ist. Einsehen, dass diese Menschen nicht einfach Opfer sind, denen etwas Unklares zugestoßen ist und die auf Hilfe von außen angewiesen sind, und sie zur Selbsthilfe ermutigen. Damit sie nicht warten, dass jemand kommt und hilft, sondern selbst etwas unternehmen. Das zu begreifen ist sehr wichtig.

Viele, die sich mit belarussischen Landsleuten trafen, hörten die Aufforderung: »Machen Sie etwas für unsere Kinder!« Und zahlreiche Deutsche kamen nach Belarus. Die Stiftung führte sie in die Situation in den Regionen ein, gab Tipps, wo und woran konkret Bedarf bestand. Der zentrale Grundsatz der Arbeit war: Menschen, die nicht aus Belarus kommen und nicht betroffen sind, können eine Menge gute Ideen haben, aber entscheidend muss sein, was diejenigen brauchen, für die die Hilfe gedacht ist.

Wir wollten nicht als Mentoren von draußen erscheinen, die bestimmen, was und wie man handeln soll, weil wir Geld geben. Wir wollten Belarussen nicht als Hilfeempfänger, sondern als Partner auf gleicher Augenhöhe sehen. In diesem Sinne erwies sich die Stiftung »Den Kindern von Tschernobyl« e. V. als einzigartig, weil sie für uns eine Quelle wahrer Informationen darüber war, was die Belarussen am meisten brauchen. Wir erkannten, dass dort Menschen zusammenkamen, die nicht abwarten wollen, bis ein »guter Onkel« zu Hilfe kommt, sondern Hilfe zur Selbsthilfe suchen.

Natürlich waren nicht alle mit diesem Ansatz glücklich. Einige Deutsche (und nicht nur sie) wollten diese Philosophie nicht akzeptieren. Sie meinten, die Belarussen könnten nicht wissen, was sie tatsächlich brauchen würden. Es hieß, man wisse besser, was die Belarussen brauchen, was ihnen wirklich hilft: »Wir geben Geld und wir werden auch bestimmen, wie es auszugeben ist.« Ein indonesisches Sprichwort sagt: »Die Hand, die gibt, ist immer oben.« Wir wollten diese Trennung in »Geber« und »Nehmer«, in Hände »oben« und »unten« nicht. Wir strebten eine echte Partnerschaft an.

5 Ein Menschenrecht auf Selbsthilfe

Gerade das wurde zum Zankapfel. Einige Deutsche begannen ihrem Unmut öffentlich Luft zu machen und die Stiftung »Den Kindern von Tschernobyl« e. V. beinahe als Kriminelle zu beschimpfen. Es kam zu Gerüchten über Unterschlagungen, Korruption und Machenschaften. Um die Stiftung vor solchen falschen Vorwürfen und vor solchen »Helfern« zu verteidigen, beschlossen diejenigen, die anderer Meinung waren, in Deutschland ein Konto zu eröffnen, das mit allen deutschen Gesetzten konform und für alle transparent wäre. Gerade über dieses Konto sollten alle Mittel für Projekte in Belarus überwiesen werden. Seitdem blieben sämtliche finanzielle Bedenken und Auseinandersetzungen über die Richtigkeit des Umgangs mit dem Geld aus, weil alles klar war.

Ich begann als Vorsitzender der Bundesarbeitsgemeinschaft (BAG) »Den Kindern von Tschernobyl in Deutschland« e. V. einen Rundbrief herauszugeben, um alle deutschen Initiativen mit den Geschehnissen in der BAG und der Stiftung in Belarus auf dem Laufenden zu halten. Das war eigentlich eine Plattform für den Erfahrungs- und Gedankenaustausch. In meinem Archiv sind alle Ausgaben dieser Rundbriefe erhalten.

1997 gründeten wir den Internationalen Rat »Zukunft für die Kinder von Tschernobyl«, dem die VertreterInnen aus 15 Ländern angehörten. Das waren die Länder, in denen auf die Initiative und mit Hilfe der Stiftung in Minsk Gruppen entstanden, die in enger Partnerschaft mit Belarussen für die Kinder verschiedene Projekte umsetzten. Gennadij Gruschewoj wurde zum Vorsitzenden dieser internationalen Tschernobyl- Bewegung. Ich hatte das Glück, die Charta von Tschernobyl verfassen zu dürfen. Das ist eine Art Kodex, ein Manifest derjenigen, die sich überall in der Welt mit den Tschernobyl-Problemen auseinandersetzen. Zu den zentralen Thesen dieses Grundsatzpapiers gehörte das Streben nach Frieden, was zu Meinungsverschiedenheiten mit den Amerikanern führte, als die USA ihren ersten Irak-Krieg anfingen.

Im selben Jahr wurde ich von den Vereinten Nationen zu einer Tagung eingeladen. Es ging um ein Treffen potentieller Geldgeber, derjenigen, die

Gründung des Internationalen Rats »Zukunft für die Kinder von Tschernobyl« mit VertreterInnen aus Norwegen, Belgien, Deutschland, Frankreich, Schweiz, Italien, Kanada, Großbritannien, Polen, USA in Mainz, 1997

Hilfe leisten wollten, um mit den Tschernobyl-Problemen fertig zu werden. Zu diesem Treffen wurden auch Vertreter der Staaten eingeladen, die von der Tschernobyl-Katastrophe am stärksten betroffen waren. Diese sagten nichts über die realen Folgen von Tschernobyl. Sie baten nur um Geld, während ich von Menschen, die unter Strahlung leiden, von ihren Kindern, von mutigen Kämpfern, die sich selbst helfen wollen, sprach. Also nahm die Sache in der UNO dieselbe Wendung, vor der wir mehrmals in Deutschland gewarnt hatten. Die belarussischen Machthaber wollten humanitäre Hilfe empfangen, nicht aber die politische Dimension der Tragödie offen legen und akzeptieren. Quasi als Fortsetzung wurde in Belarus 1997 das »Departement für humanitäre Hilfe« eingerichtet, das unmittelbar dem Staatspräsidenten unterstand. Die Ausländer, die mit staatlichen Institutionen und Behörden zusammenarbeiteten, bekamen für ihr Handeln grünes Licht. Sie bekamen keine Probleme, solange sie sich an das Prinzip hielten, nicht da-

5 Ein Menschenrecht auf Selbsthilfe

von zu sprechen, warum ihre humanitäre Hilfe nötig geworden war. Das heißt, danke für die Arzneien, aber kein Wort darüber, warum Menschen krank werden.

Im Grunde genommen, machte das belarussische Regime, das mit großen Schwierigkeiten in der Wirtschaft zu tun hatte, diese Ausländer zu seinen Helfershelfern, zu schweigenden Mittätern. Mit anderen Worten, der belarussische Staat polierte mit Hilfe von Österreichern, Deutschen, Italienern und anderen sein Image auf, während diejenigen Ausländer, die weiterhin mit der Stiftung zusammenarbeiteten, immer mehr Probleme bekamen.

Gut bekannt ist, dass die Tätigkeit der Stiftung »Den Kindern von Tschernobyl« e. V. niemals eingestellt wurde, obwohl 1997 die Leitung der Stiftung – Irina und Gennadij – wegen der Verfolgung im Exil, in Deutschland leben musste. Obwohl 2004 und 2008 ein Verbot von Auslandsaufenthalten belarussischer Kinder bestand. Obwohl die belarussischen NGOs, eine nach der anderen, den Kampf gegen die Allmacht des Staates aufgaben und den staatlichen »NGO«s den Platz räumten. Denn die internationale Solidarität, ein hohes Ansehen der Tätigkeit der Stiftung, das ganze Netzwerk der internationalen Tschernobyl-Bewegung unterstützten die Menschen in Belarus.

Gerade vor diesem Hintergrund kam den Aktivitäten des Internationalen Rats eine äußerst wichtige Rolle zu. Als es versucht wurde, die Tätigkeit der Stiftung als kriminell hinzustellen, wie im April 1997 geschehen, setzten wir eine Internationale Kommission ein, um alle Beschuldigungen seitens des KGB, des belarussischen Sicherheitsrats und von Ermittlungsbehörden abweisen zu können. Da wurde nicht nur das Auswärtige Amt und der Bundestag politisch aktiv, sondern auch die UNO, das Europa-Parlament und Tausende und Abertausende einfache Bürger, vereinigt in den Initiativen, schickten ihre besorgten Briefe nach Belarus in das Amt des Präsidenten.

Es gelang mir damals, diese Internationale Kommission zu organisieren unter der Schirmherrschaft des Bundestages. Zehn Personen aus acht Län-

Gennadij Gruschewoj und Burkhard Homeyer

dern kamen in den belarussischen Sicherheitsrat und konnten keinen Beweis für vermeintlich kriminelle Aktivitäten der Stiftung und des Ehepaars Gruschewoj erkennen. Einen Monat später musste die Staatsanwaltschaft von Belarus das Gerichtsverfahren gegen die Stiftung und persönlich gegen GENNADIJ GRUSCHEWOJ schließen, »mangels Straftatbestandes« hieß es im offiziellen Papier. Für uns war das eindeutig der Sieg der internationalen Solidarität im Kampf für die Gerechtigkeit und das Menschenrecht, sich selbst zu helfen.

In unserer Arbeit für die Kinder von Tschernobyl, für den »Brückenbau« schienen mir drei Aspekte wichtig zu sein: Die Kindererholungsreisen dürfen nicht Einbahnstraße bleiben. Die Richtung muss auch umgekehrt verlaufen. Diese Rolle konnten die Gasteltern übernehmen, die die belarussischen Kinder bei sich aufnahmen. Sie konnten ihrerseits »ihre« Kinder besuchen, deren Familien und Heimat zum besseren Verste-

5 Ein Menschenrecht auf Selbsthilfe

hen kennenlernen. Die Stiftung und ihr Bildungs- und Begegnungswerk die IAHZ[2] organisierten und begleiteten diese Reisen mit Elan und sehr gekonnt. Begegnungsabende, Kulturprogramme, an denen von 200 bis 600 Personen beteiligt waren, werden niemals vergessen sein.

Der zweite Aspekt heißt Begegnung auf Augenhöhe. Es sollte kein Gefälle geben zwischen Gebenden und Nehmenden. Wir sind es nicht, die alles haben, alles wissen, wie und was zu tun ist, alles können und alles bestimmen. Das liegt in der Hand der Betroffenen.

Das ist gleichzeitig der dritte Aspekt. Betroffene wissen am besten, was zu tun ist – und können es auch. So ist es auch bei den Kindererholungsreisen und Projekten der Stiftung. Die Initiative geht von belarussischer Seite aus, und sie ist die Verantwortliche. Von außen kann sie nur unterstützt werden. Es geht um Hilfe zur Selbsthilfe. So jedenfalls habe ich meine Aufgabe gesehen.

Das bekräftigt auch eine Geschichte aus der Bibel. Als man einen Gelähmten zu Christus brachte, gab er ihm keine Zauberarznei, tat kein Wunder, obwohl er es konnte. Er sagte: »Steh auf und geh! Du kannst!« Genau darin besteht unsere Philosophie: Menschen müssen es lernen, sich selbst zu helfen, den Rücken gerade zu halten und sich nicht vor denjenigen zu verbeugen, die uns zu Opfern degradieren wollen. Einschneidend für uns alle – in Ost wie West – war der Tod von GENNADIJ GRUSCHEWOJ am 28. 01. 2014, dem Leiter der Stiftung in Minsk. Die BAG hatte ihren wichtigsten Partner verloren und ich einen Freund.

Dazu kam: Immer mehr deutsche Initiativen stellten ihre Arbeit ein. Es fehlte an Gasteltern, an Geld oder an jüngeren Aktiven. Das traf auch für die BAG selbst zu. So schloss sie sich der Stiftung in Minsk an, beschloss die Auflösung des Trägervereins, wirkte und wirkt aber weiter als deutscher Teil des Internationalen Rates »Für die Zukunft der Kinder von Tschernobyl«. Es bleiben das Thema Tschernobyl und die Frage nach der Rol-

---

[2] IAHZ – Internationale Assoziation für Humanitäre Zusammenarbeit e. V.

Ingrid und Burkhard Homeyer

le und Aufgabe der Zivilgesellschaft. Den Vorsitz hatte bis zu seinem Tod GENNADIJ GRUSCHEWOJ inne. Nach seinem Tod habe ich zusammen mit IRINA GRUSCHEWAJA die Koordination übernommen. Was an Organisatorischem bleibt, das können die Initiativen selbst übernehmen.

Mit Worten von Vaclav Havel möchte ich schließen: »Wir wissen nicht, ob unser Engagement gut ausgeht, aber wir wissen, dass es Sinn macht«.

In dem Gespräch über sein Leben erwähnte Burkhard Homeyer viele Menschen, die ihm geholfen hatten, aber am häufigsten sprach er über seine Frau Ingrid.

INGRID HOMEYER-MIKIN erzählt: Burkhard war Pfarrer in der Studentengemeinde und ich in einer Kirchengemeinde in der Umgebung von Münster. Seit 1992 nahmen wir viele Jahre lang Kinder aus dem Dorf Swensk, Rajon Slawgorod, bei uns auf. Die Gruppen á 20 bis 30 Kinder

5 Ein Menschenrecht auf Selbsthilfe

wurden für vier Wochen in deutschen Gastfamilien untergebracht. Den Auftakt bildete ein feierlicher Gottesdienst, bei dem die belarussischen Kinder von den Gemeindemitgliedern begrüßt wurden. Dann wurden sie von ihren Gasteltern abgeholt. So ging es bis 1999, also sieben Jahre lang.

Ich kann mich an viel Interessantes erinnern, von einem Fall aber möchte ich besonders erzählen. Eine Frau aus der Gemeinde hatte einen großen Garten. Einmal führten deutsche Jugendliche zusammen mit belarussischen Kindern dort eine sehr interessante Veranstaltung unter dem Motto »Reich mir deine Hand« durch. Jeder Teilnehmer bekam ein Stück Ton, auf dem er den Abdruck seiner Hand hinterließ. Diese Frau hatte einen Brennofen. Beim nächsten Gottesdienst sangen alle zusammen Lieder und tauschten dann ihre Tonhände aus. Die Deutschen übergaben ihre Erzeugnisse den Belarussen und die Belarussen den Deutschen. Das war ein schönes Symbol für ihre Freundschaft.

Insgesamt wurde ich immer von den Gemeindegliedern tatkräftig unterstützt, auch von den Jugendlichen. Sie hatten einen Keller, in dem verschiedene Sachen aufbewahrt wurden. Sie und die belarussischen Kinder versammelten sich dort, die Deutschen boten den Belarussen ihre Fahrräder und Bälle zum Spielen an. Sie fuhren mit kleinen Segelbooten gemeinsam auf dem See.

Dann wurde ich als Pfarrerin in ein Spital versetzt, und die Gemeinde veränderte sich stark. Anders wurde auch der Inhalt meiner Tätigkeit. Es gab keine Möglichkeit mehr, die Erholung belarussischer Kinder zu organisieren, und so half ich einfach Burkhard effektiver zu arbeiten.

Der Thorolf-Rafto-Gedenkpreis für Menschenrechte

Eva Fidjestøl kam aus Norwegen nach Berlin mit dem Bus. Ihre Begründung dafür war, dass sie in diesem Jahr schon viel geflogen sei und damit der Umwelt stark geschadet habe. Diese Frau, Jahrgang 1933, war 26 Stunden mit dem Bus unterwegs, um von Oslo nach Berlin zu kommen, zu der Sitzung des Internationalen Rats »Für die Zukunft der Kinder von Tschernobyl«. Hier ist ihre Geschichte:

Ich wurde in einem Dorf am Ende eines Fjords 200 Kilometer nördlich der bekannten Stadt Bergen geboren. Damals dauerte die Reise mit dem Schiff nach Bergen 24 Stunden. Heute fährt man mit dem Auto in 3 Stunden dorthin. Meine Eltern waren Lehrer. Wir hatten einen Gemüse- und einen großen Obstgarten, zwei Schafe, zehn Hühner, ein Schwein und sehr viele Blumen.

Als ich neun wurde, starb mein Vater, aber die Mutter wollte sehr, dass meine Schwester, zwei Jahre jünger als ich, und ich eine gute Bildung bekommen. Ich ging zur Schule in unserem Dorf, bis ich 14 wurde. Dann lebte ich bei meiner Tante in einem anderen Ort und ging auf ein Gymnasium. Danach fuhr ich nach Oslo und schrieb mich an der Universität ein. Ich studierte Mathematik, Physik und andere Naturwissenschaften und meine Diplomarbeit (1962) schrieb ich in Kernphysik, was damals sehr populär war. Die Atomenergie galt als sehr nützlich, und so

Eva Fidjestøl, Norwegen, Mitbegründerin des Internationalen Rates »Zukunft für die Kinder von Tschernobyl« (IC COC)

5 Ein Menschenrecht auf Selbsthilfe

beschäftigten sich alle mit diesem Thema besonders aufgeschlossen. Atomphysiker waren Respektpersonen. Alle glaubten, darin stecke die Zukunft. Heute sind die Menschen von Computertechnologien ebenso begeistert.

Im Jahre 1959 bauten die Norweger ihren ersten Atomreaktor, der ausschließlich für Forschungszwecke genutzt wurde. Wenn ich mich nicht irre, gehörte er als Forschungsreaktor zu den ersten weltweit. In jener Zeit weckte die Bewegung gegen Atomwaffen mein sehr großes Interesse.

Ich heiratete, vier Kinder kamen zur Welt. Ich arbeitete als Lehrerin an einem Gymnasium und wechselte dann zu einer pädagogischen Hochschule. Mein Mann war Professor für Alte Sprachen (Norwegisch und Deutsch) und wurde für ein Jahr als Gastdozent an die deutsche Universität Freiburg eingeladen. Wir zogen mit der ganzen Großfamilie dahin. Unser Aufenthalt begann im Jahr 1982 und dauerte bis 1983.

In Deutschland fanden damals zahlreiche Demonstrationen gegen die Atomkraft statt, und ich lernte ihre Teilnehmer kennen. In Freiburg gibt es eine Umweltorganisation, »Öko-Institut« e. V., die sehr gute Arbeit, fachlich gut fundiert gegen Atomkraft machten. Ich schloss mich dieser Institution sofort an, weil ich auf dem Gebiet der Atomenergie gut bewandert war. Die Kinder wurden älter, und ich hatte immer mehr Zeit, mich mit diesem Thema auseinanderzusetzen. Ich engagierte mich ehrenamtlich für den Umweltschutz. Wir verfassten Bücher, nahmen an Protestaktionen teil, druckten Flugblätter, luden Politiker zu Diskussionen ein. Mit »wir« meine ich den Verband »Friends of the Earth«, genauer seine deutsche Organisation.

Nach dem Unfall im Atomkraftwerk Tschernobyl wurde mir klar, dass es um eine sehr ernsthafte Sache geht, und ich schrieb dazu einen Artikel für eine Zeitung in Bergen. Offen gestanden fanden das viele komisch. Es hieß, Tschernobyl sei ja so weit von Norwegen entfernt. Dass dem nicht so ist, erfuhren wir viel später, damals machten sich die meisten aus diesem Grunde gar keine Sorgen. Die Menschen glaubten, sie würden nie von diesem Übel betroffen sein. Leider erwies sich das mit der Zeit als klarer Fehler.

Nur ein Beispiel: Schon im Herbst 1986 mussten 320 000 Schafe zwei bis zehn Wochen vor der Schlachtung mit sauberem Futter gefüttert werden. Außerdem wurde das Fleisch von 100 000 Schafen nicht als Lebensmittel für Menschen zugelassen. In Norwegen waren es die Gebirgsregionen in Südnorwegen, der Norden von Trøndelag und Teile von Nordland, die den grössten Teil des Fallout von Tschernobyl abbekommen hatten. Für die Familien, die Rentierwirtschaft betreiben, wurden drastische Massnahmen ergriffen, um das produzierte Fleisch verkaufen zu können und die Rentierwirtschaft zu retten. Die Samen im Süden des Landes gehören immer noch zu den Bevölkerungsgruppen der Welt, die das höchste Niveau von Cäsium-137 im Körper haben.

IRINA GRUSCHEWAJA habe ich 1993 in Italien kennengelernt, wo das Ökumenische Forum Christlicher Frauen in Europa abgehalten wurde, zu dem Irina eine Kinderbildausstellung mitbrachte. Sie erzählte damals, was sich in Tschernobyl und in den betroffenen Regionen abspielte. Nach dem Unfall im Atomkraftwerk Tschernobyl waren bereits sieben Jahre vergangen. Ihre Erzählung war ein regelrechter Schock für mich. Ich schloss mich der internationalen Bewegung zur Bekämpfung der Tschernobyl-Folgen an und bat die Leitung meiner Hochschule um die Finanzierung einer Reise nach Belarus. Es sei gesagt, dass sie von Irina wie immer gut organisiert wurde. Wir bereisten viele betroffene Rajons des Gebiets Mogilew, besuchten Waisen- und Kinderhäuser, Wohnungen gewöhnlicher Menschen. Wir kamen sogar in die so genannten »gesperrten Bereiche«. Wir schauten, hörten zu, redeten. Nach dieser Reise verfasste ich Broschüren und Bücher, veröffentlichte viele Artikel mit Fotos der radioaktiv belasteten Orte und Menschen, denen ich dort begegnet war.

Dann kam der Vorschlag, die Reise zu wiederholen. Nur sollte ich nicht mehr alleine fahren, sondern eine Fahrt für Lehrkräfte aus verschiedenen Städten Norwegens organisieren. Unsere Gruppe war 25 Personen stark und wir kamen nach Belarus, um die Lage vor Ort kennenzulernen. Unter anderem hatten wir in Mogilew einen Termin in der Filiale des radiobiolo-

5 Ein Menschenrecht auf Selbsthilfe

Europäische Frühlingsakademie der Frauen in Minsk, 2001. In der Mitte Eva Fidjestøl

gischen Forschungsinstituts, das damals in Aksakowschtschina bei Minsk seinen Sitz hatte. Dort führte uns der Arzt Ostapenko durch die Abteilung, in der stark verstrahlte Menschen untergebracht waren.

Sie waren noch nicht krank, weil die Strahlung, die im Körper angereichert ist, nicht gleich zur Erkrankung führt. Alles kommt auf das Immunsystem an. Die einen werden sofort krank, die anderen einige Jahre später. Diese Menschen wurden dort einige Male im Jahr untersucht und beobachtet. Leider wurde bald darauf diese Filiale geschlossen, das Institut in Aksakowschtschina nach Gomel umgesiedelt. Damit wurde Tschernobyl zum Problem nur einer Region.

Wir fuhren nach Tschetschersk, Kostjukowitschi und in die Umgebung und konnten mit eigenen Augen sehen, wie Menschen dort leben, wie sie an der »untypischen« Strahlenkrankheit leiden und Beschwerden haben, die auf den ersten Blick nichts mit der Radioaktivität zu tun haben.

Wir besuchten den symbolischen Friedhof der verlassenen Dörfer in Slawgorod, die Schule im Dorf Rschawka und machten zusammen mit Umweltinteressierten ein Seminar im Naturschutzgebiet Beresinskij. Kurz gesagt, war die Reise mit ihren Inhalten äußerst spannend. Das Ergebnis war, dass überall in Norwegen Hilfsgruppen für Belarus entstanden sind. Ihr Leid ist zu unserem Leid geworden.

In Norwegen gibt es eine Stiftung, die nach Professor THOROLF RAFTO benannt ist, der dafür bekannt ist, dass er sich sein Leben lang für Menschenrechte eingesetzt hat. Die Auszeichnung mit dem Gedenkpreis der Stiftung gilt als eine Vorstufe zum Friedensnobelpreis. Da ich damals an der Hochschule für Wirtschaft arbeitete, gehörte ich zum Vorstand der Stiftung. Im Jahre 1999 wurden alle Tschernobyl-Aktivitäten in Belarus vom belarussischen Staat unter strenge Kontrolle gestellt. GENNADIJ GRUSCHEWOJ musste nach Deutschland ausreisen, um den Anfeindungen des Sicherheitsrats zu entkommen. In dieser Zeit beschloss ich, um der Stiftung »Den Kindern von Tschernobyl« e. V. und GENNADIJ GRUSCHEWOJ persönlich die internationale Unterstützung zu bekunden, ihn als Kandidaten für den Rafto-Preis aufzustellen.

Es gab damals zwei Anwärter, GENNADIJ GRUSCHEWOJ und den Staatspräsidenten Südkoreas, der Nord- und Südkorea im Zuge der so genannten Sonnenscheinpolitik wieder vereinigen wollte. Später wurde der Letztere mit dem Friedensnobelpreis ausgezeichnet, und beim Rafto-Preis blieb der Koreaner hinter GENNADIJ GRUSCHEWOJ zurück, denn Gennadij bekam bei der Abstimmung eine Stimme mehr.

In Lillehammer fassten wir den Beschluss, alle norwegischen Organisationen, die irgendwie mit Belarus zu Tschernobyl-Themen zusammenarbeiten, zu einem Netzwerk zusammenzuführen. Dazu sollte ein Treffen veranstaltet werden, zu dem belarussische Partner eingeladen werden sollten. Ich schlug Gennadij, Irina und PROF. WASSILIJ NESTERENKO vor. Das Treffen

5 Ein Menschenrecht auf Selbsthilfe

Burkhard Homeyer, Irina und Gennadij Gruschewoj bei Eva Fidjestøl (2. v. l.) zu Besuch in Bergen (Norwegen), 1998

fand statt. Ich wurde zur Koordinatorin der Aktivitäten aller norwegischen Initiativen und ihrer belarussischen Freunde berufen. Da die politische Situation immer schwieriger wurde, und der belarussische Staat die Stiftung »Den Kindern von Tschernobyl« e. V. allmählich bedrängte, kam es zu einer Spaltung in unserer Bewegung.

Viele wollten nichts damit zu tun haben, was in Belarus als Politik bezeichnet werden konnte, und beschlossen, sich ausschließlich auf die humanitäre Hilfe zu beschränken. Es hieß, wir bringen Hilfsgüter, verteilen sie und das war's dann auch. »Menschen zu befähigen, etwas in ihrem Leben zu verändern, ist Politik und darauf lassen wir uns nicht ein. Fremde politische Angelegenheiten sollten uns nicht betreffen.« Leider entschieden sich recht viele norwegische Initiativen für diese Haltung. Ich glaubte aber, dass

Eröffnung der Europäischen Frühlingsakademie für Frauen in Minsk, 2001,
(4. v. l. Eva Fidjestøl)

auch diejenigen, die in Belarus ihr Menschenrecht auf die Selbsthilfe realisieren, wenn es auch als »Politik« bezeichnet wird, unsere Hilfe brauchen.

Als mir das klar wurde, ersuchten wir die Rafto-Stiftung um finanzielle Hilfe für die Unterstützung für ein Jugendprojekt, das zu dieser Zeit bereits lief. Nachdem GENNADIJ GRUSCHEWOJ 1999 den Rafto-Preis erhalten hatte, stellte er diesen geringen Betrag für neue Jugendprojekte bereit.[3]

---

[3] Gennady Grushevoy (1950) was awarded the 1999 Rafto Prize for his many years of courageous work for democracy and human rights in Belarus. In the country most severely hit by the Chernobyl disaster in 1986, Grushevoy has focused on environmental issues by emphasizing the victims' human rights. Quelle: https://www.rafto.no/the-rafto-prize/gennady-grushevoy

5 Ein Menschenrecht auf Selbsthilfe

Der Zweck war, junge Menschen zum Umweltengagement und zur Ablehnung der Atomkraft zu erziehen. So kam mit der Jugendarbeit eine weitere Dimension in unsere Tätigkeit. Die Jugendforen fielen immer auf die erste Dezemberwoche und fanden aus Anlass des internationalen Tages der Menschenrechte statt, der am 10. Dezember gefeiert wird. Um die Rafto-Stiftung immer wieder von der Notwendigkeit dieser Tätigkeit zu überzeugen, musste ich viel Informationsarbeit leisten und bis zuletzt gelang es mir auch. Ich lud auch kleine Gruppen von Studenten von Belarus nach Norwegen ein, damit sie an der Internationalen Sommerschule am United World College in Flekke in Sunnfjord teilnehmen konnten. Dies wurde vom Roten Kreuz und privaten Freunden unterstützt.

Parallel war ich Mitglied zahlreicher Frauenorganisationen. Eine Linie war die ökumenische Arbeit, die wir schon erwähnt haben, und die andere war die politische Arbeit bei Women's International League for Peace and Freedom. Ich schloss mich dieser Organisation in Norwegen an und konnte bald entsprechende Kontakte knüpfen. Gott wollte es so, dass unser Partner in Belarus eine von der mir bereits bekannten IRINA GRUSCHEWAJA gegründete Initiative war. Bei unserem gemeinsamen Projekt ging es um den Menschenhandel. Dank diesem Projekt konnten wir in Gomel, Mogilew, Buda-Koschelewo, Luninez und Oktjabrskij Beratungsstellen für Frauen und Mädchen eröffnen, die von der häuslichen Gewalt betroffen waren.

Beim Pflanzen des Gartens der Hoffnung mit Vater Igor, Minsk, 1996 (3. v. l. Eva Fidjestøl)

Das war ein sehr interessantes Projekt. Es dauerte zehn Jahre, bis uns der belarussische Staat endgültig die Luft abdrehte, das heißt, zivilgesellschaftlichen Organisationen den Zugang zur Arbeit mit Gewaltopfern sperrte. Natürlich trennten wir dieses Projekt nicht von den anderen, rein Tschernobyl bezogenen, weil sie oft ein Ganzes bildeten.

Ich bin schon elf Mal in Belarus gewesen. Auch den Garten der Hoffnung habe ich am 26. April 1996 gepflanzt, zusammen mit anderen Frauen aus 17 Ländern, die Gäste der Stiftung »Den Kindern von Tschernobyl« e. V. waren.[4] In diesem Land hat sich inzwischen vieles verändert. Vor allem äußerlich. Als ich zum ersten Mal da war, wirkte alles irgendwie grau und schäbig. Ich hatte keine Lust, in Läden zu gehen, sie sahen nicht besonders ansprechend aus. Es gab so gut wie keine Cafés und Restaurants, wo man sich einfach hinsetzen und Kaffee trinken konnte. Überall erwartete man, dass man eine größere Bestellung macht. Das kommt jetzt nicht mehr vor, alles ist gemütlich und freundlich. Auf den Straßen ist es sauber, aber ich weiß gut, wie das erreicht wird. Diese Sauberkeit kommt davon, dass arme Menschen Angst haben, auf den Straßen zu betteln, weil sie von der Miliz, also von Polizisten, vertrieben werden.

Man merkt es, dass die Menschen nicht mehr so frei wie früher leben. Während meiner Reise, die erst vor kurzem stattfand, fragte ich die Belarussen nach ihrer Meinung zum Atomkraftwerk Ostrowez.[5] Sie wollten nicht davon sprechen und brachten das Gespräch sofort auf ein anderes Thema. So konnte ich keine Antwort bekommen. Mehr noch: Unser Gruppenleiter forderte uns mehrmals auf, solche Themen nicht mit Belarussen, sondern nur in unserem Bus zu besprechen.

Radioaktivität ist eine Gefahr für die ganze Welt. In Belarus tritt das deutlicher zutage, deswegen müssen wir alle etwas tun. Probleme mit der Atomkraft gibt es überall, nur wird nicht überall davon gesprochen. Ich glaube,

---

[4] Siehe Kapitel 10 – Der Garten der Hoffnung auf der Erde des Glaubens ab S. 311
[5] Siehe Kapitel 14 – Ostrowez als Platz der Unabhängigkeit, S. 457

5 Ein Menschenrecht auf Selbsthilfe

in den nächsten zehn Jahren müssen hundert Atomreaktoren, die es in Europa gibt, abgebaut und auch noch ihre Abfälle entsorgt werden. Das wird sehr aufwendig sein, aber das sind wir unseren Nachkommen schuldig.

Für Frieden und gegen atomare Bedrohung

Eva Quistorp gehörte 1979/80 zusammen mit ihrer Freundin Petra Kelly zu den Gründerinnen der Grünen in Deutschland. Sie erzählt:

Schon damals hatten wir ein weitsichtiges Zukunftskonzept für Europa. Obwohl die UdSSR 1968 ihre Panzer in die Tschechoslowakei schickte, galt unser Bürgerrechtskonzept auch für dieses Land für West und Osteuropa wie für Pressefreiheit und Minderheitenrechte in der ganzen Welt. Auch in Osteuropa und der UdSSR sollten einmal die Menschenrechte die Oberhand gewinnen. Europa sollte einig sein. Wir wollten nicht, dass die beiden Supermächte USA und die UdSSR ihre Schlachten hier oder anderswo austragen und damit Europa atomar verseuchen und auslöschen würden. Zuerst die Schlachten des Kalten Krieges und später auch eines »heißen« mit atomaren Waffen.

Eva Quistorp am Stand der Stiftung »Den Kindern von Tschernobyl«e. V. Friedensforum in Barcelona, 2004

Glücklicherweise und durch den Mut vieler, die gewaltfrei gehandelt haben, ist es nicht dazu gekommen. Aber mit der Tschernobyl-Katastrophe ereignete sich etwas nicht weniger Schreckliches.

Als Studentin begeisterte ich mich wie alle jungen Menschen (das Jahr 1968 war eine bewegte Zeit) für viele antikoloniale und linke Ideen, doch nie für die Werke von Stalin, Lenin, Mao oder anderen Sektierern. Außerdem stimmte die politische Praxis in den sozialistischen Ländern absolut nicht mit der Theorie von Marx oder den Frühsozialisten überein.

Ich wusste viel zu den Verbrechen der Nazizeit, doch wenig von Hiroshima. Ich las seit 1973 aber sehr viel zum Atomstaat wie von Robert Jungk und zur sogenannten »friedlichen Atomenergie« und wurde schnell in der Antiatombewegung aktiv mit den Bürgerinitiativen wie in Wyhl, Brokdorf und Gorleben.

Anfang der 1980er Jahre entwickelte sich in Westeuropa eine neue beispiellose Friedensbewegung, die Eva Quistorp mit organisierte auf Bundes- und Europaebene. Hunderttausende kamen zu den Demonstrationen in Bonn. Einmal bildeten sie in Süddeutschland nach den großen Friedensdemos in Bonn, die etwa eine halbe Million Menschen versammelte, vor der auch Willy Brandt redete, eine Menschenkette von 250 000 Menschen, die in der deutschen Geschichte einmalig war, indem sie sich an den Händen fassten und so dastanden.

Friedensmärsche wie in der Bundesrepublik wurden damals auch in anderen europäischen Hauptstädten wie London, Paris, Athen, Madrid, Rom veranstaltet. Zweifellos gab es unter den Teilnehmern viele, die Atomwaffen ausschließlich mit den USA assoziierten, aber Eva Quistorp, die auf den kommunistischen Mythen (ebenso wie Václav Havel in der Tschechoslowakei) nie erlegen war, gehörte zu einer anderen Gruppe, die sich für ein friedliches, soziales und ökologisches Europa ohne Bedrohung durch die beiden Großmächte, die USA wie die UdSSR, eintrat.

Die Charta 77 war schon veröffentlicht, die Solidarnosc-Bewegung war im Entstehen, und so war es nur logisch, dass eine ähnliche Struktur auch in Deutschland gegründet wurde. Zusammen mit Petra Kelly (sie wurde leider 1992 von ihrem Lebensgefährten getötet) gründete Eva

5 Ein Menschenrecht auf Selbsthilfe

eine Gruppe, die quasi zwischen »zwei Feuern«, den Vereinigten Staaten von Amerika und der Sowjetunion, sowohl gegen Atomwaffen als auch für die Menschenrechte in beiden Blöcken kämpfte.
Die regierenden deutschen Politiker plädierten damals für Entspannung und Abbau der Konfrontation in Europa und Menschen wie Eva Quistorp wollten sich außerhalb der Militärbündnisse sehen, sei es der Warschauer Pakt oder die NATO, und schufen die Grundlage dafür. Mit ihren gebündelten Bemühungen, erzählte Eva, konnten sie mit den Grund dafür legen, dass die damaligen führenden Personen der Sowjetunion (Michail Gorbatschow und Außenminister Eduard Schewarnadse) das Konzept »unseres gemeinsamen Hauses Europa« verkündeten.

Damals knüpfte ich meine sehr große Hoffnung an Gorbatschow, weil ich seine Artikel las und seine Rede beim Parteitag hörte. Es schien, dass mit ihm ein neuer Typ von Politiker gekommen wäre.

Die Hoffnung wurde zusammen mit dem Dach von Block 4 des Atomkraftwerks Tschernobyl zerstört. Das war ein Schock. Am 28. April 1986 sah ich in den Fernsehnachrichten ein Bild vom Unfallort und sagte: »O Gott! Tschernobyl... Wo ist das denn?« Wenn meine Mutter während des Kriegs in Essen Häuser sah, die, von Bomben getroffen, brannten, versuchte sie den Brand zu löschen. So ähnlich war auch meine Reaktion auf Tschernobyl: Ich wollte sofort etwas unternehmen, das große Feuer löschen. Da es am Abend war, sagte ich zu mir: »Um dich in dieser Situation zurechtzufinden und den Brand zu löschen, musst du möglichst ruhig und konzentriert sein und deswegen musst du jetzt schlafen gehen. Wenn du am Morgen aufstehst, wirst du dich einzig und allein mit dem Löschen dieses Brandes beschäftigen.«

Ich arbeitete damals in Bonn. Ich weiß noch, es war ein wunderschöner Frühlingstag. Ringsum blühende Blumen, alles schön und geordnet. So sollte wohl auch unsere ganze Welt im Kleinen aussehen. Mir fiel ein, dass Menschen bei Tschernobyl jetzt höchstwahrscheinlich auch diese Schönheit genießen und nichts von der unsichtbaren Strahlung ahnen, die sie um ihre Gesundheit und Zukunft bringt.

Am Morgen steuerte ich sofort in den Bundestag, wo ich damals bei den Grünen arbeitete, um sie zu warnen und von da viele anzurufen. Ich dachte mir den ganzen Weg lang, wie tragisch, dass es Bereiche gibt, die der Mensch mit seinen Sinnen nicht wahrnehmen kann, sowohl Gottes Güte, aber auch die schädliche Welt der Radioaktivität. Wie schrecklich, dass die meisten Opfer nicht wissen, was ihnen jetzt geschieht.

An dem Tag war eine Konferenz über Probleme in Afrika angesetzt. Ich glaubte, dass die Kollegen über Nacht zum Entschluss kommen würden, das Thema zu ändern, dass alle so empfinden würden wie ich. Leider war das nicht der Fall. Das Präsidium wollte an der Tagesordnung nicht rütteln, weil die meisten die Nachricht von dem Unfall noch gar nicht begriffen hatten, das empörte mich sehr. Ich konnte es nicht aushalten und verließ den Saal. Zum Geschäftsführer der Grünen-Fraktion sagte ich, dass ich in die sowjetische Botschaft gehe (sie befand sich damals in Bonn), um nach wenigstens irgendwelchen Informationen und Erklärungen zu dem zu verlangen, was tatsächlich in Tschernobyl passiert sei. Die radioaktive Wolke bewege sich schnell voran, und wir müssen, bevor es Menschen trifft, sie vor der Gefahr warnen.

Es war das erste Mal, dass ich in die sowjetische Botschaft kam. Ein Riesenpalast, wo die lokalen Funktionäre in ihren Ledersesseln buchstäblich versanken. Ich wurde nicht sofort empfangen, man ließ mich warten. Natürlich konnte ich nicht lange warten, denn, ich wiederhole mich, die radioaktive Wolke bewegte sich sehr schnell voran. Ich beschloss, gleich vor Ort eine Anfrage zu verfassen, in der stand, dass es im Deutschen Bundestag Menschen gebe, die die Wahrheit über die Geschehnisse in Tschernobyl fordern. Vielleicht wurde ich gerade deswegen nicht empfangen, weil man wusste, wer um das Gespräch bittet. Man wusste auch, dass in Schweden bereits eine höhere Strahlung gemessen wurde.

5 Ein Menschenrecht auf Selbsthilfe

Danach kam ich zur Geschäftsstelle unserer Partei. Außer einem Mitarbeiter war keiner da. Interessant ist, dass er schon an einer Presseerklärung zum Vorfall in Tschernobyl schrieb. Die ersten Sätze davon lauteten: »Der Kapitalismus braucht immer mehr Atomenergie. Wir sind dagegen! Alle Atomkraftanlagen müssen abgeschaltet werden.« Solcher Unsinn war für diejenigen typisch, die es gewohnt waren, nur den Westen zu kritisieren. Als Mitglied des Bundesvorstands der Grünen musste ich mit meiner Autorität Druck auf den Verfasser machen und ihn die Einleitung völlig neu schreiben lassen.

Die ersten Worte sollten heißen: »Wir sind sehr erschüttert über die Katastrophe, die in Tschernobyl passiert und von der wir erst den Anfang erleben. Wir fordern Hilfe für die Opfer vor Ort und dass uns berichtet wird, wohin sich die Wolke bewegt, wie viele Opfer es schon gibt und was Menschen tun sollen, die von der Wolke betroffen sind.« In dieser Erklärung verlangte ich auch, dass Menschen nicht nach draußen gehen, dass alle Demonstrationen am 1. Mai abgesagt werden, und forderte Mütter auf, dass sie selbst entscheiden, ob ihre Kinder diese Tage das Haus verlassen dürfen und womit sie ernährt werden.

Bevor die Mitglieder der Bundestagsfraktion der Grünen ins Büro kamen, brachte Radio Luxemburg, das viele Jugendliche erreichte, ein TV-Sender aus Osteuropa und sogar Zeitungen in dem atomkritischen Neuseeland bereits die von Eva Quistorp herausgegebene Erklärung. Im Grunde genommen, war sie die erste Politikerin in Deutschland, die von der Wahrheit über die Geschehnisse in Tschernobyl sprach. Auf ihren Vorschlag hin wurde ein Krisenstab eingesetzt, dem viele namhafte deutsche Wissenschaftler angehörten.

Darüber hinaus bat Eva Quistorp die Wissenschaftler öffentlich, allen Umständen des Unfalls nachzugehen und dessen Ausmaß zu klären, weil viele befürchteten, dass nicht nur Moskau die wahren Informationen verheimlichte, sondern auch die deutsche Regierung diese teilweise zensierte. Der Hintergrund war, dass die meisten Regierungsmitglieder ebenso wie damals noch die Mehrheit der Deutschen die Atomenergie befürworteten, sodass die Wahrheit über deren Risiken unerwünscht war.

Eva Quistorp mit der belarussichen Delegation beim Friedensforum in Barcelona, 2004

Aber die Tschernobyl-Katastrophe wie später die Katastrophe von Fukushima änderte die Entscheidungen in Deutschland in Richtung Atomausstieg.

EVA QUISTORP berichtete weiter: Einige Jahre nach dem Unfall im Atomkraftwerk Tschernobyl wurde ich ins Europäische Parlament gewählt. Ich pendelte jahrelang zwischen Berlin, Brüssel und Straßburg. Im Herbst 1990 sah ich zufällig ein Interview von IRINA GRUSCHEWAJA im Fernsehen und beschloss sofort, dass diese Frau unbedingt im Europaparlament sprechen muss. Sofort rief ich beim Fernsehen an und fragte nach Irinas Telefonnummer, sie hielt sich zu dieser Zeit in Düsseldorf auf. Düsseldorf liegt nicht weit von Straßburg und ich schickte meinen Dienstwagen, um Irina nach Frankreich zu holen. Zwanzig Minuten lang lauschten die Abgeordneten aller Fraktionen ihrer Rede. Das war ein ergreifender Auftritt.

5 Ein Menschenrecht auf Selbsthilfe

1991 wollte ich in die UdSSR mit einer Delegation des Europaparlamentes fahren, um zu helfen, die Folgen der Atomtests und die Atommülllagerung aufzuklären, die Folgen von Tschernobyl offen anzusprechen und die Orte zu besuchen, an denen Atomtests stattfanden. Diese Reise bot mir eine Gelegenheit, den Zerfall dieses Landes, den Mangel eines Sozialstaates mit eigenen Augen zu beobachten und die Lage der Tschernobyl-Opfer besser nachzuvollziehen.

Außerdem konnte ich endlich nach Minsk kommen, GENNADIJ GRUSCHEWOJ und die Arbeit der Stiftung kennenlernen, mit SWETLANA ALEXIJEWITSCH sprechen, die Synagoge und das Museum für den »Großen Vaterländischen Krieg« (gemeint ist der deutsch-sowjetische Krieg) besuchen. Am selben Abend gab es einen Empfang im belarussischen Parlament, bei dem ich auch das Thema atomare Verseuchung und die Lage der Synagoge sowie die Verbrechen der Nazis in dem Lande ansprach.

Übrigens kam 10 Jahre später mein Neffe, ohne etwas von diesen Beziehungen zu wissen, vor einigen Jahren als Freiwilliger nach Belarus und baute Häuser für die Tschernobyl-Umsiedler am See Narotsch, worauf ich sehr stolz bin. Ich bin auch darauf stolz, dass das Europäische Parlament als Folge unserer Reise beschloss, Geld für die Hilfe für die Tschernobyl-Opfer bereitzustellen. Das Parlament nahm sogar einen Sonderposten dafür in seinen Haushalt auf.

Einigen mag es vorkommen, dass der Beitrag meinerseits nicht groß genug war. Doch man kann den Brand auf dem Dach des Reaktorblocks – nicht von der Parlamentstribüne und Ferne aus löschen. Vor den Liquidatoren habe ich große Hochachtung, sie sollten geehrt und ihre Leiden gelindert werden. Wir können nur für das Gute wirken, wenn jeder von uns seine Sache macht.

Die Beziehungen der Europabewegung zu Belarus, die Anfang der Neunziger Jahre entstanden, und die der Stiftung »Den Kindern von Tschernobyl« e. V. werden bis heute von einigen Treuen gepflegt. Leider sind sie in letzter Zeit etwas in die mediale Vergessenheit geraten, was ich für falsch halte.

Gut, dass in anderen Ländern wie etwa in der Ukraine die Demokratisierung vor sich geht. Aber man darf nicht vergessen, was dem Land Belarus am 26. April 1986 zugestoßen ist. Ja, der Schmerz mag etwas nachgelassen haben, aber er ist nicht verschwunden. Ebenso wie die Strahlung nicht verschwunden ist.

Die Katastrophe in Fukushima

Dass Tschernobyl noch nicht zu Ende ist, daran musste sich die Welt am 11. März 2011 erinnern, als sich die Katastrophe im Atomkraftwerk Fukushima ereignete. Hiroomi Fukuzawa wurde 1943 während des Zweiten Weltkrieges in Japan geboren. Weiter soll er selbst erzählen:

Die japanische Gesellschaft ist so strikt hierarchisch und zentralisiert, dass ich diesem Druck nicht mehr standhalten konnte und mit 24 Jahren nach Deutschland zog. Ich studierte in Stuttgart, München und West-Berlin. 1975 wurde ich Magister für Philosophie. 1982 heiratete ich eine Deutsche, und 1987 kam unsere Tochter zur Welt. Ich half bei der Berlinale mit Übersetzungen und veranstaltete parallel Treffen mit japanischen Schriftstellern. Bis 2008 lehrte ich an der Freien Universität Berlin und wurde dann Pensionär.

Hiroomi Fukuzawa, Begründer der Hilfsorganisation »Kizuna« nach der Fukushima-Katastrophe

Das waren einige Worte zu meinem *Vor-Atom*-Lebenslauf, weil sich mein Leben im Jahre 2011, nach der Katastrophe im Atomkraftwerk Fukushima grundlegend verändert hat. Was in meiner Heimat passierte, war ein richtiger Schock. Mit ehemaligen Studierenden baute ich

5 Ein Menschenrecht auf Selbsthilfe

in Berlin die Hilfsorganisation »Kizuna« auf, und schon im September 2011 kamen 15 Freiwillige aus Deutschland zum Einsatz nach Japan.

Natürlich wurde alles, was mit der radioaktiven Kontamination zu tun hat, zur Priorität in meiner Tätigkeit. Als mich die Bürgerinitiative »Für eine Welt ohne atomare Bedrohung« e. V. aus Rottweil, geleitet von ANGELA GESSLER, im Jahre 2014 bat, mit der Organisation einer Reise nach Japan zu helfen, um sich vor Ort ein Bild von der Situation nach Fukushima zu machen, war ich gerne dazu bereit. Diese Initiative arbeitet sehr lange mit Belarus bei der humanitären Lösung der Tschernobyl-Probleme zusammen. Gleich acht Mitglieder der Initiative reisten damals nach Japan. Ich begleitete sie während der einwöchigen Reise. Sicherlich interessierten sie sich vor allem für Fragen, die Fukushima betrafen, und das ist klar. Bei mir aber weckten diese Begegnungen den Wissensdurst nach Informationen über Tschernobyl und seine Folgen.

Der Weg, den die Belarussen bereits seit dreißig Jahren gehen, kann diejenigen nicht kalt lassen, die ihn erst vor fünf Jahren beschreiten mussten. Aus meiner Sicht sind ihre Erfahrungen, wenn auch mit Rücksicht auf die Zeit, sehr wichtig für uns. Übrigens sahen wir in Fukushima, dass sich diejenigen, die zu den Nachwirkungen des Unfalls forschen, spezieller Geräte zur Messung der radioaktiven Strahlung bedienten. Aktivisten der Zivilgesellschaft nutzen Geigerzähler nicht von ungefähr: Sie machen das unabhängig von japanischen Behörden, damit die Regierung Menschen nicht irreführen kann.

Leider ist das in Belarus nicht der Fall. Bei ihnen werden jetzt solche Messungen nur vom Staat durchgeführt, und die belarussische Gesellschaft überprüft nie, ob das von den Behörden Gesagte tatsächlich stimmt. Aber das sollte man unbedingt tun.

Nahe Fukushima begegneten wir Menschen mit Geräten, die die Strahlenbelastung des menschlichen Körpers messen können, also feststellen, wie viele Radionuklide im Menschen angereichert sind. Das Gerät kostet nicht viel, ist sehr zuverlässig und einfach zu bedienen. Alle wunderten sich sehr, dass diese Geräte ein belarussisches Fabrikat waren, während die Belarussen selbst nichts davon wussten. Vermutlich gibt es sie in Forschungseinrichtungen, aber den meisten Belarussen sind sie völlig unbekannt. Das heißt, diese Geräte werden für die Ausfuhr nach Japan hergestellt und nur wenig im eigenen Land benutzt.

Im April 2014 las ich das Buch der bekannten Wissenschaftler A. Jablokow und W. Nesterenko, in dem sie den Auswirkungen von Tschernobyl für den menschlichen Körper und die Umwelt nachgehen.[6] Auch LUDMILA MARUSCHKEWITSCH, die ich später kennen lernte, beschäftigte sich seit langer Zeit mit den Problemen von Diabeteskranken in den kontaminierten Regionen. Von ihr erfuhr ich, dass diese Krankheit im letzten Jahrzehnt in jüngeren Altersgruppen wesentlich öfter auftritt als zuvor.

2015 lud mich ANGELA GESSLER nach Belarus ein. Früher glaubte ich, dass ich mich im Sozialismus sehr gut auskennen würde, aber in Belarus wurde mir klar, dass ich nicht ganz recht gehabt hatte. Ich war buchstäblich schockiert davon, was bei ihnen nach der Explosion im Atomkraftwerk Tschernobyl getan und was nicht getan wurde. Belarussen sind sehr freundlich und gastlich. Übrigens habe ich gerade in Belarus zum ersten Mal in meinem Leben Birkensaft gekostet, davor hatte ich nicht einmal geahnt, dass man ihn überhaupt trinken kann. Bei ihnen schmeckt alles sehr gut: Fleisch und marinierte Pilze mit Kartoffeln. Auch der Wodka. Zuerst bemerkte ich das nicht, dann aber sah ich ein: Gerade solche Lebensweise, bei der Menschen gewohnt sind, Pilze und Beeren zu sammeln, Obst zu pflücken, diese eigenhändig zu kochen und dann zu essen, gerade diese Lebensweise erwies sich in der Folgezeit nach dem Unfall in Tschernobyl als katastrophal. Seitdem beschäftigt mich nicht so sehr die Frage der äußeren wie der inneren Strahlenbelastung, sondern vor allem geht es mir um Krankheiten, die dadurch verursacht werden.

---

[6] Annals of the New York Academy of Sciences: Chernobyl: Consequences of the Catastrophe for People and the Environment, Volume 1181, December 2009, http://www.nyas.org/publications/annals/Detail.aspx?cid=f3f3bd16-51ba-4d7b-a086-753f44b3bfc1

5 Ein Menschenrecht auf Selbsthilfe

Als wir im April in Minsk waren, besuchten wir das unabhängige Institut für Strahlensicherheit »Belrad«, wobei ich ALEXEJ NESTERENKO, den Sohn von WASSILIJ NESTERENKO, kennenlernen konnte, der jetzt die Institutsleitung übernommen hat. Das ist sehr erfreulich, dass er das Werk seines Vaters fortführt. Nach Forschungserkenntnissen kamen gleich nach dem Unfall 80 % der Gefahr aus der Umgebung (Luft, Boden, Sachen usw.) und die restlichen 20 % aus den Nahrungsmitteln. In zehn Jahren hat sich die Situation umgekehrt. Und das ist viel problematischer: So behauptet etwa PROF. ALEXEJ JABLOKOW, dass die schlimmsten Folgen für die Gesundheit gerade von der Strahlenbelastung im menschlichen Körper herrühren, also von radioaktiven Stoffen, die mit der Luft oder dem Essen aufgenommen werden.

Als ich aus Belarus zurückkam, las ich gezielt verschiedene Quellen zu diesem Thema, und bald wurde mir klar, dass das kommunistische Regime von damals durchaus formal mit dem Problem umgegangen war: Die Bevölkerung aus der 30-km-Sperrzone wurde ausgesiedelt, während die anderen kontaminierten Regionen unbeachtet blieben.

Dort lebten die Menschen ihr Leben wie zuvor: Sie säten und pflanzten, sie ernteten Früchte und aßen sie. Die Ernte vom verstrahlten Boden wurde ohne jegliche Kontrolle im ganzen Gebiet der Sowjetunion verteilt. Bis 1996 waren die so genannten »zulässigen Werte« unzulässig hoch angesetzt, sodass die damalige Aufsicht kaum diesen Namen verdiente. Der damalige Grenzwert für Trinkwasser etwa machte das 37-fache(!) von der heutigen Norm aus. Viele Jahre lang war die Bevölkerung einer so massiven Strahlungseinwirkung ausgesetzt, dass man sich über die Verbreitung verschiedener Erkrankungen nicht zu wundern braucht.

Und als die Menschen verstanden, dass etwas Schreckliches mit ihnen passierte, und nun zum Kampf ansetzten, die Wahrheit forderten und Selbsthilfe leisteten, begann der Staat ihre Aktivitäten zu behindern. Erstmals brachte eine belarussische Zeitung im Jahr 1989 einen Beitrag zur verheerenden Wirkung von Tschernobyl. Dann wurde diese Information von der »Prawda« nachgedruckt. Nochmals: Das war zum ersten Mal, also drei Jahre nach dem Unglück! Teilweise diesem Beitrag und noch mehr der Beharrlichkeit der damaligen Opposition im Parlament war es zu verdanken, dass im Jahre 1991 ein Gesetz zum Sozialschutz der vom Unfall im Atomkraftwerk Tschernobyl Betroffenen verabschiedet wurde, und einige Monate später wurde Belarus zu einem Umweltnotstandsgebiet erklärt.

v. l. n. r. R. Mergner, I. Gruschewaja, A. Joshida, H. Fukuzawa im Garten der Hoffnung Minsk, 2015

Leider wurde dieser Ansatz damals vom Kreml nicht akzeptiert. Er wird auch bis heute nicht akzeptiert. Vor nicht so langer Zeit hörte ich von einigen russischen »Forschern« ihre Auffassung dazu. Es hieß, es gäbe keine Kontamination, sondern Phobien wären die Ursache. Die Menschen würden also nicht wegen der Strahlung krank, sondern weil sie sich davor fürchteten. Vor zehn Jahren konnte man noch Gegenmeinungen in der Presse lesen, heute nicht mehr. Jetzt stempelt die russische Propaganda die Belarussen, die in den kontaminierten Regionen leben, als »Panikmacher« ab.

5 Ein Menschenrecht auf Selbsthilfe

Ich denke wieder an meine Reise nach Belarus. In Molodetschno besuchten wir das Tschernobyl-Museum, in dem ein großes Modell des Tschernobyl-Atomkraftwerks und der 30-km-Sperrzone ausgestellt ist. Es hat drei Tasten mit den Aufschriften »Cäsium«, »Strontium« und »Plutonium«. Drückt man darauf, so werden die jeweils verstrahlten Flecken angeleuchtet. Ich drückte alle drei nacheinander und musste staunen, dass gerade die mit Plutonium kontaminierte Fläche am größten war, noch größer, als die mit Cäsium. Warum ist das so? Keiner im Museum konnte mir das erklären. Später fand ich heraus, dass Reaktorblock 4, in dem ja der Unfall passiert war, für die Anreicherung von Plutonium ausgestaltet war, das dann in Atombomben zum Einsatz kommt. Vielleicht war das der Grund, warum Belarussen zu »Panikmachern« wurden. Übrigens gibt es auch heute noch in den verstrahlten Regionen von Belarus eine Menge an Plutonium, die das 60 000-fache von dem ausmacht, was in Fukushima nach dem Unfall auf Japan niedergegangen ist.

Ich bin sehr davon beeindruckt, was die Stiftung »Den Kindern von Tschernobyl« e. V. geleistet hat. Auch in Japan gibt es ähnliche Initiativen, aber bei der Stiftung war das unvergleichbar breiter angelegt. Ich finde diese Erfahrungen sehr nützlich, aber in Japan sind sie bisher leider nicht sehr gefragt.

Zu allen Zeiten waren Autokraten bemüht, jedes Andersdenken auszurotten. Die Stiftung »Den Kindern von Tschernobyl« e. V. half nicht nur hunderttausenden Menschen, darüber hinaus verwandelten sich gestern gefügige und gleichgültige in freie und engagierte Menschen. Deswegen musste die Stiftung den »Säuberungen« zum Opfer fallen.

Alexander Tamkowitsch

Die Programme der Stiftung »Den Kindern von Tschernobyl« e. V. wurden immer weiter ausgebaut, mehr Menschen kamen dazu. Das war so ein mächtiger Strom, der dem autokratischen Regime in Belarus Angst machte. Es kämpfte also dagegen an. Zuerst richteten sich die zerstörerischen Aktivitäten gegen die humanitäre Hilfe.

Alesj Daschtschinskij

Friedensmarsch durch Europa für die Kinder von Tschernobyl und von Fukushima, Genf 2011

6 Unter der Walze der staatlichen Repression

Der Leidensweg

Treffen im Europaparlament mit links Rainder Steenblock ehem. Umweltminister
Schleswig-Holstein und Frank Schwalba-Hoth, Fraktion Die Grünen

IRINA GRUSCHEWAJA erzählt: In der zweiten Jahreshälfte 1990 kam ich zum ersten Mal nach Westdeutschland. Der Regisseur Hartmut Kaminski hatte mich als Dolmetscherin in Düsseldorf engagiert, wo die Dokumentation »Steh auf, es ist Krieg« gedreht wurde.

6 Unter der Walze der staatlichen Repression

Mein gesamtes Honorar gab ich an meinen freien Tagen für Reisen durch die umliegenden Städte aus. Dort hatte ich manchmal drei »Auftritte« am Tag in der Hoffnung, Deutsche zur Hilfe für die belarussischen Kinder von Tschernobyl zu bewegen.

In den Sommermonaten 1990 konnten wir 7 000 Kinder zur Erholung in fünf Länder Europas bringen. Gennadij reiste damals als Parlamentsmitglied in verschiedene Länder Europas (Norwegen, Italien, Polen, Frankreich, Deutschland) und konnte auch dort viel bewegen. Sollte jemand den Eindruck haben, dass uns alles leicht und einfach so zufiel, irrt man sich gewaltig. Der erste harte Schlag war, als wir in unserer Anfangseuphorie plötzlich bemerken mussten, dass die Ausländer, die den Belarussen halfen und helfen wollten, nicht unbedingt unsere Einstellung hatten, sondern sich von ganz unterschiedlichen Motiven leiten ließen.

Die einen wollten helfen, ohne davon zu profitieren und arbeiteten mit uns weiter, weil sie die Belarussen als gleichgesinnte Partner betrachteten. Die anderen aber strebten nach Ruhm, wollten als große Wohltäter erscheinen, vor allem zu Hause als solche offiziell anerkannt werden. Diese wünschten, dass man ihnen nach dem Munde redete und unablässig dankte. Es gab auch solche, die man in Deutschland mit einem Wort zu charakterisieren pflegt: Profilsüchtige.

Noch andere wollten unter uns Helfer finden, die ihnen ermöglichen sollten, in Belarus Fuß zu fassen, ein Unternehmen zu gründen, an wissenschaftliche Erkenntnisse zu kommen, private Interessen zu bedienen und vieles, vieles anderes mehr. Das war eine spannende Zeit der Öffnung, der Vielfalt, der Erfolge und Enttäuschungen, intensivster Kommunikation und völlig neuer Erkenntnisse, entstehender Freundschaften und zerplatzter Hoffnungen und Erwartungen.

Etwa fünf Jahre nach der Entstehung wurde die Tschernobyl-Bewegung im Ausland uneinheitlich. Also hatte es vor 1997, als in Belarus das staatliche Departement für humanitäre Hilfe (ab 2000 »Departement für humanitäre Tätigkeit«) eingerichtet wurde, alle Bedingungen für die Spaltung der

Kurt Wittinghof, Mitglied der BAG »Den Kindern von Tschernobyl« mit den Engagierten der belarussischen Stiftung »Den Kindern von Tschernobyl« e. V.

Bewegung bereits gegeben. Diese Spaltung erfolgte nicht nur in Deutschland, den Niederlanden, Italien, England, den USA, sondern sogar in Japan mit seinen kleinsten Initiativen. Mit einem Wort: Überall. Wem Loblieder aus öffentlichem Mund wichtig waren, wer hartnäckig über politische Missstände hinwegsah, der begann mit Belarus über das Departement zu arbeiten.

Wer aber Menschen mit Hilfe zur Selbsthilfe unterstützen wollte, arbeitete weiter mit der Stiftung und ihrem Netzwerk zusammen. Leider mussten unsere Partnerschaften sehr große Schwierigkeiten erleiden. Humanitäre Hilfstransporte wurden behindert, weil Zollbeamte Abfertigungsverfahren für unsere (nicht staatlichen!) Partner erkennbar verschleppten. Man bekam Probleme mit der Finanzierung von Projekten, weil der Staat es

6 Unter der Walze der staatlichen Repression

Die Verwaltungsleitung der Stadt Nienburg an der Weser begrüsst Gennadij und Irina Gruschewoj, 1993

schlechthin nicht genehmigte, Geld aus dem Ausland zu beziehen. Die Beamten wollten selber damit schalten und walten wie sie wollten, ohne jede Kompetenz. Im Unterschied zu unserer Stiftung waren die Beamten absolut unfähig, Ideen hervorzubringen.

Sie durften es auch nicht! Sie hatten ihre Aufgaben, wie in der Sowjetzeit, nur in »nicht erlauben« und »nicht zulassen« gesehen.

Die Stiftung »Den Kindern von Tschernobyl« e. V. war eine ziemlich große Organisation. Rund 14 000 ordentliche Mitglieder landesweit, 71 lokale Gruppen, unzählige Zielgruppen und Sympathisanten bildeten mit

An der Landkarte mit dem Netzwerk der Stiftung in den Regionen

ihren Aktivitäten ein alternatives soziales System neben den unzulänglichen staatlichen Strukturen. In den besten Zeiten (1991–1995) hatten wir in Minsk 32 fest angestellte MitarbeiterInnen, über 100 verschiedene Projekte. Mit jedem Angriff der Behörden, der von ganz oben angeregt wurde, schrumpfte ihre Anzahl natürlich, aber jedes Mal konnten wir uns jedoch neu aufstellen. Wir riefen viele Projekte ins Leben, die später zu selbständigen Organisationen wurden. Mehrere davon bestehen bis heute, etwa die »Belarussische Assoziation Hilfe für behinderte Kinder und Jugendliche«, Organisationen für Umsiedler, für die Invaliden von Tschernobyl, ein SOS-Kinderdorf u. a. m.

Sogar die Entstehung von Caritas-Belarus bei der katholischen Kirche wäre ohne unsere Zusammenarbeit mit der Caritas in Linz nicht möglich gewesen. FRITZ MAYERHOFER, REGINA ROCKENSCHAUB, LUDWIG KNABL waren zuverlässige langjährige Partner der Stiftung in Österreich. LUBOWJ

6 Unter der Walze der staatlichen Repression

FJODOROWA, NATALJA KASARZEWA, RAISSA DETSKINA betreuten jahrelang gemeinsame Programme. Alles begann im Herbst 1990 mit meinem Interview mit der Chefredakteurin der Katholischen Zeitschrift »Die Welt der Frau« CHRISTINA HEIDEN. Allerdings hörte diese Partnerschaft bald auf, als in Belarus mit unserer Unterstützung eine eigenständige Caritas entstanden war. Einerseits steht die Geschichte unserer Stiftung für unermüdliche

1. Kongress »Die Welt nach Tschernobyl«. Europaparlamentsmitglied Kurt Wittinghof (SPD) bedankt sich bei Jekaterina Saretzkaja für ihre exzellente Übersetzung seiner Rede, Minsk, 1992

Aufbauarbeit. Andererseits ist sie leider ein Beispiel dessen geworden, wie die ersten Keime einer Zivilgesellschaft von der einheimischen Bürokratie – vom Staatspräsidenten Lukaschenko persönlich angeleitet – planmäßig und gezielt zerstört wurden.

Übrigens kamen auch Lukaschenkos eigene Kinder ebenso wie die Kinder des ehemaligen Geschäftsverwalters des Präsidenten Iwan Titenkow über unsere Stiftung zur Erholung ins Ausland, weil sie dazu als Einwohner der verseuchten Regionen voll berechtigt waren. Und Lukaschenkos damalige »rechte Hand« Wladimir Konopljow, später der Leiter der Administration des Präsidenten und Premierminister, leitete sogar eine Zeit lang die örtliche Gruppe unserer Stiftung in der Region Schklow, begleitete Kinder nach Bad Urach, Baden-Württemberg.

Leonid Swerew, Parlamentsabgeordneter der 12.Legislaturperiode aus Mogilew, Vorstandsmitglied der Stiftung , Irina Gruschewaja, 1992

Dass ihre Kinder zum Zeitpunkt des heftigsten Angriffs bereits erwachsen waren, wird ein gewöhnlicher Zufall gewesen sein. Dass dieser Angriff aber erfolgte, war absolut konsequent. Nachdem Gruschewoj zum Abgeordneten für die nächste, die 13. Legislaturperiode wieder gewählt wurde, durfte er seinen Pflichten nicht nachgehen, denn im November 1996 wur-

6 Unter der Walze der staatlichen Repression

de das rechtmäßige Parlament vom Staatschef aufgelöst, und nur die Hälfte der gewählten Abgeordneten wurde in das von ihm persönlich zusammengesetzte »gezähmte« Repräsentantenhaus aufgenommen. Innerhalb von 3 Wochen konnten wir 120 000 Unterschriften von Wählern sammeln, die verlangten, den von ihnen gewählten Abgeordneten im Parlament ihre Interessen vertreten und als Parlamentsmitglied weiter arbeiten zu lassen. Dadurch erkannte das Regime in der Stiftung »Den Kindern von Tschernobyl« e. V. einen schwer zu kontrollierenden Akteur und fing an, die Stiftung zu bekämpfen. Allerdings bestanden unsere Organisationen damals schon in 71 von 110 Rajons und vereinten etwa 14 000 Aktivisten.

Meine feste Überzeugung ist: Als im November 1996 die Ergebnisse der Volksabstimmung, die ursprünglich als Empfehlungen zu gelten hatten, dann mit Lukaschenkos Willkürakt verbindlich wurden, fand in Belarus ein »kalter Putsch« statt. Neben der Soros-Stiftung und ihrem Open-Society-Programm und der Denkfabrik Nationales Zentrum für Strategische Initiativen »Ost–West« waren wir als Nichtregierungsorganisation mit unseren umfassenden Programmen für soziale Hilfe und Selbsthilfe die allerersten, gegen die der Schlag geführt wurde.

Der 19. März 1997 wurde zum schwarzen Tag in der Geschichte der Stiftung »Den Kindern von Tschernobyl« e. V.: Die staatlichen Kontrolleure vom Sicherheitsrat kamen ins Büro der Stiftung in Minsk und prüften vier Monate lang unsere Arbeit.

Es hieß, sie möchten »von den Erfahrungen lernen«. In Wirklichkeit aber suchten sie nach den empfindlichsten Stellen, setzten sich mit den Grundsätzen unserer Tätigkeit auseinander, die unsere größten Vorteile gegenüber den staatlichen Organisationen waren. Sie versuchten, das menschenbezogene und ideelle Fundament der Stiftungsarbeit zu untergraben, das Neue im Bewusstsein von uns allen anzugreifen. Denn ausgerechnet neue Erkenntnisse und Erfahrungen halfen uns, die Philosophie des sowjetisch geprägten Sozialschmarotzers loszuwerden. Übrigens waren es gerade die von uns »verarbeiteten Erfahrungen«, auf Grund derer das Regime dann seine so wirksamen Zersetzungspraktiken gegen die belarussische Zivilgesellschaft entwickelte.

Gennadij Gruschewoj und Dietrich Bodelschwing (rechts) planen 1991 das Umsiedlungs-Programm durch Holz-Lehm-Häuserbau in Selbsthilfe – heute Heimstatt Tschernobyl e. V.

Ja, wir waren eine der ersten Organisationen, die unter die Walze der Repressionen geraten war. Für die zentralen Maßnahmen in unserer Tätigkeit wurden nach und nach haltlose Einschränkungen eingeführt, die Genehmigungskompetenz wurde unmittelbar beim Staatspräsidenten angesiedelt. Schließlich wurden wir gezwungen, sogar eine Lizenz für unsere Wohltätigkeit beim Staat zu kaufen, als wäre unsere Organisation ein kommerzielles Unternehmen. Es war ein offensichtlicher Verstoß gegen den juristisch anerkannten Status der Stiftung, deren Tätigkeit sich nach der Sat-

6 Unter der Walze der staatlichen Repression

zung leiten ließ. Nun musste sich die Stiftung von dieser staatlichen Lizenz reglementieren lassen. Alle Versuche zu protestieren, waren gescheitert. Um die Erholungsprogramme im Interesse der Kinder nicht zu gefährden, willigten wir schließlich widerstrebend ein. Mit der Einführung der Lizenzen wurden auch alle Auslandskontakte unter strenge Kontrolle gestellt. Eine der Bedingungen der Erteilung einer Lizenz war, alle Kontakte der einladenden Initiativen bei der entsprechenden Behörde einzureichen. Das letztere bekam die Stiftung am stärksten zu spüren, weil bei weitem nicht jeder Ausländer will, dass seine persönlichen Daten in den Archiven des KGB bzw. des Sicherheitsrates landen.

Das Büro der Stiftung in Minsk, Herbst 1990. Mit Vertretern aus Tschetschersk und Japan. Hier arbeitete die Stiftung bis zu ihrer Vertreibung 2005.

Zu den ersten Anschuldigungen, die man gegen uns vorbrachte, gehörte es, dass wir angeblich mit unseren Aktivitäten gegen die eigene Satzung verstoßen hätten, dass wir nicht den Tschernobyl-Betroffenen helfen, sondern reine Politik betreiben würden. Der konkrete Vorwurf ergab sich aus unserer Unterstützung für die Oppositionellen BNF-Mitglieder, WJATSCHESLAW SIWTSCHIK und JURIJ CHADYKO, die wegen der Reduzierung der staatlichen Hilfsprogramme für die Tschernobyl-Betroffenen und wegen des Ausschlusses einiger verseuchter Gebiete aus dem staatlichen Hilfsprogramm, für 21 Tage in den Hungerstreik getreten waren. Danach wurde von uns ein Sanatoriumsaufenthalt für die beiden bezahlt. Natürlich mit dem Geld, das extra für diesen Zweck gesammelt worden war.

Unser zweites Vergehen bestand in der Unterstützung der U-Bahn-Lokführer, die ihren ersten öffentlichen Protest gewagt hatten. 1995 kam es zu den ersten Aufsehen erregenden Protesten gegen das jetzige Regime im Zusammenhang mit dem Verzug bei Lohn- und Gehaltszahlungen und einer galoppierenden Inflation. Die U-Bahn in der Hauptstadt Minsk wurde für einige Stunden bestreikt. Nur dank der Streikbrecher aus Moskau konnte der Betrieb schnell wiederaufgenommen werden. Alle 32 Streikenden wurden auf der Stelle

Günther Weers und Gennadij Gruschewoj

entlassen, ohne die Möglichkeit, irgendwo eine Arbeit zu bekommen. Viele von ihnen hatten 2–3 Kinder und baten uns um Unterstützung.

Wir wandten uns an unseren Partner GÜNTHER WEERS, der Gewerkschaftssekretär in Niedersachsen und der Gründer des Oldenburger Kuratoriums »Kinder von Tschernobyl« war. Es dauerte weniger als eine Woche,

6 Unter der Walze der staatlichen Repression

bis wir die Einladung der deutschen Gewerkschaften für die Kinder der entlassenen U-Bahnmitarbeiter bekommen haben.

GÜNTHER WEERS beschäftigte sich mehr als zwei Jahrzehnte lang mit den Tschernobyl-Problemen, war unser echter Freund und Gleichgesinnter, einer von denen, der sich nicht auf die »unpolitische Wohltätigkeit« eingelassen hatte. Mitbegründer der Bundesarbeitsgemeinschaft »Den Kindern von Tschernobyl in Deutschland« e. V., der Niedersächsischen Kontaktstelle Belarus (Nikobela), des Internationalen Rates »Zukunft für die Kinder von Tschernobyl« e. V., des Oldenburger Kuratoriums, der Initiative in Hesel, Gastvater für die Kinder aus Malinowka, ... Was wir alles zusammen aufgebaut hatten! Leider erlitt GÜNTHER WEERS im Sommer 2015 einen Schlaganfall, und im Januar 2016 verstarb er. An diesen wunderbaren Menschen werden wir und viele belarussische Familien und Jugendliche, besonders aus Malinowka immer mit Dankbarkeit denken und seinen Namen in guter Erinnerung bewahren.

Unsere Stiftung schickte niemals »falsche« Tschernobyl-Kinder zur Erholung ins Ausland. Auch in dem Fall mit den gefeuerten U-Bahn-Mitarbeitern, haben wir nicht gegen unseren Grundsatz verstoßen, sondern für die notleidenden Menschen eine zweckgebundene Hilfe organisiert. Das entsprach völlig unserer Satzung. Die »Prüfer« verdrehten schlichtweg die Tatsachen.

Gennadij war während der »Aktion« des Sicherheitsrats auf Einladung des niedersächsischen Landtags mit einer Gruppe belarussischer Politiker in Loccum (Niedersachsen) zu der Tagung »Barfuß auf dem diplomatischen Parkett«. Es ging um die Rolle der NGO[1]s in der Gesellschaft. Ich teilte ihm per Telefon alles mit. Die Deutschen gaben sofort eine Protesterklärung ab, die von allen Bundestagsfraktionen unterzeichnet wurde. Leider

---

[1] NGO – non-governmental organization, dt. Nichtregierungsorganisation, nichtstaatliche Organisation

Eva Balke, eine der Pionierinnen der deutschen Tschernobylbewegung und Mitbegründerin der BAG »Den Kindern von Tschernobyl« mit Gennadij Gruschewoj

konnte das nichts mehr bewirken, weil das Regime sich unsere Vernichtung fest vorgenommen hatte.

Zwei Tage später kehrte Gennadij nach Hause zurück. Er ging mit dem Chefprüfer (den kannte ich noch aus meiner Zeit an der Fremdsprachenhochschule, die er im KGB-Auftrag »betreut« hatte) am Swislotsch-Ufer spazieren und erfuhr, dass man uns der antistaatlichen Tätigkeit sowie staatsfeindlicher Umtriebe beschuldigen wollte. Gennadij konnte dem Prüfer verdeutlichen, dass es einen ernsten internationalen Skandal verursachen würde, und der KGB-Vertrauensmann, der ja auch nicht dumm war,

6 Unter der Walze der staatlichen Repression

Das Treffen mit dem Minister für soziale Fragen von Rheinland-Pfalz, Ulrich Galle vor der Besichtigung Rehabilitationszentrum für Kinder in Dudutki bei Minsk, 1994

zog den Befehl zurück, uns weiter der antistaatlichen Tätigkeit zu beschuldigen.

Unsere Computer wurden nicht beschlagnahmt, sonst hätten wir automatisch unsere Datenbanken mit allen Kontakten verloren. Damit wäre nicht nur die anstehende Sommererholung für 15 000 Kinder im Ausland verhindert worden, sondern auch die Zukunft des Programms total bedroht gewesen. Würde das Programm zwangsweise auch nur einmal unterbrochen, gäbe es kaum noch Chancen, es in vollem Umfang wiederaufzunehmen. Das hätte ebenfalls auch zu ernsthaften Problemen bei unseren anderen Projekten geführt.

Aus diesem Anlass setzten wir für den 12. April 1997 eine Krisensitzung der Aktivisten der Stiftung an. Etwa 300 Menschen aus allen Regionen von Belarus kamen nach Minsk und verabschiedeten eine Resolution mit der

Forderung, unsere Arbeit nicht zu unterbinden, sonst würde die errichtete Pyramide der internationalen Zusammenarbeit mit viel Krach einstürzen.

Es sah sehr danach aus, dass die Machthaber damals einfach nicht unter diesen Trümmern begraben werden wollten. Dass es keine Pyramide, sondern ein Netzwerk war, das sich nicht so leicht zerreißen lassen würde, wie wir es schilderten, konnten die Menschen, die nur hierarchisch dachten, nicht wissen.

Parallel zu diesen Ereignissen lief die Vorbereitung auf den nächsten Gedenkmarsch »Tscharnobylskij Schljach«[2], der gewöhnlich auch ein Protestmarsch war. Dort hatte Gennadij den Vorsitz im Organisationskomitee inne. Er wusste, dass wir von den Prüfern abgehört wurden und täuschte telefonisch rege Tätigkeit und Pläne für die nächste Woche vor. Das dürfte die Prüfer eingelullt haben, wie er es auch plante. Deswegen wohl ließen sie uns als wir am 13. April 1997 unerwartet nach Luxemburg zu der Besprechung der Erholungsprogramme flogen, einfach wegziehen.

Gennadij Gruschewoj und Ivonka Survilla, Vorsitzende der Rada der BNR, der Exilregierung der belarussischen Volksrepublik (BNR) in Kanada, 1990. Kanada wurde ein wichtiger Partner für die Kinder-Erholungsprogramme.

Die weiteren Geschehnisse spielten sich wie in einem Krimi ab: Aufgrund der von Prüfern gefälschten Zollunterlagen (die Prüfer wussten nicht, dass wir Kopien davon hatten und die Fälschung nachweisen konnten) wurde der Stiftung Steuerhinterziehung vorgeworfen, ohne »staats-

---

[2] Belarussisch für Tschernobyl-Weg

6 Unter der Walze der staatlichen Repression

Gennadij Gruschewoj und Reinhard Krauss, deutscher Botschafter in Belarus, 1992

feindliche Aktivitäten« auch nur zu erwähnen. Über diese aufgedeckten »Verbrechen« der Stiftung wurde im nationalen Fernsehen in den Nachrichten am Vorabend des 11. Jahrestages von Tschernobyl und des geplanten Tschernobyl-Marsches berichtet. Zwei Tage später erschien in der Hauptzeitung ein Artikel, geschrieben vom Pressesekretär des Staatssicherheitsrates, mit dem vielsagenden Titel »Wem folgen wir?« Hier wurde erklärt, dass Gennadij die Menschen irreführe, und den richtigen Weg man nur gehe, wenn man dem Präsidenten Lukaschenko folge. Außerdem wurde mitgeteilt, dass gegen Gennadij ein Strafverfahren wegen angeblicher Nötigung zur Geldgabe durch die Ausländer eingeleitet würde. Wohltätigkeit sollte als kriminell abgestempelt werden. Eigeninitiative als suspekt. Die Suche nach der Wahrheit über Tschernobyl als Panikmache und Aufbau von politischem Kapital.

Eine Gruppe von Tschernobyl-Kindern bei Papst Paul Johannes II, Vatikan, 1992.
Italien wurde ein wichtiger Partner für die Tschernobyl-Kinder.

Übrigens stammten die »Hinweise« gegen die Stiftung »Den Kindern von Tschernobyl« e. V. noch aus dem Jahr 1992, sie kamen von unseren deutschen Widersachern, deren Namen ich am liebsten vergessen will. Nie hätte ich gedacht, dass ich von den Deutschen, mit denen wir zusammen Hilfsaktivitäten organisiert hatten, einen Satz wie »Da sollte der belarussische KGB besser aufpassen …« zu hören und zu lesen bekomme. Mehr als vier Jahre musste die Verleumdung auf 90 Seiten warten, bis ihre Stunde schlug. Und dann war es leider so weit. Ich will auch die Organisation namenlos lassen, die, wie ich fest überzeugt bin, nicht ohne Zutun der Sicherheitsdienste aufgebaut wurde, damit das 1997 eingerichtete Departement für humanitäre Hilfe sie den Ausländern als »Rechtsnachfolgerin« der angeblich aufgelösten Stiftung »Den Kindern von Tschernobyl« e. V. präsentieren konnte. Das ist eine besondere Leidensgeschichte, die auch tiefe Spuren hinterlassen hat.

Aber zurück zum Gedenkmarsch. Als Gennadij sich entschloss, nach Belarus zur Teilnahme am Marsch zu kommen, hielten viele das für eine Waghalsigkeit, denn wir waren damals auf sicherem Boden in Luxemburg bzw. in Bonn. Als wollte er einem Ungeheuer freiwillig in den Rachen gehen. Wer aber Gennadij kannte, verstand, dass er nicht anders konnte: Menschen, die an ihn glaubten, im Stich zu lassen, würde einfach seinem Wesen widersprechen.

Barbara Gladysch, Mitbegründerin der BAG »Den Kindern von Tschernobyl« zu Besuch in Belarus

Wie Gennadij auf Schleichwegen über Moskau nach Minsk kam, bei der Demonstration auftauchte und dann wieder nach Deutschland zurückkehrte, kann man sehr lange erzählen. Das könnte ein ganzes Buch füllen mit Geschichten von Verkleidungen, Verfolgungen und Bespitzelungen, und wie es doch gelang, nach Minsk zu kommen und dort zu sprechen.

Am 26. April 1997 ging Gennadij an der Spitze der Kolonne beim »Tscharnobylski Schljach«, hielt seine Rede über die Versäumnisse des Staates und falsche Politik der Beschwichtigungen, die wieder aufgenommen worden war. Er kritisierte, dass der Staat die Tschernobyl-Last von seinen Schultern abschütteln will, indem er die Hilfe für die Liquidatoren, Behinderte, Kranke, Kinder und Einwohner der verstrahlten Zone kürzt oder gar beendet. Er sprach über Zwangsverschickung der Absolventen der Hochschulen in die verseuchten Gebiete, die Senkung der sogenannten »zuläs-

Auf dem Kirchentag in Hamburg, 1995, Barbara Gladysch in der Mitte

sigen« unzulässigen Normen der Radioaktivität, die Wiederaufnahme in die landwirtschaftliche Nutzung der kontaminierten Böden und über die Kürzung der staatlichen Mittel für die Forschungen über die Tschernobyl-Folgen. Das stimme mit der Politik der Atom-Lobby überein.

Er würdigte das Engagement der NGOs, denn allein 90% der humanitären Hilfe ginge ihren Weg nicht über staatliche, behördliche oder internationale Organisationen, sondern über gesellschaftliche Vereinigungen, friedensstiftende, ökologische, wohltätige. Die Hilfe dieser Organisationen fördere die Schaffung einer Bürgergesellschaft in Belarus. In Zusammenarbeit mit Bürgern aus anderen Ländern, die aktiv sind, merkten auch belarussische Bürger, dass auch von ihnen selbst viel abhängt.

6 Unter der Walze der staatlichen Repression

»Lasst uns nicht aufgeben. Die Welt wird so sein, wie wir sie auch machen!« Er beendete seine Rede und verschwand in der Menschenmenge. Am nächsten Tag landete er mit dem Flug Moskau–Berlin wieder in Deutschland. Zur großen Freude seiner Freunde, Mitstreiter und natürlich von mir.

Wie es zu erwarten war, waren die belarussischen Machthaber darüber über alle Maße entrüstet. Alles, was mit unseren Namen verbunden war, wurde so beschmutzt, so massiv diffamiert, der Druck auf unsere Bekannten und Freunde war so stark, dass das Herz Gennadijs Vater es einfach nicht ertragen konnte. Er starb am 12. Mai 1997 an Herzversagen. Natürlich kam Gennadij nochmals heimlich zur Bestattung nach Minsk und stahl sich wieder aus dem Lande, ohne den belarussischen Sicherheitsdiensten in die Hände zu fallen, obwohl sie, wie in einem billigen Krimi, auf dem Friedhof auf ihr Opfer lauerten. Zu unserem Glück vergeblich.

Aber das war nicht nur eine Zeit der Verluste. Eine so mächtige Welle der internationalen Unterstützung stieg hoch, dass das belarussische Regime verwirrt war. Es musste nachgeben und am 24. Dezember 1997 wurden wir vollends freigesprochen, ohne dass das Regime es je öffentlich zugegeben hätte. Auch wir wussten von nichts.

Das Schicksal fügte uns mit SWETLANA ALEXIJEWITSCH zusammen, die kurz danach, im Januar 1998 zu einem Auftritt zu BURKHARD HOMEYERS Studierenden nach Münster kam. In dieser Stadt lebten wir damals in einem Studentenwohnheim im Exil, betreut und unterstützt durch die BAG »Den Kindern von Tschernobyl« e. V., deren Vorsitzender Burkhard war.

Im Gespräch mit Swetlana, die wir nach der Veranstaltung zum ersten Mal persönlich kennengelernt haben, (ihre Bücher hatte ich schon 1989 in den Sendungen des Auslandsradios in Minsk vorgelesen) stellte sich heraus, dass der Staatsanwalt, der die Ermittlungen in unserer Sache gegen die Stiftung geführt hatte, ein Nachbar von Swetlana war und ihr sein Leid klagte, er könne nichts machen, denn es gäbe keine Anhaltspunkte, kein Häkchen an der Sache! Aber das sagte er natürlich vertraulich. Die offizielle Mitteilung über die Einstellung des Strafverfahrens wegen des fehlenden Straftatbestandes kam erst im Juni 1998.

Aus meiner Sicht war diese Verzögerung beabsichtigt und zielte auf den größtmöglichen Schaden für die Stiftung. Bis zur völligen Zerstörung. Gennadij verstand das sehr gut und kehrte deswegen noch im März, also drei Monate vor der offiziellen Freisprechung zurück nach Belarus.

Die Verluste kamen einer »verbrannten Erde« gleich, aber die Stiftung überlebte. Bedauerlicherweise glaubten einige, dass unser Exil eine Art unterhaltsames Abenteuer, ein lustiger Ausflug sei. Jedenfalls hatte ich damals den Eindruck, dass die meisten Belarussen an dieses staatlich geförderte Bild glaubten. Leider sah es in Wirklichkeit völlig anders aus. Die Vorstellungen über unsere paradiesische Existenz im Ausland, die manche in Belarus hegten, stimmten gar nicht. Ein Studentenwohnheim bleibt ein Studentenwohnheim. Auch in Deutschland unterscheidet es sich wenig von dem, was man von zu Hause aus kennt.

Jelena Asmykowitsch, Referentin, später Geschäftsführerin der IAHZ

Gennadij fühlte sich durch diese erzwungene, nicht freiwillige Emigration, durch den überraschenden Tod des Vaters sehr tief betroffen. Ich weiß noch, wie ich ihn auf dem Sofa liegen sah und mich bei dem Gedanken ertappte, dass er einem verwelkten Blatt ähnelte, das zur Erde gefallen war. Seine unbändige Energie und sein Tatendrang schienen ihn verlassen zu haben.

6 Unter der Walze der staatlichen Repression

Die MitarbeiterInnen der Stiftung kamen oft zu uns zu Besuch, die Referentin NATALJA JAKUTOWITSCH, die Vorstandsmitglieder und Gruppenbetreuer, die die Kindergruppen nach Deutschland begleiteten, auch unsere Busfahrer. JAROSLAWA GOWOR, TATJANA MERKUL, ALEXANDER PANKRATOWITSCH, NIKOLAJ SPACK... ALEXANDER TSCHARKOWSKIJ, Insbesondere sind bei mir in Erinnerung die Besuche der Geschäftsführerin der Assoziation für humanitäre Zusammenarbeit JELENA ASMYKOWITSCH. Wir arbeiteten mit ihr neue Projekte aus, werteten die übrig gebliebenen Möglichkeiten der Arbeit vor Ort aus. Als sie zum ersten Mal unser Zimmer sah, weinte sie: »Dass solche Menschen so leben müssen...«

Ich bin unseren deutschen Freunden für die Zuflucht in Münster sehr dankbar. Aber auch unsere Freunde aus Italien, Norwegen, Schottland, Belgien und der Schweiz waren allen voran, im schwierigen Augenblick reichten sie uns die Hand, boten die so nötige Hilfe an. EVA BALKE, SERGIO BOLLINI, RUDOLF DÜBER, EVA FIDJESTØL, BARBARA GLADYSCH, ANDREAS GOERLICH, HELEN GOLOMBECK und BARBARA HAUBRICH und BURKHARD HOMEYER, FIONA HULBERT und WOLF JUNG, BEATE UND FROWIN JUNKER, WOLFGANG KOPF, FRANK NÄGELE und HELGE SCHENK, ERIKA SCHUCHARDT, DÖRTE SIEDENTOPF, GEORG TIETZEN und URSULA TIMM, GÜNTHER WEERS und und viele, viele andere, ohne die unsere Tschernobyl- Bewegung undenkbar gewesen wäre!

Alesj Adamowitsch spricht auf einer Tschernobyl-Demonstration, Minsk, 1991

Auf dem Transparent: »Unsere Kinder vor dem radioaktiven und geistigen Tschernobyl
retten können nur wir selbst«, Minsk, 2001

Gennadij aber setzte sich an den Tisch: »Ich konnte nicht ablehnen. Ich würde mich schämen, mit den Menschen über ihr Unglück zu sprechen und mit ihnen dieses Unglück nicht zu teilen.«

Da ist der ganze Gennadij, es gab für ihn keine Frage: Sich setzten und »Tschernobyler Essen« essen oder aus der Aktentasche sein eigenes belegtes Brötchen holen? Sich setzen und essen!

Ich weiß auch keine Antwort auf diese Frage, aber ich liebte Gennadij eben für dieses *sich setzen*. Wie ihn viele liebten. Und er wusste doch, dass man für alles bezahlen muss.

Swetlana Alexijewitsch

МАЦІ БОЖАЯ АХВЯРАУ ЧАРНОБЫЛЯ

26·IV·1986

7 Gemeinsam das Leiden überwinden

Der Botschafter von Tschernobyl

SWETLANA ALEXIJEWITSCH: Über GENNADIJ GRUSCHEWOJ habe ich erstmals von ALESJ ADAMOWITSCH gehört. Etwas später hat er uns bekannt gemacht. Sofort kam das Gespräch auf Tschernobyl – vom ersten bis zum letzten Treffen war es ein ständiges Thema unserer Gespräche.

Das erste Geld, das Adamowitsch für die Behandlung der Tschernobylkinder spendete, brachte er aus Japan mit. Es war sein Honorar für Vorlesungen. Das hat mir Gruschewoj erzählt. So entstand die Stiftung »Den Kindern von Tschernobyl« e. V.

Damals gab es sehr wenige, die sich das wahre Ausmaß der Katastrophe vorstellen konnten. Tschernobyl war geschehen, wir waren aber alle noch »Menschen aus der Zeit vor Tschernobyl«. Unsere Ängste stammten noch aus der Zeit vor Tschernobyl. Die Katastrophe wurde mit dem Krieg verglichen – damals war das das schlimmste Entsetzen, etwas anderes kam nicht in den Kopf. Aus der Zeit vor Tschernobyl stammten unsere Vorstellungen darüber, wie man damit leben kann. Ich habe in jenen Tagen mit vielen Menschen gesprochen und erinnere mich, dass ich den Eindruck einer totalen Stummheit bekam. Eine Unfähigkeit, das Geschehene zu beurteilen. Militärtechnik zog nach Tschernobyl, und aus der Tschernobylzone bewegten sich Buskarawanen mit sprachlosen Menschen. Wie ein Mantra wiederhol-

Bild links: »Tschernobyl-Madonna« von Alexej Marotschkin

7 Gemeinsam das Leiden überwinden

ten alle: »Ich habe nie etwas darüber gelesen«, Niemand sprach darüber, »Nie gesehen«.

Vielleicht war GENNADIJ GRUSCHEWOJ der erste Mensch, der versucht hat, neue Worte zu finden, das zu formulieren, was mit uns geschah, in welche Welt wir gerieten. Ich erinnere mich, wie wir in meiner Küche bei Tee unendlich lange, intellektuelle erhitzte Gespräche führten. Wir sprachen davon, dass durch Tschernobyl unsere frühere Welt zur Explosion kam und unseren Glauben an den Sozialismus, an die Wissenschaft und daran, dass der Mensch die Krone der Schöpfung ist, zertrümmert hat.

Swetlana Alexijewitsch in ihrer Wohnung, April 2015

Ich habe vor mir einen Politiker und Philosophen, einen Menschen mit einem bei uns seltenen Maßstab gesehen. Es ist nicht übertrieben, wenn ich sage, dass die Welt eben dank Gruschewoj von Tschernobyl erfahren hat.

Er ist zum Botschafter von Tschernobyl in der Welt geworden. In ihm verschmolzen – ich habe mich davon vielfach überzeugen können – ein Politiker, ein Meister des Wortes und ein Mensch von überschäumendem Temperament. Das war kein Beamter, sondern eine tatkräftige Persönlichkeit. Ich würde sogar sagen: Wenn Menschen wie Adamowitsch und Gruschewoj damals an der Macht gewesen wären, würden wir heute in einem anderen Land leben. Die Zeit wählte sie, das Volk war jedoch zu dieser Zeit noch nicht bereit. Das Volk wählte das, was es kannte – die Vergangenheit.

Ich denke, dass Gennadij das verstand. Das war seine schwere Bürde, immer wollte er verstehen, wo sie, junge Demokraten, Fehler gemacht haben.

Heutzutage hat der Begriff »Politiker« viel von seiner eigentlichen Bedeutung verloren. Selbst wenn wir ganz nach oben schauen, sehen wir dort keinen Churchill, sondern einen Klon der Masse. Ich denke nicht, dass Gruschewoj die Politik je verlassen hat, er blieb immer Politiker. Aber Politiker im eigentlichen Sinne des Wortes. Sein Leben widmete er Tschernobyl. Ereignisse dieses Ausmaßes brauchen eine einzigartige Persönlichkeit. Außer der Stiftung »Den Kindern von Tschernobyl« e. V. gab es noch Dutzende Tschernobyl-Stiftungen, sie hatten jedoch nicht die Aura, die immer um die Stiftung »Den Kindern von Tschernobyl« e. V. zu spüren war. Das Leuchten kam von der Persönlichkeit Gennadijs. Für ihn war es nicht Arbeit, sondern Dienst. Er musste nicht in sich wühlen. Er war eine einheitliche Natur. Er hätte Präsident oder Schuldirektor sein können, er wäre nicht anders. Ein Licht würde von ihm ausgehen.

Ich denke, dass die Stiftung »Den Kindern von Tschernobyl« e. V. die Kinder zweifach rettete: Sie sorgte nicht nur für die Behandlung, sondern sie eröffnete ihnen auch die Welt. Wenn ich aus Europa zurückflog, kehrten mit derselben Maschine belarussische Kinder heim. Es war sehr interessant, ihren Gesprächen zuzuhören. Darüber etwa, wie sich Deutsche erholen: »Stell dir vor, meine Gastmutter sagte, man muss unbedingt in Wälder oder ans Wasser fahren. Und dort still sitzen.« Oder: »Abends hören sie Musik. Die ganze Familie.« Und sogar so was: »Jeder in der Familie hat sein eigenes Handtuch. Wenn ich heimkomme, werde ich das meiner Mama erzählen. Auch über Servietten.« »In einem ganzen Monat habe ich keinen Betrunkenen gesehen, in unserem Dorf sind alle Männer abends betrunken. Mein Vater auch. Ich aber werde nicht trinken.«

Swetlana Alexijewitsch spricht bei der 5. Europäischen Sommerakademie, Irina Gruschewaja übersetzt, 2001 bei Zürich

Auch Eltern lernten, die mit ihren kranken Kindern nach Europa fuhren. Nicht alles kam in mein Buch »Tschernobylgebet«, aber in den Notizbüchern und im Gedächtnis höre ich ihre Stimmen: »Jetzt weiß ich, dass wir uns vereinigen müssen, um unsere Kinder zu retten«. In den ersten Jahren habe ich gesehen, wie in den Dorfhäusern Arzneimittel und Vitamine, die als humanitäre Hilfe gespendet worden waren, unverpackt herumlagen. Später sah ich das nicht mehr. Die Menschen lernten ihr Leben schätzen. Die eigene Kultur hat ihnen das nicht beigebracht, die Welt lehrte es sie.

Ich denke, dass die Welt nach und nach auf alternative Verfahren der Energiegewinnung übergehen wird. Dazu sind 50–100 Jahre nötig. Atomkraftwerke in Belarus, in der Ukraine oder den anderen postsowjetischen Ländern zu bauen, ist ein großes Risiko. Wir haben einen niedrigen Stand der Ökonomie und der Bildung, der Staat ist außerstande, den Menschen einen Schutz gegen heutige Risiken zu gewähren. Der Mensch, der ein Atomkraftwerk baut oder im Atomkraftwerk arbeitet, wie es in Tschernobyl der Fall war – fährt im Herbst oder an Wochenenden zu seinen Eltern ins Dorf und gräbt auf dem Kartoffelfeld mit einem Spaten (oder mit Pferd) oder arbeitet im Gemüsegarten. Neueste Technologien sind psychologisch nicht untermauert. Das Bewusstsein der Menschen ist nicht einheitlich.

Wir sind eine patriarchalische Nation, von 10 Millionen Einwohnern lebt mehr als die Hälfte in Dörfern und Kleinstädten. Und wir sind von der Natur noch nicht getrennt, unser Bewusstsein verbleibt noch in der früheren sicheren Welt. Das Thema »Risikogesellschaft« ist weder in der Kultur, noch in der Kunst und in der Wissenschaft verarbeitet. Daran dachte Gruschewoj, und er hat viel darüber gesprochen. Ich bedauerte immer, dass er nicht schrieb.

In einer beliebigen totalitären Gesellschaft gibt es zweierlei Bewusstsein: Ein Bewusstsein der Macht und ein Bewusstsein der Menschen. Die Macht tilgte Gruschewoj aus ihrem Bewusstsein, er war ihr Opponent. Die Menschen aber behalten ihn in ihrem Gedächtnis.

Etwa einen Monat nach dem Tod von Gruschewoj begegnete ich einem meiner Bekannten, und er hat von mir erfahren, dass Gennadij nicht mehr da ist. Er weinte. Neben ihm stand sein Sohn, ein schöner Junge von hohem Wuchs. »Wenn Gruschewoj nicht gewesen wäre, sagte dieser Mann, dann hätte ich keinen Sohn. Er hat ihn gerettet.« Er hat eine der Geschichten erzählt, die ich oft höre, wenn ich durch Belarus fahre.

Wenn man mich nach Gennadij fragt, erinnere ich mich noch an einen Streit mit ihm »über belegte Brötchen«, so nannten wir das. Es begann nämlich damit, dass Gennadij erzählt hat, wie er durch die Tschernobylzo-

7 Gemeinsam das Leiden überwinden

ne mit ausländischen Journalisten und Wissenschaftlern fuhr, und sie oft zu Tisch eingeladen wurden. Entweder lehnten die Ausländer höflich die Einladung ab, oder sie holten aus ihren Aktentaschen vorsorglich vorbereitete belegte Brötchen. Gennadij aber setzte sich an den Tisch: »Ich konnte nicht ablehnen. Ich würde mich schämen, mit den Menschen über ihr Unglück zu sprechen und mit ihnen dieses Unglück nicht zu teilen. Obwohl auf mich zu Hause meine Frau und zwei kleine Kinder warteten. Bis jetzt weiß ich nicht, ob ich das Richtige tat oder nicht.« Da ist der ganze Gennadij, es gab für ihn keine Frage: Sich setzen und »Tschernobyler Essen« essen oder aus der Aktentasche sein eigenes belegtes Brötchen holen? Sich setzen und essen! Ich weiß auch keine Antwort auf diese Frage, aber ich liebte Gennadij eben für dieses *sich setzen*. Wie ihn viele liebten. Und er wusste doch, dass man für alles bezahlen muss.

Die Mauer durchqueren

Alesj Daschtschynskij arbeitet als Journalist des belarussischen Hörfunkprogramms von Radio Liberty.[1] Er war unter meinen Kollegen einer der ersten, die Kinder aus den radioaktiv verseuchten Regionen während der Erholung im Ausland betreuten:

Im Jahr 1990 kamen ROSEMARIE LENZER und ich zu einem Treffen nach Berlin. Es ging um das Thema Tschernobyl. Rosemarie organisierte die Erholung für belarussische Kindergruppen und ich war ein Betreuer. Das war die erste Reise dieser Art für mich. Danach reiste ich mit Kindergruppen jeden Sommer fast zehn Jahre lang nach Deutschland.

In Berlin begegneten wir EVA BALKE, die ich schon früher kennengelernt hatte. Am Abend, nach der Diskussion über Tschernobyl, gingen wir drei – ich stammte aus der Sowjetunion, ROSEMARIE LENZER aus der DDR und EVA BALKE aus der Bundesrepublik – zu den Resten der Berliner Mauer, die nicht weit davon entfernt, noch erhalten waren.

---

[1] http://www.svaboda.org/

Alesj Daschtschynskij und Eva Balke gehen die Berliner Mauer entlang, 1990

Ich will hier nicht meine Eindrücke von der Mauer beschreiben, sondern ein Foto erwähnen, das ich immer noch habe. Eva schlug vor, ein spezielles Bild von uns zu machen, nämlich uns von hinten aufzunehmen. So sind wir »in der Geschichte« geblieben: Unter dem Regenschirm auf die Mauer zugehend gingen wir gemeinsam hindurch.

Warum erwähne ich dieses Erlebnis, wenn es um die Tätigkeit der Stiftung »Den Kindern von Tschernobyl« e. V. geht? Weil die Tschernobyl-Katastrophe einerseits und der Mauerfall, die Perestroika, der Untergang des sowjetischen Reichs andererseits uns so einen starken emotionalen Impuls gegeben haben, der für viele Jahre ausreichte und mit dem wir die Rettung belarussischer Kinder organisierten. Nein, damals haben wir kaum in solchen Kategorien gedacht.

Alles war recht einfach. Nach der Tschernobyl-Katastrophe waren wir überzeugt, dass man dringend konkrete Schritte unternehmen musste, und

7 Gemeinsam das Leiden überwinden

handelten dann auch. Die Namen von GENNADIJ UND IRINA GRUSCHEWOJ, unserer hervorragenden Koordinatoren, waren anscheinend jedem bekannt. Gerade sie waren die wichtigsten Personen bei der Rettung.

Aber die Geschichte der Stiftung setzt sich aus tausenden persönlichen, kleinen Geschichten zusammen. Vielleicht kann einmal die Idee verwirklicht werden, zum Beispiel ein Buch mit den Namen aller deutschen Familien herauszugeben, die damals dank der Arbeit der Stiftung belarussische Kinder zur Erholung aufnahmen. Ich denke, das sind tausende Familien und nicht nur in Deutschland. Im Odenwaldkreis gehören dazu Anthoni, Braun, Sachs, Sluka und andere. Eine der Familien, die ich besonders gut kenne, ist die Familie Engelhardt.

ACHIM ENGELHARDT, der damals noch aufs Gymnasium Michelstadt ging, hörte Kurzwellensendungen von Radio Minsk, für das ich damals arbeitete. Die Berichte über die Folgen des Unfalls in Tschernobyl bewegten ihn sehr. Er schrieb uns einen Brief mit der Frage, womit und wie er helfen könnte. Dann kam er zusammen mit seiner Mutter SIGRUN ENGELHARDT nach Troistedt, wo ich mich zu der Zeit als Betreuer einer Kindergruppe aufhielt.

Im selben Jahr brachte Achim die erste Hilfslieferung mit Einwegspritzen, für die auf seine Initiative Geld gesammelt worden war und die damals in Belarus Mangelware waren. Zusammen mit Achim übergaben wir sie dem Krankenhaus in der Stadt Woloshyn. Seine Reise hatte er über die seit der Sowjetzeit bestehende Friedensstiftung organisiert. Aber die Gespräche in Minsk überzeugten uns, dass die weitere Zusammenarbeit über die Stiftung »Den Kindern von Tschernobyl« e. V. als die zuverlässigste, flexible und tatsächlich volksverbundene Organisation erfolgen sollte.

Im selben Jahr kam unser Team, bestehend aus neun Vertretern der Stiftung, in den Odenwald, um die Deutschen aus erster Hand über die Situation und über die für belarussische Kinder erforderliche Hilfe zu informieren. Schon im Juni 1991 reiste die erste Gruppe von Kindern, meistens aus dem Gebiet Gomel, zur Erholung in den Odenwald. So entstand dank persönli-

Alesj Daschtschinskij mit Tschernobyl-Kindern in Michelstatt

cher Kontakte eine Initiative, die dann einige Jahre erfolgreich funktionierte.

Der Grundsatz der Initiative war, direkt und effektiv zu helfen. In Erbach besuchten die Kinder das Dorfgemeinschaftshaus während des Tages, und am Nachmittag kamen sie in die Gastfamilien zurück, auch das Wochenende verbrachten sie mit ihren Gasteltern. Die Sprach- und Kulturbarrieren waren bald überwunden. Auch dank eines abwechslungsreichen Programms, das von einer Bootsfahrt bis zu vielen Schwimmbadbesuchen reichte. Man musste aber immer unseren deutschen Freunden erklären, dass ihre Gäste nicht aus Russland, sondern aus Belarus kamen. Kein Wunder, dass die deutschen Gastfamilien dieselben Kinder auch im nächsten Sommer aufnehmen wollten. Die deutschen Freunde sorgten für die perfekte

7 Gemeinsam das Leiden überwinden

Organisation des Erholungsaufenthalts, und wir als betreuende Vertreter der Stiftung waren stets dabei.

Einen anderen Ansatz verfolgte die Initiative von EVA BALKE aus Detmold. Man lud dort Kinder aus Mosyr ein, Kinder von kinderreichen oder alleinstehenden Eltern, auch Waisen aus Kinderheimen, die noch niemals in ihrem Leben an Erholungsprogrammen teilgenommen hatten. Im Jahr 1994 bot mir EVA BALKE an, diese Gruppen als Dolmetscher zu begleiten, und mit dieser Initiative der Versöhnungskirche in Detmold arbeitete ich einige Jahre in Folge zusammen. Die deutschen Freunde wollten mit den Menschen zu tun haben, die sie seit langem kannten und denen sie vertrauten. In Wirklichkeit fiel mir die Zusage nicht so leicht, weil ich glaubte, der richtige Umgang mit diesen Kindern im Alter von 7 bis 13 Jahren könnte schwierig sein. Ich bin ja Journalist und habe keine pädagogische Ausbildung.

Ich opferte für diese Reisen meinen Urlaub, denn es gehörte nicht zu meinem eigentlichen Job, Kinder zu betreuen. Aber alle Schwierigkeiten ließen sich überwinden. Die erste Kindergruppe betreute ich zusammen mit den Lehrern WALENTINA CHUDJAKOWA und ALEXANDER SCHWJEDOWSKI aus Mosyr. Zwei oder drei Wochen verbrachten wir zusammen mit Kindern in einem Jugendlager, eine oder zwei weitere lebten sie in Gastfamilien. Der Motor des Ganzen war EVA BALKE, die sogar ihre Stelle am Gymnasium aufgab, sich der Bundesarbeitsgemeinschaft »Den Kindern von Tschernobyl in Deutschland« e. V. und 1997 auch dem Internationalen Rat für die Zukunft der Kinder von Tschernobyl anschloss und sich der Organisation der Kindererholung widmete.

Eva kam fast jährlich nach Mosyr und Minsk. Die Arbeit war sehr umfangreich: Menschen treffen, Briefe schreiben und Telefonate führen, Spenden sammeln. Und in Belarus wurden immer mehr Hindernisse auf diesem Weg errichtet. Eva kämpfte für belarussische Kinder, auch als die Krebskrankheit, an der sie litt, ihr Zeit und Kräfte zu rauben begann.

Alesj Daschtschinskij gedenkt Gennadij Gruschewoj im Garten der Hoffnung, März 2014

Die Programme der Stiftung »Den Kindern von Tschernobyl« e. V. wurden immer weiter ausgebaut, mehr Menschen kamen dazu. Das war so ein mächtiger Strom, der dem autokratischen Regime in Belarus Angst machte. Es kämpfte also dagegen an. Zuerst richteten sich die zerstörerischen Aktivitäten gegen die humanitäre Hilfe. Es kam zu ersten Schwierigkeiten, Hilfslieferungen wurden beim Passieren der Staatsgrenze behindert.

Dann wurde die Kindererholung im Ausland als solche zum Angriffsziel. Der Staatschef Alexander Lukaschenko sprach sich 2004 für das Verbot dieser Reisen aus. Die Staatsmaschinerie hatte vor, die Beziehungen und Netzwerke zu zertrümmern und zu vernichten. Leider hatten die Machthaber in vielem Erfolg. Wir konnten unsere Sache gegen diesen Zerstörungsdrang nicht verteidigen, obwohl es falsch wäre, zu sagen, dass wir nichts unternommen hatten. Jetzt denke ich wieder an jenes symbolträchtige Bild, unsere Durchquerung der Mauer. Die Mauer steht nicht mehr, aber wir in Belarus müssen sie noch überwinden.

Die Ikone »Gottesmutter der Tschernobyl-Opfer«

Alexej Marotschkin gehört zu den bekanntesten belarussischen Künstlern der Gegenwart, die sich dem Nonkonformismus verschrieben haben. Er ist Mitbegründer der berühmten Künstlergruppe »Pahonja«. Nicht weniger bekannt ist auch seine Ikone »Gottesmutter der Tschernobyl-Opfer«, die zum Symbol der Gedenkmärsche »Tscharnobylskij Schljach« und zum Sinnbild des Willens nach Veränderung wurde:

Das Jahr 1986 hat sich mir für mein ganzes Leben eingeprägt. Vier Tage vor der Katastrophe im Atomkraftwerk Tschernobyl ereignete sich ein geistiges Tschernobyl. Von der Staatsmacht aufgehetzte Milizbeamte und ehemalige Teilnehmer der sowjetischen Intervention in Afghanistan überfielen die Jugendlichen beim Feiern des Volksfestes Frühlingsruf in Minsk. Die Jugendlichen wurden geschlagen und vom Ufer des Flusses Swislotsch weggetrieben.

Am 26. April kam es zur zweiten Explosion, der von Tschernobyl. Mein Sohn Igor, der damals den Grundwehrdienst leistete, wurde in die Region von Tschernobyl, in das verstrahlte Gebiet abkommandiert. Zuerst nach Choiniki, dann in die Umgebung von Pripjat. Seine Erzählung von dieser Zeit ließ meine Seele und mein Herz jedes Mal erstarren.

Niemand wusste, wie man sich in den Tagen nach der Katastrophe zu verhalten hatte. In Soldatenzelten war es in den Mainächten eisig kalt und junge Rekruten mussten in den Wald gehen und Holz holen. Um nicht zu frieren, machten sie Lagerfeuer, sammelten dann die Kohlen und schliefen darauf. Wenn man danach das Dosimeter an die Asche und diese Kohlen hielt, reichte die Skala des Geräts nicht aus. So wurde unsere Familie von Tschernobyl betroffen.

Der Maler Alexej Marotschkin in seinem Atelier

Meine Mutter, die zu der Zeit im Heimatdorf Popowschtschina, Rajon Tscherikow wohnte, sagte einmal: Was weiß ich, was diese Strahlung ist. Nichts kann man sehen. Aber wenn ich in den Garten zum Jäten gehe, überkommt mich gleich eine Schwäche.

1990, also vier Jahre nach dem Unfall, malte ich die Ikone Gottesmutter der Tschernobyl-Opfer, die auf dem Swoboda-Platz in Minsk geweiht wurde. Ich muss betonen, dass die Idee zur Schaffung dieser Ikone von Senon Posnjak stammt. Danach musste ich dreimal die Arbeit an diesem Bild wiederholen. Die erste Fassung befindet sich am Altar einer Kirche in der Stadt Schodino, zu deren Gemeinde viele Umsiedler aus der Tschernobyl-Zone gehören. Die zweite Fassung ging als Geschenk an die Kirche im Heimatort des Dichters Anatol Sys. Noch eine schenkte ich der Belarussischen

7 Gemeinsam das Leiden überwinden

Volksfront. Jedes Mal, wenn der Jahrestag des Unglücks im Atomkraftwerk Tschernobyl mit einem Gedenkmarsch begangen wird, trägt man diese Ikone in den vorderen Reihen der Kolonne von Tscharnobylskij Schljach.

Im Jahr 1996 jährte sich die Tragödie zum zehnten Mal. Unser Gedenkmarsch wurde grausam aufgelöst. Angehörige der polizeilichen Spezialeinheit OMON[2] schlugen die Menschen brutal zusammen. Alle ohne Ausnahme. Auch die Ikone »Gottesmutter der Tschernobyl-Opfer« wurde – ebenso wie ich selbst – nicht verschont.

Im Sommer 1989, als man noch sehr wenig von dem Unfall wusste, reisten die Vertreter der kritischen Öffentlichkeit, angeführt von Gennadij Gruschewoj, mit dem Auto durch die Orte in der Region von Tschernobyl. Auch ich war dabei. Vor allem wollten wir die Dörfer besuchen, die vom Unglück betroffen waren, darunter waren auch die Dörfer meiner Kindheit in den Rajons Tscherikow und Krasnopolje. Ich führte Flugblätter und Zeitungen mit, in denen die Wahrheit über die Katastrophe stand. In

Alexej Marotschkin nach dem Protestmarsch »Tschernobylskij Schljach«

Tscherikow wurde ich festgenommen und ins Revier gebracht. Gleich konnte man spüren: Die Milizbeamten wollten selber wissen, was man in Minsk von Tschernobyl schrieb. Wir unterhielten uns, kein Protokoll wur-

---

[2] OMON – russisch ОМОН für Отряд мобильный особого назначения, dt. Mobile Einheit besonderer Bestimmung, Einheit der russischen Polizei, im Unterschied zu normalen Polizeieinheiten direkt dem Innenministerium unterstellt.

de aufgenommen, und dann ließ man mich laufen. Man konnte klar sehen, dass die Tragödie uns zu einer Leidensgemeinschaft machte.

Jedes Jahr am 26. April begeht meine Familie unbedingt diesen Trauertag, indem wir uns mit Plakaten und Ikonen dem Marsch anschließen. Vor ungefähr zehn Jahren schrieb ich das Gedicht »Tscharnobylskij Schljach«, also »Der Weg von Tschernobyl«, das von Kastus Geraschtschenko vertont wurde und als eine Art Requiem gesungen wird.

Mit Gennadij Gruschewoj stand ich lange in Kontakt. Wir fuhren sogar mehrmals zusammen nach Deutschland, wo auf unsere Anregung hin in der Nähe von Münster eine Gemeinschaft der Freunde von Belarus entstand, die bis heute die Erholung belarussischer Kinder und Hilfslieferungen mit Gütern nach Belarus organisiert. In Deutschland veranstalteten wir öfter Kunstausstellungen. In Stuttgart wurden zum Beispiel die Werke von Viktor Schmatow und die Bilderreihe »Landschaften von Tschernobyl« gezeigt. Auch diese Ausstellungen waren für uns ein Mittel, Ausländer auf das Unglück von Tschernobyl aufmerksam zu machen.

7 Gemeinsam das Leiden überwinden

Der Weg von Tschernobyl

Heute ist mir einsam zumute.
Heute trauert meine Seele.
Durchdrungen ist mein Geist
Von unserem Kummer und Leid.

Heute gehen wir den Weg von Tschernobyl.
Heute verharren wir im Schweigen.
Tränen steigen uns in die Augen.
Den Morgen hat mancher nicht mehr erlebt.

O Gott! Wieso dieses bittere Los?!
O Gott! Wessen ist die Schuld?
Wer hat uns denn der Seuche preisgegeben,
Die unsere Häuser zerstört?

Wir kennen sie alle, jedes Gesicht.
Sie finden keine Rettung.
Siehst du: der Himmel brennt,
Siehst du: unsere Männer schreiten.

Mutter Gottes, vergib uns
Und schütze unsere Kinder.
Schwer ist's, den Berg zu erklimmen
Auf dem Weg, wo nur Dornen sind.
Und keine Blumen.

Alexej Marotschkin

Der Sinn des Gesetzes der großen Zahl

Dichter Wladimir Nekljajew und der ehemalige Botschafter von Belarus in Deutschland Pjotr Sadowskij singen ein Geburtstagslied für Gennadij Gruschewoj

WLADIMIR NEKLJAJEW ist ein belarussischer Lyriker und Prosaist, der mit zahlreichen Literatur- und Staatspreisen ausgezeichnet und 2011 für den Nobelpreis für Literatur nominiert wurde. Er ist aber auch Politiker und eine prominente Person des öffentlichen Lebens. Mit dem Thema Bekämpfung der Folgen des Tschernobyl-Unglücks ist Nekljajew gut vertraut, weil er viele Jahre mit GENNADIJ GRUSCHEWOJ befreundet war. Die beiden haben mehrmals das besprochen, was Wladimir jetzt auf meine Bitte hin auf Papier festgehalten hat:

Zunftdenken ist nun wahrlich ein internationales Phänomen. Nach der Kernexplosion in Tschernobyl waren und sind es nicht nur sowjetische und postsowjetische Staatschefs, sondern auch hohe Beamte der IAEO[3], die nicht müde werden, der Öffentlichkeit einzureden, dass Tschernobyl gar keine Tragödie, geschweige denn die größte technisch bedingte Katastrophe des 20. Jahrhunderts sei. Nichts weiter als ein kleiner Störfall also und sei er auch für nichts nützlich, so hat er wenigstens nicht geschadet.

Im menschlichen Bewusstsein, das sich an alles gewöhnen kann, wird Tschernobyl immer mehr zu einem Symbol, einem Bild, einer Metapher. Aber in der Wirklichkeit ist Tschernobyl ein konkretes Ereignis: Eine Kernexplosion mit der Emission radioaktiver Stoffe in die lebendige Umwelt, die sich in körperlichen und psychischen Belastungen für Menschen auswirkt. Diese Auswirkungen von Tschernobyl werden nicht von selbst vergehen, irgendwie nachlassen oder abklingen, ihnen kann man nur mit neusten Technologien die Stirn bieten. Hat man diese nicht (und man hat sie nicht, weil das Geld dafür nicht da ist), dann bleibt nur der Rückzug als Abwehrmaßnahme.

Nur damit dringt der Feind immer tiefer in das eigene Gebiet ein. Diese in unserem Land mehrmals von Militärs erprobte Strategie hat dazu geführt, dass allein in einer einzigen mir gut bekannten Familie Tschernobyl-Tumore zuerst beim jüngeren Sohn und dann auch bei der älteren Tochter diagnostiziert wurden. Die Tumore wurden entfernt, die Kinder als Behinderte eingestuft. Dabei behaupten unsere Staatsfunktionäre, im Einvernehmen mit den IAEO-Beamten, unverschämt, dass man in Bezug auf Tschernobyl den Teufel nicht an die Wand malen sollte, dass einzelnen Menschen

---

[3] IAEO – International Atomic Energy Agency, dt. Internationale Atomenergie-Organisation soll laut Satzung »den Beitrag der Kernenergie zu Frieden, Gesundheit und Wohlstand weltweit beschleunigen und vergrößern.«

die Verstrahlung sogar zugute kommen könnte. Gemeint ist wohl, dass alle Belarussen besondere und eigenartige Menschen wären.

So ist es, und es konnte nicht anders sein in Belarus, das die Traditionen jenes Staats fortführt, in dem Maschinen, Waffen, überhaupt jedes Stück Eisen seinen Wert und Preis hatte, und nur das menschliche Leben nichts kostete. Wie Stalin es formulierte: »Mögen auch zehn, zwanzig oder dreißig Millionen umkommen, Weiber werden ebenso viele wieder in die Welt setzen.«

Im Mai 1986, als ich nach Tschernobyl kam, herrschte da ein totales Durcheinander: Alles wurde angeblich bewacht und es gab tatsächlich keine Wachen, man konnte, wenn man wollte, auch direkt in den Reaktor reinschauen. Die Reste der Graphitstäbe, durch die Explosion aus dem Reaktor geschleudert, waren noch nicht alle aufgesammelt und es waren keine Roboter, die ich da im Einsatz sah, sondern lebendige Menschen: Junge Soldaten in Schutzkitteln, angeblich als Strahlenschutz, hoben mit gewöhnlichen Zangen mit verlängerten Schenkeln die Graphitstücke auf. Sie hoben ihren Tod auf, ohne zu verstehen, was passierte, während diejenigen, die es sehr gut verstanden und die Soldaten dahin abkommandierten, schweigend zusahen. Dieses Schweigen dauerte lange an, und als sie schon zum Sprechen gezwungen waren, dann sprach der Staat, vertreten durch den Glasnost-Verkünder Gorbatschow, zum Westen, zu den erschrockenen Deutschen, Franzosen, Belgiern, aber nicht zum eigenen Volk.

Als ich dieses Grauen erlebt hatte, fragte ich Welichow, Mitglied der sowjetischen Akademie der Wissenschaften, der zusammen mit Akademiemitglied Legassow damals alle und alles in Tschernobyl befehligte: »Wie kann denn so was vorkommen?!« Lange setzte er mir den Sinn des Gesetzes der großen Zahlen auseinander, bis ich ihm erwiderte, es leuchte mir nun ein, zusammengefasst hieße es: »Weiber werden schon neue in die Welt setzen.«

Später, gegen Herbst fuhr ich mit einem Filmteam nach Tschernobyl, und wir drehten dort einen Film, von dem die Zensoren aus dem Ministe-

7 Gemeinsam das Leiden überwinden

rium für mittelschweren Maschinenbau, – so einen heuchlerischen Namen hat man sich für die Atomindustrie einfallen lassen! – nur die, sicherlich zahlreichen Zeugnisse des Heldentums und Patriotismus, aber keine Spur von den Rekruten mit Zangen übrig ließen. Davor waren die Aufnahmen eines Filmteams, dem mein Freund ANATOLIJ JARASCH angehörte, vernichtet worden. Anatolij starb später an Krebs.

Nach der Zensur machte unser Film einen widerlichen Eindruck, aber nichts war mehr zu retten, man hatte uns die Materialien weggenommen. Dann wollte ich mit einem anderen Team nach Moskau fahren, um eine Sendung mit Legassow zu drehen, aber während der Vorbereitungen dazu nahm er sich das Leben. Er erhängte sich. Manche behaupteten, dass er sich dazu gerade wegen der Ereignisse in Tschernobyl (Legassow hatte den Reaktor mitentwickelt) entschlossen habe, andere sprachen von anderen Gründen.

Schließlich interviewten wir Dr. Welichow für das Fernsehen. Er versuchte, wie er nur konnte, den Kern der Sache zu umgehen und mit hochtrabenden Reden zu vertuschen. Aber wir stellten ihm konkrete Fragen, auf die er direkt antworten musste. So fragte ich: »Sollten Angehörige von Ihnen in einem Ort, sagen wir, 100 Kilometer von der 30-km-Sperrzone entfernt, also in der Region Mogilew oder Gomel leben, was würden Sie tun?« Nach einer Abschweifung zur ungleichmäßigen Verteilung der Radionuklide gab er zu: »Ich würde sie wegbringen, weil man dort nicht leben darf. Wenn man natürlich leben und nicht langsam dahinsiechen will.«

Und wir leben ja – diejenigen, die nicht gestorben sind. Während die korrupten IAEO-Beamten zusammen mit unseren Staatsführern heute wie damals versichern, dass Tschernobyl uns gar nicht schade und womöglich noch nütze.

Optimistische Beteuerungen sind nur für Dumme bestimmt

KONSTANTIN SKURATOWITSCH ist ein Schüler von GENNADIJ GRUSCHEWOJ. Professor Gruschewoj unterrichtete den Studenten Skuratowitsch in Philosophie an der Belarussischen Staatlichen Universität. Später trafen sie sich mehrmals, sprachen über das Leben und führten philosophische Gespräche.

KONSTANTIN SKURATOWITSCH: In der Regel klingen dieselben Wörter in verschiedenen Zeiten anders. Und die Menschen reagieren darauf verschieden. Tschernobyl im April 1986 und Tschernobyl von heute sind verschiedene Begriffe. Aber die Bedeutung dieses Wortes muss für Belarus und für die ganze Welt eine und dieselbe sein. Weil nämlich Tschernobyl bewiesen hat, dass ein beliebiges Atomkraftwerk und die Atomenergie überhaupt eine Gefahr für die Menschheit darstellen. Es gibt keine absolut zuverlässige und folglich sichere Technik. Objekte der Atomenergie sind in diesem Sinne äußerst gefährlich. Sowohl als solche, aber auch als Objekte außerordentlich attraktiv für potenzielle Terroristen, sowie als technische Anlagen, anfällig für Natur- und technogene Einwirkungen. Dem entgegen stehende optimistische Beteuerungen sind nur für Dumme bestimmt.

Unfälle hat es gegeben, es gibt sie und es wird sie geben. Ein jeder fordert Dutzende, Hunderte, Tausend Opfer. Tschernobyl war eine Katastrophe. Sind Sie Pessimist, Optimist oder ein gleichgültiger Mensch, wird der Kurs auf Entwicklung der Atomenergie einmal ihre Ruhe, ihre gewohnte Lebensweise unweigerlich zerstören, ihre Zuversicht darauf, dass Probleme je nach ihrer Entstehung zu lösen sind, wird in Frage gestellt.

Die Atomkraftwerke gehören zu den Werken, die, von Menschenhand geschaffen, sich gegen ihren Schöpfer auflehnen und seine Probleme in geometrischer Reihe vervielfältigen. Beispielsweise mussten nach der Explosion im 4. Energieblock des Atomkraftwerks Tschernobyl auf allen Eisenbahnen des Landes Züge anhalten, die zu jener Zeit irgendwo Blei transportier-

7 Gemeinsam das Leiden überwinden

ten, sie wurden aufgelöst, benötigte Plattformwagen abgekuppelt, an andere Züge angekoppelt und nach Tschernobyl geleitet. Dringlichst!

Konstantin Skuratowitsch und Irina Gruschewaja mit der belarussischen Delegation in der UNO, Genf, April 2011

Für die Liquidierung der Folgen der Katastrophe musste die mächtige Sowjetunion Milliarden Dollar ausgeben. Sie wurden jedoch nur für den operativen Bedarf, für die Aussiedlung der Einwohner aus der Zone, für die Durchführung der Arbeiten zur Verhinderung der möglichen Havarien in den anderen Blöcken des Atomkraftwerkes genutzt.

Milliarden Dollar wurden für den Bau des »Sarkophags« verausgabt. Wie bekannt, wurde die UdSSR mit diesen operativen Aufgaben fertig. Alles andere mussten die souveränen Nachfolgestaaten Belarus und die Ukraine selbst erledigen, ohne auch nur ein Hundertstel von den Ressourcen zu haben, über die die UdSSR verfügt hatte. In den vorigen Jahrzehnten wurde Belarus nicht reicher. Im Gegenteil, es befindet sich nach seinem wirtschaftlichen Potenzial noch unter den anderen Schlusslichtern Europas. Trotzdem beschloss die belarussische Führung, ein eigenes Atomkraftwerk zu bauen. Falls sich – Gott bewahre – Tschernobyl in Ostrowez wiederholt, wird es niemanden geben, der Belarus retten könnte. Tschernobyl hat bewiesen: Wenn ein Unglück passiert, verrät der Staat sein Volk immer. Im April 1986 war es so. Die Zahl der Opfer, die die Zahl der unmittelbar durch die Explosion ums Leben Gekommenen um ein Vielfaches übertraf, wurde geheim gehalten, eine Hilfe für sie wurde verweigert.

In den demokratischen Ländern, wo die öffentliche Kontrolle funktioniert, besteht die Möglichkeit, den Staat zur Erfüllung seiner Funktionen zur Rettung der Bevölkerung zu zwingen. In den diktatorischen Regimen gibt es keine Hoffnungen darauf. Die Situation in Japan nach der Tragödie in Fukushima und die Situation nach Tschernobyl bei uns unterscheiden sich voneinander etwa so, wie sich Zivilisationen verschiedener Planeten voneinander unterscheiden.

Bei uns wurde das Volk ohne geringste Bedenken und Gewissensbisse betrogen. Der Betrug wurde sogar dann verbreitet, als niemand den Lügnern glaubte. Man tat das in der Hoffnung, dass der Betrug einst vergessen wird, und »Tschernobyl« aus dem Symbol der Ohnmacht des Menschen vor der aufgebrausten handgemachten Naturgewalt wieder als ein großzügiger Botschafter für billige Kilowattstunden begrüßt wird. So schuf Tschernobyl die notwendige Voraussetzung für die Konsolidierung der Zivilgesellschaft zum Zwecke der Rettung von Menschen.

In Belarus wurde das faktisch erreicht, dort war es dank der Initiative, der Selbstorganisation von Hunderten und Tausenden einfacher Bürger gelungen, den hunderttausenden Opfern zu helfen, medizinische Behandlung und Gesundung der Kinder zu organisieren, den Umsiedlern und Liquidatoren materielle, organisatorische und psychologische Hilfe konkret zu leisten, den Gesetzgeber zu zwingen, entsprechende Gesetze zu verabschieden. Der Staat dagegen hat nach der Katastrophe vier Jahre lang geschwiegen, als ob nichts Schlimmes passiert sei. Und das, was geschehen ist, befände sich unter Kontrolle. Tschernobyl vereinigte Menschen und trug damit zur Formierung einer Zivilgesellschaft bei. Tschernobyl bewog die Menschen zum Kampf gegen die Willkür der Macht und verwandelte die Bevölkerung zu Bürgern. Tschernobyl verlangte, die Vergangenheit durch die Beseitigung von deren Folgen zu überwinden. Tschernobyl verpflichtete künftige Belarussen, keine Wiederholung zuzulassen.

Tschernobyl hat gefordert: Es ist genug, aus eigenen Fehlern zu lernen. Was für faule Schüler zulässig und wünschenswert ist, blamiert die Ehre und beleidigt die Bürger eines demokratischen Staates. Nur Bürger haben das Recht zu wählen, wie sie in ihrem Land leben sollen. Und nicht nach Anweisungen von Beamten bis hin zum Präsidenten. Das Recht der Bürger ist höher als das Recht des Präsidenten. In einer beliebigen Situation. Sei sie einfach oder sehr kompliziert, wie es zweifelsohne der Bau des Atomkraftwerks auf dem Territorium des Landes ist. Die Anhänger des Baus versicherten den Menschen und tun es immer noch, dass die Atomenergie das sicherste, wirtschaftlichste, das umweltfreundlichste Instrument für die Produktion der Elektroenergie ist. Dass es keine Alternative gibt.

Durchaus möglich: Kein Ausweg und keine Wahl. Das ist aber nur für die Macht und für Atomleute offenkundig, nicht aber für Menschen, die eine Wiederholung von Tschernobyl befürchten. Die bereit sind, auf das versprochene komfortable Leben zu Gunsten einer höheren Sicherheit und Aufrechterhaltung der psychischen und körperlichen Gesundheit zu verzichten. Es kann kein höheres Ziel, weder für den Staat und seine Beamte, noch für die Zivilgesellschaft geben.

Und wenn jede Partei ihre eigenen Argumente zur Erreichung eines gemeinsamen Zieles hat, kommt es zur Diskussion. Alles scheint ganz einfach zu sein. Wenn schon versprochen wurde, eine Volksabstimmung über den Bau des Atomkraftwerks durchzuführen, warum hat man dieses Versprechen nicht erfüllt? Warum hat man alle zu Geiseln der Situation gemacht und dabei verboten, das »friedliche Atom« zu fürchten?

Abermals beginnt der Staat bei der Beschlussfassung mit Betrug. Es wird versucht, durch das Geschwafel über technologische und wirtschaftliche Details das Problem zu verbergen, das Unglück bringt. Genauso, wie es vor 30 Jahren war, als sich die Tschernobyltragödie ereignet hatte.

Ist denn diese Tragödie vorbei? Vergessen? Überwunden? Von der Tribüne der 70. UN-Vollversammlung behauptete Lukaschenko, alles sei erfolgreich überwunden, alle Folgen liquidiert. Produktions- und wirtschaftliche Verluste seien durch neue Produktionserfolge ausgeglichen, der moralische Schaden für die Bevölkerung sei adäquat kompensiert, Menschen, die ihre kleine Heimat verloren haben, sind aus der belasteten Zone auf freie Territorien umgesiedelt, wo für sie viel bessere Wohnverhältnisse geschaffen worden seien. Das frühere Leben war gut und das neue sei besser. Deswegen hätten die Menschen die Katastrophe überlebt, sich von Radiophobie ausgeheilt und seien bereit, das eigene Atomkraftwerk zu bauen. Da möchte man nur sagen: Wenn es Tschernobyl nicht gegeben hätte, müsste man es erdenken. Damit der Staat dem Menschen zur Hilfe kommen konnte.

Irrsinnigkeit eindeutig. Aber ausgerechnet von der UN-Tribüne aus betonte sie »der Hauptliquidator« Lukaschenko. Er wandte sich an die UNO mit dem Vorschlag, die »belarussischen Erfahrungen zur Lösung solcher Probleme, wie Tschernobyl und Menschenhandel, zu nutzen.« Leider besteht der Menschenhandel seit Anfang der Gesellschaft und der wirtschaftlichen Tätigkeit der Menschen. Auf bestimmten Stufen der Entwicklung galt der Menschenhandel als eine übliche und notwendige Sache. Das heißt, er entstand nicht gestern und verschwindet nicht morgen. Zumindest solange die Nachfrage nach der lebendigen Ware besteht, wird es immer ein Angebot geben.

Solche Probleme wie in Tschernobyl entstehen in außerordentlichen Situationen. Wenn der Mensch die Möglichkeit bekommt, von der Natur viel mehr zu erreichen, als sie ihm zu bieten bereit ist. Der Mensch nimmt viel mehr und bedauert immer, zu wenig genommen zu haben. Das nächste Mal will er mehr nehmen. Er meint, das ist nicht schwieriger, als zur Nachbarin zu gehen und nach Salz zu fragen.

Oben haben wir davon gesprochen, dass die Regierungen des souveränen Belarus versucht haben, das Problem zu verschweigen. Sie suchten und fanden Spezialisten, die behaupteten, dass die Katastrophe eine leidige Störung des äußerst zuverlässigen Mechanismus war, die sich nur einmal im Laufe von Jahrtausenden ereignen kann. Dass medizinische Kennziffern der Betroffenen über den Rahmen des statistischen Fehlers nicht hinausgehen. Sollte jedoch jemand krank werden, übernehme der Staat die ganze Sorge um ihn.

Sollen nur die Opfer in den dazu vorgesehenen Orten im Stillen behandelt werden und dort sterben, um die Öffentlichkeit nicht zu beunruhigen, negative Emotionen nicht zu erregen, die Unzufriedenheit und den Wunsch, die Wahrheit zu erfahren, die Gerechtigkeit wiederherzustellen, nicht zu provozieren, und den Menschen in Not zu helfen.

Faktisch, entgegen dem Staatswillen, kamen nicht gleichgültige, barmherzige, engagierte, tatkräftige, verantwortungsvolle Menschen, die ein richtiges System der medizinischen und sozialen Rehabilitation der Betroffenen organisiert haben. Vor allen Dingen der Kinder. Selbstverständlich spielte dabei die wichtigste Rolle die gemeinnützige Stiftung »Den Kindern von Tschernobyl« e. V., die mehr als zwei Dutzend Jahre die Gesundung der belarussischen Kinder unterstützte. Nach Worten ihres Organisators und Leiters GENNADIJ GRUSCHEWOJS hat die Stiftung »ihre soziale Mission« erfüllt. Die Kinder von Tschernobyl sind schon erwachsene Menschen, viele von ihnen haben eigene Kinder, aus ihren Kinderproblemen wuchsen Sorgen um eigene Kinder.

Diese einzigartige Erfahrung, die sie von einzigartigen Menschen erhalten haben. Sie eignet sich kaum für die Weiterverbreitung. Falls sich aber irgendwo ein neues Tschernobyl ereignet, wird ein jeder Staat und seine Gesellschaft dieses Problem auf ihre Weise lösen. So wie das Japan nach der Havarie in Fukushima tut. Man kann sagen, dass dort auch eine außerordentliche Situation entstand, aber alle Behörden, Einrichtungen und Dienste arbeiten in einem festgelegten Regime, wie das für den Fall eines Tsunamis, Erdbebens, einer Explosion des Reaktors vorgesehen ist. Erfinderische Japaner ziehen es vor, in solchen Situationen in Übereinstimmung mit den geltenden Anordnungen zu handeln, ohne jeglichen Heroismus, mit dem in der Regel eine notorische Hemdsärmeligkeit kompensiert wird. Es wäre schön, wenn eine solche Ordnung auch in Belarus herrschen würde.

Das Recht der eigenen Wahl

YURY KHASHCHAVATSKI ist einer der bekanntesten belarussischen Filmregisseure. In seinem auch in Deutschland bekannten Film »Der gewöhnliche Präsident« wird sehr gut gezeigt, wie in dem heutigen Belarus bei Wahlen »elegante Siege«, ein Wort der Vorsitzenden der Zentralen Wahlkommission, L.M. Jermoschina, gemacht werden. YURY KHASHCHAVATSKI erinnert sich an seine Treffen mit GENNADIJ GRUSCHEWOJ und die Bekanntschaft mit der Stiftung »Den Kindern von Tschernobyl« e. V.:

Yury Khashchavatski auf dem 3. Kongress »Die Welt nach Tschernobyl«, Minsk, 1996

Natürlich habe ich ihn auch früher gesehen, aber wir haben uns erst im Jahre 1995 kennen gelernt. Damals hatte ich vor, einen Film über die Tschernobyltragödie zu drehen, und die potenzielle Filmproduzentin Olga Nikolajtschik machte mich mit der Stiftung bekannt, was absolut natürlich war, weil diese Probleme im Mittelpunkt ihrer Tätigkeit standen.

7 Gemeinsam das Leiden überwinden

Leider war das damalige Gespräch nicht produktiv, jetzt verstehe ich gut, warum. Man begann schon damals, die Stiftung unter Druck zu setzen, und die Leute dachten am wenigsten ans Kino. Übrigens verstand ich damals noch nicht, dass sie in einer beliebigen anderen Situation ans Kino kaum denken würden. Sie hatten andere Probleme. Der nächste Kontakt kam 2001 zustande, als während der Präsidentschaftswahl wir gemeinsam einen Kompromiss zwischen Gontscharik und Domasch erdacht haben, das heißt, eine Variante der Präsidentschaft des ersten mit dem Amt des Ministerpräsidenten für den zweiten.

Gruschewoj vermochte damals meinen inneren »Extremismus« zu nivellieren, mich zum Kompromiss zu bringen. Und das war gut, denn nur ein solches Schema hatte Chance auf Erfolg. Leider hat es nicht geklappt. Aber wir sind gute Freunde geworden. Gennadij war ein schöner Mensch, um ihn waren immer viele schöne Menschen. Vor allen Dingen Irina, natürlich.

Einmal hat der inzwischen verstorbene Shenja Budinas ganz treffend gesagt: »Belarussen sind ein eigenartiges Volk. Für Belarussen kann man alles tun, mit Belarussen aber gar nichts.« GENNADIJ UND IRINA GRUSCHEWOJ haben für das belarussische Volk so viel getan, wie kein anderer Politiker. Wenn man die Zahl der Familien berücksichtigt, denen ihre Stiftung geholfen hat, und alle dazu zählt, die mit ihren Programmen zu tun hatten, bekommt man Millionen Menschen. Gennadijs Beliebtheit, wenn er Präsident wäre, wäre ungeheuer hoch und nicht mit dem heutigen Machthaber zu vergleichen.

Letzten Endes ist es die Hauptgabe des Allerhöchsten, den Menschen das Recht der Wahl zuzugestehen. Die Wahl des Weges, den man gehen muss. Der Mensch muss in seiner Wahl vollkommen frei sein, aber bei uns verstehen das bei weitem nicht alle. Die Mehrheit von Belarussen delegiert das Recht der eigenen Wahl an die Macht.

Das ist das Gräulichste, was heute geschieht. Die Gesellschaft, die nicht mehr nach dem Gottesgesetz lebt, ist, im Grunde genommen, sehr krank.

Unweigerlich bewegt sie sich zur Selbstvernichtung. Die Menschen verzichten auf ihre Freiheit, und Gennadij hat versucht, die Bedingungen dafür zu schaffen, dass wir sie erlangen, sie uns zurückzugeben.

Dasselbe tat auch die Stiftung »Den Kindern von Tschernobyl« e. V. Sie hat vielen Menschen die Gesundheit wiedergegeben und ihr Leben um viele Jahre verlängert. Es ist eine andere Sache, wie die Menschen damit umgehen. Das ist die Frage des Gewissens dieser Menschen und ihres künftigen Lebens.

Seinerzeit wollte ich Physiker werden, deshalb kenne ich theoretische Vorteile der Atomenergie sehr gut. Im Idealfall muss ein Atomkraftwerk technisch sicher sein und von Menschen gesteuert werden, die eine einwandfreie technologische Disziplin einhalten. Nun aber wollen wir schauen, wie es bei uns aussieht. Das Atomkraftwerk wird von Russen gebaut. Wie viel sie beim Bau klauen, wissen wir nach Bildern der abgestürzten Schalung des Leningrader Atomkraftwerks. Sie ist abgestürzt, weil man dort ganz primitiv Zement geklaut hatte. Geklaut wird nicht nur Zement. Auch das Metall, aus dem Turbinen hergestellt werden sollen, wird auch kaum den notwendigen Parametern entsprechen.

Was die technologische Disziplin des Bedienungspersonals anbelangt, was eigentlich die Ursache von Tschernobyl war: Unsere Leute sind an so was nicht gewöhnt. In vielen Autowerkstätten können sie nicht einmal ein Auto normal reparieren, was kann man da noch von anderem reden. Deshalb ist es in unserer Lage äußerst gefährlich, ein Atomkraftwerk zu bauen. Ich würde sogar sagen, es ist unzulässig. Ich bin bereit, eine Wette einzugehen, es wird überhaupt nie fertig gebaut. Das Geld wird immer knapper. Somit gibt es bald nichts zu klauen.

Ein eigenes Atomkraftwerk in einem Land zu bauen, das von der Havarie im Atomkraftwerk Tschernobyl am schlimmsten betroffen ist, ist eindeutig ein Unsinn. Es liegt jedoch nicht am Fehlen des Selbsterhaltungsinstinkts bei den Menschen. Ich wiederhole, dass das Atomkraftwerk nie fertig gebaut wird, weil alles geklaut sein wird. Die Idee entstand übrigens

7 Gemeinsam das Leiden überwinden

aus dem inständigen Wunsch, eine »schmutzige« Bombe zu besitzen, und aus Angst um die eigene Haut. Während der Bombardierung von Jugoslawien wurde alles ganz prosaisch und einfach erklärt: »Länder, wo es Atomkraftwerke gibt, werden nicht bombardiert.« Das eigene Atomkraftwerk ist nicht für eine imaginäre Energiesicherheit, sondern für die Aufrechterhaltung der eigenen Macht nötig.

Was die offizielle Haltung gegenüber GENNADIJ GRUSCHEWOJ und der von ihm gegründeten Stiftung anbelangt, da wird er mit keinem Wort erwähnt. Ist auch verständlich. Gruschewoj sorgte sich ja um Menschen, nicht aber um der Macht willen. Freilich bin ich nicht sicher, ob die Menschen jetzt daran denken. Bestimmt erinnert man sich an ihn, aber offiziell will man ihn total vergessen.

Leider Gottes besucht ein Teil der belarussischen Gesellschaft nicht einmal die Gräber ihrer Verwandten. Wie können sich diese Leute schon daran erinnern, dass jemand etwas Gutes für sie getan hat? Noch ein biblisches Gebot – ehre deinen Vater und deine Mutter – wird heute vollkommen ignoriert. Unsere Gesellschaft hat es sich gar nicht angeeignet.

Und das Traurigste ist, dass all das auf der Staatsebene gepflegt wird. Dort sieht man das Gleiche. Wer wird schon »oben« das Andenken Gruschewojs ehren, wenn gesagt wird, dass in der Tschernobylzone heute – wenn nicht paradiesische Verhältnisse – herrschen, dann zumindest man dort gut leben und gute Ernten erhalten kann. Hirnverbrannte Zyniker!

Daher gibt es zwei Ursachen für den Druck der Macht auf die Stiftung. Zum einen schien es allen, dass dort ungeheure Bestände der »Westkohle« lagerten, die unter Kontrolle gebracht und eingeheimst werden sollten. Zum zweiten weckte Gruschewojs Stiftung in den Menschen das Bewusstsein, dass wir in einem Land leben, in dem sich die Tschernobyl-Katastrophe ereignet hat und kein Ende haben wird. Das ist kein Selbsterhaltungsinstinkt, das ist pure Verdrängung. Etwas, was aus unserem Bewusstsein verdrängt wird.

Die Menschen wollen heute nicht daran denken, was ihnen unangenehm ist und eine riesige Gefahr bringen kann, deshalb ruft eine beliebige Erinnerung an das Leben »auf dem Pulverfass« eine Verärgerung hervor. Niemand will über dieses Problem nachdenken. Es ist leichter, alles zu vergessen.

Die Menschen fühlten sich nicht mehr im Stich gelassen

Seinerzeit war auch ROMAN JAKOWLEWSKIJ ein Student von GENNADIJ GRUSCHEWOJ und wenn Gruschewoj ihn nicht betreut hätte, hätte er seine Universitätsbildung nicht erhalten, weil er in der Sowjetzeit als »politisch illoyal« galt. Heute ist Roman ein bekannter politischer Kommentator. Und wieder ist er »illoyal«, weil er das schreibt, was er denkt. Nicht aber das, was der Macht lieb ist:

Je weiter das Datum des Abschieds von GENNADIJ GRUSCHEWOJ zurück liegt, desto tiefer wird

Roman Jakowlewskij

man sich dessen bewusst, was er für Belarus und seine Menschen getan hat. Was man auch sagen mag, aber gerade die unermüdliche Energie und Zivilcourage von Gruschewoj haben Europa und weit darüber hinaus für hunderttausende Belarussen geöffnet.

7 Gemeinsam das Leiden überwinden

Es sei erinnert, dass zunächst in der Belarussischen Volksfront das Komitee Den Kindern von Tschernobyl geschaffen wurde. Damals rief die BNF – Belarussische Volksfront – viele Bereiche zivilgesellschaftlicher Aktivitäten ins Leben. Und das Erscheinen eines solchen Komitees innerhalb der Front mit Gruschewoj an der Spitze war eine natürliche Erscheinung. Es ging so weit, dass die Bevölkerung die Besuche der Tschernobylregionen auch durch Vertreter der Macht später als »Gruschewoj-Truppenlandungen« verstand.

Zu jener Zeit hatten diese Besuche eine sehr große Bedeutung. Vor allen Dingen für die Bevölkerung vor Ort. Die Menschen fühlten sich nicht mehr im Stich gelassen. Unter Feldbedingungen wurden sogar soziologische Befragungen durchgeführt, die dann von unabhängigen und ausländischen Massenmedien veröffentlicht wurden. Die staatlichen Massenmedien ignorierten diese Aktivitäten oder empfanden sie als feindlich. Zu direkten und ehrlichen Gesprächen waren die Mächtigen damals nicht bereit. Leider sind sie auch heute nicht dazu bereit.

Gruschewoj und seine Gleichgesinnten gingen aber zu den Menschen und versicherten ihnen, dass sie nicht vergessen werden und auf Hilfe rechnen können. Dabei überzeugte er seine Gesprächspartner davon, dass der Erfolg bei der Überwindung des Unglücks vom Engagement der Bürger selbst abhängt. Viele verstanden das, sie glaubten ihm. Ich war Zeuge davon. Ich war nämlich Teilnehmer einer der ersten »Gruschewoj-Truppenlandungen«.

Das Ausmaß der von Gleichgesinnten Gruschewojs durchgeführten Arbeit war so groß, das es notwendig wurde, eine echte belarussische gemeinnützige Stiftung »Den Kindern von Tschernobyl« e. V. zu gründen.

Gruschewoj und seiner Ehefrau Irina gelang es, unzählige Bürgerinitiativen und Stiftungen europäischer und außereuropäischer Länder der Welt heranzuziehen. Es wurden Kanäle für die Bereitstellung einer realen und effektiven medizinischen Hilfe, sowie auch anderen Arten von Hilfe für viele tausende belarussische Familien organisiert. Bei der Durchführung der

Behandlung konnten viele unserer Menschen das Ausland kennenlernen und sich mit einer für sie neuen unbekannten Welt vertraut machen. Die Bedeutung dieser Bekanntschaft für die Zukunft von Belarus ist nicht zu unterschätzen.

Die Initiativen der Gruschewoj-Stiftung, so wurde die Stiftung »Den Kindern von Tschernobyl« e. V. häufig genannt, wurden insbesondere in Deutschland unterstützt. Auch ich konnte dieses Land besuchen. Die Gastfreundschaft der Deutschen war grenzenlos. Wir wurden auf verschiedenen Ebenen empfangen, sowohl in den Behörden, als auch in den einflussreichen nichtstaatlichen Strukturen.

Ganz gut habe ich Gespräche bei den deutschen Gastgebern zu Hause in Erinnerung. All das trug wesentlich zur Herstellung des gegenseitigen Verständnisses, des Vertrauens zwischen den Bürgern der Länder bei, die zwar eine gemeinsame, aber extrem belastete Geschichte haben.

Ich erinnere mich, dass ich nach meiner Rückkehr, immer noch unter Eindruck von Gesprächen mit den Deutschen verschiedener Generationen, irgendwie bewusst und verantwortungsvoll das Thema der Versöhnung zu verstehen begann. Und ich stellte fest, dass der aus Deutschland mitgebrachte historische Optimismus – wenn auch nicht auf Anhieb – ein Verständnis der Belarussen, darunter auch der Kriegsteilnehmer, fand.

Als GENNADIJ GRUSCHEWOJ durch transparente und demokratische Wahlen – es gab auch solche in Belarus – als Abgeordneter des Obersten Sowjets gewählt wurde, erweiterten sich die Möglichkeiten für die Arbeit der Stiftung zusehends. Gefreut haben sich darüber nicht alle. Leider erwies sich für die heutige Macht allein schon die Tatsache der Arbeit dieser führenden Bürgerinitiative als wesensfremd. Gruschewoj aber glaubte bis zur letzten Minute seines Lebens an die Nützlichkeit und Notwendigkeit der »Aufklärungstruppenlandungen«, an die Notwendigkeit der Aufklärung für die Gestaltung des demokratischen Belarus.

Konstantin Skuratowitsch. Friedensmarsch durch Europa für die Kinder von Tschernobyl und von Fukushima, April 2011. Das Schwarzweiß-Foto zeigt ein zerstörtes Dorf in der »Zone«

Es ist allen bewusst, dass über 500 Tschernobylinitiativen – allein in der Bundesarbeitsgemeinschaft in Deutschland waren es mehr als 250 Gruppen – so viel Gutes und Nützliches getan haben. Jede von ihnen hätte das Recht, sich auf den Seiten dieses Buches wiederzufinden. Leider kann man das in einer einzigen Ausgabe nicht erreichen.

Es wäre längst an der Zeit, dieses zivilgesellschaftliche Engagement und die großartige Willkommenskultur für die Kinder von Tschernobyl zu erforschen und das umfassende Erfahrungswissen zu sichern.

Das belarussische Regime hingegen will alles vergessen machen.

Irina Gruschewaja

Jugendgästehaus

8 Vielfalt der Tschernobyl-Initiativen

Informationsstelle Tschernobyl Münster

Fast zwei Wochen lang traf ich Menschen, die über Jahrzehnte hinweg Belarussen bei der Bewältigung der Tschernobyl-Katastrophe geholfen haben und auch heute noch helfen, Menschen, die mit ihrer Herzensgüte den Weg aus dem Leidenstunnel beleuchteten. Niemand hatte sie dazu gezwungen, zu helfen. Niemand gab ihnen »Bestechungsgelder« oder versprach »staatliche Privilegien«. Im Gegenteil, fast immer opferten diese Leute ihre eigene Kraft, ihr Geld und ihre Zeit.

Wer, wie der Autor, im Geiste des »demokratischen Zentralismus« erzogen wurde, versteht die Strukturen der deutschen Tschernobyl-Initiativen nur mit Mühe. Das liegt hauptsächlich daran, dass es dort keinen Chef gibt, der über allem steht, sondern alle agieren gleichberechtigt. Niemand ist daran interessiert, die anderen zu führen. Die Zusammenarbeit verläuft also nicht vertikal, sondern horizontal.

Man kann sich daher ausmalen, wie sich die deutschen HelferInnen amüsierten, als Lukaschenko die Exfrau eines deutschen Kanzlers, Hiltrud Schröder, als Leiterin aller Tschernobyl-Initiativen in Deutschland mit einer Medaille auszeichnete – eine solche Funktion ist in Deutschland per se unmöglich.

Erstes Ziel unserer Reise durch Deutschland war eine Veranstaltung, bei der CLAIRE MESCH als Referentin auftreten würde. Thema dort sollten organisatorische Fragen, vor allem der Transfer der belarussischen Kinder nach Nordrhein-Westfalen zur Sommererholung 2016 sein. Bereits ganz zu

---

Bild links: Bundesarbeitsgemeinschaft »Den Kindern von Tschernobyl«, vorn: Burkhard Homeyer

8 Vielfalt der Tschernobyl-Initiativen

Beginn ihres Engagements verstanden die Münsteraner Tschernobyl-Initiativen, dass es gemeinsam leichter und zudem auch günstiger ist, als allein.

1987 hatten WERNER LINDEMANN und BURKHARD HOMEYER in Münster die »Informationsstelle Tschernobyl« gegründet. Ziel war es, über die mit Tschernobyl verbundenen Probleme zu informieren. Regelmäßig versammelten sich Menschen zu Vorträgen oder um neue Initiativen zur Tschernobylhilfe zu gründen. Im Umfeld der Informationsstelle entstanden mehr als ein Dutzend Organisationen. Zunächst organisierten alle Erholungsaufenthalte für die Kinder, später beteiligten sie sich auch an den anderen Projekten der Stiftung »Den Kindern von Tschernobyl« e. V. Der größte Teil dieser Organisationen lebt bis heute fort.

Claire Mesch

Im Moment leitet CLAIRE MESCH die »Informationsstelle Tschernobyl e. V.« in Münster.

Die Initiative, in der Claire arbeitet, ist eine der kleinsten im Umkreis. In ihrem Dorf leben nur etwa 2 000 Menschen, daher können nur 14–16 belarussische Kinder aufgenommen werden. Wenn man aber berücksichtigt, dass dies

Hannelore Schulz

seit 1994 geschieht, ergibt sich eine stattliche Zahl. Was man übrigens auch über die Größe des Dorfes sagen kann – was für die Deutschen sehr klein ist, wäre bei uns schon ein Modell für ein Agrarstädtchen.

Claire setzte sich schon in ihrer Schulzeit gegen Atomkraft ein. Während des Studiums setzte sie ihr Engagement fort und begann dann, sich für die Tschernobyl-Problematik zu interessierten. Eine ähnliche Biografie hat ihre

Mitstreiterin HANNELORE SCHULZ, die aus dem nahe Münster gelegenen, 34 000 Einwohner zählenden Städtchen Coesfeld stammt. Die Kinder, die aus Belarus hierher kommen, wohnen immer 2 Tage – Samstag und Sonntag – in Familien und die restliche Zeit gemeinsam in einem an eine Schule angegliederten Bildungszentrum.

Seit 1992 kommt jeweils für vier Wochen eine Gruppe von 35–40 Tschernobylkindern und acht Begleitpersonen, Erzieherinnen und Sprachmittlerinnen. Um die Menschen besser zu verstehen, die zur Erholung nach Coesfeld kommen und die Bedingungen zu kennen, in denen die Kinder in Belarus leben, hat man hier 1994 eine spannende Idee verwirklicht: Immer abwechselnd treffen sich entweder in Swensk (Rajon Slawgorod, Gebiet Mogilew) die deutschen Gasteltern mit den belarussischen Eltern und Kindern, oder die Kinder, die in den Vorjahren zur Erholung in Deutschland waren, kommen mit ihren Eltern, ergänzend zum regulären Kinderprogramm, ins Münsterland. HANNELORE SCHULZ beispielsweise war schon zwölfmal in Belarus.

Jannis Becker

Neben den Erholungsaufenthalten für Kinder organisiert die Coesfelder Initiative auch humanitäre Hilfslieferungen. Der erste dieser Transport erreichte Swensk im Jahr 1992. Damals begann die Initiative auch, Informationsveranstaltungen und Ausstellungen in ihrer Region durchzuführen, bei denen die Mitglieder von ihren Aktivitäten, der Tschernobyl-Katastrophe und den Alltag in Belarus berichteten. Und sie begannen, die gesamten Transfers zu koordi-

Isabell Becker

8 Vielfalt der Tschernobyl-Initiativen

nieren. Natürlich erweiterten sich im Verlauf der Zusammenarbeit Kontakte und Verbindungen. Bald unterstützten etwa 160 deutsche Familien 250 belarussische Familien.

Ab 2007 erreichte die Zahl der Einladungen, die in Coesfeld für Gäste aus Belarus ausgestellt wurden, über 300, doch dies ist nicht das Wichtigste. In meinen Augen liegt die zentrale Wirkung darin, dass sich im kleinen Swensk die Haltung der Belarussen zu den Deutschen wandelte, die bis dahin einzig durch die Erfahrungen aus dem Zweiten Weltkrieg geprägt war. Die Swensker Rentner sagten das auch sehr direkt: »Wenn uns jemand erzählt hätte, dass die ersten Geschenke und Hilfslieferungen gerade von den Deutschen kommen würden, wir hätten ihm nicht geglaubt.«

Reinhard Paul

JANNIS BECKER ist ein »Russlanddeutscher« wie seine Freundin ISABELL BECKER. Jannis wurde in Sibirien geboren, Isabells Wurzeln liegen in Kasachstan. Beide lasen vor drei Jahren in der Zeitung den Aufruf, dass Gasteltern für Tschernobylkinder gesucht werden, berieten sich mit ihren Eltern und gehören heute sicher zu den Jüngsten, die sich in Deutschland in der Tschernobyl-Hilfe engagieren.

Im Herbst 2015 schrieb Jannis einen Brief an IRINA GRUSCHEWAJA, in dem er sich für die Möglichkeit bedankte, belarussische Kinder aufnehmen zu können, die für ihn nicht nur Freunde, sondern wie Brüder geworden seien. Jannis und seine Freunde erstellten auch eine Facebook-Seite »Den Kindern von Tschernobyl – Initiative Ibbenbüren«. Eine neue Generation bringt auch neue Kommunikationsweisen mit sich.

Die Initiative Ibbenbüren (ca. 50 000 Einwohner) wurde 1992 vom Ehepaar Schäfer gegründet. Damals hatten die beiden bei einem Minskbesuch in einer Schule ANDREJ TICHOMIROW, einen Freund der Stiftung »Den

Kindern von Tschernobyl« e. V. kennengelernt, der sie mit der Stiftung bekannt machte. So erfuhren die Einwohner von Ibbenbüren von den Problemen der Tschernobylkinder und begannen, sie zur Erholung einzuladen.

Die Schäfers leiteten die Initiative sehr erfolgreich und effektiv. Von Beginn an erfuhren sie dabei vom evangelischen Pfarrer ihrer Kirchgemeinde, REINHARD PAUL, ehrliche Unterstützung und moralische Begleitung. Als HEIDRUN und ERHARD SCHÄFER im Jahre 2002 schwer erkrankten und wenig später verstarben, stand die Frage im Raum, die Ferienmaßnahmen zunächst einmal auszusetzen. Aber die Mehrheit der Gasteltern entschied sich für die unmittelbare Fortsetzung.

Rita Volkmer

Natürlich stellte sich die Frage, wer die Arbeit fortsetzen würde – oder ob man die Initiative auflösen sollte? Man entschied sich fürs Weitermachen. Zum Vorsitzenden wurde WALTER HÖNIG gewählt und REINHARD PAUL, Pfarrer im Ruhestand, wurde sein Stellvertreter. WALTER HÖNIG schlug dann einen Generationswechsel vor und holte RITA VOLKMER und Reinhard Jansing ins Team. So erhielt die Initiative ein erweitertes Leitungsteam.

RITA VOLKMER zählt sich zu den Vertreterinnnen der dritten Generation dieser Initiative, und wenn man die kürzlich hinzugestoßenen »Russlanddeutschen« – Jannis und Isabell Becker und ihre Gleichgesinnten – mitzählt, wird es wohl auch bald die vierte Generation im Leitungsteam geben. Die Arbeit mit den Tschernobylkinder hat übrigens auch die Kontakte zwischen den deutschen Spätaussiedlern und den Ureinwohnern in der Region verstärkt.

GREGOR MÖLLER-REEMTS und sein Freund LUDWIG WREESMANN kamen nach Münster aus dem 200 Kilometer entfernten Cloppenburg, wo Gregor lebt, also aus Niedersachsen nach Nordrhein-Westfalen. Auch sie

8 Vielfalt der Tschernobyl-Initiativen

interessieren sich für das Thema Tschernobyl und für die Koordination der gemeinsamen Arbeit. Dies ist gut nachvollziehbar, denn wenn man 20 Kinder einlädt, aber einen ganzen Bus bezahlen muss, sind die Kosten für eine kleine Initiative nur schwer zu bewältigen. Das Zauberwort heißt also Kostenteilung.

Gregor berichtete mir, wie seine Initiative 1991 die erste Kindergruppe aufgenommen hat, 10 Kinder aus Retschiza. Obwohl der Kalte Krieg 1989 offiziell beendet worden war, warnten die Eltern ihre Kinder streng, in Deutschland irgendwelche Soldaten oder Militärangehörigen anzusprechen. Das war nicht nur unnötig, sondern auch völlig unmöglich für die Kinder – sie reisten nämlich mit einem Militärflugzeug, das auf einem Militärstützpunkt landete. Der nächste Schock war die den sowjetischen Soldaten unbekannte Freiheit. Die deutschen Soldaten konnten sich frei bewegen und Kontakte zu Zivilisten pflegen, am Wochenende nach Hause fahren und entsprachen so gar nicht den von der sowjetischen Propaganda erschaffenen Stereotypen und Mythen. Sie waren keine khakifarbenen Monster, und ihr Leben bestand gar nicht aus Drill.

Gregor Möller-Reemts und Ludwig Wreesmann

Nach der Jahrtausendwende gab GREGOR MÖLLER-REEMTS den Vorstandsvorsitz der Initiative an LUDWIG WREESMANN ab, der auch die Erzählung der Ereignisse von 1991 fortsetzt. Im Jahr 2001 lud die Initiative die jungen Menschen wieder ein, die 10 Jahre zuvor bei ihnen zur Erholung gewesen waren. Es war eine angenehme Überraschung, dass tatsächlich alle auf die Einladung reagierten und sie annahmen. Noch größer war die Freude darüber zu erfahren, was aus den Kindern von vor 10 Jahren geworden war. Viele der belarussischen Kinder konnten nun zum Erstaunen der Deutschen auf Deutsch über ihr Leben berichten.

Dies zeigt sehr eindrucksvoll, dass die deutsche Hilfe für die Kinder von Tschernobyl nicht in eine Sackgasse geführt hatte, sondern nachhaltig war. Eine prägende Erfahrung war zudem die Tatsache, dass die belarussischen Eltern über Jahre hinweg ihre kleinen Kinder völlig unbekannten Menschen anvertrauten.

In Detmold gibt es bis heute eine Initiative, die von EVA BALKE, einer der Pionierinnen der deutschen Tschernobylbewegung, gegründet wurde. Nachdem sie schwer erkrankte und 2006 starb, übernahm PETRA STÖRIG die Leitung. Die Initiative arbeitet mit Mosyr zusammen und wollte schon mehr als einmal die Tätigkeit beenden – doch es geht einfach nicht. Das Engagement ruft bei den Beteiligten einfach zu viele positive Emotionen hervor. Es macht einfach viel zu viel Freude, um damit aufhören zu können.

Petra Störig

Die Gespräche mit Karla Behnes haben mich gleich von zwei sowjetischen Stereotypen befreit: Die Deutschen seien unterkühlt, und im kapitalistischen Westen gäbe es nur »Pragmatiker«[1]. Das zweite Stereotyp nährt im Grunde ein drittes, mit Tschernobyl verbundenes Vorurteil. Die Mythen über die Kindererholung im Ausland sind ja in diesem Buch schon mehrfach erwähnt worden und sind meist mit der Zeit verworfen worden. Bis auf eines, dass es den Menschen im Ausland finanziell nützt, unsere Kinder aufzunehmen, weil sie daraus steuerliche Vorteile ziehen.

---

[1] Im russischen Sprachgebrauch sind Pragmatiker Personen, die nur auf ihren persönlichen Gewinn bedacht sind, ohne ideellen Werten zu folgen.

8 Vielfalt der Tschernobyl-Initiativen

Die Langlebigkeit dieses Unfugs ist wohl mit dem Weltbild der sowjetischen und postsowjetischen Menschen zu erklären, die nicht verstehen können, dass auf dieser Welt Dinge »einfach so« getan werden. Daher rühren auch die Gerüchte bezüglich der »Reichtümer«, die die Vorsitzenden der Stiftung »Den Kindern von Tschernobyl« e. V. angeblich besitzen und die Versuche, die gemeinnützige Zusammenarbeit mit dem Ausland in Verruf zu bringen.

Etwas Pathos sei verziehen: Anderen zu helfen war die göttliche Berufung dieser Menschen. Sie folgten dem Ruf ihrer Güte und ihres Gewissens.

Eigentlich war geplant, mit dem Zug zu fahren, doch eine deutsche Freundin von Irina Gruschewaja, Gisela Schmidt-Wiesbernd, war bereit, uns mit ihrem Auto zu fahren. Bei dieser Gelegenheit

Gisela Schmidt-Wiesbernd beim Friedensmarsch durch Europa für die Kinder von Tschernobyl und von Fukushima, April 2011

möchte ich mich aufrichtig bei dieser hilfsbereiten Frau bedanken. Dieses Buch ist unter anderem dank ihrer Freundlichkeit und Gastfreundschaft entstanden.

Etwas Amüsantes am Rande: Die Deutschen kennen keinen Vatersnamen, daher erklärte Irina Lwowna Gruschewaja ihren deutschen Studenten einmal dieses bei uns selbstverständliche Prinzip. Sie erzählte, dass ihr Vater Lew hieß und daher also ihr Vatersname käme und fragte dann, ob alle das verstanden hätten. Als Antwort bekam sie: »Alles klar. Sie heißen dann also Irinawitsch«. Seit dieser Zeit existiert der Neologismus »Irinawitsch« und bald gesellte sich noch ein weiterer dazu: »Giselawitsch«.

Medizinische Hilfe für krebskranke Kinder

IRINA GRUSCHEWAJA berichtete, dass eine Kindergruppe einmal von der bekannten Fernsehmoderatorin ELEONORA JESERSKAJA (die leider bereits nicht mehr lebt) ins Ausland begleitet wurde. Nachdem sie die asketischen Bedingungen gesehen hatte, unter denen die Arbeit der Initiativen geleistet wurde, kehrte sie mit der Überzeugung nach Hause zurück, dass man aufhören sollte, die Menschen, die sich gemeinnützig engagieren, sei es zu Hause in Belarus oder im Ausland, in Misskredit zu bringen.

Auch ich würde gern noch viel mehr dazu sagen, ich beschränke mich auf die Erzählungen von KARLA BEHNES, ihrem Mann JÜRGEN und ihren Freunden, URSULA und PETER LIPPERT.

Auch hier ist die von WERNER LINDEMANN und BURKHARD HOMEYER gegründete »Informationsstelle Tschernobyl« in Münster Ausgangspunkt des Geschehens. Bei einer seiner Reisen nach Minsk lernte der evangelische Pfarrer WERNER LINDEMANN eine Frau kennen, die ihn um Hilfe für ihre kranke Tochter bat. Lindemann erzählte PETER LIPPERT davon und dieser wiederum seiner Frau Ursula, die darüber mit ihrer Freundin KARLA BEHNES sprach. So wuchs die Kette der Güte zu einer neuen Initiative. Die Familien Behnes und Lippert beschlossen, WERNER LINDEMANN nicht nur bei den Erholungsmaßnahmen für Tschernobylkinder zu unterstützen, sondern auch bei der Hilfe für erkrankte Kinder, was entsprechend schwieriger und an-

Karla Behnes

Jürgen Behnes

8 Vielfalt der Tschernobyl-Initiativen

Werner Lindemann, Mitglied der BAG »Den Kindern von Tschernobyl in Deutschland«
zu Besuch in der verseuchten Zone

spruchsvoller war. Es gibt kein überzeugenderes Argument für die Gefährlichkeit der Atomenergie für den Menschen, als die Tatsache, dass Kinder daran erkranken. Den Anfang machte also das Mädchen Nella, dessen Mutter sich an WERNER LINDEMANN gewandt hatte.

Und nun für all jene, die an den Mythos von den »Steuervorteilen« glauben: Das Materielle ist ein wichtiger Teil des menschlichen Lebens, allerdings nicht der wichtigste. Über die Professionalität der Münsteraner Ärzte muss nicht viel gesagt werden: Es genügt zu erwähnen, dass sich Michail Gorbatschow an sie wandte, als seine Frau lebensgefährlich erkrankte. PROF. DR. GÜNTHER SCHELLONG, der auch Raissa Maximowna Gorbatschowa behandelte, betreute die Tschernobylkinder übrigens persönlich.

Werner Lindemann, Irina Gruschewaja, Dr. Liber beraten über die Hilfe für kranke Kinder, 1995

Und mehr noch, um seine kleinen Patienten besser verstehen zu können, lernte er die russische Sprache. Professor Schellong selbst arbeitete kostenlos, die Klinik musste aber ihre Kosten geltend machen.

Pfarrer Werner Lindemann suchte nach Möglichkeiten, die Kosten zu senken und sammelte Spenden. Dennoch genügten die Mittel nicht, um das Krankenhaus zu bezahlen. Die Schulden beliefen sich damals mittlerweile auf eine Million DM. Mit staatlicher Hilfe wurde die Weiterführung der Arbeit mit den Tschernobylkindern ermöglicht und die Behandlungskosten übernommen. In diesen Kosten waren übrigens keinerlei Honorare für deutsche Ärzte enthalten, denn alle, die an der Behandlung der Tschernobylkinder beteiligt waren, hatten auf die finanzielle Vergütung verzichtet. Die Kosten fielen nur für die Nutzung der Kliniken und ihrer Einrichtungen an.

8 Vielfalt der Tschernobyl-Initiativen

Die Kliniken boten durchaus Ermäßigungen an, doch ganz kostenfrei konnten sie die Behandlungen nicht anbieten, da diese Einrichtungen »auch von etwas leben müssen«. Gerüchte darüber, dass die Deutschen für ihr Engagement konkrete Vorteile erhalten, sind nichts anderes als propagandistische Enten. Keiner bekommt etwas dafür, von niemandem. Im Gegenteil, die Deutschen zahlen dafür, den belarussischen Kindern helfen zu können. Das Geld wurde von vielen Menschen von ihrem eigenen Geld privat aufgebracht. Staatliche Einrichtungen haben nur einen Teil bei größter Not übernommen.

Ursula Lippert

Um die deutschen Familien zu unterstützen, die den kleinen Strahlenopfern helfen wollten, legte die Landesregierung von Nordrhein-Westfalen ein Unterstützungsprogramm auf und ermöglichte einen Zuschuss aus Steuergeldern. Im Unterschied zu Belarus ist die Verwendung öffentlicher Gelder in Deutschland absolut transparent und es gibt keine geheimen »präsidialen Töpfe«. Über fünf Jahre hinweg ermöglichte die deutsche

Peter Lippert

Politik mit diesen Zuschüssen die Tschernobylhilfe. Leider reicht auch alle Güte der Welt manchmal nicht aus.

Als WERNER LINDEMANN 1991 den ersten Aufenthalt für kranke Tschernobylkinder vorbereitete, wandte er sich zur medizinischen Konsultation an DR. EGBERT LANG aus Coesfeld, der sich zu diesem Zeitpunkt aktiv in der Tschernobyl-Frage engagierte.

KARLA BEHNES unterstützte diese Vorbereitung. Als er sich die Anamnesen der eingeladenen Kinder anschaute, wurde er ganz blass. Karla fragte, ob er sich nicht wohlfühle und sie später wiederkommen solle, doch das war nicht der Fall. DR. LANG erklärte ihr, dass diese Kinder die nächsten Monate nicht überleben würden. und so kam es: Neun Kinder, die ursprünglich nach Münster kommen sollten, starben. Zum Behandlungs- und Erholungsaufenthalt kamen neben dem einzigen überlebenden Jungen neun andere Kinder.

Für DR. LANG war dies nicht die erste Begegnung mit Tschernobylkindern. Bereits einige Jahre zuvor war er auf Einladung der Stiftung »Den Kindern von Tschernobyl« e. V. in Belarus gewesen und hatte in der Krebsklinik Borowljany bei Minsk Fortbildungen zu Behandlung und Versorgung krebskranker Kinder für die belarussischen Spezialisten und Fachkräfte gehalten. In der Zeit als das noch möglich war, konnten DR. LANG und seine Kollegen aus anderen Bundesländern mit organisatorischer Unterstützung der Stiftung »den Kindern von Tschernobyl« e. V. insgesamt 600 Fachkräfte im Bereich neuer Behandlungsmethoden von Krebserkrankungen schulen.

In der aktiven Zeit von KARLA BEHNES, URSULA LIPPERT und ihrer Initiative befanden sich 43 Kinder in dauerhafter Behandlung in Münster, darunter auch Sergej aus Gomel. Unter Sergejs Knie wuchs ein Tumor aus dem Knochenmark, und die belarussischen Ärzte empfahlen dringend, das Bein zu amputieren. Valentina, die Mutter des Jungen, wollte dies unbedingt verhindern und wandte sich an die Münsteraner Tschernobylinitiativen.

WERNER LINDEMANN kam ihr gern entgegen und organisierte für Sascha einen Platz im Uniklinikum. Die Ärzte schlugen die Transplantation eines Teils des Knochens vor, dafür galt es nur, auf einen geeigneten Spender zu warten. Diese Suche konnte einige Zeit in Anspruch nehmen und die Initiative stand vor der Frage, wo der kleine Patient mit seiner Mutter unterdessen wohnen würde. Der Spender wurde nach einem halben Jahr gefunden, danach folgte noch ein halbes Jahr Rehabilitation.

8 Vielfalt der Tschernobyl-Initiativen

In all dieser Zeit wohnten der 14-jährige Sergej und seine Mutter Valentina bei deutschen Familien, hauptsächlich bei URSULA LIPPERTs Nachbarin, Frau Bussmann. So konnte das Bein des Jungen am Ende doch noch gerettet werden. In das verstrahlte Gomel wollte Valentina jedoch schon aus Prinzip nicht zurückkehren. Dafür kämpfte sie wie eine Löwin und entsprechend war auch der Erfolg: Als Tschernobylinvalide erhielt Sergej eine Wohnung im Minsker Stadtteil Malinowka, und die Familie zog in die Hauptstadt um.

Mir! Frieden!

Zur selben Zeit begann nicht weit von Malinowka der Bau des IBB – des Internationalen Bildungs- und Begegnungszentrums »Johannes Rau« in Minsk. KARLA BEHNES nahm persönlich an der Feierlichkeit der Grundsteinlegung des Zentrums teil, bis heute ein Zentrum der Friedensarbeit und der Begegnung über alle Gräben hinweg. Ihrem Bericht darüber stelle ich noch ein belarussisches Stereotyp über die Deutschen voran, das die Tschernobylkinder erfolgreich beseitigen konnten: Dass die Deutschen viel Leid über uns gebracht haben. Darum geht es auch in KARLA BEHNES' Erinnerung:

Karla Behnes, Kirchentag in München, 1993

Die Menschen, die in den Hochhäusern drumherum wohnten, wussten wenig davon, dass die Deutschen hier das IBB bauen würden. Als sie von ihren Fenstern aus beobachteten, dass sich auf der Brache irgendwelche Fremden versammelt hatten, liefen sie herbei um herauszufinden, was da vor sich geht. Dabei hielten sie eine gewisse Distanz zu uns. Als der orthodoxe Priester begann, den Grundstein für das Fundament zu segnen, kamen sie langsam näher.

Unter ihnen war auch eine ältere Frau mit einem kleinen Kind auf dem Arm, wohl das Enkelkind. Ich trug einen Rucksack auf dem Rücken. Jemand hatte mir ein Holzpüppchen geschenkt, und ich hatte es am Rucksack befestigt. Das Kind begann, mit dem Püppchen zu spielen und laut dabei zu lachen. Die Großmutter, erbost darüber, ging mit ihm zur Seite. Als die Feierlichkeit zu Ende ging, wollte ich gern mit ihr in Kontakt kommen und herausfinden, warum sie so verärgert war. Sie erklärte mir: »Im Krieg in meine ganze Familie gestorben.« Und ich sagte ihr: »Mein Vater ist auch im Krieg gestorben«. Da nahm diese Frau mich in die Arme und sagte mit Tränen in den Augen: »Mir! (Frieden!)« Da musste ich auch weinen.

Diese Begegnung werde ich mein ganzes Leben lang nicht vergessen. Es ist so wichtig, dass die Menschen sich kennenlernen, in Kontakt kommen. Für uns ist diese Versöhnung durch das kleine Kind entstanden. Und für viele Deutsche waren die Kinder von Tschernobyl die Vermittler.

Während der Erholungsaufenthalte der Kinder in Deutschland gab es natürlich bei Weitem nicht nur traurige Momente – es wurde auch viel gelacht. Zum Beispiel, so erzählt KARLA BEHNES, konnten die belarussischen Kinder zunächst nicht glauben, dass sie in ihrem Garten keine Kartoffeln anbaut. Heute werden durchaus schon einige Datschen in Belarus nur zur Erholung genutzt, doch damals war daran nicht zu denken.

8 Vielfalt der Tschernobyl-Initiativen

Das Politische und das Soziale

Der kleine Ort Betzdorf liegt im rheinland-pfälzischen Bergland, im Südwesten der Bundesrepublik. Die Deutschen nennen diese Region Siegerland, und die Verbandsgemeinde Betzdorf selbst hat etwa 10 000 Einwohner.

RUDOLF DÜBER leitet schon seit über zwanzig Jahren den Verband der weltweit bekannten katholischen Hilfsorganisation Caritas in Neuwied. Er selbst ist nicht nur Katholik, sondern auch Diakon. Der Caritasverband hat etwa 300 Mitarbeiter, die jedoch nicht alle Katholiken sind. Auch Protestanten und sogar Moslems sind dort beschäftigt, letztere vor allem im Bereich der Flüchtlingssozialarbeit. Der Verband ist für zwei Geschäftsstellen zuständig, Betzdorf und das benachbarte Neuwied.

Der Caritas hat RUDOLF DÜBER fast 25 Jahre seines Lebens gewidmet. Am 1. Juni 2016 hat er seinen Platz als Direktor des Verbandes geräumt, seine Arbeit für die Caritas in veränderter Form aber dennoch fortgesetzt, da er ohne – sagt er – wohl nicht leben kann. Zudem wird der neue Status ihm mehr Zeit für sein zweites Engagement gewähren – Tschernobyl.

Vor 24 Jahren hat er damit begonnen. Zu dieser Zeit entstanden in Rheinland-Pfalz auf Initiative der Belarussischen gemeinnützigen Stiftung »Den Kindern von Tschernobyl« e. V. Hilfsprojekte für Tschernobylkinder. Die erste Kindergruppe mit 70 Personen kam 1993 nach Betzdorf. Der außergewöhnliche Enthusiasmus, mit dem die deutschen Familien die belarussischen Kinder aufnahmen, hielt sich über viele Jahre hinweg. Vor interessierten Familien, die belarussische Kinder bei sich aufnehmen wollten, konnten sich die Initiativen kaum retten. Damals war die Tschernobyl-Katastrophe noch frisch im Gedächtnis der Menschen und langsam drang ins Bewusstsein vor, was damals 1986, wirklich geschehen war.

RUDOLF DÜBER war 1986 Vater einer Tochter, Miriam, geworden, doch nicht nur deshalb kann er sich gut an das Jahr erinnern. Nach der Havarie im Atomkraftwerk kam unter den Deutschen merklich Panik auf. Keiner

Rudolf Düber, Direktor Caritasverband Neuuwied, Mitglied der BAG, Vernetzung der TschernobylInitiativen in Rheinland-Pfalz, Caritas Rundbrief zum Projekt »Futura«

wusste etwas Genaues – durfte man noch auf die Straße gehen, war das Essen sauber, und was konnte man den Kindern geben? Die Menschen bekamen Angst und machten sich plötzlich um Dinge Gedanken, die sie bislang nicht hinterfragen mussten. Zum Beispiel: Kann ich dieses Obst oder Gemüse essen oder nicht?

Dies war jedoch keine bewusste Wahrnehmung der Bedrohung durch die Atomenergie, sondern einfacher zur erklären: Angst. Die Menschen spürten, dass die Havarie in Tschernobyl bis zu ihnen reichte. Die Emotionen waren von Furcht begleitet. So vereinte sich belarussisches und deutsches Leid.

8 Vielfalt der Tschernobyl-Initiativen

Rheinland-Pfalz ist eines von 16 Bundesländer. In den Anfangszeiten waren hier fast einhundert Tschernobylinitiativen aktiv. Nach 25 Jahren sind noch 25 davon übrig, was ungewöhnlich viel ist. Die Stiftung »Den Kindern von Tschernobyl« e. V. war von Beginn an Kooperationspartner in RUDOLF DÜBERs Engagement. Dank der Stiftung konnten RUDOLF DÜBER und seine Mitstreiter von Anfang an effektiv und produktiv arbeiten und verloren keine Zeit, wie es oft bei neuen Projekten ist. Schon bald wurden die Erholungsaufenthalte belarussischer Kinder in Betzdorf zum regelmäßigen Ereignis. Die Projekte fanden nur bedingt unter dem Dach der Caritas statt. Wenn man alle Aufgaben RUDOLF DÜBERS zusammennimmt, hat Tschernobyl daran nur einen Anteil von einem Prozent. Er leistet diese Arbeit zusätzlich zu seiner täglichen Arbeit – gemeinsam mit der ehrenamtlichen Tschernobyl-Nothilfegruppe – quasi als freiwilliges ehrenamtliches Engagement am Feierabend.

Und noch eines sollte nicht unerwähnt bleiben: Uneigennützigkeit. Diejenigen, die die Sache aufrichtig unterstützen, tun dies, ohne dafür Geld zu verlangen. Die Erholungsaufenthalte finden seit 1993 bis heute statt, und seit 1999 kamen auch noch die Jugendprojekte hinzu, die in diesem Buch bereits mehrfach Erwähnung fanden und meiner Ansicht nach eine der kreativsten und weitsichtigsten Ideen der Stiftung »Den Kindern von Tschernobyl« e. V. war. Und diese kam zur rechten Zeit! Die Kinder, die im Rahmen der Stiftungsprogramme zur Erholung im Ausland gewesen waren, wurden größer und standen nun als Jugendliche wieder im Fokus der Stiftungsarbeit.

Darüber hinaus besteht die Hoffnung, dass in Belarus mit ihnen eine Generation herangewachsen ist, die, falls es in Belarus einmal politische Änderungen geben sollte, genau weiß, wie sich die Menschen in anderen Ländern ihnen gegenüber verhalten und was sie daraus gelernt haben. In Betzdorf ist derzeit eine Veränderung sichtbar: Die Erholungsaufenthalte werden weniger, dafür entwickelt sich die Arbeit mit den Jugendlichen immer weiter. In anderen Orten ist das ähnlich zu beobachten.

RUDOLF DÜBERS belarussische Gleichgesinnte sitzen in Bychow, Mogilew und Minsk. Nach Betzdorf kommen Jugendliche aus Belarus mit ganz unterschiedlichen Berufen. Wichtig ist, dass die Zusammensetzung der Gruppe jedes Mal neu ist. Neben dieser Bedingung gibt es noch eine weitere Teilnahmevoraussetzung: Die Jugendlichen müssen sich mit dem Thema der Begegnung auseinandergesetzt oder praktisch mit dem zu tun haben, was mit den deutschen Jugendlichen besprochen werden soll. Diese Regeln sind in meinen Augen sehr wichtig, denn wie kann man ein Projekt besprechen, das man sich nicht in der Praxis vorstellen kann? Auch die politische Situation muss erwähnt werden. Leider ist es unter den derzeitigen Bedingungen sehr schwer für Jugendliche, das umzusetzen, was in ihren Augen notwendig und zielführend ist.

RUDOLF DÜBER versteht das gut und hat im Unterschied zu vielen anderen Ausländern keine Scheu, das anzusprechen: Für mich ist Tschernobyl auch politische Arbeit. Die Gesellschaft ist per se nicht homogen, es gibt immer gegenläufige Bewegungen. Der politische Aspekt muss daher bei der humanitären Arbeit immer mitgedacht werden. Belarus ist da keine Ausnahme. Ob nun öffentlich oder hinter vorgehaltener Hand, in eurem Land gibt es Menschen die für die Regierung sind und welche, die sind dagegen. Eine solche Spaltung muss nicht immer zu einer öffentlichen Auseinandersetzung führen, aber das bedeutet nicht, dass es sie nicht gibt. Ich bin überzeugt, dass man nicht nur die Folgen, sondern auch die Ursachen sozialer Phänomene darstellen muss. Die Suche nach den Ursachen, die öffentliche Auseinandersetzung darüber – das ist politische Arbeit.

Wir liefern keine fertigen Rezepte auf Basis unserer eigenen Erfahrung, aber wir arbeiten dafür, dass bestehende Probleme öffentlich diskutiert werden, dass nicht nur eine Tatsache gezeigt und eine andere nicht berücksichtigt wird.

Wer hilft, ohne darüber nachzudenken, weshalb diese Hilfe überhaupt notwendig ist, stellt sich in den Dienst des Systems, das die Ursachen für den Hilfsbedarf selbst hervorbringt. Leider ist dieser Ansatz nicht allzu weit

8 Vielfalt der Tschernobyl-Initiativen

verbreitet. Ich bin in diesem Sinne eine »weiße Krähe«. Die große Mehrheit leistet Hilfe und schaut nicht nach rechts und nach links. Für sie ist es wichtig, sich als gute Samariter zu fühlen, denen erlaubt wurde zu helfen.

Meine Position ist eine vollkommen andere. Grundsätzlich denke ich, dass Hilfe für in Not geratene Menschen ohne das Hinterfragen der Ursachen, das Aufdecken der Hintergründe, gelinde gesagt, falsch ist. Wenn es keine Ursachen für unsere Hilfe gibt, dann ist die Unterstützung auch nicht notwendig.

Mir gefällt es, wie viele Menschen das Wesen der Barmherzigkeit erfassen. Als würde jemand oder etwas das menschliche Herz berühren und sich seiner erbarmen. Wenn es jemandem weh tut, dass Andere leiden, das ist Barmherzigkeit. Doch wenn ein Staat dies zum Bestandteil seiner Ideologie macht, dann ist es keine Barmherzigkeit mehr. Barmherzigkeit und Gerechtigkeit sind zwei Seiten derselben Medaille.

Anders als viele seiner Kollegen war RUDOLF DÜBER nur vier Mal in Belarus, obwohl er stärker als die meisten engagiert ist. Die Erklärung ist einfach: Mit Tschernobyl beschäftigt er sich nur in seiner freien Zeit und nach Belarus konnte er nur reisen, wenn dies zeitlich überhaupt möglich war.

Und so beschreibt er, was ihn antreibt: Ich glaube an Gott, und denen zu helfen, die in Not geraten sind, ist Bestandteil jeder Religion. Anderen helfen kann man nur, wenn es gelingt, sich aufzurappeln und Gleichgesinnte zu finden. Als ich erfuhr, dass in Rheinland-Pfalz ein Hilfsprogramm für Tschernobylopfer entsteht, habe ich mich sofort angeschlossen. Das war eine großartige Chance, die Deutschen zusammenzubringen, Solidarität zu zeigen und das Wunder zeigte sich schnell. Mit der Zeit kamen auch immer stärkere politische Motive hinzu. Die Familie Gruschewoj wurde beschuldigt, dem belarussischen Staat zu schaden oder irgendwelche finanziellen Verbrechen begangen zu haben. Diesen Unfug glaubte eigentlich niemand, da von Anfang an klar war, dass es hier nicht um Steuerdelikte ging, sondern um das Ansinnen des Staates, eine starke Bürgerbewegung zu säubern.

Diesen politischen Hintergrund verstand ich sofort, und neben den

Rudolf Düber und Gennadij Gruschewoj

christlichen Werten in meinem Bewusstsein spielen auch Fragen nach Menschenrechten, Freiheit und Demokratie eine Rolle. Das Politische und das Soziale sind für mich untrennbar verbunden. Tschernobyl ist noch nicht vorbei. Es dauert bis heute, politisch wie humanitär.

RUDOLF DÜBER war nicht der einzige, der den politischen Hintergrund in den Anschuldigungen des Nationalen Sicherheitsrates gegen die Gruschewojs erkannte. In allen deutschen Bundesländern, in denen es Tschernobyl-Initiativen gab, wurden außerordentliche Mitgliederversammlungen durchgeführt, Beschlüsse gefasst. Viele Privatleute schickten Faxe und Protestbriefe an die belarussische Regierung. In der Präsidialverwaltung gingen mehr als 30 000 dieser Briefe ein und trugen wohl auch dazu bei, dass

8 Vielfalt der Tschernobyl-Initiativen

Belarussisch-deutsches Jugendprojekt Futura in Betzdorf, 2008

das Strafverfahren später aufgrund »des Fehlens eines Straftatbestands« eingestellt wurde.

Die Tür zu RUDOLF DÜBERS Arbeitszimmer ziert ein Schriftzug: »Die Frist für Beschwerden ist gerade abgelaufen.« Bezeichnend für diesen Menschen : Hingabe hat durchaus auch Platz für Humor. Und für Träume. Er träumt von der Freiheit. Von der Freiheit, die uns vereint.

Weltwärts – Die virtuellen Tagebücher

Ihr Familienname klingt etwas außerirdisch – ELISABETH MARS. Einen Marsmenschen kann man sie aber keinesfalls nennen, vielmehr ist sie eine aufrichtige Verehrerin des Planeten Erde, dem sie sogar manchmal Briefe schreibt. In unserem Gespräch geht es um das Buchprojekt »Weltwärts«, das Elisabeth bereits seit über 25 Jahren leitet und dessen zentrale Akteure junge Menschen hauptsächlich aus Deutschland sind, die eine längere Zeit als Freiwillige in verschiedenen Ländern der Welt verbringen.

Jeder von ihnen erhielt von Frau Mars eine, heute schon gar nicht mehr erhältliche, Wegwerfkamera mit 27 Aufnahmen und den Auftrag, 24 Stunden in ihrem Leben festzuhalten. Danach wurden die jungen Fotografen interviewt und »Virtuelle Tagebücher« erstellt, die auf eigenwillige und originelle Art die ganze Welt abbildeten, denn deutsche Freiwillige sind auf allen Kontinenten im Einsatz.

Jährlich nahmen zwischen mehreren hundert und 1000 Jugendliche an den Projekten teil, insgesamt haben sich bereits über 10 000 junge Freiwillige engagiert. ELISABETH MARS fügt die »Virtuellen Tagebücher« zu einem Gesamttext zusammen, das Schreiben selbst haben die Jugendlichen übernommen.

Elisabeth Mars

ELISABETH MARS erzählt: »In diesen Büchern geht es in erster Linie um Veränderungen im Bewusstsein der Menschen, die dann fast wie von selbst auch Änderungen im Handeln bewirken. Bei der Betrachtung der Welt entsteht bei jedem ein eigenes Bild und daraus dann ein großes gemeinsames Mosaik. Der Entstehungsprozess dieser Weltbilder ist sehr interessant, ihn versuche ich zu ergründen. Ein jeder von uns verfügt über eine Unmenge von Bildern in seiner Vorstellungskraft – aber stellen diese Bilder die Reali-

8 Vielfalt der Tschernobyl-Initiativen

tät dar oder nur deine eigene Wahrheit? Diese Frage interessiert mich sehr und ich möchte sie beantworten – auch in Belarus.«

Auch ELISABETH MARS hat eine sehr spannende Geschichte. In ihrer Kindheit erkrankte sie an Polio und war seit ihrem zweiten Lebensjahr Invalidin. Elisabeth konnte nicht laufen, war an den Rollstuhl gebunden und träumte davon, ferne Länder zu besuchen. Sie las alle Bücher, die ihr in die Hände kamen und stieß in einem davon auf das Wort »Ouagadougou«. Das ist die Hauptstadt von Burkina Faso, einem westafrikanischen Land, das früher als französische Kolonie noch Obervolta hieß. Niemand kannte dieses Wort, weder ihre Eltern noch die Lehrer in der Schule. Als ihr dieses Wort später noch einmal unter die Augen kam, schwor Elisabeth sich, unbedingt einmal dorthin zu reisen. Zuvor würde sie allerdings lernen müssen, normal zu laufen. Mit der Zeit gelang ihr dies, und sie erfüllte sich im Alter von 26 Jahren ihren Kindheitstraum.

Auf Burkina Faso folgte Simbabwe, wo sie Rassismustheorie lehrte, dann Nicaragua, wohin sie innerhalb weniger Jahre viermal reiste, um ein didaktisches Konzept für die Hochschullehre mitzuentwickeln, später Südafrika und viele andere Länder. Aktuell hat Elisabeth eine neue Faszination entdeckt: Indien.

Mit 24 Jahren wurde ELISABETH MARS schwanger. die Ärzte, drei renommierte Orthopäden, die damals mit ihrer Behandlung betraut waren, stimmten darin überein, dass sie nicht auf natürliche Weise gebären könne. Darüber hinaus waren sie überzeugt, dass ihr Körper die Belastung durch die permanente aufrechte Haltung nicht aushalten würde und rieten ihr, sich wenigstens zwei bis drei Stunden täglich in den Rollstuhl zu setzen. Sie sagten auch, dass sie im Falle einer natürlichen Geburt spätestens mit 40 Jahren dauerhaft auf den Rollstuhl angewiesen sein würde, bis an ihr Lebensende.

Von dieser Prognose war die junge Frau nicht gerade begeistert. Mit Tränen in den Augen teilte sie den Ärzten mit, dass sie, um ihr Kind zur Welt bringen zu können, eben lernen würde, wie alle zu laufen. Bislang hatte sie dafür verschiedenste Hilfsmittel genutzt, orthopädische Schuhe und spezielle Schienen. Die Ärzte zeigten sich skeptisch und antworteten, dass das für einen Mensch nach einer Polio-Erkrankung, die den halben Körper infiziert hat, prinzipiell unmöglich sei.

ELISABETH MARS beschloss also, die Schulmedizin herauszufordern. Schon am nächsten Tag brachte sie all ihre Schuhe zu dem Schuster, der ihre orthopädischen Schuhe anfertigte, und sagte: »Ich werde diese Schuhe nicht mehr tragen. Vielleicht kann sie jemand anders noch gebrauchen?« Der Meister antwortete: »Und Sie?« Woraufhin er zu hören bekam: »Ich will laufen, ich will normale Schuhe in normalen Schuhläden kaufen.« Und als einziger Mensch auf der Welt lächelte er Elisabeth einfach zu und sagte: »Machen Sie das!«

Elisabeth hinkte zum nächsten Schuhgeschäft und kaufte sich zum ersten Mal in ihrem Leben ein Paar normale Schuhe. Eigentlich kaufte sie zwei Paar, denn ihre Füße benötigten unterschiedliche Größen. Danach schaute sie sich im Spiegel an und fragte sich: »Und was kommt jetzt?« Yoga. Dreißig Jahre Selbstdisziplin und tägliche Übungen machten aus Elisabeth einen gesunden Menschen und halfen ihr, zwei Kinder zur Welt zu bringen. Erst kürzlich zeigte das Erste Deutsche Fernsehen eine Dokumentation über Yoga, in der Frau Mars die Protagonistin ist. Diesen Film sah völlig zufällig auch der Schuster, der ihr vor dreißig Jahren zugesprochen hatte: »Machen Sie das!« Der Mann fand ihre Telefonnummer heraus, und sie trafen sich zu einem langen Gespräch.

Von Belarus und der Stiftung »Den Kindern von Tschernobyl« e. V. erfuhr ELISABETH MARS durch den evangelischen Pfarrer BURKHARD HOMEYER, der als Studentenpfarrer auch mit den Teilnehmenden ihrer Jugendprojekte zu tun hatte. Die Begegnung mit IRINA GRUSCHEWAJA und Berichte über die Jugendprojekte beeindruckten Elisabeth sehr. Sie beschloss sofort, für einige Wochen nach Belarus zu reisen und dort Seminare zu Methoden der Jugendarbeit durchzuführen und weitere »Virtuelle Ta-

8 Vielfalt der Tschernobyl-Initiativen

gebücher« zu initiieren. Diese Reise fand im Oktober 2001 statt, und eines der damaligen Treffen fand im belarussischen Bildungsministerium statt.

ELISABETH MARS erzählt weiter: Ich saß dort unter einem Leninporträt, das war sehr symbolisch. Eine sehr kurze – das möchte ich ausdrücklich unterstreichen – Zeit meines Lebens war ich überzeugte Anhängerin des Kommunismus, weil ich dachte, dass dies der einzige Weg sei, die Welt zum Besseren zu verändern. Leider hatte ich mich da – wie viele andere auch – geirrt.

Während meines Studiums trat ich der Studentenvereinigung »Spartakus« bei. Vom Charakter her bin ich so veranlagt, dass ich immer sehr gute Ergebnisse erreichen will, wenn ich mich für etwas wirklich begeistere. So auch hier. Relativ schnell stieg ich in den Bundesvorstand der Organisation auf. Gemeinsam mit anderen Studenten reisten wir häufig nach Ostdeutschland, um zu sehen, wie »gut und glücklich« die Menschen dort lebten. Der kommunistischen Führung der DDR gefiel das natürlich außerordentlich, und ich erhielt ein Sondervisum. Wenn die Grenzer an der Passkontrolle das sahen, standen sie stramm und salutierten mir beinahe.

Vom Zug holte mich der Generalsekretär der SED, Egon Krenz, der letzte kommunistische Führer des nun nicht mehr existierenden Staates persönlich ab. Er wollte die DDR wie eine Art Potemkinsches Dorf präsentieren – nur das Gute und Glänzende. Ich sollte die Realität nicht sehen und wurde stets von aufmerksamen Menschen in Zivil begleitet. Weniger als ein Jahr glaubte ich an all das, dann wurden die Widersprüche zwischen Gesehenem und Gehörtem zu groß. Schließlich schwor ich dem Kommunismus ab. Die Archive der Stasi sind ja jetzt zugänglich und ich würde nur zu gern wissen, was dort damals über mich geschrieben wurde. Leider habe ich es bislang nicht geschafft, meine Akte einzusehen. Seitdem bin ich keinen politischen Strukturen mehr beigetreten, ich traue nur noch meinem eigenen Kopf und der riet mir, mich mit Bildungsprogrammen zu beschäftigen. Dann habe ich meine eigene Organisation gegründet, die sich für die Entwicklung des »Globalen Lernens« einsetzt.

Auch in Belarus war ich natürlich nicht nur »unter Lenin«. Wir hielten ein Seminar für die Mitarbeiter der Stiftung »Den Kindern von Tschernobyl« e. V., die mit Jugendlichen und Frauen arbeiten und führten außerdem zahlreiche Gespräche mit Mitarbeitern und Freiwilligen der Stiftung, es entstanden 24 »Virtuelle Tagebücher«.

Die Ergebnisse der Reise wurden in Deutschland in einer umfangreichen Ausstellung präsentiert, die auch ins Russische übersetzt wurde. Sie sollte danach in Belarus gezeigt werden, aber dort wurde die Ausstellung nicht genehmigt.

Heute arbeitet ELISABETH MARS an einem Buch mit dem Titel »Afrikanische Wege«. Es enthält 22 Artikel (eingereicht wurden viel mehr) von jungen Freiwilligen aus Deutschland, die für ein Jahr in einem afrikanischen Land (Kenia, Namibia, Malawi u. a.) gearbeitet und dort die Lebensgeschichten von unterschiedlichen Menschen aufgeschrieben haben. Elisabeths Ziel mit diesem Buchprojekt ist es, durch die beschriebenen Menschenschicksale unsere Vorstellung vom »Schwarzen Kontinent« zu verändern.

Vor einem Vierteljahrhundert hat die Stiftung »Den Kindern von Tschernobyl« e. V. im Grunde etwas ganz Ähnliches getan: Sie hat bestehende Mythen aufgebrochen und die Vorstellung der Menschen nachhaltig verändert.

Die Sonnenfamilie

Die Strohsonne, die mich an der Haustür begrüßte, schien mir sofort wie ein Symbol, denn Irina Gruschewaja hatte die Steuernagels des Öfteren die »Sonnenfamilie« genannt. Es stellte sich heraus, dass sie das Geschenk eines Mädchens aus dem Tschernobylgebiet war, das in Lüneburg zur Erholung gewesen war. Auf einer der Gastelternfahrten nach Belarus überreichte ihr das Mädchen die Strohsonne als Zeichen der Dankbarkeit ihrer Eltern.

8 Vielfalt der Tschernobyl-Initiativen

URSEL STEUERNAGEL wurde nicht weit von Hannover in einer Familie mit sechs Kindern geboren. Der Vater war Theologe in der Evangelischen Kirche. Er half seinen Kindern von Beginn an zu verstehen, dass Glaube und Leben eine Einheit bilden. Er war ein sehr fröhlicher Mensch, doch der Krieg hatte tiefe Spuren in seinem Wesen hinterlassen. Während dieses Krieges wurde Ursels Vater an der Front

Die Strohsonne aus Belarus

bei Brest schwer verwundet. Damals herrschte in der deutschen Gesellschaft ein eher vorsichtiges Verhältnis gegenüber den Menschen aus der Sowjetunion vor. Dieser Mythos vom »Volksfeind« wurde schwer erschüttert, als ein einfacher belarussischer Bauer, in dessen Dorf ihr Vater als Soldat die Bewohner mit menschlicher Achtung behandelt hatte, diesem das Leben rettete, indem er ihn in ein deutsches Militärlazarett brachte. Die Menschen waren also gar nicht so unterschiedlich, wie es die Kriegspropaganda behauptete. Und so dankt Ursel Steuernagel mit ihrer Wohltätigkeit heute auch für das, was sich damals in Weißrussland zwischen diesen Menschen ereignet hatte. Für ihren Vater endete der Krieg im Brester Lazarett. Die Verletzung war so schwer, dass er zum Glück nicht weiter gezwungen war, dort gegen Menschen zu kämpfen.

Als 1991 der Evangelische Kirchentag in Dortmund stattfand, besuchte Ursel gemeinsam mit 15 Frauen aus der Barskamper Kirchengemeinde die »Halle der Sowjetunion«. Ursel's Ehemann GERT STEUERNAGEL arbeitete bis zur Pensionierung als Pfarrer und Ursel unterstützte ihn stets in der Gemeinde.

Hier hörte URSEL STEUERNAGEL den Vortrag einer Frau, die über die Folgen der Tschernobyl-Katastrophe und die Aktivitäten der Stiftung

»Den Kindern von Tschernobyl« e. V. berichtete. Es war IRINA GRUSCHEWAJA. Für diesen Vortrag hatte Irina zunächst 30 Minuten Redezeit zugeteilt bekommen, dann wurden es 20, und kurz bevor sie zum Rednerpult trat, waren es plötzlich nur noch 6 Minuten. Man kann sich also vorstellen, wie emotional und eindringlich dieser Auftritt gewesen sein muss. In kürzester Zeit musste sie die Aufmerksamkeit von einigen hunderten Menschen im Saal erlangen. Dem Schriftsteller Wasil Bykau zufolge, der ebenfalls zugegen war, gelang ihr das sehr gut. Auch URSEL STEUERNAGEL war zutiefst bewegt.

URSEL STEUERNAGEL berichtet: In einer Reihe mit mir saßen einige Frauen, die gemeinsam mit Irina nach Deutschland angereist waren. Vielleicht war auch das ein Grund, weshalb ihr eindrücklicher Vortrag in mir sofort den Wunsch zu helfen entfachte.

Wenn du mit deinen sechs Kindern unter anderen gesundheitlichen Bedingungen in Deutschland leben darfst, möchtest du einfach ein Stück davon abgeben und anderen helfen, die völlig unverschuldet durch eine atomare Katastrophe in nicht absehbares gesundheitliches Elend gestürzt wurden, dabei besonders die Kinder. Alle, mit denen ich nach Dortmund gereist war, dachten dasselbe und waren ebenfalls tief betroffen. Direkt nach dem Vortrag gingen wir zu Irina und fragten: »Was können wir tun? Und wie?« Noch an diesem Tag vereinbarten wir, dass schon im Oktober dieses Jahres (1991) die erste Kindergruppe (33 Personen) in unsere Dörfer kommen sollte. Zu unserem Glück war auch EVA BALKE anwesend, deren Erfahrung in diesem Bereich allgemein bekannt war, wir hatten ja noch keine, und die uns jederzeit Beratung und Unterstützung zusagte. Ich hätte nie gedacht, dass mit dieser kleinen Kindergruppe etwas beginnt, was so lange andauern würde.

Am Anfang machte ich mir auch Gedanken, wie meine eigenen Kinder es aufnehmen würden, dass ihre Mutter sich nun auch diesen Kindern im gleichen Maße wie ihnen widmet. Und ich erinnere mich, wie erfreut ich war, dass sie das sofort als eine Sache der gesamten Familie annahmen, als

8 Vielfalt der Tschernobyl-Initiativen

ihre neue Aufgabe. Meine Kinder freundeten sich mit vielen der Tschernobylkinder an und halten zu einigen bis heute Kontakte, ein bisschen haben sie sogar eure Sprache gelernt. Und ebensolche guten Kontakte sind zwischen URSEL UND GERT STEUERNAGEL zu den allermeisten der Betreuerinnen und Betreuer aus Belarus und vielen Gastkindern und ihren Familien geblieben.

Ursel und Gerd Steuernagel

Die Steuernagels gehen bereits seit über 50 Jahren ihren gemeinsamen Weg. Und bereits die Hälfte dieser Zeit koordiniert Ursel die gesamten Aktivitäten der Initiative, inzwischen in Lüneburg, und Gert unterstützt sie aktiv dabei.

Die Initiative, die URSEL STEUERNAGEL leitet, kümmert sich mit einem wesentlichen Schwerpunkt um Erholungsaufenthalte für belarussische Kinder, nachweislich zur Stärkung des Immunsystems. Aktuell sind dies oft auch die Kinder derjenigen, die zu Beginn der 90er Jahre nach Deutschland kamen. Insgesamt hat die Initiative in den fast 25 Jahren ihres Bestehens schon um 1500 belarussische Kinder eingeladen, einschließlich der Reha-Kindergruppen.

Dies ist ein zweiter Hauptschwerpunkt des Einsatzes von URSEL STEUERNAGEL und ihrem Verein: Jährlich kommen meist zwei Gruppen mit Kindern, die schwer an Bronchialasthma und Neurodermitis erkrankt sind, in zwei befreundete Spezial-Rehabilitationskliniken an der Ostsee, wo sie für vier Wochen gründlich therapiert werden und sich erholen dürfen. Ein großes Geschenk von unschätzbarem Wert für diese Kinder.

Darüber hinaus geschieht viel humanitäre Hilfe, auch mit unverstrahlter Nahrung oder lebensrettenden Medikamenten, auch die Kinder der Borowljanyklinik oder eine Behindertengruppe in Choiniki werden Jahr für Jahr mit bedacht. Es gab die Finanzierung oder auch Weitervermittlung von Strahlenmeßstationen in Belarus sowie das Zuwegebringen einer Schulpartnerschaft zwischen der Gomeler Schule 49 und einem Lüneburger Gymnasium und vieles mehr.

Ursel Steuernagel

Gert Steuernagel

In der evangelischen Gemeinde, der GERT STEUERNAGEL als Pastor diente, gab es viele Jahre lang einen sehr guten Jugendchor. Zu Beginn der Zusammenarbeit mit Belarus wurde ein großes Konzertprogramm erarbeitet, um Spenden für ein Treffen mit den Tschernobylkindern und ihren Eltern in Minsk zu organisieren. Die Spenden wurden für die Reisekosten der belarussischen

8 Vielfalt der Tschernobyl-Initiativen

Familien nach Minsk, die Unterbringung im Hotel Turist, Verpflegung und Ausflüge aufgebracht. Dank der guten Organisation vor Ort durch die Stiftung »Den Kindern von Tschernobyl« e. V. fand dieses Treffen statt. Die ganze Nacht lang erinnerte das Hotel an einen riesigen Ameisenhaufen, in dessen vielen Zimmern die Tschernobylkinder ihre Eltern mit ihren deutschen Gasteltern bekannt machten. Am nächsten Tag vertiefte ein gemeinsames Konzert im Veranstaltungssaal das Kennenlernen. Daraufhin geschah etwas Unglaubliches: Der Chor der deutschen evangelischen Kirche wurde eingeladen, in der zentralen orthodoxen Kirche von Minsk zu singen. Die verwunderten Kirchgänger fragten ihren Popen: »Sind das deutsche Orthodoxe?«, woraufhin er erwiderte: »Das sind Christen!«

URSEL UND GERT STEUERNAGEL reisten auch selbst in die Heimatregionen der Gastkinder, zum Beispiel in die Dörfer Komarin, Shary und Gdjen im Bezirk Bragin, die nur wenige Dutzend Kilometer vom Atomkraftwerk entfernt liegen. Im Lauf der Jahre gab es mehrere Gastelternfahrten dorthin mit Besuchen bei den Familien der Kinder.

Ein Mädchen namens Anzhela litt zusätzlich zu ihrer Strahlenbelastung noch an Epilepsie. Sie war von Anfang an als Gastkind bei Steuernagels. Die Medikamente, die ihr hätten helfen können, gab es damals weder in Belarus noch in der benachbarten Ukraine. Anzhelas Eltern wandten sich also mit der Bitte um Hilfe an Ursel. Sie organisierte die Medikamente und brachte sie selbst in das verstrahlte Dorf nach Belarus, wo die Kranke lebte. Der Lüneburger Verein versorgte sie weiter neun Jahre lang unter ärztlicher Aufsicht bis zu ihrer Heilung mit den entsprechenden Medikamenten. Heute ist Anzhela 34 Jahre alt und hat 2 eigene Kinder, ihr ältester Sohn war bereits in Lüneburg als Gastkind.

In den Jahren 1992 und 1993 erschienen in der westlichen Presse Berichte darüber, dass nur Kinder von »Parteibonzen« ins Ausland fahren dürften und selbst wenn es einige Ausnahmen gäbe, so seien die Reisen nicht von Vorteil für die kindliche Psyche, da der »Kulturschock« zu groß sei. Kurz gesagt, Kinder sollten nicht ins Ausland fahren. Artikel dieser Art schickten Partner aus Holland, Italien, Deutschland und Kanada an die Stiftung. Sie waren von verschiedenen Autoren verfasst, trugen unterschiedliche Titel, der Inhalt war jedoch der gleiche. Es wurde klar, dass jemand versuchte, das Projekt zu stören, das ohne Zustimmung der Regierung initiiert worden war. Hatte man das Wohl der Kinder über solchen falschen Behauptungen in Wirklichkeit aus den Augen verloren? Man kann sich nur schwer vorstellen, wie viel Kraft und Nerven es gekostet haben muss, sich diesen Anfeindungen und Gerüchten entgegenzustellen, doch der Stiftung »Den Kindern von Tschernobyl« e. V. und ihren Partnern ist das gelungen.

Die Initiative aus Lüneburg war eine von jenen, die den eigenen Erfahrungen und nicht anonymen Bedenkenträgern traute und weiterhin mit der Stiftung arbeitete. Für URSEL STEUERNAGEL zusammen mit ihren vielen treuen Mitstreitern stand immer wieder fest: Sie konnte in die Zusammenarbeit mit der Stiftung in Minsk unter GENNADIJ GRUSCHEWOJ mit IRINA GRUSCHEWAJA das vollste bewährte Vertrauen setzen, mochten andere Initiativen mit ganz anderen belarussischen Partnern problematische Erfahrungen etwa mit Funktionärskindern gehabt haben. Dabei konnte URSEL STEUERNAGEL sich auch auf ihre Vertrauenspersonen vor Ort verlassen, die alle Kinder vor allem nach gesundheitlicher Notwendigkeit und dann auch nach Bedürftigkeit aussuchen. Sie war selbst unbeirrbar mit verantwortungsvoller Gewissenhaftigkeit bei der Sache. Nur wenn sie jederzeit allem »bis auf den Grund gucken« würde, durfte diese Arbeit weitergehen. Zunächst suchte sie deutsche Familien, die bereit waren, je zwei belarussische Kinder aufzunehmen und die ihr auch fähig und geeignet erschienen. In den Dörfern der Kirchengemeinde kannte man alle genug, später in Lüneburg wurden neue Familien gefunden, meist durch Vermittlung schon vieler bewährter, befreundeter Gastelternfamilien. Dieses Prinzip hat sich nun schon sehr viele Jahre bewährt.

8 Vielfalt der Tschernobyl-Initiativen

Die Ernsthaftigkeit, mit der sich die Deutschen jedes Jahr auf die Ankunft der belarussischen Kinder vorbereiten, ist wirklich beeindruckend. Jede Familie, die Gastkinder aufnimmt, muss genau über deren Ernährung, Krankheiten und Allergien Bescheid wissen.

Alle Gasteltern erhalten ein Konversationsbüchlein mit den wichtigsten Wendungen auf Deutsch, Russisch und entsprechender Transkription. Zudem wird ein gemeinsames Programm geplant, denn obwohl die Kinder in Gastfamilien wohnen, treffen sie sich auch immer wieder in der Gruppe zu schönen gemeinsamen erlebnisreichen Unternehmungen, und in der Regel fahren alle ein bis zwei Wochen gemeinsam an die Nordsee in die besonders jodhaltige Luft. Hinzu kommen obligatorische Besuche beim Zahnarzt und beim Facharzt, der die Schilddrüsenwerte überprüft und oft genug auch notwendige Medikamente mitgibt.

Die erste Kindergruppe kam 1991 zur Erholung nach Lüneburg. Mit dabei war Irina, sie war Gastkind bei URSEL UND GERT STEUERNAGEL. Nachdem sie einige Jahre danach nichts voneinander gehört hatten, meldete sich Irina plötzlich wieder und bat Familie Steuernagel um Hilfe. Sie rief an und erzählte, dass ihre Tochter mit einem Hirntumor in der Klinik Borowljany liegt. Die Ärzte sagten, dass ihr mit den verfügbaren Mitteln nicht zu helfen sei. So schnell wie möglich würde ein bestimmtes Medikament für die Chemotherapie benötigt, das es nur im Westen gäbe. Mit viel Glück gelangte das Medikament in ausreichender Menge rechtzeitig von Lüneburg nach Belarus und die Therapie konnte beginnen. Jetzt kann das Mädchen längst wieder in die Schule gehen. Auch solche Erlebnisse ermutigen weiterzumachen.

URSEL STEUERNAGEL ist der Stiftung, die einmal in Minsk unter GENNADIJ GRUSCHEWOJ und IRINA GRUSCHEWAJA ins Leben gerufen worden ist, unendlich dankbar. Bei den vielen Steinen, die dem selbstlosen weltweiten Einsatz für die Kinder, die unschuldig unter der Katastrophe von Tschernobyl zu leiden hatten und weiter zu leiden haben werden, in den Weg gelegt werden, hat gerade die Stiftung immer wieder kluge Lösungen gefunden, diese Arbeit segensreich weitergehen zu lassen. Denn Tschernobyl ist noch lange nicht zu Ende.

Leider werden in letzter Zeit wieder höhere Strahlenwerte gemessen als früher, die durchschnittlichen Analysewerte sind deutlich schlechter. Dies ist zum Teil durch genetische Vererbung zu erklären. Eine zentrale Ursache liegt jedoch weiterhin in der andauernden Ernährung der Menschen in den verstrahlten Gebieten aus den verseuchten Böden und Gewässern oder auch am radioaktiven Staub, der aufgrund häufiger Brände in der Sperrzone auftritt.

Die belarussischen Medien haben davon im vergangenen Jahr kaum berichtet, erwähnt wurde lediglich, dass es im ukrainischen Teil der Zone brennt. Es wurden leider die Brände im verstrahlten Belarus unterschlagen, davon durfte nicht berichtet werden. Genau wie vor 30 Jahren, am 26. April 1986 ...

8 Vielfalt der Tschernobyl-Initiativen

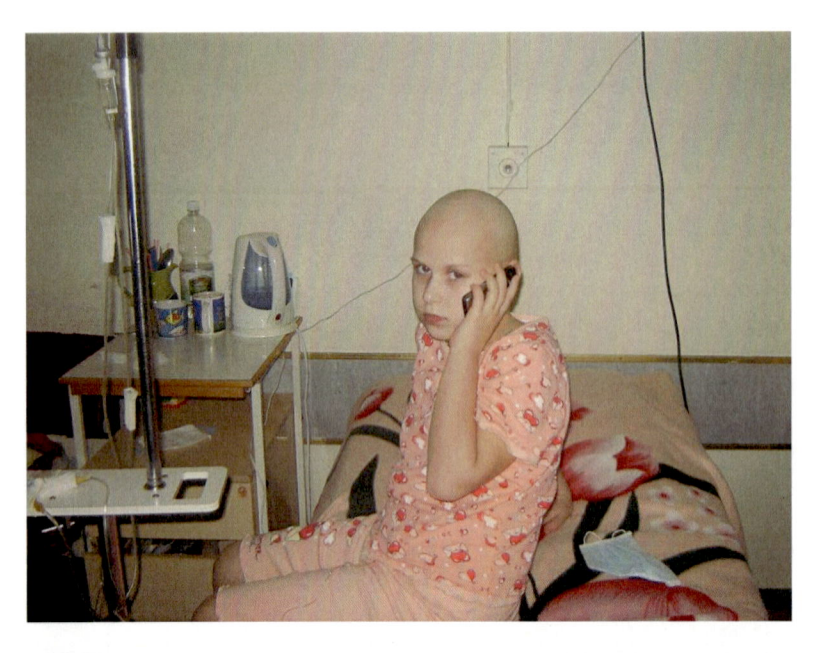

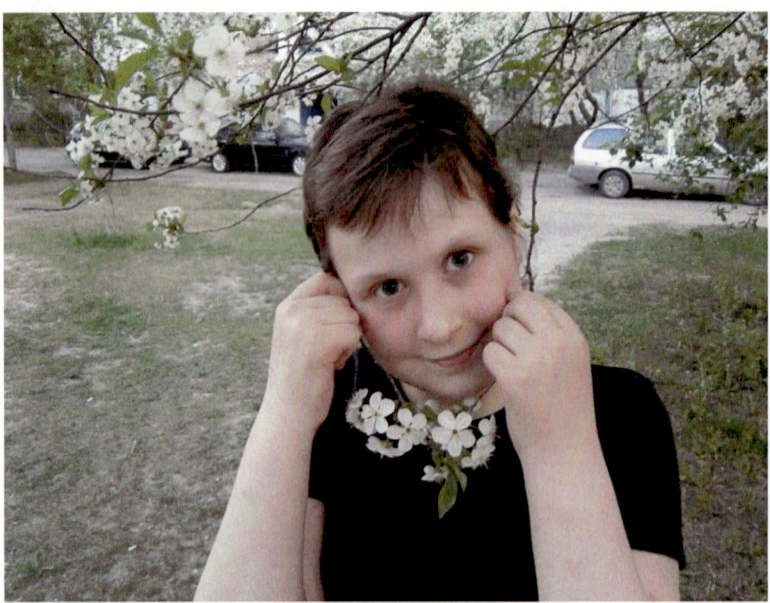

Marina Timofeewa vor und nach der Operation

Andreas, der Herzliche

Darüber besteht kein Zweifel: Wenn jemand zählen würde, wie viele Geistliche unter den Leuten sind, die sich für die Tschernobyl-Kinderhilfe engagieren, so wäre das eine große Zahl.

ANDREAS GOERLICH ist Pfarrer der reformierten Kirche in Pfungen, die als Zweig der protestantischen Kirche gilt. Aber das Wichtigste ist nicht der Name der christlichen Konfession. Bei der Arbeit an diesem Buch begegneten mir sowohl Katholiken als auch Protestanten und Orthodoxe, die an Tschernobyl-Aktivitäten beteiligt waren. Es waren Christen ihrem Wesen nach, und die Herzensgüte war am wichtigsten für alle. Dazu kommt noch, dass sie trotz verschiedener Hindernisse diese Güte zu bewahren wissen.

Andreas Goerlich

ANDREAS GOERLICH wurde im Süden Deutschlands, in Ravensburg, geboren. Dort besuchte er die Schule und das Gymnasium. Von Kindheit an wollte er Lehrer werden, deshalb begann er in München zu studieren. In Ravensburg leitete der Pfarrer PAUL DIETERICH seine Konfirmation, der zu jener Zeit nach Ulm umsiedelte. Als es an der Zeit war, seinen Wehr- oder Zivildienst zu leisten, bat ihn Andreas um Hilfe, und er unterstützte ihn. Zwei Jahre lang arbeitete Andreas in einem kirchlichen Zentrum einer protestantischen Gemeinde. Er erfüllte dort alle Aufgaben, die in Zusammenhang mit der Alltagsgestaltung der Gäste aus allen Teilen der

8 Vielfalt der Tschernobyl-Initiativen

Welt standen. Durch die Beziehungen mit verschiedenen Leuten konnte er nicht nur ihre nationalen Kulturen (Äthiopien, Südamerika, Asien usw.) tiefer kennenlernen, sondern auch Folgendes erkennen: Der Mensch ist unterschiedlich glücklich, aber er leidet dagegen sehr ähnlich.

Um diese Zeit erfuhr ANDREAS GOERLICH, dass PAUL DIETERICH beschloss, Tschernobyl-Kindern zu helfen und eine entsprechende Initiative gründete.

Da ihm das Wesen einer Kirchengemeinde deutlich näher war, beschloss Andreas nach kurzer Zeit, seine Lebensorientierung zu ändern und wurde Student der theologischen Fakultät. Nachdem Goerlich die Abschlussprüfungen bestanden und das entsprechende Diplom erhalten hatte, stellte sich heraus, dass sein geistiger Lehrer PAUL DIETERICH befördert worden war. Vor der Abreise schlug PAUL DIETERICH seinem Helfer vor, die Leitung der Begegnungsstätte und die Angelegenheiten der Gemeinde zu übernehmen. Dies sollte er solange tun, bis offiziell ein Nachfolger gewählt wäre. Dazu war er noch zuständig für alle Tschernobyl-Aktivitäten.

1991 machte er eine Reise, die ihm half, den Sinn dieser Arbeit tiefer zu verstehen. Dank der Fahrt Minsk–Mogilew–Slawgorod konnte er eine Vorstellung davon bekommen, welches Ausmaß die Tschernobyl-Katastrophe in Belarus hatte, und entschied, dass er auch trotz großer Arbeitsänderungen auf die Tschernobyl-Arbeit nicht verzichten wollte. Kurz darauf lernte Andreas in Minsk EVA UND WLADIMIR GALYNSKIJ kennen, die zu jener Zeit in der Stiftung tätig waren und jetzt in den USA leben.

Nachdem ein Kandidat für den Posten von PAUL DIETERICH gefunden war, wurde ANDREAS GOERLICH 1993 in die Schweiz nach Ilanz gewählt, wo er bald die Initiative »Tschernobylhilfe Surselva« gründete. In ihrem Rahmen vereinten sich alle dortigen christlichen Konfessionen. Sie begannen jedes Jahr vierzig Kinder aus Dobrusch, Gebiet Gomel, zu einem Erholungsaufenthalt einzuladen.

Heute leiten BEAT UND JOLANDA ERB die Initiative. Beat ist der Vorsteher der Neuapostolischen Kirche, und seine Frau Jolanda besitzt eine

Tschernobyl-Kinder in der Schweiz – Kletterpark

Apotheke. Die Initiative konnte humanitäre Hilfe für mehr als eine Million Schweizer Franken schicken. Andreas begleitete den ersten humanitären Hilfstransport persönlich und sah während dieser Reise ein, dass man für eine effektivere Arbeit die Sprache lernen sollte. Deshalb kam er vor dem Versand des zweiten Teils des Hilfstransports für vier Wochen nach Minsk. MARINA KASAKOWA, eine Freundin des Stiftungsvorstandes »Den Kindern von Tschernobyl« e. V., wurde zu seiner privaten Lehrerin.

1996 wurde ANDREAS GOERLICH in eine kleine Stadt Glattbrugg gewählt, die sieben Kilometer von Zürich entfernt liegt. Der Pfarrer beschloss, auch dort eine Tschernobyl-Initiative zu gründen und organisierte eine ökumenische Reise nach Belarus, um die Situation vor Ort besser kennenzulernen. Natürlich waren Gläubige aus verschiedenen Konfessionen unter den Teilnehmern dieser Reise, was nochmals die Fähigkeit der Menschen bestätigte, sich für ein gemeinsames Ziel vereinen zu können. Die Reise war sehr erfolgreich, und nach einigen Wochen bereitete die neue Initiative den ersten Hilfstransport vor.

Damit der Leser nicht den Eindruck bekommt, dass alles in dieser Arbeit reibungslos verlief, wird weiter über den »Wermutstropfen« erzählt, den man zu offiziellen Propagandazwecken normalerweise als »einzelne Mängel« bezeichnet und mit Absicht ausklammert. Meiner Meinung nach handelt es sich dabei um das komplexe System, wenn Menschen mit Hinterlist zu tun haben, was in der Sowjetzeit nicht unüblich war. Umso mehr geht es weiter in meiner Erzählung um Tricks mit Verrat und menschlicher Heuchelei. Ein postsowjetisches Staatssystem, das man heute vage »sozial orientiert« zu nennen pflegt.

Bei der Zusammenstellung des Hilfstransports berücksichtigte die neue Initiative durchaus alles, worum sie die Hilfeempfänger gebeten hatten. Das heißt, die Schweizer brachten nach Belarus nur das, was belarussische Ärzte bestellt hatten. Ich setze darauf einen besonderen Akzent, denn es ist tatsächlich sehr schwer nachzuvollziehen, was später geschah.

Folkloregruppe Kressiwa und Andreas Goerlich

Der in Glattbrugg vorbereitete Hilfstransport bestand aus Arzneimitteln, unter denen auch Opiate waren. Das sind Arzneimittel auf Opiumbasis, die normalerweise als schmerzstillende Therapie bei Krebskranken benutzt werden. Die humanitären Hilfsgüter waren ziemlich teuer – über fünftausend Schweizer Franken. Die Medikamente wurden vom Krankenhaus in Luninez bestellt, dem Partner der neuen Initiative.

So war nämlich die Strategie der Stiftung: Wenn ein neuer Teilnehmer seine Zusammenarbeit mit Belarus begann, verband ihn das Minsker Büro mit einem Regionalpartner. Es bildete sich ein so genanntes Partnerschaftsdreieck: Ausländer mit ihrem Wunsch und ihren Möglichkeiten, Hilfe zu leisten, eine Organisation in der radioaktiv verseuchten Region und die Stiftung »Den Kindern von Tschernobyl« e. V. mit ihren Erfahrungen, Dolmetschern, Möglichkeiten und Kontakten.

8 Vielfalt der Tschernobyl-Initiativen

Andreas Goerlich mit seiner Tochter Medea und belarussischen Kindern in den Schweizer Alpen

Lange Zeit arbeiteten über zehn verschiedene Schweizer Initiativen gleichzeitig mit Belarus zusammen. Nicht alle davon pflegten Kontakte mit der Stiftung »Den Kindern von Tschernobyl« e. V., einige gaben den Vorzug den Ortsbehörden, aber die Versuche, sie zu einem Sprecherrat zu vereinen, wie es in Deutschland gelungen war, scheiterten. Wie bereits erwähnt scheinen die Schweizer ihrer Natur nach Individualisten zu sein. Sogar die Pfarrer könnten sie nicht zu etwas Gemeinsamen vereinen, denn »die Kirche in der Schweiz endet dort, wo ihr Zaun endet«, so Pfarrer Goerlich.

Andreas begleitete den Hilfstransport aus Glattbrugg nicht, deshalb staunte er, als er nach einem Monat in Luninez erfuhr, dass der Transport an den Empfänger nicht übergeben worden war. Dazu noch war der LKW mit Arzneimitteln und Kleidung unterwegs geöffnet worden.

Am Rheinfall in der Schweiz. In der Mitte, v. l. n. r. Dorly Filippi, Galina Kowaltschuk, Irina Gruschewaja mit den Sängern der Gruppe Hramnitzy

Es stellte sich heraus, dass das Problem darin bestand, dass unter den Arzneimitteln auch ein in Belarus verbotenes Betäubungsmittel war. Am interessantesten ist, dass das verbotene Medikament jedoch die Grenze problemlos passierte und erst in Luninez dann, als ein Vertreter des Departements für humanitäre Hilfe zu einer Prüfung erschien, plötzlich das Medikament als Schmuggelware bezeichnet wurde, das die einheimischen Ärzte zuvor erbeten hatten.

»Hokuspokus Fidibus!« pflegt man in solchen Fällen zu sagen: Die Ärzte aus Luninez erklärten, dass krebskranke Patienten an heftigen Schmerzen litten und baten um diese schmerzstillende Arzneimittel. Als jedoch das schwer zu beschaffende Medikament nach Luninez gelangte, kam jemand aus Minsk und erklärte es zu einem verbotenen Betäubungsmittel.

Dabei wurde das Arzneimittel in der erforderlichen Zollerklärung nicht aufgeführt, denn eine solche Anforderung existierte nicht. Deshalb kann man nur raten, wie man in Minsk erfahren konnte, was aus der Schweiz genau eingeführt wurde. Auf jeden Fall erhielten die Schweizer keine Erklärungen dazu.

Wenn man nun denkt, man sei hier im falschen Film, dann irrt man sich gewaltig. Der falsche Film fing erst später an, als der »Schmuggel« in Beschlag genommen und »vernichtet« wurde. Man habe ihn »verbrannt«, ohne jegliche Zeugen einzuladen und entsprechende Unterlagen anzufertigen. Dabei betraf das nur dieses einzige *Schmuggel*arzneimittel, das unter den Medikamenten der Hilfslieferung am teuersten war. Wir wollen nicht behaupten, dass dies hier ein banaler Fall der einheimischen Korruption war und man das »Verbrannte« später an die »Seinigen« verkaufte, denn solche Anklagen darf nur ein Gericht erheben, das in Belarus gleichbleibend ehrlich sei. Eindeutig ist nur, dass der erste Hilfstransport aus Glattbrugg auch der letzte blieb. Im Großen und Ganzen wunderte mich mehrmals die Geduld der zahlreichen Ausländer, mit denen ich in Kontakt war – die Menschen halfen, opferten ihre Zeit und Finanzen und stießen immer wieder auf Betrugsversuche.

ANDREAS GOERLICH erzählte noch über einige andere Fälle. Zwei davon möchte ich hier erwähnen: Zum Beispiel bot man in Dobrusch den Vertretern der Initiative an, auf die Mitarbeit mit der Stiftung »Den Kindern von Tschernobyl« e. V. zu verzichten und direkt mit den Ortsbehörden zu arbeiten. Bald stellte sich heraus, dass man nur von jemandem bestellte Geschenke mitbringen und in die Kindergruppen zum Erholungsaufenthalt in der Schweiz nur diejenigen gelangen sollten, die man kaum als die Ärmsten nennen konnte: Die Kinder der lokalen Leiter, Miliz- und sogar Geschäftsleute.

Ein anderes Beispiel war Slawgorod. Genauer gesagt, die örtliche orthodoxe Gemeinde, die auch von der Kontrolle durch die Initiativen loskommen wollte. Man fragte sich: Wozu sollte das Schweizer Geld, das zum Kauf der Arzneimittel für die Einheimischen von Slawgorod bestimmt war, noch

Zürich, April 2011. Friedensmarsch gegen Atomkraft. Zusammen mit den Engagierten der Stiftung »Den Kindern von Tschernobyl« und IC COC. Andreas Goerlich in der Mitte

über Minsk kommen? Als das letzte Argument führte der orthodoxe Priester die Notwendigkeit an, dringend dem Altersheim helfen zu wollen. Der protestantische Pfarrer ANDREAS GOERLICH glaubte seinem orthodoxen Kollegen und überreichte ihm zehntausend Schweizer Franken. Als Andreas das nächsten Mal nach Belarus kam, stellte sich heraus, dass der Priester den Grund seiner Bitte ums Geld vergessen hatte, und vor seiner Gemeinde den Schweizern für die wunderschöne Kuppel auf der Kirche dankte, die dank dem Schweizer Geld wirklich golden geworden war.

Die Stiftung »Den Kindern von Tschernobyl« e. V. darf man nicht als eine banale Zwischenstation ansehen, wie dies behördennahe Strukturen machen und was für sie verständlicher und üblicher ist. In diesem Fall handelt es sich nicht um einen gewöhnlichen Vermittler, sondern um einen gleichberechtigten Partner.

ANDREAS GOERLICH konnte das aus seiner eigenen Erfahrung verstehen. Ebenso wie die Tatsache, dass die Korruption eine internationale Erscheinung ist. In der letzten Zeit beschäftigt er sich intensiv mit der Hilfe für Flüchtlinge aus Syrien. Seit Mai 2013 arbeitet er mit einer Stiftung zusammen, die sich mit den Menschenrechten auseinandersetzt und den syrischen Flüchtlingen wirklich helfen will. Drei- bis viermal im Jahr besucht ANDREAS GOERLICH die Stadt Erbil im Süden des Iraks, wo von der UNO gegründete Lager für syrische Flüchtlinge liegen, aber auch in die Dörfer, in denen Christen unter gefährlichen Umständen wohnen.

Ebenso wie nach Belarus, bringt der Pfarrer dorthin humanitäre Hilfe, aber er überreicht diese nicht an entsprechende Staatsstrukturen, denn diese sind in hohem Maße korrumpiert, sondern er arbeitet mit zuverlässigen Partnern vor Ort zusammen.

Anders gesagt, machte er die gleichen Erfahrungen, die er in Belarus gesammelt hat, auch dort. Desgleichen bei Kassenzetteln, Zahlungsbelegen, Quittungen. Nur in einer anderen Sprache.

Als man in Belarus mit dem Bau des eigenen Atomkraftwerks begann, konnten dies viele Ausländer nicht begreifen. Pfarrer Andreas Goerlich, der aus Zürich extra zur Präsentation der russischsprachigen Ausgabe dieses Buches im April 2016 nach Minsk anreiste, fragte mich »Warum?« Ich antwortete mit den Worten des belarussischen Präsidenten Alexander Lukaschenko bei seinem unerwarteten Besuch in Belgrad im Frühling 1999: »Länder, die eigene Atomkraftwerke besitzen, wagt niemand zu bombardieren.«

Ein Apfelbaum für Belarus in Opfikon

Freunde und gute Bekannte nennen sie Vroni. Ihr voller Name, wie er in ihrem Schweizer Pass steht, lautet aber VERONIKA REUSCHENBACH. Sie wurde in Deutschland geboren, studierte in Aachen und arbeitete dort einige Jahre als Erzieherin in einem Kindergarten und im Hort.

VERONIKA REUSCHENBACH: Da ich von der Ausbildung her fast immer mit Kindern und deren Eltern zu tun hatte und mich auch bei ökumenischen Anlässen engagierte, begegnete ich ANDREAS GOERLICH, dem ehemaligen Pfarrer der reformierten Kirche von Opfikon-Glattbrugg. Er stammte wie ich aus Deutschland, und war er mit der Tschernobyl-Problematik schon sehr vertraut. Ich bin dankbar, dass ich diesen engagierten Menschen kennenlernen durfte. Ohne ihn wäre unsere Arbeit mit den Tschernobylkindern nicht möglich gewesen. Wie es heißt, ließ uns Andreas die Ärmel hochkrempeln, und so konnten wir nicht mehr umhin, dem Land Belarus zu helfen.

Zur selben Zeit las meine Schwester, die in Deutschland lebt, einen Aufruf in einer Zeitung, um Tschernobyl-Kinder bei sich aufzunehmen. So kamen im Laufe von drei Jahren Kinder aus Jelsk in ihre Familie. Im ersten Jahr fuhr ich zu ihr, um sie bei der Betreuung zu unterstützen. Daraus schöpfte ich noch mehr Begeisterung für die Sache und bot Andreas an, bei seinem Projekt mitzumachen. Von den Kirchgemeinden wurde eine ökumenische Reise nach Belarus organisiert, und kurz danach gründeten wir eine Arbeitsgemeinschaft.

Veronika Reuschenbach

Schon im Sommer 1999 kamen vierzig belarussische Kinder zu uns. Sie pflanzten den berühmten Apfelbaum in Opfikon.

Das war der Anfang! Seit dieser Zeit bin ich bereits 26 Mal nach Minsk gereist und habe dort viele Freunde. Als wir eine Arbeitsgemeinschaft gründeten, aus der drei Jahre später ein Verein hervorging, legten wir die Grund-

8 Vielfalt der Tschernobyl-Initiativen

Veronika Reuschenbach (Mitte) mit der Initiative »Tschernobylhilfe Hardwald« in der Schule in Djatlowitschi

sätze unserer Arbeit in einem Statut fest, und als Hauptziel wurde die Einladung belarussischer Kinder zu einem Erholungsaufenthalt bestimmt. Wir stellen dabei drei Bedingungen: Die erste obligatorische Bedingung ist, dass wir nur Kinder einladen, die gesundheitlich beeinträchtigt sind. Zweitens gilt es, die soziale Lage der Familie zu berücksichtigen: Kinder von alleinerziehenden Müttern werden ebenso bevorzugt wie diejenigen, die aus sozial oder finanziell schwachen Familien kommen. Die dritte Bedingung ist, dass nur Kinder in die Schweiz eingeladen werden, die noch nie im Ausland waren. Das heißt, es wird sehr darauf geachtet, dass wir keine Kinder aufnehmen, die früher schon in Deutschland, Italien oder einem anderen Land gewesen sind.

Im Februar eines jeden Jahres reisten wir selbst nach Belarus, ins Dorf Djatlowitschi und die Kreisstadt Luninez, wo wir zusammen mit der Leitung der Stiftung Kinder auswählten, die im Sommer in die Schweiz reisen sollten. Übrigens sorgte gerade diese Angelegenheit für die meisten Fragen. In den ersten Jahren kamen nur Kinder aus Djatlowitschi zu uns, dann aber wurde klar, dass wir unseren Einzugsbereich erweitern müssen. Dann dehnten wir die Auswahl auf die ganze Region Luninez aus und wenn noch freie Plätze übrig blieben, wurde die Gruppe mit den Kindern der Umsiedler aus dem Stadtbezirk Malinowka in Minsk ergänzt.

2001 wurde Pfarrer ANDREAS GOERLICH in eine andere Gemeinde versetzt. Wir waren zunächst ratlos: was soll aus der Initiative werden? Es wurde beschlossen, sie in den Verein »Tschernobylhilfe Hardwald« umzuwandeln. Die Sekretärin, die ANDREAS GOERLICH während seiner Pfarrzeit unterstützte und sich gut in allen Angelegenheiten auskannte, wurde zur Vorsitzenden des Vorstandes.

Zwei Jahre später löste ich sie im Amt ab und blieb bis zum 75. Lebensjahr bis 2014 Präsidentin, denn es galt, den Jüngeren Platz zu machen. Dazu kam noch ein rein persönlicher Grund: Meine Kinder waren inzwischen erwachsen und hatten eigene Kinder, so bin ich jetzt auch »als Omi gefragt«.

Bei jeder Reise nach Belarus bin ich von der Freundlichkeit und der Gastlichkeit der belarussischen Menschen angenehm überrascht. Wir haben fast das ganze Land bereist, das wunderschön ist: Neswish, Mir, Brest, Pinsk, Grodno, das Marc-Chagall-Museum in Witebsk und natürlich Museen und Theater von Minsk. Das erste, was mir immer entgegenschlägt, ist die Herzensgüte der Menschen.

Bei Luninez besuchten wir ein ausgesiedeltes Dorf: Ein bedrückendes Erlebnis, wie es übrigens viele in Belarus gibt. Einerseits bedrückt die schreckliche Tragödie, die Menschenschicksale zerstört hat. Anderseits haben diese Menschen es geschafft, in ihren Herzen die unvorstellbare Heiterkeit zu bewahren. Nirgendwo haben wir so viel gesungen, getanzt und uns amüsiert wie in Djatlowitschi. Oder die Erlebnisse in Luninez: Kinder singen, musizieren, lachen, freuen sich, als hätte es das Unglück, von dem sie alle gejagt werden, nicht gegeben. Die Menschen leben quasi gleichzeitig in zwei Paral-

8 Vielfalt der Tschernobyl-Initiativen

Veronika Reuschenbach in der Schule in Luninez – Konzert für die ausländischen Gäste

lelwelten: In der Welt der Furcht und der der Freude. Das beeindruckt uns immer sehr stark! Als ich meinen Geburtstag hatte, zwei Tage nach dem Jahrestag der Katastrophe, am 28. April, bekam ich mehr Glückwunschschreiben aus Belarus als aus der Schweiz.

Von einem Fall möchte ich extra erzählen. Ein 17-jähriges Mädchen aus Djatlowitschi hatte einen Hirntumor, der bald zur Erblindung führen würde. Eine dringende Operation war notwendig. Gerade zu der Zeit bekam meine älteste Tochter – sie ist jetzt Dozentin an einer pädagogischen Hochschule – ihr erstes Gehalt und übernahm alle Kosten für die Reise und die Behandlung des Mädchens in einem medizinischen Zentrum in Russland, das den erforderlichen Fachbereich hatte. Meine Tochter übernahm auch die Fahrtkosten, denn das Mädchen durfte wegen Ansteckungsgefahr nicht mit öffentlichen Verkehrsmitteln fahren und musste vom Vater begleitet werden. Der Tumor wurde erfolgreich entfernt, die Sehkraft blieb zu 70 Prozent erhalten. Inzwischen ist sie eine junge Frau, die heiratete und einen Sohn hat. Seitdem sind fünf Jahre vergangen. Wir stehen immer noch in einer guten Beziehung zur ganzen Familie.

Ich möchte auch einige Worte zu PROF. DR. GENNADIJ GRUSCHEWOJ sagen: Jedes Mal, wenn wir nach Belarus kamen, und das passierte mindestens einmal im Jahr, trafen wir ihn, und ich hatte immer großen Respekt vor der Menschlichkeit, der Einfachheit, dem Mut und dem ungeheuren Wissen von Gennadij. Vor allem, weil er und seine MitarbeiterInnen sich trotz der engen Räume, in denen die Stiftung untergebracht war, für eine so wichtige Sache einsetzten. Gruschewoj nahm an allen unseren Sitzungen teil. Er hörte immer äußerst aufmerksam zu und ging auf alle Probleme persönlich ein. Wenn wir fragten, wie es um die Stiftung steht, erklärte er gern die Bedeutung der schwierigen Schritte, die man tun musste. Immer spürten wir, dass man im Land um unsere Hilfe weiß, dass sie ein Teil der großen und nützlichen Sache geworden ist, und davon wurde einem wärmer ums Herz. Mich erstaunte zuerst, dass Gennadij, obwohl er Deutsch gut beherrschte, immer auf die Hilfe seiner Frau, DR. IRINA GRUSCHEWAJA, als Dolmetscherin zurückgriff, wenn es um etwas sehr Wichtiges ging und gewisse Feinheiten zu vermitteln waren. Das war sehr rührend.

Beeindruckend war auch, dass die Stiftung unzählige Kontakte hatte, mit zahlreichen Initiativen weltweit aktiv zusammenarbeitete, und Gennadij oder Irina immer alle Informationen im Kopf parat hatten, vor allem, wenn es um verschiedene Namen, verschiedene Gruppen ging. Ein Hinweis reichte und die Gruschewojs verstanden sofort, von wem die Rede war. Wir staunten darüber, wie man sich bei einer solchen Unmenge an Informationen bis ins Kleinste auskennen kann. GENNADIJ GRUSCHEWOJ strahlte immer eine zuversichtliche Überzeugung von der Richtigkeit unserer gemeinsamen Sache aus. Zuweilen schien es, als mache ihm nie etwas Sorgen, aber wir wussten, dass dem nicht so ist, dass es tatsächlich für ihn und Irina oft sehr schwierig war. Trotzdem war er in seinen Gedanken immer mit uns und beherzigte den Wahlspruch »Die Hoffnung stirbt zuletzt«. Er lebte in der konkreten Situation und das war einfach ein Wunder.

Unser Land hat ein großes Problem: Provinzielles Denken! Viele Menschen sehen nur den Ort, an dem sie leben, nur ihr stilles Nest. Wenn sie miteinander kommunizieren und sich vernetzen, interessieren sie sich vornehmlich dafür, was um sie herum geschieht. Das zu überwinden fällt sehr schwer. Es stellt sich die Frage, ob das nicht auch in der Schweiz insgesamt so ist und warum gerade die Schweiz zu den wenigen Ländern in diesem Teil Europas gehört, die der Europäischen Union nicht beigetreten sind.

Und ein weiterer Aspekt der derzeitigen Probleme: Bei uns wie auch in Deutschland ist es sehr schwierig geworden, karitative Angebote zu organisieren, weil nur noch wenige Frauen ihre Zeit einer humanitären Sache widmen können, wie z. B. der Aufnahme eines Gastkindes. Viele von ihnen sind wie ihre Männer berufstätig. So muss man in letzter Zeit oft sehr weit durch die Region reisen, um potenzielle Gastfamilien zu finden. Trotzdem ist positiv zu vermerken, dass in der Zeit unserer 18-jährigen Arbeit über sechshundert belarussische Kinder die Möglichkeit erhielten, einen Erholungsaufenthalt in der Schweiz zu erleben. Es geht dabei für die Kinder wesentlich auch um die Teilnahme am Leben verschiedener Schweizer Familien.

Außerdem bereitet der Verein jedes Jahr für sie ein kulturelles Rahmenprogramm vor, zu dem unbedingt neben anderen Sehenswürdigkeiten eine Stadtführung in Zürich gehört mit dem Besuch des Fraumünsters, für das Marc Chagall aus Witebsk die Fenster gestaltet hat. Für diesen Tagesausflug muss wie an allen Programmtagen ein Mittagessen organisiert werden. Aus diesem Anlass fasste ich Mut und fragte eines der renommiertesten Restaurants der Stadt um die Möglichkeit einer kostenlosen Verpflegung an. Die Geschäftsführung willigte ein, und es war eines der wunderbarsten Mittagessen.

Es kommt vor, dass einige Kinder nicht so gute Tischmanieren haben, aber in diesem Restaurant mit strahlend weißen Tischdecken, feinem Besteck und Gläsern benahmen sich alle vorbildlich, führten sich ungewöhnlich ruhig auf und waren wie ausgetauscht. Sie aßen so gesittet, dass man hätte glauben können, es ginge um Unterricht in Tischmanieren. Das ganze Personal des Restaurants versammelte sich im Saal. Als die belarussischen Kinder zum Dank einige Lieder anstimmten, sangen viele von der russischsprachigen Belegschaft mit, denen diese Lieder bekannt waren, denn dieses Hotel und Restaurant wird von vielen ausländischen Gästen, unter anderem aus Belarus, besucht. An diesem Tag bot uns die Geschäftsführung des Restaurants an, die belarussische Gruppe jedes Jahr zu einem schönen Mittagsmahl einzuladen.

In letzter Zeit beschäftige ich mich recht intensiv mit den Angelegenheiten des im Jahre 1997, auch unter Mitwirkung von Andreas Goerlich gegründeten Internationalen Rats »Für die Zukunft der Kinder von Tschernobyl«.[2] Es geht darum, dass sich der Verein, dem ich früher vorstand, meistens der Fragen von lokaler Dimension annimmt wie der Erholung der Tschernobyl-Kinder, der Organisation ihrer Anreise, Freizeitgestaltung usw. Heute bemühe ich mich gemeinsam mit anderen kompetenten Menschen, diese Arbeit auf das Niveau gesamteuropäischer Standards zu heben.

Apotheke der Barmherzigkeit

Seit 1993 arbeitet die von ANDREAS GOERLICH gegründete Initiative Tschernobyl-Hilfe Surselva auch noch heute. Diese Initiative kann man wohl nicht die größte und reichste in der Schweiz nennen, umso mehr sind die Zahlen beeindruckend, die ihr gegenwärtiger Leiter BEAT ERB nennt. Im Laufe der Arbeit besuchten 680 Kinder aus Dobrusch, Gebiet Gomel die märchenhaft schöne Gegend von Surselva. In einem gewissen Sinne haben

---

[2] IC COC – International Council for the Future of the Children of Chernobyl

8 Vielfalt der Tschernobyl-Initiativen

die belarussichen Kinder die Schweizer vereint und die Stereotypen über Ost und West gebrochen.

Normalerweise handelt jede religiöse Konfession für sich gesondert, und in diesem Fall haben sich alle vier – neuapostolische, reformierte, römisch-katholische – Kirchen und die freie evangelische Gemeinde Ilanz zu einer Initiative vereint.

Jolanda und Beat Erb aus Ilanz, Schweiz

Hinzu kommt noch etwas: Wenn die Schweizer alles »Sowjetische« früher als potentiell feindlich aufnahmen, und die Belarussen in ihnen »verfluchte Kapitalisten« sahen, so verschwand das jetzt. Das, was die Tschernobylkinder in den Herzen der Schweizer bewegten, ist einem echten Zauber ähnlich. Wenn die Gruppe aus Dobrusch in der Schweiz zusammenkam, so rechnete es sich jeder lokale Restaurantbetreiber zur Ehre an, sie kostenlos zum Mittagessen einzuladen, die Firmen stellten den Gästen kostenlos Busse zur Verfügung, und die Einheimischen spendeten Geld für Eis und Obst für die Kinder.

Die ersten Schritte der neuen Initiative fielen auf die traurig bekannten stürmischen Neunziger, deshalb kann man die Schwierigkeiten nur mitfühlen, auf die sie damals gestoßen sind. Die belarussische Grenze ähnelte damals einem der surrealistischen Filme von dem berühmten Regisseur Andrej Tarkowski, wo Ausländer Gefahr an jeder Ecke spürten. Den ersten humanitären Hilfstransport bereitete die Tschernobylhilfe Surselva 1994 vor. Man verbarg die Arzneimittel in der Kleidung, erfuhr über Bekannte, wo und wann ein günstigerer Zeitpunkt an der Grenze sein sollte, und legte in die Fahrerkabine sicherheitshalber Schmiergeld für die Zollbeamten. Aus heutiger Sicht kann einem das Ganze sehr witzig vorkommen, aber jeder, der in jener Zeit die belarussische Grenze passierte, war kaum zum Scherzen aufgelegt.

Einerseits änderte man die Zollanforderungen jeden Tag, andererseits kam hierzu noch die Eigenwilligkeit der Beamten, die beim Zoll nur deshalb arbeiteten, weil sie jemandem etwas wegschnappen konnten. Das existiert auch heute noch, aber der Unterschied besteht darin, dass die Zollbeamten damals vor niemandem Angst hatten, außer vor Kriminellen, und heute riskieren sie jedes Mal ins Gefängnis zu kommen. Dies war der Grund, warum die Schweizer verbotene Arzneimittel in der Kleidung versteckten und »Geschenke« für eventuelle Prüfer vorbereiteten. Das Ganze war aber nicht nötig. Der Begleiter führte den Hilfstransport nicht über die günstigere »Pforte«, sondern über einen anderen Grenzübergang. Angeblich schien das vernünftiger zu sein, aber in der Tat war das umgekehrt. Den LKW-Konvoi rüttelte man ordentlich durch. Die einzige Rettung war ein Faxgerät, das damals sehr knapp war und mit dem sich der Zollbeamte bestechen ließ. Es wurde zum »Passierschein« zu den Tschernobyl-Betroffenen.

Vielleicht sagt jemand, dass heute so etwas dergleichen nicht einmal existiert, und die Schweizer damals den »Rückfallverbrechen der demokratischen Zeiten« begegnet sind. Ich bin damit grundsätzlich nicht einverstanden. Erstens gab es nie eine demokratische Macht in Belarus. Zweitens verbirgt man heute hinter dem Streben nach Ordnung eine eiserne Faust.

Aber zurück zum Ehepaar Erb: JOLANDA ERB ist, ebenso wie ihr Mann, in der Schweiz geboren. Sie lernte Beat in der Kirche ihrer Heimatstadt Chur kennen. Der Vorname Beat kommt aus dem Lateinischen und bedeutet »der Glückselige«. Mit seiner Frau hatte er richtig Glück. Sie heirateten ziemlich bald nach der Bekanntschaft und betreiben seit 32 Jahren ihre Apotheke. 22 Jahre davon fallen auf ihre gemeinsamen Tschernobyl-Aktivitäten.

Jolanda Erb

Jolanda bildet künftige Pharma-AssistentInnen aus, singt im Kirchenchor und spielt Flöte. Beat und Jolanda haben zwei Kinder: Sohn Cyril und ihre Tochter Rahel, die das soziale Engagement ihrer Eltern unterstützt und bereits neunmal Belarus besucht hat. Beat nennt Belarus seine zweite Heimat, er besuchte Dobrusch schon zwanzigmal.

Seit vielen Jahren ist er Vorsteher der lokalen Gemeinde der Neuapostolischen Kirche, zu der über 60 Freunde gehören. Beruflich ist Beat Planungsingenieur. In ihrer Gemeinde kann jedes Mitglied Pfarrer werden, den die Gläubigen wählen. Wenn Tschernobylkinder für vier Wochen in die Schweiz kommen, nimmt Beat immer Urlaub und widmet sich dieser

Gruppe. Übrigens wählten die Schweizer den Bustransfer für die Beförderung der Kinder nicht ohne Grund. Beat meint, dass wenn die Kinder mit dem Flugzeug kommen, es so schnell geschehe, dass »sie mit dem Körper schon in der Schweiz, aber mit dem Herzen noch in Belarus seien«. Während der Gruppenerholung macht Beat über 200 Bilder, und jedes Kind bringt sein persönliches Fotoalbum als Andenken an alles, wo es gewohnt und was es in der Schweiz erlebt hat, nach Belarus zurück. Jedes Kind erhält auch ein T-Shirt mit seinem eigenen Porträt und dem Logo der Initiative darauf.

Die Tschernobylhilfe Surselva ist eine der Initiativen, die die belarussische Macht nicht davon überzeugen konnte, mit ihr zusammenzuarbeiten. Allerdings arbeiten sie nicht mehr mit der Stiftung »Den Kindern von Tschernobyl« e. V. zusammen. Sie wollten sich nicht in die Politik einmischen, ihre Hauptsache ist die Gesundung der Tschernobylkinder. Den zweiten Teil dieses Ausdrucks wird niemand bestreiten, wohl aber was die Politik angeht.

JOLANDA ERBS Ruf unter Pharmazeuten ermöglichte es, nach Dobrusch sehr nützliche und sehr teure Medikamente zu bringen: Die erste Gruppe der Tschernobylkinder kam zu uns im Juni, und bereits im Oktober gingen wir selbst nach Belarus, um zu sehen, unter welchen Umständen die Kinder lebten, die die Schweizer Gastfamilien aufnahmen. Die Höflichkeit der Belarussen ist unglaublich und wert, über sie gesondert zu erzählen. Mehr noch, als wir in Dobrusch Arzneimittel, die wir mitgebracht hatten, der Apotheke überreichten, die diese später kostenlos unter Tschernobyl-Betroffenen verteilte, freute uns das sehr. Viele Jahre hindurch sandten wir medizinische Hilfe nach Belarus, und ich passte jedes Mal auf ihre richtige Verteilung auf. Solange es über das Rote Kreuz lief, war für uns alles in Ordnung. Dann erweckte unsere humanitäre Hilfe plötzlich das Interesse der Behörden. Und sofort bekamen wir es zu spüren: Die Schweizer Arzneimittel wurden von nun an so verteilt, wie es den belarussischen Beamten passte. Nicht so, wie wir es wollten: Kostenlos und an diejenigen, die sie benötigten.

Im Jahr 2000 brachten wir viele unglaublich teure Vitamine, die wir an ältere Menschen verteilen wollten, so stand es auch in der beigelegten Patienteninformation. Jemand hat es jedoch anders beschlossen: Man überreichte die Vitamine dem Kindergarten, wo man doch schon bald herausfand, dass sie für Kinder nicht geeignet waren. Die Kinder konnten sie nicht vertragen, und man vernichtete die Vitamine einfach. Danach beschlossen wir, keine medizinische Hilfe mehr zu bringen.

Man kann sich leicht vorstellen, welche Worte mir einfielen, als Jolanda Erb mir diese Geschichte erzählte. Später aber, als Beat ihre Erzählung mit Details ergänzte, auf welche Weise man die Vitamine vernichtet hatte, wurde mir klar, dass Auslassungspunkte das Anständigste wären, was ich mir hier genehmigen dürfte.

BEAT ERB erzählt: Die Vitamine, die wir 2000 mitgebracht haben, waren sehr teuer, ja sogar für die Schweizer Verhältnisse, und dass man sie einfach weggeworfen hat, weil man sie selbst nicht angemessen benutzt hat, ist bitter.

Pharmazeutische Firmen geben uns diese Medikamente nicht einfach so. Sie wollten wissen, dass die Medikamente jemandem Nutzen gebracht haben. Und hier... Zuerst erzählte man uns, dass sie einem Krankenhaus überreicht wurden, und dann gab uns jemand einen Wink: Die Vitamine gab man in eine Schweinezuchtfarm, damit die Schweine besser wuchsen. Als wir dort ankamen, sahen wir gleich die Kartons, die wir mit solchen Schwierigkeiten in der Schweiz gesammelt hatten. Ich habe noch nie Jolanda so heftig weinen sehen.

Die Erholungsreisen in die Schweiz für die Kinder aus dem Kreis Dobrusch finden immer noch statt. Unter ihnen sind auch die Kinder derjenigen, die als erste die Gastfreundschaft der Schweizer aus der Initiative »Tschernobylhilfe Surselva« kennenlernten.

Frühere Probleme setzen zum Glück kein Kreuz auf den Enthusiasmus dieser Menschen, sondern brachten bestimmte Korrekturen in ihre Tätigkeit; sozusagen unter Berücksichtigung der »ortsüblichen Denkweise«. Die Schweizer kaufen jetzt die Arzneimittel vor Ort, das heißt in Dobrusch, und verteilen diese unter denjenigen, die sie brauchen.

Eine lange Zeit arbeiteten die Schweizer erfolgreich mit einem Dorfkrankenhaus zusammen, dessen Chefarzt den Leuten uneigennützig half. Aus irgendeinem Grund berief man ihn von seiner Position ab, und der neue Leiter antwortete auf den Vorschlag, vor Ort etwas zu kaufen: »Wir brauchen nichts, wir haben alles, und wenn Sie uns helfen wollen, so lassen Sie Ihr Geld da, wir kaufen alles selbst.«

Das Salz der Erde

Den Titel dieses Abschnitts nahm ich vom Namen eines Projekts der Stiftung »Den Kindern von Tschernobyl« e. V. – eines Projekts, welches der Arbeit mit älteren Menschen gewidmet war. Denjenigen, die wirklich das Salz unserer Erde, ihr Wesen sind.

Dorly Filippi ist eine der Gründerinnen der Schweizer Bewegung der Hilfe für Tschernobylkinder. Vor der Rente war sie als Buchhalterin bei der Fluggesellschaft Swiss Air tätig. Wahrscheinlich reist sie deshalb so gerne. Außer Belarus besuchte Dorly viele Länder der Welt, darunter viele exotische Orte, wie z. B. ein Indianer-Reservat im amerikanischen Texas oder die Insel Borneo. Als ich erfuhr, dass diese Frau 87 Jahre alt ist und dass sie ein paar Wochen später nach Sri Lanka erneut reisen wollte, musste ich an unsere belarussischen Rentner denken. Ich konnte mir nur wenige Namen ins Gedächtnis rufen, die im hohen Alter in ein anderes Land reisen konnten. Meiner Meinung nach hat das zwei Gründe: Die belarussischen Lebens- und Umweltbedingungen. Bei der Umwelt kann man die Katastrophe von Tschernobyl nicht übergehen.

In der Kirchengemeinde, in der DORLY FILIPPI im Kirchenchor sang, wirkte ANDREAS GOERLICH. Bald entstand dort eine Tschernobyl-Initiative, die Gemeinden rund um den Klotener Hardwald vereinte, und kurz darauf unternehmen die Schweizer eine ökumenische Reise ins Dorf Djatlowitschi im Rajon Luninez, Gebiet Brest. Natürlich war DORLY FILIPPI auch dabei. Anders konnte es einfach nicht sein. Von solchen Menschen sagt man »bereit für jedes Unterfangen«, denn so einen Unternehmungsgeist, der die ganze Umgebung in Bewegung bringt, trifft man ziemlich selten.

Für alle Initiativen gemeinnützigen Charakters braucht man Finanzmittel, und die ehemalige Buchhalterin wusste das sehr genau. Um die Einladung belarussischer Kinder in die Schweiz zu einem Erholungsaufenthalt zu ermöglichen, beschloss man, zunächst in dieses wunderschöne Land die belarussische Volksmusikgruppe »Kressiwa« für Wohltätigkeitskonzerte einzuladen. 1998 kamen die Bandmitglieder zum ersten Mal in die Schweiz, und ein Jahr später kamen hierher die ersten 40 Kinder aus Djatlowitschi. Die Initiative war damals noch keine rechtsgültig eingetragene Struktur, deshalb beschäftigte sich eine Initiativgruppe von 7–8 Menschen mit der Vorbereitung unter der Leitung von ANDREAS GOERLICH. Natürlich war DORLY FILIPPI für alle Finanzfragen zuständig, denn es gibt keine ehemaligen Buchhalterinnen.

Dorly Filippi, 2016

Im Jahre 2002 beschlossen die Schweizer, ihre Initiative offiziell zu machen: Man führte eine Gründungsversammlung durch, arbeitete ein Statut aus, bestimmte Tätigkeitsrichtungen, verteilte Verpflichtungen usw. Seit der Zeit empfangen sie jedes Jahr für vier Wochen zuerst je vierzig, später je dreißig belarussische Kinder. Die Ausnahme machte nur das Jahr 2008, als der belarussische Präsident mit seinem Erlass alle Erholungsaufenthalte für Tschernobylkinder im Ausland verbot. Zum offiziellen Anlass dazu wurde der Vorfall, als nach der Ferienerholung in Italien ein belarussisches Kind die Heimkehr nach Hause verweigert hatte. Im Endeffekt holte man dieses Kind zurück, aber für andere Kinder wurden keine Reisen ins Ausland mehr möglich.

In ihrem Land, wo jede lokale Entscheidung über ein Referendum beschlossen wird, sahen sich die Schweizer gezwungen, zu versuchen, dieses Problem über das nationale Parlament zu lösen, indem die Abgeordneten ihrerseits einen entsprechenden Druck auf belarussische Macht ausüben sollten. Dieses Vorhaben fand eine große Unterstützung in anderen Ländern, und das offizielle Minsk sollte zurückweichen. Den Brief ans Schweizer Parlament, geschrieben im Namen der fünf Initiativen, mit denen sie in Kontakt stand, verfasste VERONIKA REUSCHENBACH.

VERONIKA erzählte mir, dass DORLY FILIPPI vier Kinder großgezogen hatte, die alle großen Respekt vor ihrer Mutter hätten. Alle Kinder stammen aus der ersten Ehe ihres Mannes. Er sollte sie nach einem Gerichtsbeschluss erziehen, das heißt für Dorly waren sie keine leiblichen Kinder, aber für alle war sie eine richtige Mutter.

Nach dem Schreiben von VERONIKA REUSCHENBACH an das schweizerische Parlament, die Bundesversammlung, wurden sie und andere Initiatoren des Briefs offiziell nach Bern eingeladen. Dort fand ein Treffen unter Teilnahme der Vertreter des Departements für auswärtige Angelegenheiten und des Eidgenössischen Departements des Innern, des Departements für Migration und des belarussischen Botschafters in der Schweiz statt. Die Schweizer nahmen diese Frage sehr ernsthaft auf, schließlich ging es um einige hundert Kinder.

Ich kann mir vorstellen, wie viele Leute jetzt auf den Gedanken kommen, dass so etwas in Belarus absolut undenkbar ist. Ich bin damit völlig einverstanden. Ebenso damit, dass man das berühmte Zitat vom belarussischen Dichter und Publizisten aus dem 19. Jahrhundert Kastus Kalinowskij »Nicht das Volk für die Regierung, sondern die Regierung für das

8 Vielfalt der Tschernobyl-Initiativen

Dorly in Kobryn. Die Orgel ist ihr Geschenk für die Freie Christengemeinde

Volk« nicht nur in Zeitungen schreiben, sondern auch im alltäglichen Leben verwirklichen sollte.

Es stimmt, die Aufmerksamkeit für Tschernobyl-Ereignisse ist jetzt nicht mehr so, wie sie einmal war. Aber man darf nicht vergessen, dass bereits dreißig Jahre vergangen sind. Ich schlage vor, einen einfachen Test zu machen: Nennen Sie bitte zehn Weltkatastrophen, die auch nach dreißig Jahren im Fokus des öffentlichen Interesses stehen. Fällt das schwer? Mir auch, deshalb ziehe ich wieder den Hut vor der Tat der gemeinnützigen Stiftung »Den Kindern von Tschernobyl« e. V. sowie vor allen, die sich bis heute dafür engagieren. In erster Linie ja im Ausland. Im vorigen Jahrhundert stellten diese Leute den Motor an, der auch heute noch läuft. Mit dem Unterschied, dass man dafür früher viel einfacher den Kraftstoff in Form von materieller Unterstützung finden konnte, denn das Tschernobyl-Problem war damals näher und sensibilisierte viele.

Die Initiative, in der DORLY FILIPPI aktiv tätig ist, spürte auch die Reduzierung dieses Kraftstoffs. Damit dieser nicht ausging, kamen die Schweizer auf einen interessanten Gedanken. Auf dem Grundstück des Bauern, der die Initiative von Anfang an unterstützte, pflanzte man 1999 einen Apfelbaum. Daneben stellte man ein Schild mit einem Text, dass dieser Baum zu Ehren der Tschernobylkinder bei ihrem ersten Erholungsaufenthalt in der Schweiz gepflanzt worden war.

Ähnliches wurde auch in Djatlowitschi und dem Minsker »Garten der Hoffnung« im Andenken an GENNADI GRUSCHEWOJ unternommen.[3] Jedes Jahr erntet DORLY FILIPPI viele Äpfel von diesem Baum. Sie schneidet diese in kleine Stücke, dann trocknet sie sie, verpackt sie schön und verkauft sie auf dem Weihnachtsmarkt, der am 1. Advent in Glattbrugg stattfindet. Auf dem Markt hat die Initiative einen eigenen Stand, und das ganze verdiente Geld geht an die Unterstützung des Aufenthalts der Tschernobylkinder. Der Apfelbaum wurde zum obligatorischen Programmpunkt ihrer Erholung in der Schweiz.

DORLY FILIPPI führte die Finanzen ihrer Initiative bis 2012, als sie beschloss, diese Stellung altershalber mit 83 Jahren zu verlassen. Dabei hält sie den dritten Zeitabschnitt (zwei erste sind mit der Kindheit, den Eltern, dem Studium, ihrer eigenen Familie usw. verbunden – mit allem, was vor der Rente war) für einen der interessantesten in ihrem Leben. Denn die Tschernobylaktivitäten brachten neue Kontakte, Bekanntschaften, Ideen. Dieser Zeitabschnitt geht glücklicherweise weiter. Und nicht nur für DORLY FILIPPI selbst.

Eine ihrer Nichten empfing das Gastkind Juri aus Djatlowitschi und hatte aktiv Kontakt zu seiner ganzen Familie über viele Jahre. Und damit dies wirkungsvoller geschieht, begann sie Russisch zu lernen und kann es jetzt ziemlich fließend sprechen. Aus diesem Anlass bestand sie eine Anzahl ernsthafter Prüfungen. Vor kurzem besuchte Juri nach seinem Wehrdienst

---

[3] Siehe auch Kapitel »Der Garten der Hoffnung« ab S. 311

8 Vielfalt der Tschernobyl-Initiativen

auf private Einladung die Schweiz wieder. DORLY FILIPPI dachte, dass sie einen soliden jungen Mann sieht, aber sie sah in ihm immer noch einen kleinen Jungen, der einmal zur Erholung in die Schweiz gekommen war. »Das war durchaus lieb und nett«, so Dorly.

Ein gut vorbereiteter Generationswechsel

Peter und Janine auf dem Friedensmarsch durch Europa für die Kinder von Tschernobyl und von Fukushima zusammen mit den Jugendlichen der Stiftung den Kindern von Tschernobyl, Genf, April 2011

PETER GRAF erzählt: Wahrscheinlich sollte ich mit dem Zeitpunkt anfangen, als VERONIKA REUSCHENBACH mir angeboten hat, ihre Stellung einzunehmen. Aber ich würde gerne ein paar Worte dazu sagen, was davor war. Sofort nach der Gründung der entsprechenden Initiative in unserer Stadt durch den Pfarrer ANDREAS GOERLICH engagierten sich meine Eltern als Gasteltern für Tschernobylkinder, die zu einem Erholungsaufenthalt kamen. Aber trotz der Tatsache, dass Alexej, der unser erstes Gastkind war, mit der Zeit zu meinem guten Freund geworden ist, war ich noch lange kein Mitglied dieser Initiative.

Einmal hörte ich, dass man im Vorstand jemanden brauchte, der ehrenamtlich einen Teil der Arbeit hätte abnehmen können. Meine Arbeit als internationaler Servicetechniker für Verpackungsmaschinen in der Pharmabranche ermöglichte mir nicht nur, weltweit zu reisen, sondern auch Zeit für etwas anderes zu finden. Der Vorstand nahm mich gerne in sein Team auf. Ich war bei allen Sitzungen anwesend, aber ich war sozusagen ein Minister ohne Aktentasche, d. h. ich hatte kein Stimmrecht und war für keinen bestimmen Geschäftsbereich zuständig.

Nach ein paar Jahren wählte man mich zum stellvertretenden Leiter der Initiative, und nach einiger Zeit stellte sich die Frage, ob ich auch die Leitung übernehmen sollte. VERONIKA REUSCHENBACH, die die Stelle der Präsidentin der Initiative zehn Jahre lang einnahm und schon etwas müde war, wollte, dass ich

Peter Graf und sein belarussischer Gastbruder Alexej (links)

zu ihrem Nachfolger werde. Das war völlig unerwartet. Es gefiel mir zwar sehr, Mitglied dieser Organisation zu sein, und ich erfüllte alle Aufträge sehr gerne, aber ihr Präsident zu werden? Um keinen Preis! Das war im Mai 2014.

Dann nahm ich eine Zeit lang an einem Fortbildungskurs teil. Ich hatte die Möglichkeit über Veronikas Angebot nochmal nachzudenken, und beschloss, es doch zu wagen. Es war völlig klar, dass keiner mit so viel Eifer und

8 Vielfalt der Tschernobyl-Initiativen

Effizienz, wie es Veronika gemacht hatte, arbeiten kann. Es ist eine Sache, die Organisation als energische Rentnerin zu führen, und eine ganz andere Sache ist es, sich mit Wohltätigkeit in der freien Zeit neben dem Hauptjob zu beschäftigen. Die ganze Arbeit des Vorstandes sollte umgeformt werden. Er bestand damals aus neun Personen. Heute sind es sieben.

Im August 2014 lud ich alle zu mir nach Hause ein, und wir führten einen ganzen Tag lang einen besonderen Workshop durch, indem wir die Geschäftsbereiche umverteilten und die Aufgabenbereiche bestimmten, d. h. wer für welche Aufgabe am besten passt. Natürlich wusste niemand von den Kollegen außer Veronika über mein Vorhaben, die Leitung der Initiative zu übernehmen, aber die Richtung, wie alle in der Zukunft arbeiten wollten, gefiel mir sehr gut. Es war auch klar, wenn wir ohne VERONIKA REUSCHENBACH nicht arbeiten lernten, so würde sich der Verein langsam auflösen. Niemand wollte das.

Nachdem wir im Workshop die Verpflichtungen verteilt hatten, sah ich ein, dass diese öffentliche Tätigkeit meine Arbeit nicht stören wird, und im Oktober wählte man mich zum Präsidenten. Zur allgemeinen Freude, denn jemanden zu finden, der fähig ist, solche Verantwortung zu übernehmen, ist überaus schwierig.

Diese Arbeit ist ehrenamtlich, aber man kann sie nicht ganz unentgeltlich nennen. Man wird hier nicht mit Geld bezahlt. Ich würde stattdessen sagen, dass man dafür sogar sehr großzügig bezahlt wird – mit menschlicher Liebe, herzlicher Dankbarkeit und großer Freude der Kinder, die wir jedes Jahr in der Schweiz empfangen dürfen. Es gibt so viele Gefühle, dass man sie mit keinem Geldverhältnis messen kann. Das ist und bleibt die Hauptmotivation.

Zum Zeitpunkt unseres Gesprächs war PETER GRAF 41 Jahre alt und bereiste schon 50 Länder. Vielleicht würden mir diese Zahlen nicht so auffallen, wenn doch nicht diese Besonderheit wäre: In der Tat verwirklichte Peter alle seine Reisen mit dem eigenen Motorrad. Man sollte hier auch erwähnen, dass er kurz vor der Wahl zum Präsidenten der Tschernobyl-Initiative seines Ortes jedoch eine ernsthafte Operation überstand, die mit dem Herzfehler verbunden war, der seine Aktivität von Kindheit an einschränkte.

Über die Motorradreisen von Peter Graf kann man ziemlich lange erzählen, aber ich richte meine Aufmerksamkeit auf die gefährlichste und schwierigste von allen. 2007 beschloss Peter, allein mit dem Motorrad von Zürich bis Wladiwostok zu reisen. Auf die weiteste Reise in seinem Leben bereitete sich PETER GRAF sehr gründlich vor. Er lernte sogar Russisch. Er konnte doch nicht bis nach Wladiwostok kommen wegen eines Unfalls in der mongolischen Wüste. Man brachte ihn nach Südkorea, um eine komplizierte, aber erfolgreiche Operation am gebrochenen Bein durchzuführen.

Seine Sprachkenntnisse waren ihm ganz nützlich, als sich Peter mit allen Tschernobyl-Aktivitäten zu beschäftigen begann und besonders, als er zum Leiter der jeweiligen Einrichtung in seinem Ort wurde, denn die Schweizer Tschernobylhilfe Hardwald arbeitet mit den belarussischen Orten und Djatlowitschi zusammen.

Peter Graf mit seinem Motorrad unterwegs.

PETER GRAF fuhr fort: Früher kamen 40 belarussische Kinder zu uns, dann reduzierte sich diese Zahl auf 30 Gäste, deshalb setze ich es mir zum ehrgeizigen Ziel meiner Präsidentschaft, bereits im Jahr 2017 das frühere Niveau wieder zu erreichen. Ich hoffe sehr, dass uns dies gelingt.

Die Kinder, die sich in der Schweiz erholen, verbringen ihre Zeit nicht nur in Gastfamilien. Dreimal in der Woche (montags, mittwochs und donnerstags) haben wir sogenannte Programmtage, an denen gemeinsame Veranstaltungen durchgeführt werden. Sie sind dem Inhalt nach sehr unter-

8 Vielfalt der Tschernobyl-Initiativen

schiedlich, aber dem Sinn nach dienen sie dazu, die Erholung interessant, nützlich und voll von schönen Erinnerungen zu gestalten.

Zum Beispiel, an einem Programmtag unternehmen wir etwas in Pfungen, in der Gemeinde von ANDREAS GOERLICH, wo er für belarussische Kinder eine Führung durch die Kirche macht und erzählt, wie sie in der Schweiz funktioniert. Die Kinder dürfen die Altareinrichtung kennenlernen und die Glocken läuten. So etwas ist bei weitem nicht in jeder Schweizer Kirche möglich. In Pfungen ist die Gutmütigkeit in erster Linie mit dem Namen von ANDREAS GOERLICH verbunden. Man respektiert ihn hier sehr.

Es gibt genug Platz in diesem Bergdorf, deshalb sorgen wir dort für viele Sportspiele und Olympiaden. Die meisten davon sind mit einem aufrichtigen Kinderlachen verbunden, was für alle ein begehrtes Geschenk ist. Und ein richtiges Geschenk für die Kinder wird der Besuch des größten Wasserfalls in der Schweiz, der in unserer Nähe ist. Bevor der berühmte Fluss Rhein nach Deutschland kommt, fließt er über sehr schöne Felsen. Dieser Ort heißt Schaffhausen.

Besonders mögen die Kinder den Programmtag, den sie mit der Feuerwehrmannschaft verbringen dürfen. Dort passiert ganz schön viel. Normalerweise benutzen die Feuerwehrleute ihre Dreißig-Meter-Drehleiter, um Katzen von den Bäumen herunterzuholen. Am Vorabend hängen sie mithilfe der Leiter verschiedene Süßigkeiten auf die Bäume, die die Tschernobylkinder am nächsten Tag erhalten, wenn sie es wagen (zusammen mit dem Leiter der Feuerwehr), im automatisierten Korb bis ganz nach oben zu gelangen.

Auf dem Feuerwehrübungsgelände gibt es viele Objekte, die ein echtes Feuer simulieren. Mit einer speziellen Wärmebildkamera suchen die Kinder im verqualmten Gebäude nach Gegenständen, die brennen. Zum Beispiel das ans Stromnetz angeschlossene Bügeleisen. Die Kinder sind wie echte Feuerwehrleute gekleidet. Es gibt nur keine Gasmasken, denn der Qualm ist nicht echt – es ist bloß künstlicher Nebel wie in einer Disco. Man bringt den Kindern bei, wie man mit einer Decke Feuerquellen löschen kann. Sie spielen mit Feuerwehrschläuchen ein witziges Fußballspiel, bei dem zwei Mannschaften mit Wasser Tore schießen, oder sie überwinden in einer Seilbahn »einen Fluss voller Krokodile«.

Sehr aufregend sind immer der Besuch der besonders schönen Aussichtsplattform am Berg Säntis, der zweitausendfünfhundert Meter über dem Meeresspiegel liegt, sowie die Fahrt nach Zürich, wo die Kinder am liebsten den Zoo mit den witzigen Äffchen mögen. Aber auch das Schwimmbad, aus dem man sie dann fast nicht herausholen kann. Kurz gesagt, wir bieten den Kindern alles, damit ihre Erholung in der Schweiz für das ganze Leben in Erinnerung bleibt.

Motorrad ist aber nicht das einzige Hobby von Peter Graf. Er fotografiert auch gern. Seine Bilder bilden die Collagen am Ende dieses Kapitels.

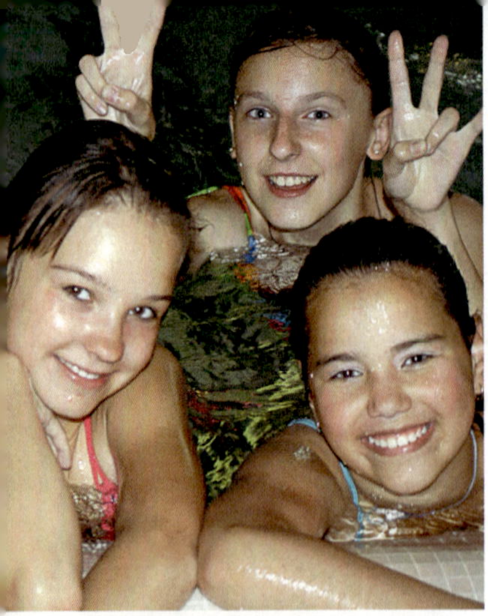

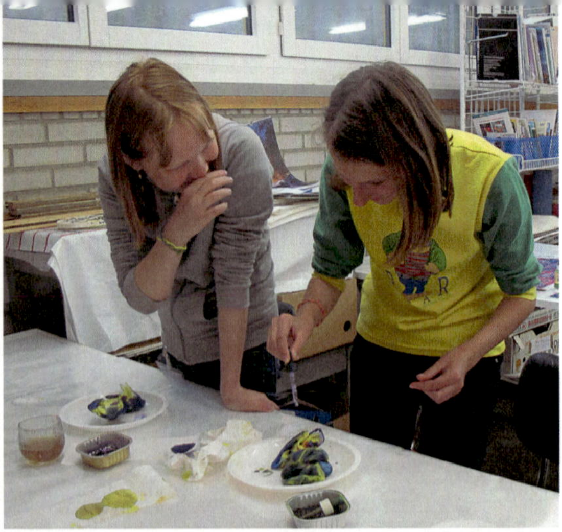

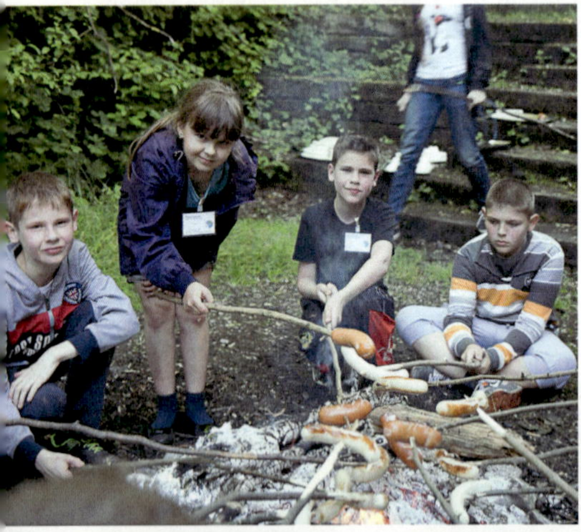

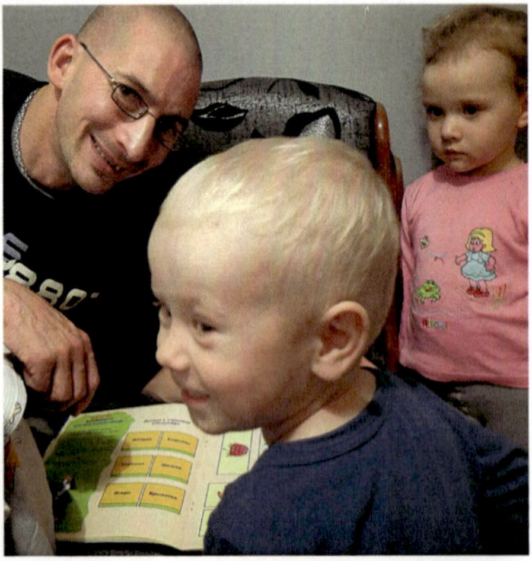

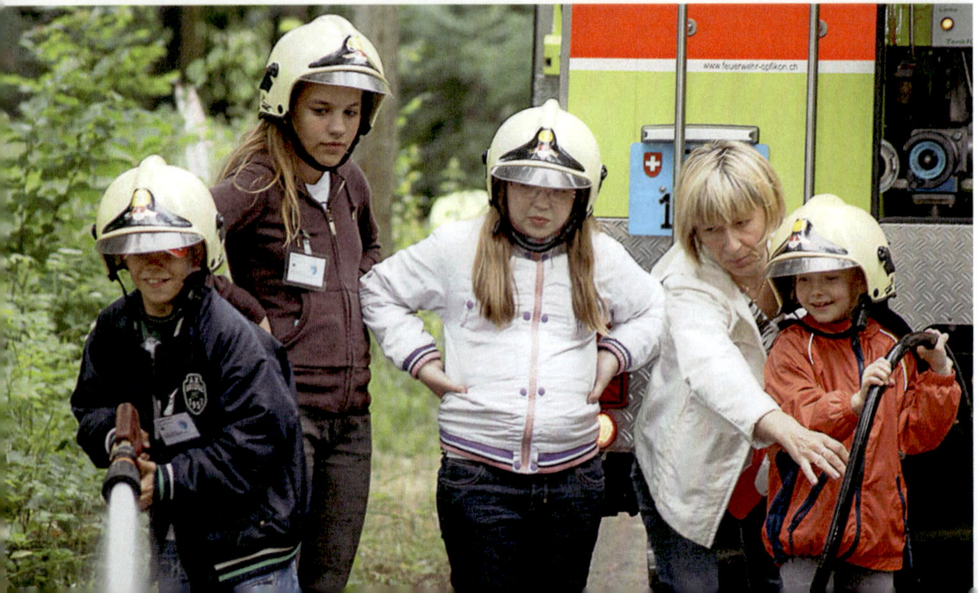
www.feuerwehr-opfikon.ch

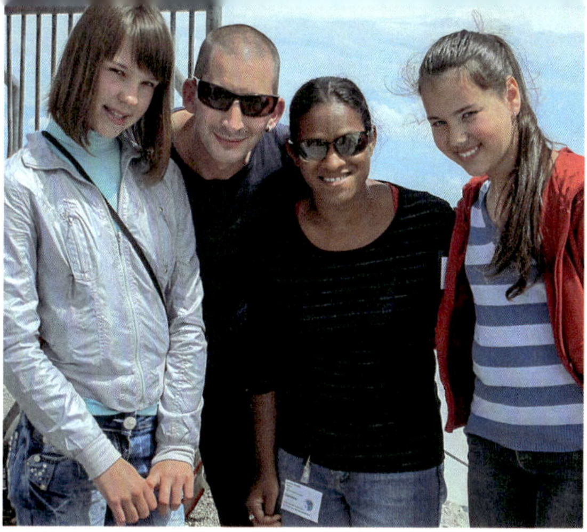

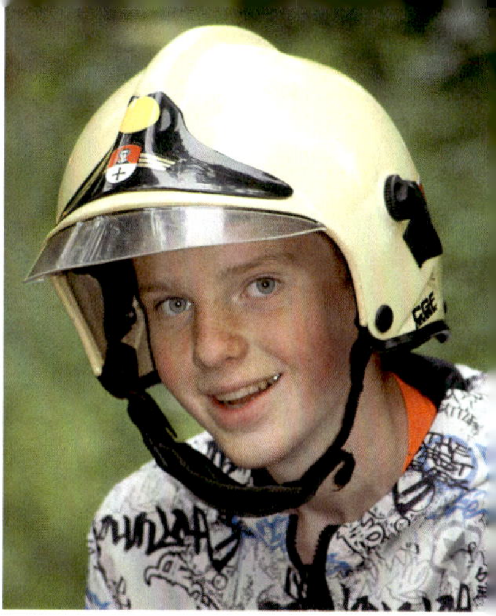

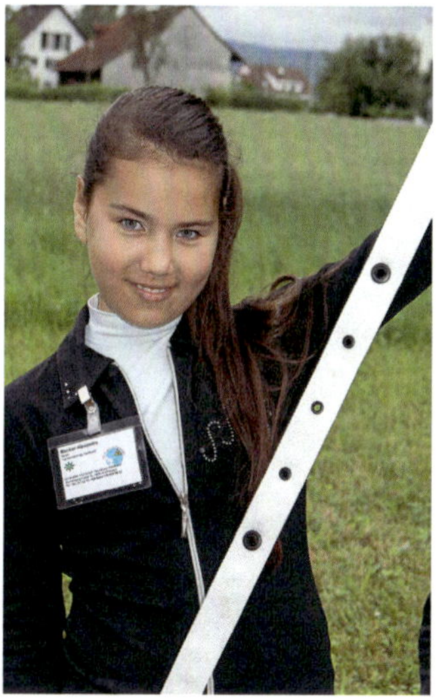

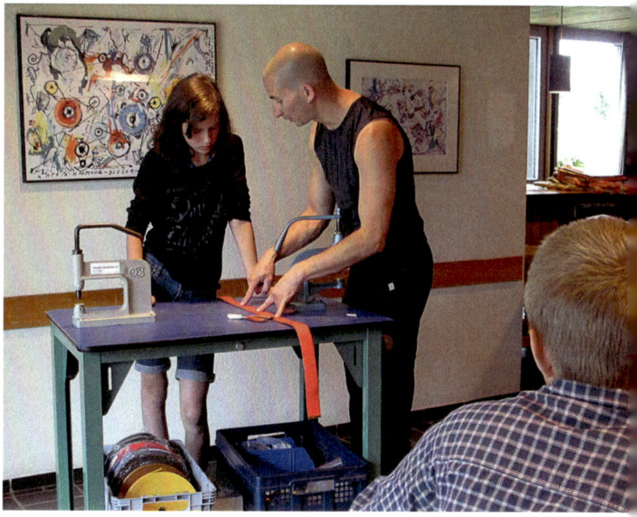

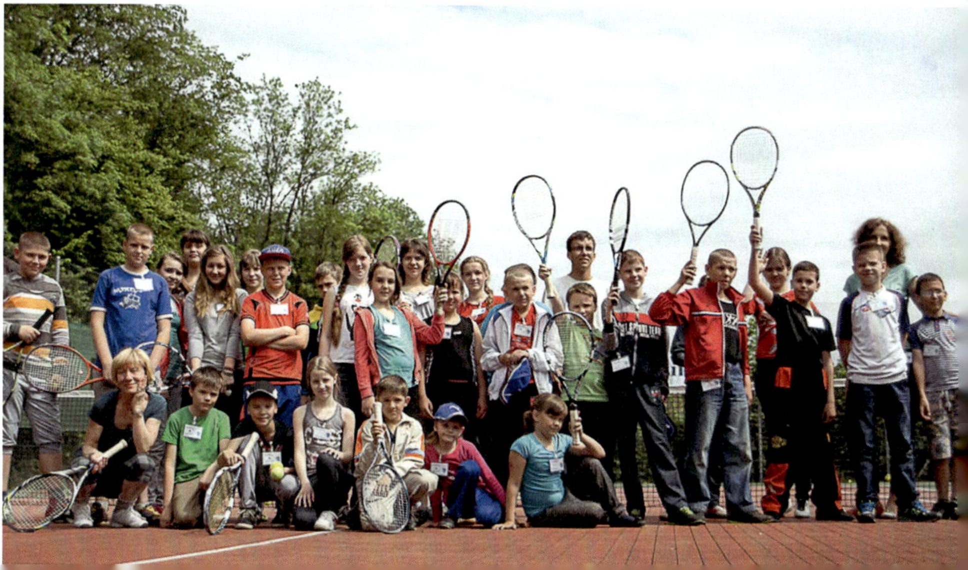

Die Hoffnung, im Gegensatz zum Optimismus, ist nicht die Erwartung, dass es gut ausgeht, sondern das Engagement in Gewissheit, dass es Sinn hat, egal, wie es ausgeht.

Václav Havel

„САД НАДЕЖДЫ"
ИМЕНИ ГЕННАДИЯ ТРУШЕВОГО

9 Garten der Hoffnung auf der Erde des Glaubens

Eigeninitiative statt staatlicher Willkür

Irina Gruschewaja erzählt: Somit fange ich meine Geschichte noch aus der Ferne an. Ich erwähnte bereits, dass wir Ende der achtziger und Anfang der neunziger Jahre sehr viel dafür getan hatten, um die Menschen in aller Welt auf die Tschernobyl-Folgen in Belarus aufmerksam zu machen. Wir taten es aus dem Grunde, weil die belarussischen Behörden alle bestehenden Probleme um die Reaktor-Katastrophe bewusst verschwiegen haben. Explizit mit dieser Perspektive nutzte ich meine Auslandsaufenthalte.

Im Jahr 1991 kam aus Nordrhein-Westfalen nach Minsk eine große Delegation unter der Leitung des NRW-Innenministers Herrn DR. HERBERT SCHNOOR. Der Anlass des Besuches war die feierliche Grundsteinlegung für den Bau der Internationalen Bildungs- und Begegnungsstätte, die heute als IBB »Johannes Rau« Minsk bekannt ist. Die Stiftung »Den Kindern von Tschernobyl« e. V. war eine der ersten Bürgerinitiativen in Belarus, und diese Tatsache erweckte ein großes Interesse der Delegationsmitglieder an unserer Tätigkeit. Zum ersten Mal in der noch jungen Geschichte der Stiftung durften wir einen so hohen Besuch empfangen.

Bild links: Der Garten der Hoffnung und die neue Kirche, Minsk, 2015

9 Garten der Hoffnung auf der Erde des Glaubens

Frau DR. ELISABETH RAISER, die mir als Präsidentin des Ökumenischen Forums christlicher Frauen in Europa (später auch die Präsidentin des ökumenischen Kirchentages in Berlin) vorgestellt wurde, gehörte der Delegation an. Aktives Engagement der Stiftung und die spürbare Nähe der kommenden Freiheit beeindruckten Elisabeth so tief, dass sie mich bei dieser Gelegenheit zu einer Umweltkonferenz europäischer Frauen nach Italien einlud, die bald darauf stattfinden sollte.

Dr. Elisabeth Raiser

Wie die Stiftung ihre Arbeit begann und alles, was sie machte, erinnerte an geometrische Folgen. Projekte schossen wie Pilze aus dem Boden. Im Jahr 1990 fuhren sechstausend belarussische Kinder zur Erholung ins Ausland. 1991 stieg diese Zahl schon auf zwanzigtausend Kinder. Derjenige kann uns verstehen, der selber weiß, wie schwer der Rhythmus unserer Arbeit tatsächlich war. Insbesondere, wenn man die Steine berücksichtigen würde, die die Machthaber uns in den Weg legten. Davon gab es eine unglaubliche Anzahl. Ehrlich gesagt, bei meiner Arbeitsintensität hatte ich die Einladung zur Konferenz vollkommen vergessen. Erst ein offizieller Einladungsbrief erinnerte mich später daran.

Das ökumenische Forum Christlicher Frauen in Europa brachte Vertreterinnen religiöser Konfessionen aus 28 Ländern zusammen. Allein in Deutschland zählt es rund viertausend interessierte Frauen. ELISABETH RAISER wurde als erste Präsidentin dieser Organisation gewählt. Russisch-orthodoxe Frauen waren übrigens auch damals Freundinnen des Forums. Einer der wichtigsten Aufgabenbereiche des Ökumenischen Forums waren nämlich die Umweltfragen unter dem Gesichtspunkt der Bewahrung der Schöpfung. Deshalb hoffte ich, dass die im Westen wenig bekannten Folgen der Tschernobyl-Katastrophe bei diesem Publikum ein reges Interesse finden würden. Ich war insbesondere froh, vor diesem höchst bedeutsamen Publikum meinen Vortrag zu halten und gleichzeitig die Vertreterinnen aus 28 Ländern erreichen zu können. Ich dachte mir, dass ich möglicherweise ein offenes Ohr für unsere Probleme und vielleicht sogar Partnerinnen für eine konkrete Zusammenarbeit in Projekten finden könnte.

Ludmila Leschtschowa am Stand Kinder von Tschernobyl bei der Generalversammlung des Ökumenischen Forum Christlicher Frauen Europa (ÖFCFE), Budapest 1994

Damit die Englisch sprechenden Mitgliedsfrauen des Forums in Europa auch erreicht werden konnten, um die Informationen zu Tschernobyl-Problemen vermittelt zu bekommen, lud ich zur Teilnahme an der Konferenz

9 Garten der Hoffnung auf der Erde des Glaubens

auch meine Kollegin mit hervorragenden Kenntnissen der englischen Sprache LUDMILA LESCHTSCHOWA ein. Unser Auftritt war sehr überzeugend, wir zeigten auch Fotos und stellten Ergebnisse soziologischer Forschungen vor. Es machte einen starken Eindruck auf alle Anwesenden und ermöglichte es unserer Stiftung anschließend, viele interessante internationale Projekte ins Leben zu rufen. Diese hatten eine breite Ausrichtung. Die Frauen unserer Stiftung waren für Jahrzehnte und sind noch heute aktive Mitglieder des ökumenischen Forums. Wir sind die einzige Gruppe, die in ihrer Zusammensetzung auch ökumenisch ist, d. h. sie vereinigt Frauen verschiedener Konfessionen.

Damals, Anfang der neunziger Jahre, waren wir von der Idee angetan, eine Babynahrungsfabrik für ökologisch saubere Nahrung in Belarus einzurichten. Mit Hilfe der deutschen Organisation »Mütter und Väter gegen Atomkraft« e. V. gelang es uns, die Finanzmittel für den Kauf entsprechender Produktionsanlagen zu finden. Wir mussten dafür aber nicht kontaminierte Böden in Belarus finden, auf denen man von der radioaktiven Strahlung unbelastetes Getreide hätte anbauen können. Unvergessen sollte auch die Tatsache sein, es geht um die neunziger Jahre des letzten Jahrhunderts, dass dies eine Zeit großer Zerrüttung im Land war.

Kein Mensch hatte damals eine klare Vorstellung, wie dieses Problem zu bewältigen wäre. Dafür hatten wir alle einen großen Wunsch, dieses unbedingt zu lösen. Zu dieser Zeit zählte die Stiftung schon landesweit vierzehntausend aktive Mitglieder. Der berühmte belarussische Journalist, JEWGENIJ KOKTYSCH, riet uns, seinen guten Freund GENRICH TRETJAK, den Vorsitzenden der Lomonossov-Kolchose in Bezirk Stolbzy, zur Mitwirkung am Projekt einzuladen, ein promovierter Landwitschaftsexperte. Er war ein sehr interessanter Mensch mit innovativem Denken. Genauso wie wir, war er ein Geisteswissenschaftler, aber die Wendung »ich kann es nicht« – auch was die Produktionstechnik anbetraf – war für uns alle damals undenkbar. Wir glaubten, wir würden alles schaffen.

Die Arbeit in dieser Richtung ging langsam, mit mäßigen Erfolgen, aber kontinuierlich voran. Trotz der Tatsache, dass gerade um diese Zeit die Wiederherstellung des sowjetischen Systems begann. Die staatliche Willkür unterdrückte alle bürgerlichen Initiativen, die allen deutlich machte, dass nur und ausschließlich der Staat selbst die Hauptmacht darstellt. Diese Macht kann alles, und der Mensch kann nichts. Es ist gerade das Gegenteil zu Westeuropa, wo der Staat nach aktiven Menschen sucht und diese fördert, damit sie aus ihrer eigenen Initiative eben das vollbringen, was in ihrem Land zu kurz kommt. Von den beiden diametral entgegengesetzten Modellen entsprach unserer Auffassung am Besten das westeuropäische Handeln. Wir wollten auch einiges selbständig erreichen.

Als im landwirtschaftlichen Betrieb von GENRICH TRETJAK, mit dem wir ganz guten Kontakt hatten, schon Produktionsanlagen standen, die wir aus Dänemark importiert hatten, bat ich ihn, uns einen Apfelbaumsteckling aus seinem privaten Garten zu geben. Auf den Gedanken, den Garten der Hoffnung zu pflanzen, kam ich in der italienischen Santa Severa während der oben erwähnten Konferenz des Ökumenischen Forums. Ich bekam von Tretjak einen zarten jungen Apfelbaum buchstäblich ein paar Tage vor dem »neuen« Jahrestag der Tschernobyl-Katastrophe am 26. April 1993. Nach meiner Rückkehr nach Minsk pflanzten wir zusammen mit unseren Gästen von der Partnerinitiative aus Kanada den Apfelbaum auf dem Gelände der neu entstandenen Kirchengemeinde, genannt zu Ehren des Ikonenbildes der Mutter Gottes »Allen Trauernden zur Freude«.

Die Kirchengemeinde war damals noch in einem Militärzelt untergebracht. Daneben plante man ein richtiges Kirchengebäude zu bauen. Diese Gemeinde vereinigte viele Menschen, die in der Nähe wohnten und die aus den verseuchten Gebieten zu verschiedenen Zeiten umgesiedelt worden waren. Die meisten waren die so genannten Tschernobylzy.[1] Ein Hoffnungssymbol wäre auch für sie wichtig, dachten wir.

---

[1] Siehe Kapitel 2, S. 33

9 Garten der Hoffnung auf der Erde des Glaubens

26. 04. 1996 – Der Garten der Hoffnung entsteht ...

Ursprünglich wollten wir im folgenden Jahr noch einen Baum pflanzen, und dann noch einen. Zum 10. Jahrestag der Tschernobyl-Katastrophe wollten wir einen richtigen Obstgarten als Symbol fürs Leben, Symbol für internationale Frauensolidarität nach dem Tschernobyl-Unheil anlegen. Als wir im Frühjahr 1994 aus der Baumschule einen Kirschbaumsetzling brachten und zu derselben Stelle neben dem Kirchenzelt kamen, wo unser junger Apfelbaum eigentlich hätte wachsen sollen, bemerkten wir mit Schrecken, dass dort schwere Betonplatten angehäuft herumlagen. Der Bau des neuen Kirchengebäudes war in vollem Gange, und die Bauleute hatten gedankenlos ihre Baumaterialien auf unseren Baum abgeladen und sich gar nicht darum bemüht, ihn irgendwie zu schützen oder gar umzupflanzen.

Später schrieb ich in einem Artikel, dass über die Menschheit genauso die Atomenergie ausgeladen wird, und keiner denkt darüber nach, was im Nachhinein passieren würde, ob da je etwas zum Wachstum kommen würde. Wir mussten erneut zur Baumschule fahren und einen neuen Setzling

Wolfgang und Gerhild Kramer haben für den Garten der Hoffnung Birnbäume gebracht

besorgen. Am 26. April 1994 pflanzten wir dort zwei neue Setzlinge, einen Apfel- und einen Kirschbaum. Die beiden Bäume setzten wir möglichst nah an das Zelt, damit ihnen nichts mehr geschehen könnte.

1995 brachten unsere deutschen Freunde WOLFGANG UND GERHILD KRAMER zwei Birnbaum-Setzlinge zum jährlichen traurigen Anlass im April, und übergaben diese an uns mit den Worten: »Da Gruschewojs an die Hoffnung für die Kinder hier denken, soll unbedingt auch Gruscha (ein Birnbaum) diese Hoffnung symbolisieren (Gruscha bedeutet auf Deutsch sowohl Birne als auch Birnbaum). Im Garten der Hoffnung, der im nächsten Jahr 1996 angelegt werden sollte, würden also auch die Birnbäume wachsen, denn die Hoffnung ist am Wichtigsten.« Die freundliche Anspielung

9 Garten der Hoffnung auf der Erde des Glaubens

auf unseren Familiennamen war uns auch klar: Gruschewoj bedeutet nämlich »einer von dem Birnbaum«.

Vater Igor, der orthodoxe Priester der Gemeinde segnete damals die Setzlinge, und Gennadij brachte einen gefühlvollen Spruch heraus: »Der Baum der Hoffnung auf der Erde des Glaubens. Sehr symbolisch!« Zu jener Zeit waren in der ganzen Welt schon über fünfhundert Tschernobyl-Initiativen tätig, und sie arbeiteten mit unserer Stiftung sehr gerne zusammen.

1994 fand unser nächster Kongress »Die Welt nach Tschernobyl« statt, an dem auf unsere Einladung hin Vertreter aus 39 Ländern teilnahmen. Ein Jahr später stellte ich unser Projekt »Garten der Hoffnung« in der Hauptversammlung des Ökumenischen Forums Christlicher Frauen Europas vor, die in Bukarest durchgeführt wurde. Auch dort schlug ich vor, im Jahre 1996 erneut zusammen zu treffen, um zum 10. Jahrestag der Tschernobyl-Katastrophe gemeinsam einen richtigen Garten, den Garten der Hoffnung, anzulegen.

Es wurde beschlossen, nicht nur den Garten in den Vordergrund der Aufmerksamkeit zu rücken, sondern auch ein dreitägiges Seminar zum Thema »Frauen und Energie« zu veranstalten. Wir wollten nicht nur über die vernichtende Kraft atomarer Energie sprechen, sondern auch Themen wie die positiven Energien des guten Handelns, der Beteiligung und der Wohltätigkeit ins Gespräch bringen, und es sollte auch über die Energie menschlicher Herzen nachgedacht werden. Diese ist ebenso unsichtbar wie die Atomkraft. Aber sie kann die Welt retten. Die atomare Energie ist zerstörerisch – die Energie menschlicher Herzen ist dagegen die Schaffenskraft des Guten.

Anfang April 1996 veranstalteten wir, einige Wochen vor unserem Frauenseminar, den 3. Tschernobyl-Kongress. Die Vertreter von über vierzig Ländern der Welt nahmen daran teil. Es waren etwa 600 Gäste anwesend, darunter auch bekannte Wissenschaftler, öffentliche Persönlichkeiten, Geistliche. Belarus wurde durch berühmte Wissenschaftler im Bereich Radiologie vertreten wie Prof. WASSILIJ NESTERENKO, Prof. JEWGENIJ KONOPLJA, PROF. IWAN NIKITSCHENKO. Leider sind sie alle nicht mehr am

3. Kongress »Die Welt nach Tschernobyl« der Stiftung
in der Akademie der Wissenschaften in Minsk, 1996

Leben. Die belarussische orthodoxe Kirche wurde persönlich durch Metropolit Filaret vertreten. Durch sein Beisein im Präsidium veranschaulichte er die Besorgnis der Kirche um das Überleben der Menschen auf unserer Erde.

Nur belarussische Vertreter der Macht ignorierten allesamt unsere Einladung zum Kongress. Kein einziger Amtsträger ließ sich sehen. Mit ihrer Abwesenheit trotz der Einladung zeigten sie uns ihre Einstellung zur gesamten Arbeit, die wir machten. Es wirkte eine alte sowjetische dogmatische Regel: Kein Vertrauen in die Bürger des eigenen Landes. Man könne nur »von da oben« verordnen und dann von diesen Ergebnissen der Arbeit der Menschen profitieren. Kein Wunder, dass wir die Folgen ihrer kleinlichen Gemeinheiten an unserer Arbeit stets zu spüren bekamen. Mal fiel der Strom im Konferenzraum aus, mal schaltete sich der Ton in Kabinen für Simultandolmetscher ab. Die Sicherheitskräfte waren in Aktion. Nur wen sicherten sie, möchte man fragen.

9 Garten der Hoffnung auf der Erde des Glaubens

Trotzdem wurde der Kongress zu einem großen Erfolg. Leider kam Gennadij danach ins Krankenhaus und wurde operiert. Es wurde zu einem ernsthaften Problem im Vorfeld des geplanten Frauenseminars, das am 26. April stattfinden sollte. Wir beide arbeiteten stets im Tandem, indem wir einander ergänzten. Und nun? Ich war gezwungen, sehr schwierige Aufgaben allein zu übernehmen. Ich war etwas unsicher, weil mir die gewohnte Unterstützung fehlte. Es war eine großformatige Veranstaltung geplant. Vertreterinnen aus 17

Vor der Pflanzaktion eine ökumenische Meditation

Ländern sollten nach Minsk anreisen. Für jede Seminar-Teilnehmerin musste man sowohl den Transfer als auch Übersetzung und Unterbringung organisieren. Und das Wichtigste war, den Ort vorzubereiten, an dem der Garten angelegt werden sollte. Man musste Baumüll wegräumen: Es lagen überall Betonplatten, Gespann, Eiseneinlagen herum, alles das, was auf Baustellen an Restmüll gewöhnlich liegen bleibt.

Wir hatten einen Plan für die Gartenanlage. Ein Jahr davor sprach Gennadij seinen guten Kollegen im Obersten Sowjet der XII. Legislaturperiode, den Architekten Leontij Zdanewitsch, mit der Bitte an, einen Plan für den Garten an der Kirche zu entwerfen. Der kirchliche Vorsteher IGOR KOROSTYLJOW, der damals auch Vorstandsmitglied der Stiftung war, unterstützte diese Idee. Wir unterzeichneten mit ihm ein beiderseitiges Abkommen, dass die Kirche uns das Gelände bereitstellt und dass wir, die Stiftungsmitglieder, den Garten pflanzen und pflegen werden. Laut Plan, der durch Vater Igor auch genehmigt wurde, kauften wir in einer Baumschule insgesamt

68 Setzlinge. Uns fehlten nur noch zwei Kirschbäume, die im Plan vorgesehen waren.

Vater Igor übernahm auch die Vorbereitungsarbeiten auf dem Grundstück, aber kurz vor Arbeitsanfang stellte es sich heraus, dass er den Prozess doch nicht steuern konnte. Unser Vorhaben war nun in Gefahr zu scheitern. Zusammen mit Gennadij hätten wir schnell eine Problemlösung gefunden. Aber er war derzeit im Krankenhaus, und wir sollten den Ausweg schnellstmöglich auf eigene Faust finden. Buchstäblich am Vortag der geplanten Veranstaltung sammelten wir die nötige Geldsumme und mieteten bei einem Bauunternehmen einen Bulldozer und einen großen Bagger. Gott sei Dank, wir hatten alles geschafft.

26.04.1996: Auch eine Sakura aus Hiroshima wird hier wachsen

Die ganze Zeit läutete das Telefon. Massenmedien interessierten sich, inwieweit die Vorbereitungen für das traurige Datum liefen. Darunter war auch eine Redakteurin von einem staatlichen belarussischen TV-Sender. Ich erzählte ihr ausführlich über den Garten der Hoffnung. Auch darüber, dass in diesem Garten lauter Obstbäume wachsen würden als Symbol für die Fruchtbarkeit der Natur und den Sieg des Lebens über die Radioaktivität. Den Gedanken mochte sie sehr gern und versprach, zur feierlichen Pflanzung des Gartens mit ihrem Team zu kommen und in einer Sendung im Fernsehen darüber zu berichten. Sie meinte, alle Denkmäler werden aus Stein errichtet, und hier wird es ein lebendiges Andenken sein. Sie hatte Recht. Genau so dachten wir auch.

9 Garten der Hoffnung auf der Erde des Glaubens

Heike Mahlke aus Gorleben, 26.04.1996

Die Kinder sind die neugierigen Besucher im Garten der Hoffnung.

Die feierliche Pflanzung verlief in einer gesegneten Atmosphäre. Alle Teilnehmerinnen unseres Seminars sowie seine Gäste waren da. Insgesamt 120 Menschen waren anwesend. Wir teilten uns in Gruppen auf. Alle trugen T-Shirts mit dem Logo der Stiftung – einer atomkraftgeschädigten bunten Blume. Diese bunte Blume verstanden wir als Symbol der Kindheit.[2]

Die Frauen, in Gruppen zu je 7–8 Personen aufgeteilt, versammelten sich zuerst auf dem Gelände des künftigen Gartens für eine Meditation über die Bewahrung der Schöpfung. Danach wurden die Bäumchen gepflanzt. Neben jedem Baum sang das Folklore-Ensemble »Kressiva« je ein paar Verse aus belarussischen Liedern. Vater Igor segnete jeden Baum.

---

[2] Siehe Erläuterungen zum Logo der Stiftung »Den Kindern von Tschernobyl« e. V. im Kapitel 10, S.377

9 Garten der Hoffnung auf der Erde des Glaubens

Die Veranstaltung hatte bereits begonnen, als plötzlich eine Filmcrew auftauchte. Neben der üblichen Videokamera trug man auch irgendein Bündel. Darin waren gut eingepackt zwei japanische Kirschbaum-Setzlinge. Die berühmten japanischen Sakuras! Ich war sehr überrascht, denn im Gespräch mit der Journalistin hatte ich kein Wort darüber gesagt, dass uns ausgerechnet zwei Kirschbäume, die nach Plan vorgesehen waren, fehlten. Solch ein wunderbarer Zufall! Wahrscheinlich wollte es der liebe Gott, dass neben dem Gotteshaus japanische Blütenkirschen aus Hiroshima wachsen und gedeihen.

Der kleine Baum, der die atomaren Gefahren in seiner Heimat überstanden hatte. Die beiden Sakuras schafften eine Verbindung zwischen den Opfern der Atomwaffen und der so genannten friedlichen Atomkraft, friedlich tötender Atomkraft, meine ich. Ich weiß noch, wie es kurz darauf auch regnete, und ein bunter Regenbogen plötzlich über dem Baugerüst der Kirche erstrahlte. Dann begaben wir uns alle zum »Tschernobyl-Fußmarsch«, der später von der Staatsmacht brutal bekämpft wurde.

Am frostknisternden Tag des 31. 01. 2014, als die Trauerstunde die Engagierten der Stiftung, Freunde und oppositionelle Politiker, zum

Es ist symbolisch, den Garten der Hoffnung auf dem Boden des Glaubens zu pflanzen.

Begräbnis von Gennadij Gruschewoj versammelte, sagte Vater Igor, der Vorsteher der Kirchgemeinde »Allen Trauernden zur Freude« in seiner Ansprache, dass der von uns 1996 auf dem Kirchengelände gepflanzte Garten der Hoffnung den Namen von GENNADIJ GRUSCHEWOJ tragen solle. Ein überraschendes und richtig würdiges Angebot. Warum es für unsere heutige orthodoxe Kirche eher ein ungewöhnlicher Schritt war, müssten wir ein anderes Mal erzählen.

„САД НАДЗЕІ“
ІМЯ ГЕНАДЗЯ ГРУШАВОГА
„САД НАДЗЕІ“

«САД НАДЗЕІ»
ІМЯ
ГЕНАДЗЯ ГРУШАВОГА
«THE GARDEN OF HOPE»
NAMED IN HONOUR OF
GENNADY GRUSHEVOI

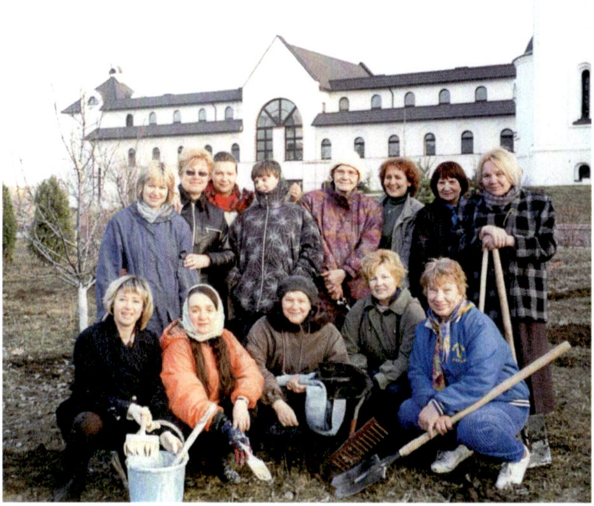
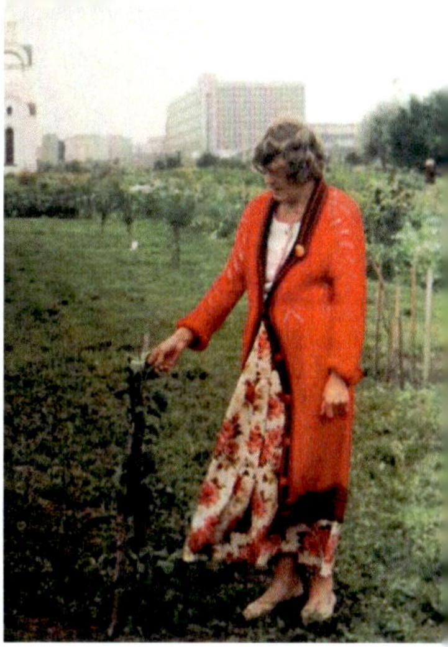
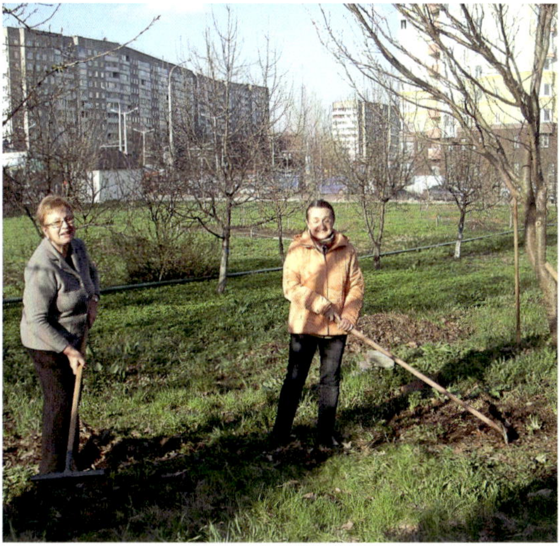
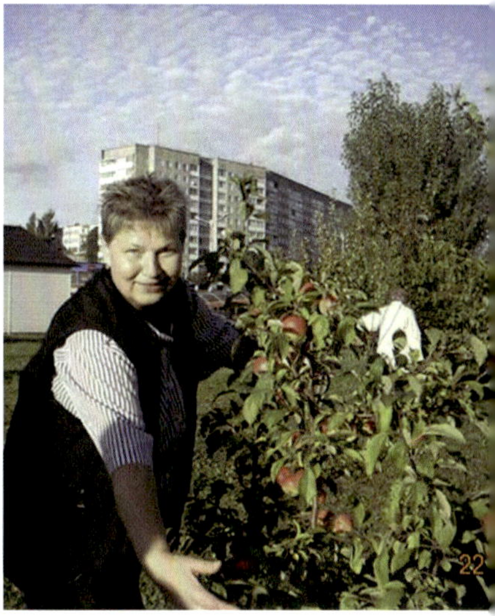
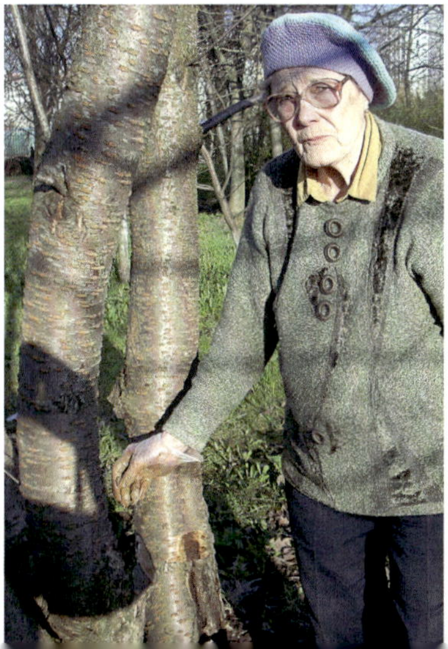
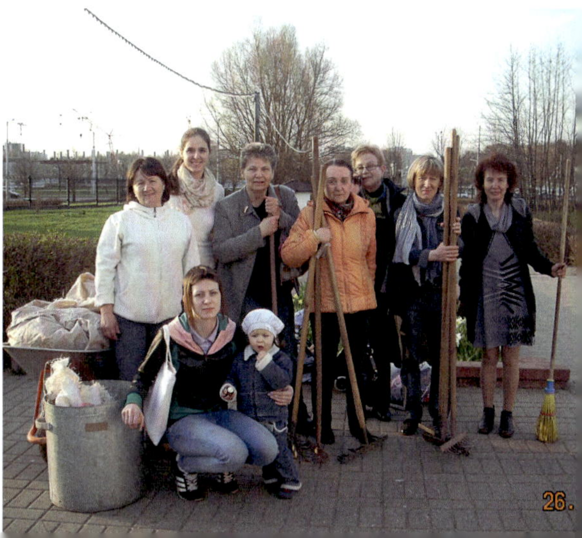

Der Garten der Hoffnung im Wandel der Zeiten
Foto oben 2016, Foto unten 2002

Es ist wichtig, dem Menschen Respekt zu erweisen, ihm Aufmerksamkeit zu schenken und das Gefühl zu vermitteln, er ist nicht allein und man braucht ihn.

Wir müssen es begreifen: Wir alle leben in einer Welt. Und diese Welt wird so sein, wie wir sie selbst gestalten.

Gennadij Gruschewoj

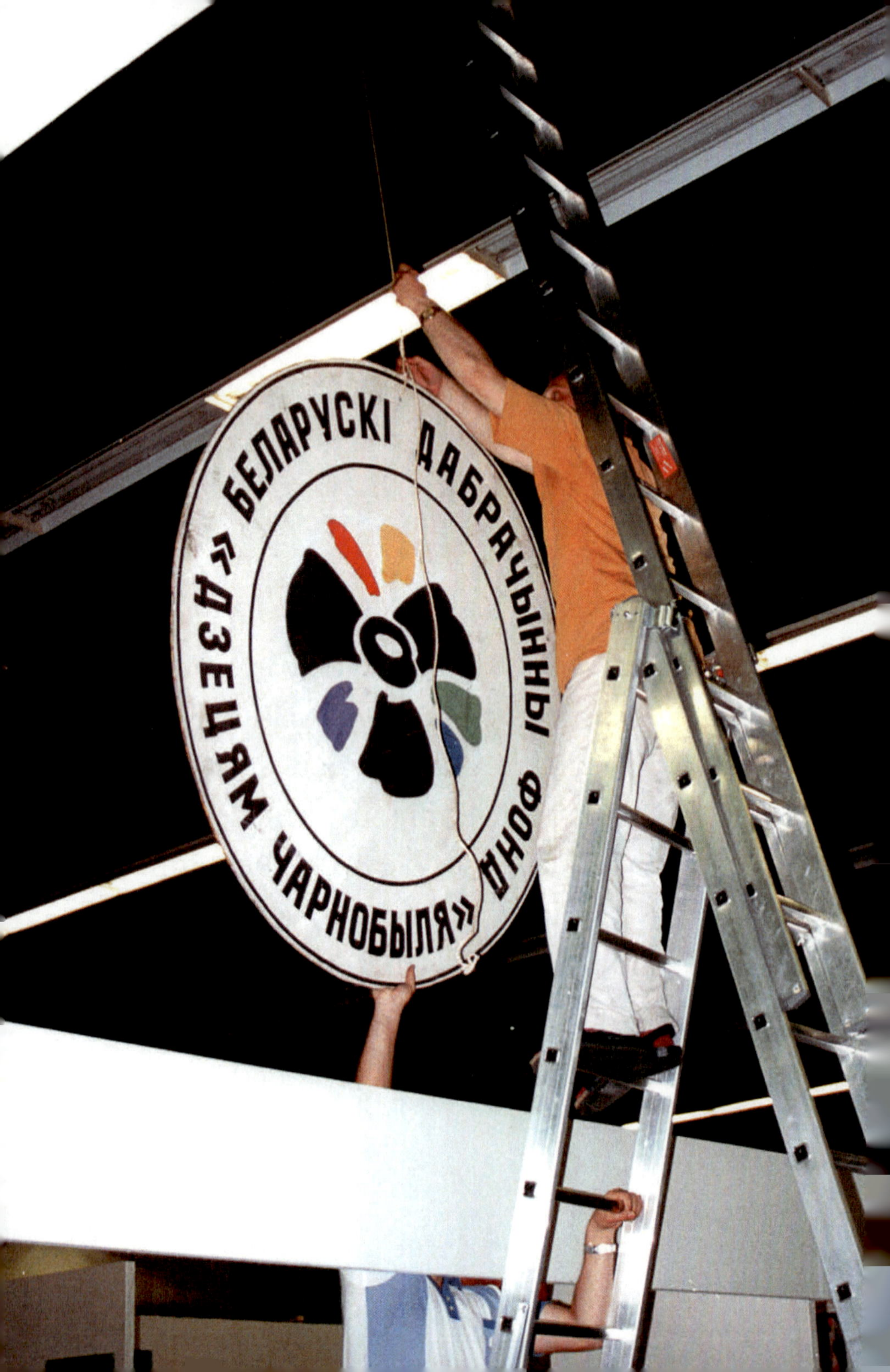
БЕЛАРУСКІ ДАБРАЧЫННЫ ФОНД
«ДЗЕЦЯМ ЧАРНОБЫЛЯ»

10 Freiwillige und Engagierte der Stiftung

Volksdiplomaten und Entdecker

IRINA GRUSCHEWAJA erzählt: Ganz am Anfang unserer Kinderferienerholungen gab es ein Problem: Viele Gastfamilien wollten von Jahr zu Jahr immer dieselben Kinder einladen. Die Begründung war, dass Familien »kein Bahnhof, um jedes Mal neue Gesichter vorbeiziehen zu sehen« seien. Dieser Ansatz hatte eine bestimmte Logik, und Gennadij hat es gut verstanden. Aber Verstehen ist eine Sache, eine ganz andere Sache war es eben, dass diese Logik nicht nur die gesetzten Ziele der Stiftung verletzte, sondern auch die Grundprinzipien der sozialen Gerechtigkeit anfechten würde. Stellen Sie sich vor: Ein Dutzend Kinder aus einem kontaminierten Dorf in Belarus machen jedes Jahr eine Ferienerholung im Ausland und alle anderen Kinder im selben Dorf dürfen es nicht. Es wäre nicht richtig.

Einige Familien begriffen das Problem und nahmen darum ein neues Kind zusammen mit dem »alten« auf, aber dann rein privat. Das bedeutete, dass die so genannten Wiederholungskinder nicht im Verschickungsprogramm der Stiftung und i. d. R. auch nicht in der einladenden Initiative berücksichtigt wurden, sondern als privat Eingeladene der Gruppe angehängt wurden. So berichteten einige deutsche Gasteltern auch Jahre später,

Bild links: Das Logo der Stiftung »Den Kindern von Tschernobyl« e. V. wird angebracht auf dem Kirchentag in München, 1993

10 Freiwillige und Engagierte der Stiftung

Stiftungleute im Zug nach Graz, 1997

dass sie schließlich im Sommer bis zu neun Kinder aus Belarus eingeladen hatten.

Es gab auch Initiativen, die sich fest an die Grundregel gehalten haben: Jedes Jahr ein neues Kind. Die »Wiederholungskinder« sollte die Stiftung von Minsk aus irgendwie unterbringen und ihre Ankunft bei den Gasteltern in Deutschland selbst verantworten. Die Initiativen finanzierten mit den gesammelten Spenden ausschließlich die Reisen der neuen Kinder. Die Wiederholungskinder wurden von den Gasteltern ausschließlich privat und nicht aus der Vereinskasse finanziert.

Es gab in der Tat aber Vorfälle, wo trotz einer höchst strengen Auswahl, ab und zu auch witzige Situationen passierten. WOLF JUNG aus Gandersheim, einer unserer ersten deutschen Partner, nahm zum Beispiel nur Schü-

1. Kongress »Die Welt nach Tschernobyl«, 1992.
Die Vorstandsmitglieder der Stiftung Wladimir und Eva Galynskij und
Leonid Swerew, Vater Vitalij Rodomyslskij (v. l. n. r.)

ler der 6. Klasse aus dem Dorf Korma in die Gruppe auf. Mit diesem Wissen haben einige Schüler alles unternommen, um schlechte Noten zu bekommen und in der 6. Klasse noch ein Jahr sitzen zu bleiben. Nicht sofort wurde allen klar, dass es Absicht war, an der Kinderferienerholung erneut teilzunehmen. So musste man noch eine weitere Regel einführen, dass die Sitzenbleiber nicht mehr nach Deutschland kommen dürfen.

Die Stiftung »Den Kindern von Tschernobyl« e. V. wurde nicht zu dem Zweck geschaffen, eine Art Reisebüro zu werden. So etwas war unvorstellbar für uns. Aber es war auch verständlich, dass mit einer einmaligen Einladung wenig getan war, für 3–4 Wochen die Kinder aus der Verseuchung herauszuholen. Das Problem war aufgetaucht und musste dringend gelöst werden. Um »Erbsen von Bohnen zu trennen« wurde am Rande unseres ersten Kongresses »Die Welt nach Tschernobyl« im April 1992 die IAHZ gegründet. Ihre Gründer waren Vertreterinnen aus neun europäischen Staa-

10 Freiwillige und Engagierte der Stiftung

Irina Gruschewaja und Lew Kopelew

ten und Kanada. Die neugegründete Organisation war auch gemeinnützig und beabsichtigte ebenfalls nicht, bestimmte Funktionen im Bereich Tourismus auszuüben. Wir wollten von Grund auf ganz andere Ziele verfolgen. Die »Wiederholungskinder« aus den von Tschernobyl betroffenen Gebieten waren keine Touristen, sondern betroffene Kinder und darüber hinaus Botschafter, die eine Volksdiplomatie verkörperten. Auf einer Seite Vertreter ihres Landes und auf der anderen Seite Vermittler europäischer Werte – Entdecker einer uns davor unbekannten Wirklichkeit.

LEW KOPELEW schrieb 1992 in einem Brief an uns: »Aber damit, was Sie und Ihre Freunde im Ausland tun, tun Sie auch eine große internationale Sache, Sie verwirklichen die Volksdiplomatie, Sie stellen unmittelbare gute Beziehungen zwischen den Völkern her, zwischen den Menschen guten Willens.«[1]

---

[1] Lew Sinowjewitsch Kopelew, Schriftsteller und Humanist. Sein Name stand

IAHZ: v.l.n.r. Alexander Nesterowitsch, Jelena Asmykowitsch, Galina Filipptschik, Wladimir Aleschkewitsch, Natalja Jakutowitsch

Durch die Kinder wurden sehr viele Kontakte geknüpft. Ich sah meine Aufgabe darin, diese Kontakte für unser Land maximal zu nutzen. Die IAHZ, deren Vorsitz mir anvertraut wurde, war ein gutes Instrument für die Lösung vieler Fragen bei der Organisation der vielfältigen Vorhaben. Im Bereich der Politik und Menschenrechte, Weiterbildung der Fachkräfte und Jugendaustausch, Organisation von Workshops und Foren, Wettbewerbe und Aktionen. So fanden den Weg zu uns viele Lehrer, Mediziner und Wissenschaftler, Pflegekräfte aus den Kindergärten und Kliniken, Juristen und Sportler, Schauspieler und Journalisten, Musiker und Künstler, Kriegsvete-

---

für Kultur, Humanität, Völkerverständigung und besonders für die deutsch-russische Freundschaft. http://www.kopelew-forum.de/lew-kopelew-biographie.aspx

10 Freiwillige und Engagierte der Stiftung

ranen und Mitglieder von Altenklubs, um an unseren Programmen teilzunehmen und sie aktiv mitzugestalten.

Das war neu: Eine Non-Profit-Organisation im Einsatz. Ich betone: Wir übten niemals eine kommerzielle Tätigkeit aus und hatten es auch nie vor. Umso mehr bemühten wir uns, die Stiftung »Den Kindern von Tschernobyl« e. V. von jeglichen finanziellen Aktivitäten zu befreien. Es war für uns überaus wichtig, dass unsere Partner die gemeinsamen Projekte direkt unterstützen, damit das Geld zum Ziel der eigentlichen Förderung gelangte, und nicht in die Stiftung selbst. Bereits 1992 wurde die Bundesarbeitsgemeinschaft der Tschernobyl-Initiativen gegründet. Alle deutschlandweit finanziellen Fragen wurden zu unserer großen Erleichterung über diese Organisation gelöst. Dort lief alles transparent und nach deutschem Recht ab. Hauptsache, es befreite unsere Arbeit von jeglichen Auseinandersetzungen und überflüssigen Fragen.

Als wir nach unserer politischen Zwangsemigration von 1997–1998 zurückkehrten, fanden wir die Stiftung in einem regelrecht zerrütteten Zustand vor. Viele Strukturen waren kaputt gemacht worden, den Vorstand verließen auf einen Schlag fünf Mitglieder, und über den Gebliebenen hing stets das Damokles' Schwert ständig drohender Repressalien. Wir blieben glücklicherweise verschont von einer Situation, wie sie oft vorkommt, wenn eine Organisation durch den Verlust einiger Mitarbeiter geschwächt wird.

Soziale Bildung und der Geschmack von Freiheit

Gennadij schlug damals etwas vor, das heute »Re-Branding« genannt wird. Für uns bedeutete es, die Schwerpunkte unserer Aktivitäten anders zu gewichten. Unser reibungsloser Mechanismus funktionierte fort, es gab jedoch einen Anstoß zur Neuausrichtung in der Arbeit der Stiftung. Unsere direkten Verbindungen, die zwischen den betroffenen Regionen und Initiativen im Ausland aufgebaut waren, ermöglichten es der Stiftung, routiniert die Formalitäten für Kinderreisen zu organisieren.

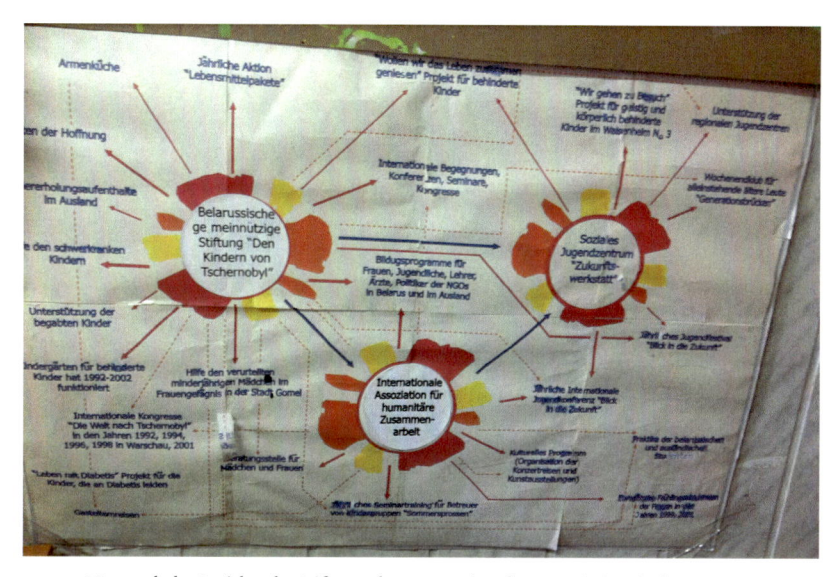

Netzwerk der Projekte der Stiftung, der Internationalen Assoziation für humanitäre Zusammenarbeit und des Sozialen Jugendzentrums, Minsk, 2003 (Leider sind dieses Plakate nicht archiviert worden, es existiert nur noch dieses dokumentarische Foto)

Alle Fragen bei der Auswahl von Kindern zur Erholung wurden von nun an ausschließlich durch die Ansprechpartner vor Ort gelöst, oft auch unter Beteiligung der einladenden Seite, d. h. der ausländischen Partnerinitiative. Die Stiftung und die IAHZ haben die Mühe der Organisation der letzten verantwortungsvollen Phase bei den Vorbereitungen für die eigentliche Reise der Kindergruppen übernommen. Es war eine komplizierte und sehr bürokratische Arbeit: Einholen der Genehmigungen der Kinderlisten in den Ministerien und Botschaften, Korrespondenz wegen der nötigen Dokumente mit den Regionen usw.

Gennadij sah als kreativer Mensch dabei ein, dass man auf eine »andere Plattform« umsteigen muss. Zu dieser Entscheidung sind wir durch folgende Überlegung gekommen: Tschernobylkinder werden erwachsen, sie werden nicht mehr ins Ausland zur Erholung eingeladen. Aber wir können

10 Freiwillige und Engagierte der Stiftung

Schulhof im Umsiedlerbezirk Malinowka in Minsk, 2006

und müssen ihnen weiterhin helfen, ihr eigenes Schicksal in die Hand zu nehmen und damit auch auf indirekte Weise das Schicksal unseres Landes mit zu bestimmen.

So wurde z. B. in Minsk im Stadtteil Malinowka als ein neues Projekt das soziale Jugendzentrum »Zukunftswerkstatt« gegründet. Zu diesem Zeitpunkt verblieben nur noch 40 von ursprünglich 71 regionalen Organisationen, die das unterstützten und auch damit begannen, in ihren Orten Jugendklubs mit der Bezeichnung »Zukunftswerkstatt« zu eröffnen.

Da sie mit unserer Stiftung im Projekt der Kinderferienerholungen im Ausland zusammenarbeiteten und in der Regel nicht nur eine feste Partnerorganisation im Ausland hatten, war es unsere Aufgabe, neue Projekte zusammen zu entwickeln. Leider verstanden es anfangs nicht alle, dass wir in der Tätigkeit der Regionen auch neue Formen des zivilgesellschaftlichen Engagements anstrebten. Gennadij versuchte, die Menschen aufzumuntern, sie in Bewegung zu bringen, damit sie etwas für sich selbst machten, statt auf Almosen von außen zu warten. Er bemühte sich, zusammen mit unseren Landsleuten, Wege zu finden auch die ausländischen Partner allmählich in diese faszinierende humanitäre Arbeit einzubeziehen, die in Belarus bei der Bewältigung der schweren Folgen der Tschernobyl-Katastrophe helfen wollten. Es galt, Projekte zu initiieren, zu welchen zum Beispiel ausländische Freunde eingeladen wurden. Sie wurden eingeladen in der Hoffnung, dass sie sich beteiligen, sehen, wie dies oder jenes bei uns läuft, Ratschläge und Empfehlungen geben, zu sich einladen, damit das Ganze zu einem regen Austausch kommen könnte. Zum Beispiel wie man Hilfe für ältere Menschen leisten kann, Hausbesuche bei ihnen macht, sie zum Kaffee einlädt. In Westeuropa waren solche Formen der informellen Kommunikation zwischen Generationen schon längst üblich. Uns stand es bevor, eine solche Arbeit in Belarus zu initiieren.

Tilo Alpermann aus Deutschland und Mascha Kamljuk aus Minsk
im Waisenhaus im Projekt »Wir gehen zu Besuch«, 2001

10 Freiwillige und Engagierte der Stiftung

Das gleiche galt den von allen vergessenen Menschen mit Behinderungen, den Jugendlichen mit asozialem Verhalten, den verlassenen Kindern in Waisenhäusern und Kinderheimen. Es wurde allen plötzlich klar, dass die Stärkung der menschlichen Gemeinschaften und Vereinigungen sehr nützlich und überaus wichtig ist. Eine solche Stärkung der Gemeinschaft konnte – so die Überzeugung von Gennadij – nur durch Herzensgüte und Fürsorge der Mitmenschen erfolgen, für diejenigen, die selbst nicht imstande sind, für sich selbst zu sorgen. In erster Linie betraf es ältere Menschen, die oft von ihren eigenen Kindern vergessen wurden.

Man hätte für dieses Projekt keine großen Finanzmittel benötigt, so Gennadij. Es ist wichtig, dem Menschen Respekt zu erweisen, Aufmerksamkeit zu schenken, das Gefühl zu vermitteln, er sei nicht allein und man brauche ihn. Zum Beispiel, kann man einer Babuschka zum 8. März, dem Internationalen Frauentag, einem unter Frauen heiß begehrten staatlichen Fest, ein Blümchen schenken oder eine gemeinsame Kaffeerunde für ältere Dorfbewohner organisieren. Im Minksker sozialen Jugendzentrum in Malinowka haben wir ein Projekt mit dem Titel »Generationenbrücke« ins Leben gerufen, bei dem junge Menschen samstags einen halben Tag mit älteren Menschen zusammen verbrachten.

Ab Januar 1999 wurden zu diesem Projekt auch Profis herangezogen: Studierende und Dozenten des Institutes für Modernes Wissen, wo Gennadij in dieser Zeit als Prorektor für Internationale Beziehungen tätig war. Studierende in den Sozialfächern machten bei uns in der Stiftung ein Praktikum, und als frischgebackene Spezialisten mit ihrem neuen Diplom blieben sie bei uns als Freiwillige in verschiedenen sozialen Projekten. Zum Beispiel, der Professor am Lehrstuhl für Sozialwissenschaften SERGEJ KRUTSCHININ wurde zu einem der zuverlässigsten und aktivsten Mitglieder, was die Arbeit mit Jugendlichen und älteren Menschen anbetraf.

Oder das Projekt »Sommersprossen«: Zwei- bis dreitägige Seminare für Betreuer der Kinderferienerholungen im Ausland veränderten maßgeblich die Teilnehmerauswahl. Moderne interaktive Methoden, Diskussionen, anregende Spiele und Kreativität machten dieses Projekt sehr attraktiv und nützlich für alle Freiwilligen der Stiftung. Wer das Glück hatte, diese Kurse zu besuchen, wird niemals diesen ganz besonderen Geschmack der Freiheit vergessen, den sie zu vermittelt bekamen.

Leider wurde diese Initiative von den Machtvertretern nicht begrüßt, ebenso wenig wie alle anderen, die eine Beteiligung staatlicher Strukturen nicht voraussetzten. Das Modell sozialer Partnerschaft mit dem Staat, das wir aus der Nähe in Zusammenarbeit mit unseren deutschen Partnern kennen gelernt haben, konnte und durfte nicht realisiert werden in unserem Land. Zu Beginn des Projektes versammelten wir uns im Jugendzentrum im Minsker Bezirk Malinowka, in dem die meisten Umsiedler aus den verseuchten Gebieten wohnen. Ich brachte ein damals in Belarus noch unbekanntes Gerät mit – eine Brotbackmaschine, die uns BEATE JUNKER aus Leonberg geschenkt hatte. Es duftete an den Tagen in allen Räumen so wunderschön nach frisch gebackenem Brot, an denen wir unsere Treffen organisierten.

Prof. Sergej Krutschinin

Vier Gruppen zählten insgesamt 50 ältere Menschen. Dieses Modell schlugen wir auch unseren Gleichgesinnten in den Regionen von Belarus vor. In vielen Orten begann es zu funktionieren. Dabei bekam die Arbeit immer mehr neue Ausrichtungen.

Außer der »Brücke der Generationen« wirkten ganz aktiv unsere Projekte wie »Schule für Menschenrechte« und »Kinderrepublik«, wenn die Kinder unter sich ihren eigenen Präsidenten, eine Regierung, ein Parlament wählten und sich verschiedene Beschäftigungen aussuchen durften. Im Jugendzentrum arbeiteten knapp dreißig Gruppen dieser Art. Diese Gruppen wurden durch Umsiedler aus verstrahlten Regionen geleitet, die ihre neuen

10 Freiwillige und Engagierte der Stiftung

Projekt Sommersprossen: Demokratie-Seminar für die Betreuer der Kindergruppen, die ins Ausland fahren

Wohnungen im Bezirk Malinowka bekommen hatten: ZHANNA FILOMENKO, GALINA KALASCHNIKOWA, WALERIJ KOWALTSCHUK TATJANA RAGINA, und viele andere. Sie fanden hier in unserem Zentrum eine Anlaufstelle für ihre schöpferische Energie und ihr soziales Engagement.

Auf insgesamt 168 m² mit engen Zimmern wimmelte es von den Engagierten, die Arbeit hörte von früh bis spät nicht auf, auch am Wochenende nicht. Und dabei herrschten dort Fröhlichkeit und Lebensfreude.

Das Exekutivkomitee des Bezirks nahm diese Arbeit wohlgesonnen auf, indem seine Vertreter uns ab und zu besuchten, um an der Besprechung unserer Projekte teilzunehmen. Wir freuten uns sehr! Denn es zeigte das Gelingen, wenn auch eines kleinen, aber real bestehenden Modells der sozialen Partnerschaft zwischen staatlichen Organisationen und uns.

Fernsehredakteur Wladimir Subot mit den Engagierten des Jugendzentrums.
2. v.l. Leiterin der Jugendprogramme Natalja Jakutowitsch

In den Regionen von Belarus wurde diese Arbeit in einem kleineren Maßstab durchgeführt als in der Hauptstadt, aber die Schwerpunkte blieben immer unverändert: Den älteren Menschen und Menschen mit Behinderungen zu helfen, sie dabei zu unterstützen, in das aktive Leben zurückkehren zu können und gemeinsam mit ihnen etwas zu unternehmen. Des Weiteren ökologische Probleme zu lösen, den Frauen zu helfen, die durch häusliche Gewalt betroffen waren oder denen, was noch schlimmer ist, die Sklaverei im Ausland – nicht nur sexueller Art – durchgemacht hatten.

Der Kampf gegen Menschenhandel wurde in der Stiftung »Den Kindern von Tschernobyl« e. V. schon ganz groß geschrieben, noch lange bevor der Staat diese Problematik aufgriff. Die Verantwortung für Kinder, die dank ihrer Erholungsreisen die Freundlichkeit der Westeuropäer ken-

10 Freiwillige und Engagierte der Stiftung

Burkhard Homeyer, Irina Gruschewaja, Bernd Schütze (Westfalen – Unterstützer der Beratungsstelle für Frauen in Minsk) beim Kirchentag in Hannover

nen lernten, brachte uns auf die Idee, Beratungszentren in den Regionen von Belarus zu eröffnen. Vor allem dort, wo die Kinder herkamen, die zur Erholung ins Ausland geschickt wurden. Frauen Deutschlands (Terre des Femmes, WILPF[2], Ökumenisches Forum), Norwegens (WILPF), auch die Diakonie in den Bundesländern Nordrhein-Westfalen (BERND SCHÜTZE) und Baden-Württemberg (URSULA KRESS, JOHANNES FLOTOW), Caritas in Betzdorf (RUDOLF DÜBER), sowie Gruppen und Kirchen in der Schweiz und in den Niederlanden, und natürlich auch BURKHARD HOMEYER wurden mit einer unendlichen Anzahl der Kinder-Initiativen zu unseren Partnern in diesem äußerst wichtigen und von der Effizienz her großen Projekt für neun lange Jahre.

---

[2] WILPF – Womens International League for Peace and Freedom, http://wilpf.org

5. Internationaler Kongress »Die Welt nach Tschernobyl«, Minsk, April 2001

»Nicht erlauben!« »Nicht zulassen!«

Es dauerte, bis der Staat uns den Boden unter den Füßen wegzog, indem uns verboten wurde, in die Schulen zu gehen, Seminare anzubieten, Frauen zu beraten. Wir hatten allerdings sogar Sprechstunden für psychologische Beratung in den Polikliniken, durchgeführt von unseren professionellen Spezialistinnen, die wir für das Projekt gewinnen konnten. So groß war die Nachfrage! Und so umfangreich waren noch unsere Möglichkeiten.

Aber die Zeit veränderte sich. Wir stießen zunehmend auf Verbote, die nicht nur ein deutliches Misstrauen uns, den Bürgern, gegenüber demonstrierten, sondern auch das Bestreben des Staates, alles in die alten sowjetischen Bahnen zurückzubringen. Das alles kannten wir zur Genüge aus der sowjetischen Zeit, als die Hauptlosungen waren: »Nicht erlauben!« und »Nicht zulassen!« Das alte Lied, die bekannte Melodie war wieder zu hören. Leider setzte die Macht zielgerichtet fort, alles, was sich noch bewegte und lebendig war, niederzuwalzen.

Die Bezirksverwaltung in Malinowka verweigerte die Räumlichkeiten und kündigte den Mietvertrag. Ein Jahr lang kämpften wir um die Erlaubnis, die Räumlichkeiten in der Slobodskaja Straße in Malinowka behalten zu dürfen. Aber der Mieterhöhung bis auf das kommerzielle Niveau ohne Möglichkeit einer Ermäßigung, war unsere nichtkommerzielle Organisation nicht gewachsen. Wir waren schließlich kein Gemüseladen, der mit Wassermelonen handelte und täglich lukrative Umsätze machte. Der Mietpreis war damals der gleiche sowohl für die Privatwirtschaft als auch für nichtstaatliche, nichtkommerzielle Organisationen. Es gab aber auch staatliche Nichtregierungsorganisationen (GONGO[3]), sie durften dagegen alle Vorteile eines solchen Status genießen.

---

[3] GONGO – *g*overnment-*o*rganized *n*on-*g*overnmental *o*rganization, dt. von der Regierung organisierte/initiierte Nichtregiegierungsorganisation. Häufig um stattliche/politische Interessen durchzusetzen und/oder zivilgesellschaftliches Engagement zu unterlaufen oder stattliche/politische Interessen zu verbergen.

Unser soziales Jugendzentrum »Zukunftswerkstatt« stellte seine Arbeit nicht ein. Wir setzten die Tätigkeit fort, indem wir Privatwohnungen mieteten, oder unsere Veranstaltungen für Jung und Alt in Schulen oder Interessenklubs durchführten. Aber schon bald sahen sich die meisten Wohnungsbesitzer, Schul- und Interessenklubverwaltungen genötigt, uns ihre Räume nicht mehr zur Verfügung zu stellen. Der Schlag war sehr gezielt berechnet.

Zum Beispiel, das Projekt »Brücke der Generationen« musste zu dieser Zeit seinen Veranstaltungsort stets neu suchen: Zuerst verbot man uns, in die Schulen zu gehen und sich dort zu versammeln. Wir fanden dann eine Privatwohnung. Als uns die Vermieterin unerwartet kündigte, machten wir mit unseren Senioren statt gewöhnlicher Treffen kürzere Reisen mit dem eigenen Stiftungsbus als eine Variante der Freizeitgestaltung der Gruppe. Als wir keinen Bus mehr hatten, blieb uns die einzige Möglichkeit, uns in einem Café nur noch anlässlich großer Feiertage mit Freunden des Projektes zu treffen. Gleichzeitig begann die mühsame Suche nach Räumlichkeiten für das Hauptbüro der Stiftung »Den Kindern von Tschernobyl« e. V., denn die insgesamt 60 m² umfassenden Räume nahm man uns einfach weg und setzte die Organisation buchstäblich auf die Straße.

Dort, wo eine einzigartige internationale Bürgerbewegung entstand und erstarkte, wo monatelang neben den Belarussen auch Freiwillige aus Deutschland, Österreich, Kanada und den USA arbeiteten und die belarussischen Engagierten Telefondienst hatten, und jeder Zeit bereit waren, eine kompetente Beratung in den europäischen Sprachen zu machen, dort, wo abends der Vorstand der Stiftung nach einem schweren Arbeitstag noch Entscheidungen traf und Dokumente vorbereitete, wurde unter dem neuen Eigentümer ein Kosmetik-Studio eröffnet. Ich möchte das gar nicht kommentieren – mir ist das Herz so schwer.

Die Suche nach einer juristischen Adresse war eine große Herausforderung für alle Freiwilligen und Festangestellten. Endlose, zermürbende, von unserer satzungsgemäßen Tätigkeit ablenkende Überprüfungen durch alle möglichen belarussischen Behörden und Instanzen, die das Vorhandensein der juristisch anerkannten Organisationen zu regeln haben, riefen bei den Menschen Ermüdung und Verzweiflung hervor.

Die Tatsache, dass unsere ausländischen Partner nicht mehr mit Elan und Enthusiasmus die Schwierigkeiten der Zusammenarbeit mit uns, die sie stets in Kauf nehmen mussten, überwinden wollten, störte staatlicherseits niemanden. Genauso wenig, dass humanitäre Hilfe nicht mehr geschickt oder die Kinder nicht mehr zur Erholung eingeladen wurden. Der Garten der Hoffnung, der von den hilfsbereiten Menschen zusammen mit uns gepflanzt und gepflegt wurde, wurde symbolisch gesehen, einfach niedergetrampelt.

Unsere Projekte und Ideen, die von unseren Freunden unterstützt wurden, kosteten den Staat keinen Rubel, aber sie brachten diejenigen vor Wut zum Glühen, die die sowjetische Denkweise wieder aufgenommen oder vielleicht nie aufgegeben hatten. »Geregelte Regelungen«, Genehmigungen für alle möglichen Unternehmungen, Einführung eines Systems der Zulassung für jede freie Aktivität, Kontrolle über Kontrollen bei jeder winzigen Kleinigkeit, aber nicht im Wesentlichen, führten die Beamten sehr gerne durch, oft mit einem vorauseilenden Eifer, der ihnen sonst gar nicht eigen war. Dieses Verhalten der Beamten uns gegenüber war allerdings ein Zeichen dafür, dass wir uns auf dem richtigen Weg befanden.

In derselben Zeit organisierte die deutsche Botschaft in Minsk ein Konzert und sammelte Spenden unter Gesandten verschiedener diplomatischer Vertretungen in Belarus. PETRA FRICK, die Ehefrau des Botschafters HELMUT FRICK war die Initiatorin für diese große Aktion. Das gesammelte Geld reichte für unser Projekt im Frauengefängnis in Gomel. Dort, in der Abteilung für Minderjährige, wurden Duschkabinen eingerichtet und ein Boiler zum Erwärmen von Wasser eingebaut. Das war ein wahres Wunder. Von nun an durften die Mädchen an jedem x-beliebigen Tag duschen. Es bedurfte zwar nach wie vor einer Erlaubnis durch das Aufsichtspersonal. Vorher mussten alle Insassinnen zusammen in Reih und Glied in die Banja (Waschanstalt) marschieren und das auch nur einmal pro Woche. Das ganze

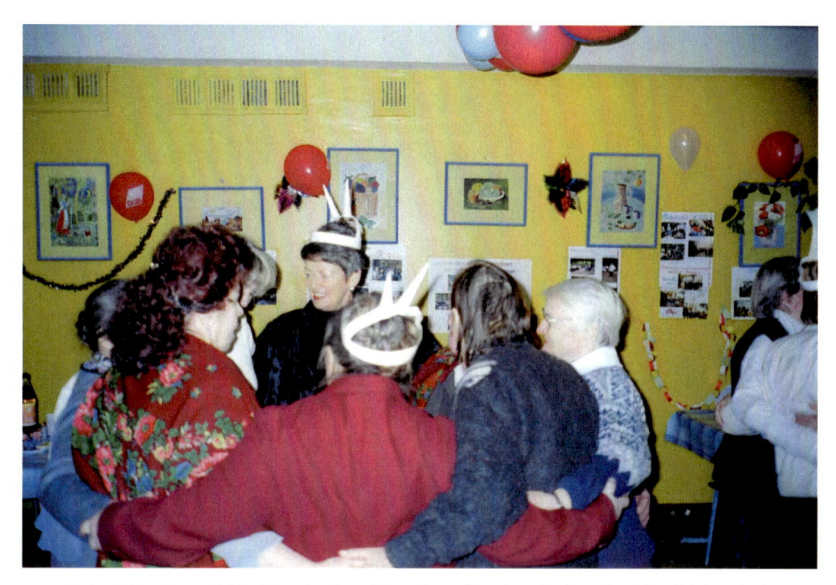

In der Mitte Petra Frick, Frau des damaligen deutschen Botschafters im Altenklub, Minsk, Ostern 2005

hat weniger als 1 000 Euro gekostet. PETRA FRICK nahm oftmals zusammen mit ihrem Ehemann an unseren Jugendforen und an den Klubtreffen für ältere Menschen »Brücke der Generationen« teil.

Ab 2007 durften wir unsere Projekte für Frauen im Gefängnis nicht mehr fortsetzen. Die fruchtbare Arbeit von insgesamt acht Jahren mit gut aufgebauten Beziehungen, einem ausgefeilten Programm der Resozialisierung der Frauen nach ihrer Entlassung aus dem Gefängnis, ging einfach zu Ende. Unter dem Vorwand, dass das entsprechende Ministerium genug eigene Angestellte und Psychologen habe, wurde uns eine Absage erteilt, und seitdem durften wir unsere »Problemkinder« – minderjährige Frauen im Gefängnis – nicht mehr besuchen. Auch der Zugang zu Schulen und Universitäten wurde für uns gesperrt. Denn die Leiter der Bildungseinrichtun-

10 Freiwillige und Engagierte der Stiftung

Junge Besucherinnen und Engagierte der Beratungsstelle für Frauen in Malinowka, 2010

gen wagten es nicht, so erfolgreiche und seit Jahren bewährte Projekte mit uns fortzusetzen.

Den Freiwilligen der Stiftung wurde verboten, an den Strukturen und Projekten der Stiftung mitzuarbeiten, sie wurden aufgefordert, ihr Engagement entweder einzustellen, oder stattdessen bei neu gegründeten staatlichen Strukturen in Bezirks- und Kreisverwaltungen einzusteigen, um dort *unter Kontrolle* tätig zu sein. Kurz und gut, wir wurden nicht nur von unseren Gleichgesinnten oder Sympathisanten getrennt, sondern von vielen Kontakten überhaupt.

Kinderreisen verhindern!

Das größte Programm, das Programm der Kinderferienerholung, wurde auch oftmals gefährdet. Zunächst wurden die Auslandsreisen für Kinder im Jahre 2004 durch den Erlass des Präsidenten ganz verboten. Dann erklärten die offiziellen Vertreter der Macht, nach massiven Protesten der Weltöffentlichkeit, dass sie »falsch verstanden wurden«, und es wurde ein eiliger Rückzug unternommen. Aber 2008 wurde ein neuer Erlass veröffentlicht, laut dessen die Kinder ein Ausreiseverbot im Rahmen der Tschernobyl-Programme bekamen und nun nicht mehr ins Ausland zur Erholung auf Einladung ausländischer Initiativen fahren durften.

Unsere langjährigen Partner im Ausland, vor allem die Bundesarbeitsgemeinschaft der Tschernobyl-Initiativen in Deutschland, sie umfasste damals 246 kleinere und größere Gruppen, erreichten fast das Unmögliche: Deutsche Politiker nahmen die Besorgnis ihrer Wähler um ihre kleinen Freunde aus Belarus, die nicht mehr kommen konnten, ernst. Sie bewirkten entsprechende Beschlüsse des Bundestages und konnten so Druck auf die belarussische Machtelite ausüben. Neun Monate später wurde das Verbot aufgehoben. Leider hatten nicht alle Initiativen so einen langen Atem. Ein Teil von ihnen hatte die Tätigkeit eingestellt, bevor die Erlaubnis wieder erteilt wurde.

Gleichzeitig wurden neben diesen Aktionen des Staates die Versuche fortgesetzt, unsere Tätigkeit einzuschränken, indem man immer wieder versuchte, uns in Misskredit zu bringen. Die Staatsanwaltschaft wurde damit beauftragt, zu prüfen, wie der Erlass des Präsidenten der Republik Belarus bei uns befolgt wurde, und ob die Schulkinder tatsächlich nur in den Ferien, wie neu vorgeschrieben, reisten. Unter der Federführung der Internationalen Assoziation für humanitäre Zusammenarbeit e. V., bei der ich als Präsidentin tätig war, schickten wir gewöhnlich ältere Kinder auf Reisen ins Ausland. Die Überprüfungen und Inspektionen von allen möglichen Behörden stürzten sich auf uns, eine nach der anderen. Als eine weitere Inspektorin nach einer sorgfältigen Prüfung aller Dokumente jedoch erneut keine Mängel in unserer Arbeit feststellen konnte, und ich bei ihr die Akte der Prüfung unterzeichnete, fragte sie mich mitfühlend, warum wir eigentlich so oft geprüft würden. Das müsste ja unsere Arbeit massiv stören. Sie empfahl mir, »einen Brief an den Präsidenten zu schreiben«. Ich nickte

10 Freiwillige und Engagierte der Stiftung

und zeigte schweigend den Erlass, dem entsprechend sie gerade ihre Inspektion bei uns erst absolviert hatte. »Höchstwahrscheinlich will man nicht, dass belarussische Jugendliche eine Auslandsreise machen, denn sie verstehen schon was vom Leben und können vergleichen«, verstand die Inspektorin.

Es gab auch Kontrollen anderer Art. Man suchte mühsam in unserer wohltätigen Arbeit ständig irgendwelche materiellen oder kommerziellen Vorteile, die wir angeblich zu unserem persönlichen Vorteil unternahmen. Der Verdacht war, dass die Eltern der Kinder ihre Reisen an uns bezahlt hätten. Um das bestätigt zu bekommen, wurden am Abreisetag der Kinder mit dem Bus nach Brest, wo die eigentliche Reise startete, regelrecht Razzien organisiert. Ich erinnere mich an eine Busabfahrt. Die Gruppe sollte aus Minsk nach Volkersdorf bei Dresden reisen, wo die Kindergruppen aus Belarus jeden Monat das ganze Jahr ohne jede Unterbrechung seit 17 Jahren empfangen wurden. Das Prüferkommando bestand aus 17 Vertretern von verschiedenen Ämtern. Sie überfielen buchstäblich den Bus. Sie schauten nach, wie alt die im Bus sitzenden Kinder waren, ob es eventuell Schüler der älteren Klassen waren, die nur in den Ferien reisen durften und nicht in der Schulzeit. Es wurde geprüft, ob die Eltern der Kinder für die Reise Geld gezahlt hatten, ob der Bus von der Stiftung gemietet wurde oder die Eltern es übernommen hatten. Die Prüfer überschütteten die verwirrten und erschrockenen Eltern mit Fragen über Fragen. Die Kinder saßen im Bus stillschweigend und warteten geduldig auf die Abfahrt. Sie blickten durch die Fensterscheiben auf ihre Eltern und das Gewimmel auf dem Parkplatz. Gott sei Dank verstanden sie nicht, dass ihre Fahrt nun in großer Gefahr war.

Die Anweisungen von oben hatten zum Ziel, die Stiftung aller möglichen Verletzungen der Erlasse und sonstiger Regelungen zu beschuldigen, die Mitarbeiter der Stiftung als Verbrecher zu bezeichnen, und an diesem »unmoralischen« Beispiel dem belarussischen Volk zu veranschaulichen, wie die Wohltätigkeit in »Wirklichkeit« aussah. Alle 17 Prüfer waren eifrig damit beschäftigt, keiner dachte auch nur im Geringsten an das Wohl der Kinder, ihre Freude und ihre Gesundheit! Man hatte nur den vorauseilenden Eifer: Entlarven und endlich mal *ver–bie–ten*!

Die Absicht war offensichtlich, aber sie ist nicht gelungen. Die Prüfung war ergebnislos. Es stellte sich heraus, dass der Bus nicht von der Stiftung, sondern von den Eltern gemietet worden war, dass niemand an die Stiftung Geld zahlen musste und dass keiner in der Stiftung je dafür Geld erhalten hatte. Es ist alles gut für uns ausgegangen, aber der Stress war für alle enorm. Danach wurden auch noch eine Woche lang alle Mitarbeiter sowie die Ehrenamtlichen der Stiftung und der IAHZ verhört.

Zum Glück gelang es Gennadij, die Untersuchungsrichter zu überzeugen, die Computer der Stiftung nicht zu beschlagnahmen. Alle Daten von unseren Computern wurden kopiert und der Staatsanwaltschaft übergeben. Die Arbeit im Büro wurde nicht eingestellt. Sonst wäre unser gesamtes Sommerprogramm für einige Tausend Kinder aus den verseuchten Gebieten einfach gescheitert. Und wir hätten auf unsere umfassende Wohltätigkeit ein dickes Kreuz setzen müssen. Ich fuhr im Mai 2007 nach Berlin auf eine langfristige »Dienstreise«, so beschloss es der Vorstand unserer Stiftung. Meine Aufgabe bestand nach wie vor darin, die zerstörten Kontakte zu den Partnerorganisationen wiederherzustellen und zu stärken. Es galt auch, für unsere Programme Unterstützung bei den Politikern und bei der Öffentlichkeit zu finden, Jugendarbeit zu begleiten und vieles mehr. Gennadij und die Vorstandsmitglieder waren überzeugt, dass ich für unsere Bewegung viel mehr bewirken könnte, wenn ich in Berlin bliebe, ohne nach Belarus in die zunehmend repressive Situation zurückzukehren. Zu dieser Zeit bestanden schon Listen der Personen, denen das Ausreisen aus Belarus verboten wurde, und es bestand eine große Gefahr, dass auch mein Name darunter war.

Die Leitung der Internationalen Assoziation für humanitäre Zusammenarbeit übernahm für eine kurze Zeit SERGEJ LAPTEW, bald darauf aber wurde auch die IAHZ geschlossen. Wie auch eine Vielzahl der großen und kleinen Nichtregierungsorganisationen in Belarus. Langsam ging die freiheitliche Arbeit vieler Strukturabteilungen der Stiftung »Den Kindern von

10 Freiwillige und Engagierte der Stiftung

Tschernobyl« e. V. in den Regionen ein. Es blieben nur wenige Organisationen noch aktiv, die dank ihrer Autorität und der Bedeutsamkeit ihrer Arbeit für die Menschen vor Ort in dieser Zeit überleben konnten. Vielleicht auch weil ihre Namen nichts von ihrer Verbindung und Zugehörigkeit zu der Stiftung in Minsk aussagten, so dass sie von übermäßiger Kontrolle verschont blieben.

Es war bitter, zu sehen, wie der Kreis der Gleichgesinnten immer kleiner wurde. Gennadij schützte bis zum letzten Tag, ja sogar bis zur letzten Stunde seines Lebens, die von uns geschaffenen Strukturen vor der vollständigen Zerstörung. Er glaubte und hoffte bis zuletzt, dass unsere Erfahrungen andere Menschen begeistern könnten, wie sie auch uns alle ermutigt und begeistert hatten.

Quellen der Energie, der Kraft und des Glaubens an das Beste

Die real wirksamen Mechanismen der Hilfe und Selbsthilfe konnten die Menschen nur selbst aufbauen. Deshalb war in unserer Arbeit die Kommunikation miteinander ausschlaggebend. Offenheit und Aufrichtigkeit schufen Vertrauen. Heute, nach mehr als einem Vierteljahrhundert, seitdem wir unsere Tätigkeit begonnen hatten, kann ich sagen, dass meine Begegnungen und Kontakte mit den Menschen, die im Zeichen von Tschernobyl stattfanden, für uns in den meisten Fällen nicht nur den Beginn einer wunderbaren Freundschaft bedeuteten, sondern auch zur Quelle der Energie, Kraft und des Glaubens an das Beste wurden. Was wussten wir schon über die Menschen, die im Ausland »hinter den sieben Bergen« lebten? Dass man dort ja »marode und verrucht ist, in diesem maroden, verkommenen Westen«. »Allerdings wäre es auch für uns nicht schlecht, so zu verkommen, wie die dort«, scherzten wir und zeigten damit, dass wir der Propaganda über die Konsumgesellschaft und gnadenlose Ausbeutung nicht so sehr glaubten.

In unserem realen Leben haben wir diese Menschen, diese »Vertreter der imperialistischen Welt« ja getroffen. Diese »Konsumierer« zeigten sich als herzliche, hilfsbereite, interessierte Menschen. Ohne große Worte über ihren Wunsch, die Welt zu verändern, veränderten sie sie unermüdlich.

»Viele kleine Menschen in vielen kleinen Orten können viele kleine Schritte tun, um das Gesicht der Erde zu verändern«. Diesen Leitsatz lernte ich zum ersten Mal, als ich nach West-Berlin in die Gemeinde von Pastor HARRY PERKEWICZ kam, der im Frühjahr 1990 die erste Pressekonferenz zum Thema Tschernobyl organisierte. Um mir die Teilnahme an dieser Pressekonferenz zu ermöglichen, brachte er mich illegal in seinem Auto über die damals noch existierende Grenze nach West-Berlin, indem er an der Grenze den Pass seiner Frau vorzeigte, als wäre ich sie gewesen. Ich war ihr gar nicht ähnlich, aber der Grenzsoldat zweifelte nicht daran, dass die Beifahrerin des Pastors seine Frau war. Dieses Treffen eröffnete die Möglichkeit, in der Presse über Tschernobyl zu berichten, dabei auf gesundheitliche Probleme der Kinder in kontaminierten Regionen von Belarus aufmerksam zu machen und um Hilfe zu rufen.

Wie sollte man helfen? Was sollte man tun? Wir hatten davon selbst nur wage Vorstellungen. Aber wir haben damals schon gewusst, dass eine Reise ins Ausland wahre Wunder wirken kann. Wie es mit der Indienreise der Kinder aus dem Dorf Strelitschewo im Bezirk Choiniki im Dezember 1989 der Fall war. Einen Monat nach dem Treffen in West-Berlin konnten wir bereits vier Kindergruppen aus Wetka, Slawgorod und Narowlja, die am meisten verseuchten Bezirke von Belarus, sowie eine Gruppe der an Leukämie erkrankten Kinder vorbereiten, die nach Deutschland reisen konnten.

Der Vorstandsvorsitzende der belarussischen Gesellschaft für Freundschaft und kulturelle Beziehungen im Ausland ARSENIJ WANITSKIJ und seine Referentin GALINA KULIKOWA halfen die Ausreisedokumente für diese Kindergruppen auszufüllen. Es waren 150 Pässe insgesamt, kein leichtes

10 Freiwillige und Engagierte der Stiftung

Unterfangen. Die Tickets für die Reise brachte ich aus Berlin in einer einfachen Stofftasche mit, wobei ich es selbst vielleicht nicht ganz begreifen konnte, was für wertvolle Dokumente ich transportierte. Wie leicht wäre es gewesen, mich davon zu »befreien«.

Für vieles waren damals die Begegnungen mit entsprechenden Menschen ausschlaggebend. Im richtigen Ort zur richtigen Zeit traf ich auf die Menschen, mit denen ich und wir alle die Sorge um die Kinder von Tschernobyl zu tragen hatten. Viele von ihnen sind für Jahrzehnte Mitstreiter und großartige Freunde geworden.

JÜRGEN ALPERMANN, EVA BALKE, RUDOLF DÜBER, BARBARA GLADYSCH, BARBARA HAUBRICH, BURKHARD HOMEYER, WOLFGANG KOPF, WERNER LINDEMANN, FRANK NÄGELE, ELLEN UND HELGE SCHENK, ERIKA SCHUCHARDT URSEL UND GERT STEUERNAGEL, GEORG TIETZEN, URSULA TIMM und GÜNTHER WEERS und noch eine große, fast unendliche Reihe von Personen und Schicksalen, die in ihrem guten Handeln uns zu unseren Nächsten wurden. In Erinnerung ist ein ganz besonderer Sonntag im Frühjahr 1991 geblieben. HELGE SCHENK, Medizinprofessor und Anästhesist einer Klinik in Göttingen, Vorsitzender der örtlichen Abteilung vom Roten Kreuz, bummelte durch den hübschen Stadtbezirk Troizkoje-Vorstadt zusammen mit den anderen Delegationsmitgliedern, die nach Minsk zu Besuch auf Einladung des Friedensfonds gekommen waren. Das Büro des Friedensfonds befindet sich bis heute noch in jenem Stadtteil. Die Aufmerksamkeit der Gäste aus Deutschland wurde auf ein lebhaftes Gewimmel vor dem Haus Nr. 14 in der Starowilenskaja Straße gerichtet. HELGE SCHENK betrat die Wohnung, die nicht größer als 60 m² war und die für 17 lange Jahre zum Zentrum der internationalen Tschernobyl-Bewegung wurde, und er verließ sie erst drei Stunden später. Die ganze Zeit erzählten wir ihm, erklärten und erzählten wieder darüber, was wir machten, was nach unserer Meinung zu tun wäre. Zusammen mit seiner Ehefrau ELLEN, die leider viel zu früh an Krebs gestorben war, wurde HELGE SCHENK zum treuesten und aktivsten Helfer unserer Stiftung »Den Kindern von Tscher-

Prof. Dr. Helge Schenk, Mitbegründer und Vorstandsmitglied der BAG, Göttingen

nobyl« e. V. Die Kinder aus Dobrusch kamen zur Erholung nach Göttingen, und da es der Wahlkreis von DR. RITA SÜSSMUTH, der damaligen Bundestagspräsidentin war, lud HELGE SCHENK sie oftmals ein, die Kinder bei der Erholung zu besuchen und erzählte ihr über das schwere Los der Menschen in Belarus nach der Katastrophe in Tschernobyl.

In Deutschland sahen wir unmittelbar aus nächster Nähe, wie Demokratie funktioniert, wie die Wähler mit ihren Interessen aufs engste mit ihren Abgeordneten verbunden sind. Unsere Arbeit in der Stiftung »Den Kindern von Tschernobyl« e. V. schenkte uns diese wunderbare Möglichkeit der Kommunikation, Treffen mit Politikern und Persönlichkeiten des öffentlichen Lebens aller Ebenen und Richtungen in allen möglichen Bereichen. Die Kinder von Tschernobyl öffneten für diese Menschen das Land Belarus. Es war auch eine gegenseitige Entdeckung im wahrsten Sinne.

10 Freiwillige und Engagierte der Stiftung

Wladimir Aleschkewitsch (Geschäftsführer der IAHZ) mit Kongressteilnehmern Tatjana Wanina und Frank Nägele

FRANK NÄGELE kam im November 1990 nach Köln, wohin ich die Ausstellung der Kinderbilder zum Thema Tschernobyl gebracht hatte. Er suchte eigentlich Kontakt zu Organisationen in Russland. Aber nach der Eröffnung der Ausstellung und nach intensiven Gesprächen unter Teilnahme von LEW KOPELEW wurde FRANK NÄGELE ein leidenschaftlicher Mitstreiter unserer Bewegung. Jahrzehntelang war er nicht nur ein Freund und treuer Helfer, er war unser Schatz, wie wir ihn zu nennen pflegten. Er war Schatzmeister der Bundesarbeitsgemeinschaft der Tschernobyl-Initiativen, und jede Idee von uns fand immer ein Echo in seinem Herzen. In seinem Auto fuhren wir kreuz und quer durch Deutschland und halfen unseren Partnern die Aufenthalte für Kinder aus verstrahlten Gebieten oder Behandlung der kranken Kinder zu organisieren. Wir halfen Kliniken zu finden, und es wurde möglich, die kleinen belarussischen Patienten dort zu operieren und zu behandeln. Wir organisierten zusammen Konzerte der Gruppe »Kressiwa« – diese Folklore-Gruppe trat sehr oft in gemeinnützigen Programmen unserer Stiftung »Den Kindern von Tschernobyl« e. V. auf. Es waren auch andere Musiker aus Belarus dazu gekommen, wie die Gruppe »Helle Stimme« (Tschistyj Golos), das Duett von Galina und Boris Waichanski sowie einige belarussische Künstler, deren Ausstellungen wir zu wohltätigen Zwecken organisierten.

FRANK NÄGELE wurde zum Wahlvater für Jelena Botschkarewa, die schon im Alter von 2 Jahren an einem Augensarkom erkrankte und eine der Wenigen war, deren Erkrankung offiziell als Folge der Tschernobyl-Katastrophe anerkannt wurde. Auch für ihre Schwester Natascha war und blieb er wie ein Vater seit rund 25 Jahren. Er wurde auch zum Schutzengel für viele andere kranke Kinder aus Belarus. Als exellenter Kaufmann hat er auch die gesamte Logistik der Busreisen der Stiftung mitorganisiert und begleitet.

Frank Nägele, Mitbegründer und Schatzmeister der BAG und Leiter des Projektes »Kranke Kinder«

Ich kann mich gut daran erinnern, wie BARBARA GLADYSCH, eine Sonderschullehrerin aus Düsseldorf, die für ihre Tätigkeit mit zahlreichen Preisen ausgezeichnet und 2005 für den Friedensnobelpreis nominiert wurde, als eine der ersten in Deutschland eine Initiative für die Kinder aus Belarus gründete. Sie kam jährlich nach Bychow, um dort Kinder zu besuchen. Bei ihr zu Hause, wie bei HELGE SCHENK und FRANK NÄGELE auch, trafen sich oft die Mitglieder der Bundesarbeitsgemeinschaft »Den Kindern von Tschernobyl« e. V. und versuchten die aktuellen Probleme zu lösen, zerbra-

10 Freiwillige und Engagierte der Stiftung

chen sich buchstäblich den Kopf bei der Suche nach Lösungen, schmiedeten Pläne, setzten Briefe und Appelle auf. Ich wunderte mich, dass es keinen störte, dass unsere Treffen an Wochenenden stattfanden, und in der neuen Woche hatte jeder von ihnen seine komplizierte Arbeit woanders zu tun. Viele mussten nach unseren langen ausgiebigen Diskussionen noch eine große Strecke für die Heimfahrt zurücklegen. Doch keiner hatte sich je beschwert. Die Hilfe für die belarussischen Kinder in den kontaminierten Regionen wurde zu ihrem Lebenswerk. Eine tiefe Dankbarkeit erfüllt mein Herz. Das sind Menschen, die meine Welt ausmachen. Und diese Welt hat frohe Farben und sehr viel Licht und Güte. Das ist ihnen zu verdanken.

Ich wünschte mir von Herzen, ausführlich über diese Menschen zu erzählen, über Lustiges und Trauriges, was wir gemeinsam erlebt haben, über Kurioses und Missverständnisse, über Geduld und über die Freude auf unseren Treffen, über Erfolgsmomente und Enttäuschungen, über unsere Fahrten in die »Zone«, über unsere Treffen mit europäischen Politikern, über deren Solidarität und Kampf um das Überleben der Stiftung »Den Kindern von Tschernobyl« e. V. Über diesen Planeten der Menschen schreiben wir unbedingt noch ein weiteres Buch.

Ich möchte hier auch einige der Belarussen nennen, die lange Zeit aktive Mitglieder, ja der Kern unserer Stiftung waren. In erster Linie waren es natürlich Lehrer. Die meisten von ihnen unterrichteten viele Jahre Fremdsprachen der Länder, in denen sie selber noch nie gewesen waren. Da brauchen wir uns nicht zu wundern, dass sie eine sehr hohe Motivation hatten bei der Betreuung der Reisen von Kindergruppen ins Ausland. Und die sehr umfangreiche Arbeit mit der Auswahl der Kinder sowie der Vorbereitung der Reisedokumente für die Gruppe – wirklich keine leichte Sache – übernahmen sie mit voller Verantwortung.

Ich arbeitete selbst ja viele Jahre an der Hochschule für Fremdsprachen. Es erleichterte in vielem die Rekrutierung der neuen hochprofessionellen Kollegen für unser wichtigstes und verantwortungsvollstes Programm, das Programm der Erholung der Kinder im Ausland. Ich möchte nur erinnern:

Das Aktiv der Stiftung feiert und tanzt, 1996

Bereits 1992 schickten wir allein in den Sommerferien insgesamt 20 000 Kinder aus entfernten Dörfern der hoch kontaminierten Gebiete Gomel und Mogilew, die Kinder der Umsiedler aus Minsk und aus den verseuchten Dörfern und Siedlungen des Brester Gebiets zur Erholung ins Ausland. Man muss sich nur vorstellen, was für eine ganze Armee von Betreuern der Kinderreisen wir vorzubereiten hatten! Nach internationalen Vorschriften sollte ein Betreuer für zehn Kinder da sein. Und es waren Tausende!

Für alle war es eine völlig neue Herausforderung: Anweisungen, Korrespondenz, wechselnde Anforderungen der belarussischen Behörden zur Ausreise der Kindergruppen, Vorbereitung der Reisedokumente, ganz groß und wichtig: Stempel, die eine Ausreise aus Belarus genehmigten, Visaanträge und Kinderlisten, die Anfertigung der später eingeführten Kinderreisepässe, jetzt Fingerabdrücke in diesen Reisepässen. Der Weg war nicht mit

10 Freiwillige und Engagierte der Stiftung

10-jähriges Jubiläum der Stiftung mit über 1 000 Gästen
im Palast der Gewerkschaften in Minsk, Dezember 1999

Rosen übersäht, sondern mit Steinen, Dornen und unzähligen Papieren! Eine immer neue Orgie der Bürokratie.

Die freiwilligen Mitarbeiter erledigten alles selbst. Mit einem außerordentlichen Enthusiasmus. Es waren Dekane, Professoren, Dozenten. Insgesamt 132 Fachkräfte allein von der Minsker Hochschule für Fremdsprachen (sie wurde später in die Minsker Staatliche Linguistische Universität umbenannt) und Dutzende von anderen Minsker Universitäten, Hochschulen oder Fachschulen. Sie alle wurden zu Volksdiplomaten, indem sie nicht nur die Erholung und Genesung der Kinder gewährleisteten, sondern auch die internationale Kommunikation auf höchstem Niveau.

ANATOLIJ ANTONENKO mit seiner Frau WALENTINA und ihrem Sohn JURIJ, VIKTOR BALAKIREW, ANDREJ BELENKOW und GALINA BISA und

OLGA BORTSCHUK, ANASTASIJA BRANOWEZ und ANTONINA BUDJKO, ALEXANDER BUKAJEW, TAMARA BURLAK, GALINA CHARITONTSCHIK, TAMARA DAWIDOWITSCH, NIKOLAJ DENISSENOK, LUBOWJ FJODOROWA und NATALJA FURASCHOWA mit ihrer tochter OLGA, REGINA GARMASCH und TAMARA GLUSCHAK, EVA und WLADIMIR GALYNSKIJ, ANATOLIJ GORLATOW, SWETLANA GOROSCHTSCHENJA, JAROSLAWA GOWOR, SWETLANA GRIGORJEWA, SLAWA GURAL, TATJANA IWANOWA, WALENTINA IWANOWA, GALINA IWANUSCHINA, OLGA JANUSCH, LUDMILA JAROSCHEWITSCH, GALINA JEMELJANOWA, WASILIJ JERMOLOWITSCH, IRINA JEWZHENKO, SOJA JUROWA, TATJANA KAPURA, LARISSA KARAWAJ und GENNADIJ KESNER, CHALINA KOMAROWA, LUDMILA KOSLOWSKAJA und SWETLANA KOSHAR und JELENA KRAWTSCHENKO mit dem Ehemann ALEXANDER, TAMARA KRIWKO, LARISSA KUREWITSCH und ALEKSANDER LADISSOW und TATJANA LAWRENKO und LUDMILA LESCHTSCHOWA und LUBOWJ LESSOWA und MINA LORESCH, SWETLANA LUKEWITSCH, NILA MALINOWSKAJA, JADWIGA MALISCHEWSKAJA, SWETLANA MAREZKAJA, ISAAK MARGOLIN und seine Frau SWETLANA, TATJANA MERKUL, LUDMILA METELIZA, ANATOLIJ MIRSKIJ, RAISSA MYSCHKO, GALINA NASTENKO, WALENTINA NOWAKOWSKAJA, NATALJA NOWIKOWA, WALENTINA OLEJNIK, SWETLANA PANKRATOWA und JURIJ PANKRATZ und DIANA PAREMSKAJA, WALENTIN PAWLOWSKIJ, LUBOWJ PERWUSCHINA und SINAIDA PESETSKAJA, MARINA PETROWA, JEWDOKIJA PETRUSCHENKO, TAMARA PODOBEDOWA, MARINA POTAPOWA und NINA ROMANJUK und SINAIDA SALUZKAJA, REGINA SAMOLJOTOWA und JEKATERINA SAREZKAJA, ALEXANDER SARIZKIJ und GALINA SCHARANDA, ALEKSEJ SCHTSCHERBAKOW und LARISSA SCHTSCHERBAKOWA, OLGA SETSCHKO, ALEXANDER SGIROWSKIJ, MARIA SIKORSKAJA, OLGA SJUSENKOWA und LUDMILA SOKOLOWA, ADA SOLINA, RAISSA SOLOWJOWA und ihre Tochter OLGA, TAMARA STRELZOWA, NINA SUBKOWA, ANDREJ TICHOMIROW, WLADIMIR TJOMKIN und TAMARA TREGUBOWITSCH mit dem Sohn ARTUR, RITA TRO-

10 Freiwillige und Engagierte der Stiftung

Projekt Familienkinderheim: Jelena Pachomowa mit ihren Kindern, Minsk, 1998

CHINA, ALEXANDRA TSCHESCHKO, SOJA WERMAN und WALENTINA WINOKUROWA, GALINA WYSTAWKINA, und viele andere, deren Spuren in der schnelllebigen Zeit nicht verloren gingen.

Ich möchte hier auch diejenigen nennen, die ein fester Bestandteil der Stiftung waren, obwohl sie keine Fremdsprachen sprechen konnten. Das waren die Fahrer der Stiftung: VITALIK BORODIN, ALEXANDER PANKRATOWITSCH, NIKOLAJ SPACK sowie Busfahrer ALEXANDER TSCHARKOWSKIJ. Mehr als zwanzig Jahre beförderten sie die Kindergruppen zur Erholung ins Ausland und waren sehr zuverlässig. Oft bewirkten sie kleine Wunder bei der Lösung unerwarteter Probleme an den Grenzübergängen oder im Umgang mit den kleinen Passagieren. Man muss auch DMITRIJ SHUKOWSKIJ würdigen, Kapitän ersten Ranges, U-Boot-Offizier im Ruhestand, den auch sämtliche Herausforderungen, Schwierigkeiten und der ständige Kampf um das Überleben der Garage der Stiftung nicht beugen konnten.

MARINA BOGDANOWA beschäftigte sich mit den Pässen der Kinder und war für alle Visaformalitäten und die Zusammenarbeit mit den Visastellen der Botschaften zuständig. NATALJA KIRSCHINA, NINA PETRAZHITSKAJA unterstützten sie dabei. GALINA FILIPPCHIK, JELENA SOKOL und NATALJA GALZOWA waren für die Buchhaltung zuständig. ZHANNA FILOMENKO und TAMARA BACHUREWITSCH sowie GALINA KALASCHNIKOWA organiserten die Arbeit mit Umsiedlern im Minsker Bezirk Malinowka und im sozialen Jugendzentrum »Zukunftswerkstatt« der Stiftung.

Das Programm »Kindergarten für Kinder mit Zerebralparese« bedarf einer gesonderten Erwähnung. Es wurde von der Stiftung durch die Projektleiterin OLGA SETSCHKO in den Kindergärten im Bezirk Tschishowka und in Malinowka aufgebaut.

Martin Grub (hinten) und Arndt Bodelschwing mit behinderten Kindern im Projekt der Stiftung.

Das medizinische Programm der Stiftung wurde zu Beginn von VIKTOR BALAKIREW geleitet, später übernahm die Leitung DANUTA BORTNIK. Das Programm umfasste die unterschiedlichsten Aspekte der Gesundheit und der Krankheitsbehandlung der Kinder in Belarus. Man organisierte Hilfe und erbrachte sie, indem man Fachkräfte verschiedener Fachrichtungen und aus verschiedenen Ländern einbezog.

10 Freiwillige und Engagierte der Stiftung

Die internationale Organisation »Aktion Sühnezeichen – Friedensdienste« e. V. fand in der Stiftung »Den Kindern von Tschernobyl« e. V. einen sehr zuverlässigen Partner in der Organisation und Betreuung der Freiwilligenarbeit der jungen Deutschen. Im Rahmen des gemeinsamen Programms durften junge Leute ihren alternativen Militärdienst in sozialen Projekten der Stiftung versehen. Sie blieben 18 Monate in Belarus und arbeiteten vorwiegend in den Projekten für Kinder mit Behinderung, in Waisenhäusern und in unserem Büro. Betreut wurden sie von NATALJA NOWIKOWA und LUBOWJ LESSOWA.

ANTONINA PUTSCHKO und RAISSA RUSSANOWA waren für das Projekt »Armenküche« zuständig. Hier konnten in einem Café arme Menschen aus dem Bezirk Malinowka einmal täglich kostenlos ein warmes Essen bekommen. Es war nur eine kleine Gruppe von dreißig Personen, die zum Essen kamen, aber es war ein effizientes Modell, wie man anderen helfen kann. Das Projekt arbeitete fast 15 Jahre lang tadellos, ohne einen Rubel staatlicher Subventionen erhalten zu haben.

JELENA NOWIK war unermüdliche Programmkoordinatorin in den Regionen von Belarus, und JELENA PACHOMOWA verantwortete im Vorstand der Stiftung die Versorgung der Familienwaisenhäuser. Sie gründete bald ihr eigenes Familienwaisenhaus, das auch für eine Zeit lang zum Projekt der Stiftung wurde.

Mittagessen im Café – Projekt »Armenküche«

JELENA JELISEJEWA und MASCHA DAVYDCHIK sorgten für das Projekt »Die Kraft ist in Dir!« Es war eine Zeit lang erlaubt, die Kinder während der Behandlung in der Tagesklinik, der staatlichen Poliklinik Nr. 8 für die Umsiedler in Minsk mit Essen zu versorgen und eine pädagogisch-psychologische Betreuung für sie zu gewährleisten.

WLADIMIR ALESCHKEWITSCH, JELENA ASMYKOVITSCH, OLGA DASCHKEWITSCH, GALINA FILIPPCHIK, OLEG JUNEWITSCH, JELENA KOROBKINA, TATJANA MARTSCHENKO und ALEXANDER NESTEROWITSCH begleiteten im Laufe vieler Jahre die vielfältige Arbeit der IAHZ.

JELENA RUTSKAJA, TATJANA ZOKOLOVA und LEOKADIJA SCHIRNEWITSCH mit Unterstützung von IRINA POBJAZHINA und OLGA DASCHKEWITSCH beschäftigen sich seit dem Jahr 2000 bis heute mit dem Projekt »Re-Sozialisierung von minderjährigen straffälligen Mädchen« nach ihrer Entlassung aus dem Gefängnis.

Ludmila Bolsunowskaja, Kinderärztin, Mitglied der Stiftung auf dem Tschernobyl-Marsch, Minsk, 2001

Eine besondere Geschichte wäre über die Entstehung des SOS-Kinderdorfs in Borowljany (bei Minsk) zu erzählen. Der legendäre GENNADY JUSCHKEWITSCH und der nicht weniger legendäre NIKOLAJ CHROLOWITSCH sowie SCHWESTER VERA und andere Mitglieder des von uns im Jahr 1991 gegründeten Komitee SOS-Kinderdorf – Belarus hätten dieses einzigartige Projekt anschaulich beschreiben können.

10 Freiwillige und Engagierte der Stiftung

LUDMILA BOLSUNOWSKAJA, JELENA BRIL, JELENA BUTKOWSKAJA, MARINA DAYNEKO, ALINA KARTSCHIGINA, NATALJA KASARZEWA, WALERIJ KOWALTSCHUK, SERGEJ LAPTEW, SWETLANA LEKSINA, WENIAMIN MARSHAK, ANATOLIJ MOROS, TAMARA PACHOMENKO, VERA SIDENKO, LUDMILA SOKOL, JELENA STEPANOWA und LEONID SWEREW – sind Namen, die tägliche mühsame Arbeit in der Stiftung, in unseren Projekten verkörperten.

Auch Geistliche schlossen sich unserer Arbeit an. Lange Zeit waren VATER IGOR KOROSTYLJOW und Erzmönch VATER WITALIJ RADOMYSLSKIJ unsere Vorstandsmitglieder. Einer der ersten, der die Stiftung noch im Jahre 1991 unterstützte, war VATER FJODOR POWNY, mit dem wir das Programm der Erholung in Beelitz in der Nähe von Berlin durchführten.

v.l.n.r. Vater Igor, Gennadij Gruschewoj und Pater Sawalnjuk, 1992

Mit dem Priester WLADISLAW SAWALNJUK und anderen Vertretern der katholischen Kirche gründeten wir einige gemeinsame Projekte, halfen die belarussische Abteilung der Caritas zu gründen. Zusammen mit PATER NADSON von der unierten Kirche leisteten wir bereits 1990 die erste humanitäre Hilfe für die Opfer der Katastrophe.

Nur gemeinsam kann man die Folgen der Katastrophe von Tschernobyl überwinden, war die Überzeugung von Gennadij. Die Türen der Stiftung waren für alle offen!

Viele werden ihren Namen leider in diesem Buch nicht finden können, denn es ist unmöglich, alle namentlich hier aufzuführen, aber ihre Gefühle und Gedanken, vor allem ihre Arbeit, prägten die Zeit – eine Zeit des Wandels, eine Zeit der Hoffnung. Sie veränderten unser Leben zum Besseren.

Die Menschen fingen an, neue Ideen umzusetzen, aus ihren Fehlern und Erfolgen zu lernen, sie gingen und kamen wieder. Versuchten es wieder und wieder. Ein Teil unserer Programme wurde zur Grundlage für die Schaffung neuer selbständiger Projekte und Organisationen.

Und alles begann mit Tschernobyl. Angesichts des schrecklichen Unheils haben die Menschen die Kraft gefunden, dem Unheil zu widerstehen. Und obwohl Tschernobyl einen nach dem anderen unerbittlich verschlang, waren andere noch immer bereit, sich nicht mit der Opferrolle abzufinden. Sie haben fortgesetzt und hören auch jetzt nicht auf, die Erfahrung der Stiftung »Den Kindern von Tschernobyl« e. V. und ihres Leiters GENNADIJ GRUSCHEWOJ fortzuführen, indem sie sich an seine Worte erinnern: »Wir müssen es begreifen, wir alle leben in einer Welt. Und diese Welt wird so sein, wie wir sie selbst gestalten!«

Indem wir für die Kinder sorgten und eine gute Atmosphäre für die Zusammenarbeit schufen, glaubten wir, dass wir damit unseren Garten der Hoffnung anlegen und ihn wachsen lassen, weil, so hat es VÁCLAV HAVEL einst formuliert: »Die Hoffnung, im Gegensatz zum Optimismus ist nicht die Erwartung, dass es gut ausgeht, sondern das Engagement in Gewissheit, dass es Sinn hat, egal, wie es ausgeht.«

10 Freiwillige und Engagierte der Stiftung

Leider mussten wir uns in 30 Jahren, die seit dem GAU[4] vergangen sind, von vielen Gleichgesinnten für immer verabschieden. Ich erinnere mich an eines der Gemälde von Michail Sawitzki aus dem Zyklus seiner Werke »Schwarzes Geschehene« (»Tschernaja bylj«), auf dem ein Himmelstempel dargestellt ist, gebildet von den Seelen der verstorbenen Tschernobylopfer in menschlicher Gestalt.

Für uns sind immer auch die Mitstreiter der Stiftung dabei, die frühzeitig aus dem Leben geschieden sind. Ich werde versuchen, sie hier namentlich zu benennen:

† Anatolij Antonenko
† Alexander Belikov
† Walentina Bulaj
† Anatoli Demtschin
† Tamara Gluschak
† Walentina Gromyko
† Nikolaj Iwanow
† Tamara Korolko
† Alexander Krawtschenko
† Oleg Medwezki
† Alexander Nesterowitsch
† Viktoria Pachomowa
† Alessja Pissarenko
† Natalja Roslowa
† Nina Sobowa
† Ivan Taras
† Tamara Tregubowitsch

† Natalja Antonowa
† Anastasija Branowez
† Swetlana Chalpukowa
† Ljubow Fjodorowa
† Swetlana Goroschtschenja
† Gennadij Gruschewoj
† Sergej Jegorow
† Stella Kowaltschuk
† Larissa Kurewitsch
† Anatolij Mirsky
† Walentina Olejnik
† Jewdokija Petruschenko
† Tatjana Ragina
† Dmitrij Shukowskij
† Nikolaj Spak
† Artur Tregubowitsch
† Soja Werman

---

[4] GAU – größter anzunehmender Unfall in einem Atomkraftwerk

Ich möchte mich auch mit tiefem Dank und Respekt an unsere deutschen und schweizerischen Freunde erinnern. Diejenigen, die nicht mehr auf dieser Erde sind, aber die auch zu unserer Bewegung gehörten:

† Eva Balke † Solange Fernex
† Wolfgang Kramer † Marlies Ott
† Sylvia Ruosch † Heidrun und Erhard Schäfer
† Kurt Vittinghoff † Günther Weers

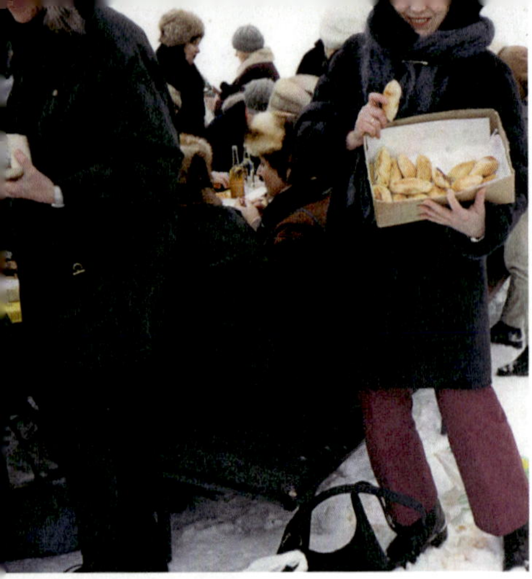
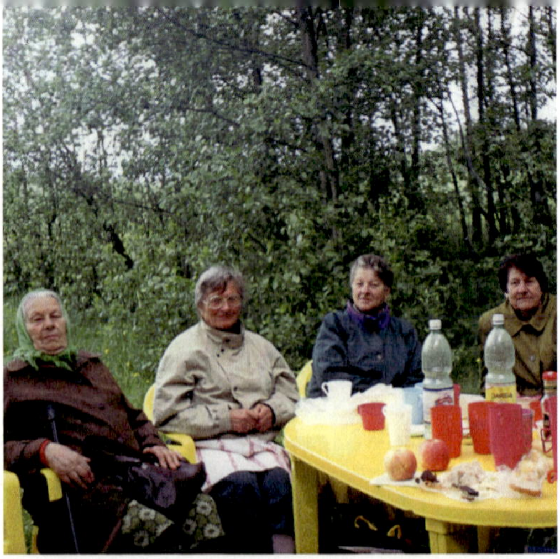
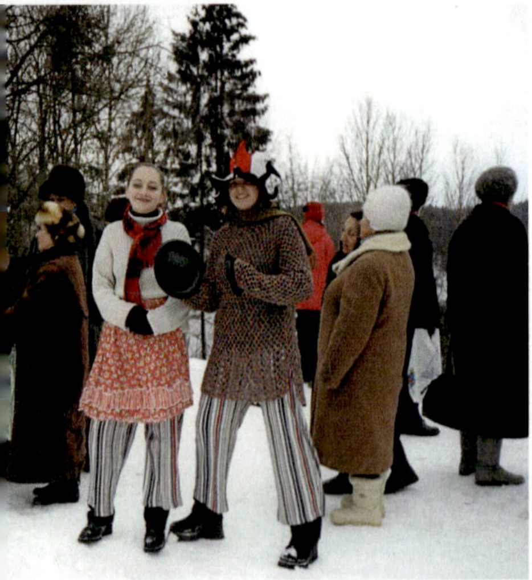
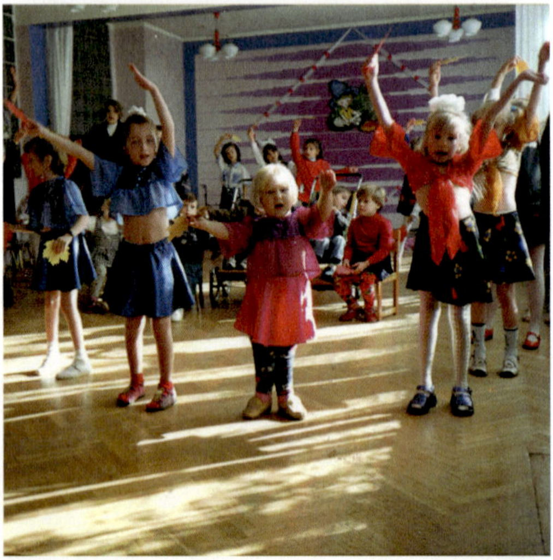
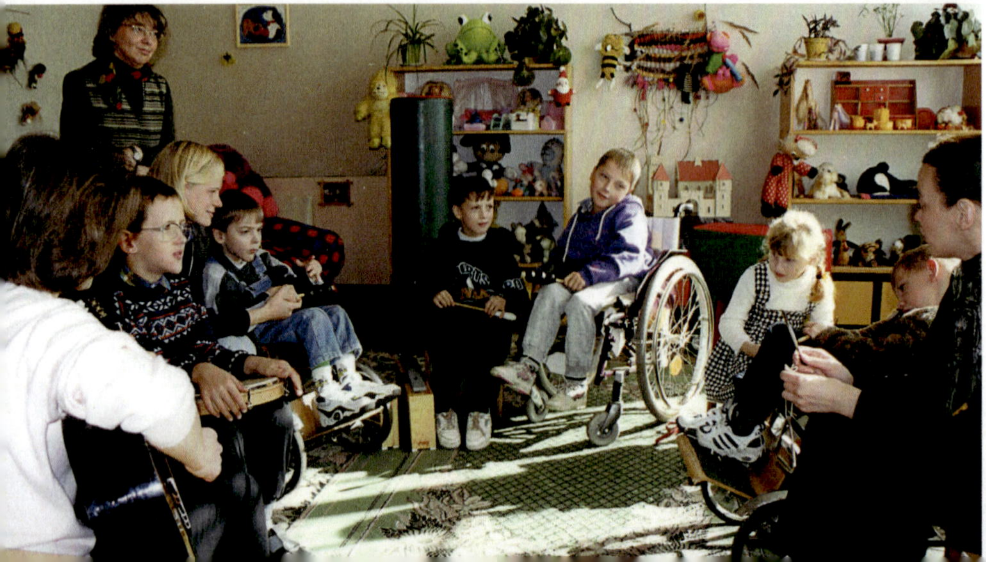

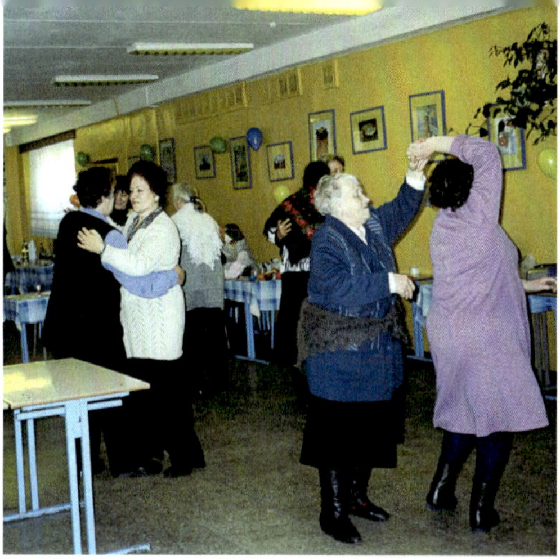

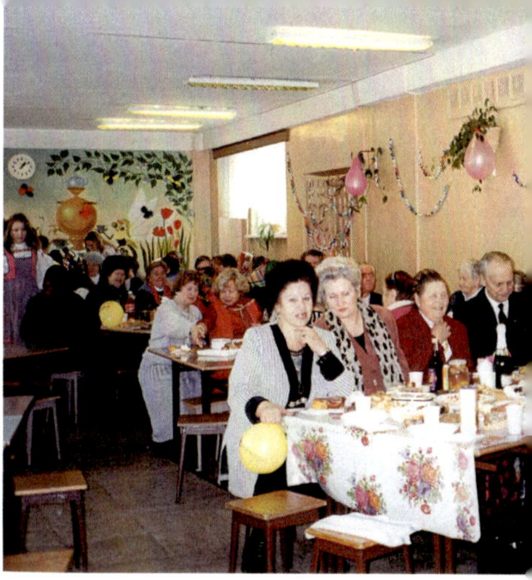

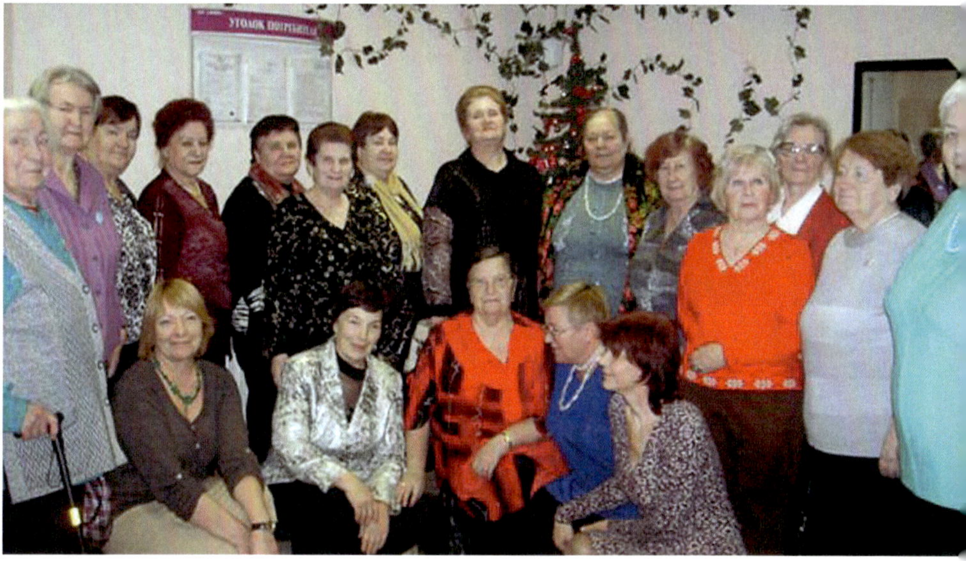

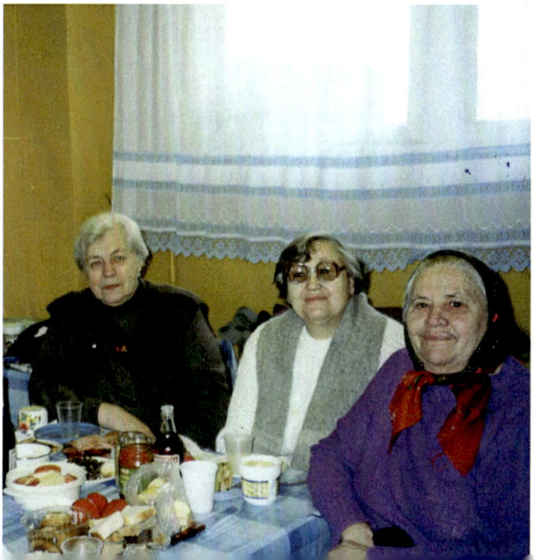

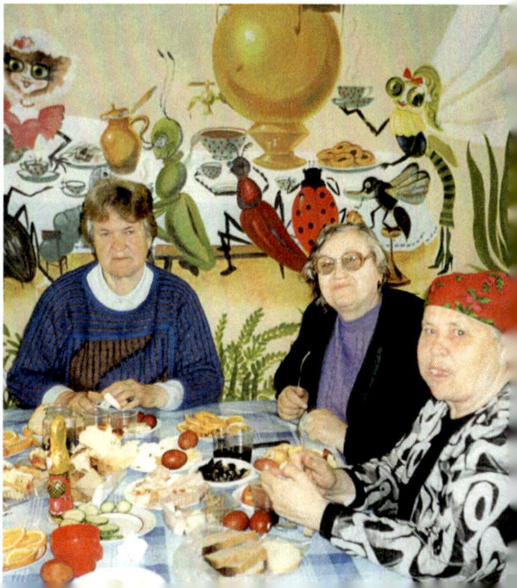

10 Freiwillige und Engagierte der Stiftung

Auf der Suche nach dem Weg

Tatjana Schawel mit Kindern in der Schweiz

Die Erholung der Kinder war ein ganz wichtiger Schwerpunkt, aber bei weitem nicht der einzige, denn die Tätigkeit einer so großen Organisationsstruktur kann man nicht nur mit einer Ausrichtung definieren. Man muss auch bedenken, dass die Stiftung neben den Kinderreisen über Jahre hinweg 71 belarussische regionale Selbsthilfegruppen ins Leben rief. Die Stiftung baute im Jahre 1994 das Institut der politischen Bildung in Zusammenarbeit mit der Niedersächsischen Akademie für politische Bildung auf. Dann wurde auch in Belarus die Lions-Bewegung initiiert. In der Nähe von Minsk wurde das erste SOS-Kinderdorf erbaut. Nicht zu vergessen, der Beginn der Caritas in Belarus und die ersten Versuche, die demokratisch orientierten Christlichen Religionsgruppen zusammen zu bringen. Die Errichtung des Jugendzentrums »Zukunftswerkstatt« mit einer großen Anzahl von Programmen und Projekten für Jugendliche, für Frauen, außerdem Programme mit ökumenischer Ausrichtung, Informations- und Umweltschutzprojekte, verschiedene Aktionen, Foren u. v. m. gehörten zu den unvergessenen Aktivitäten der Stiftung.

Die vielfältigen Profile der Tätigkeiten der belarussischen Stiftung, die sie in Zusammenarbeit mit ihren ausländischen Partnern gestaltete, könnten einen Außenstehenden an viele kleine Bächlein erinnern, die zusammenfließen, um das große Dammbauwerk sowjetischer Ideologie zu durchbrechen und zu einem ganzheitlichen und starken Strom des freien Denkens zu werden.

Diese Dämme sollten schon bald wieder aufgebaut werden. Unter dem Oberbegriff »Stabilität« verstand man damals ja gar nicht den Schwung, sondern ein gemütliches »Vor-Sich-Hin-Leben«, was viele in Belarus sehr bequem zu finden scheinen.

Die Tätigkeit einer zivilgesellschaftlichen und vom Staat nicht kontrollierten Struktur, wie die der gemeinnützigen Stiftung »Den Kindern von Tschernobyl« e. V., stieß auf Kritik nicht nur in Belarus, sondern auch darüber hinaus. Ich möchte hier keine Namen nennen, aber einige sahen die Tätigkeit der Stiftung als direkte Konkurrenz an. Wir wussten natürlich, dass man nicht nur Befürworter auf diesem harten Wege trifft. Insbesondere dann, wenn deutschlandweit Spendengelder gesammelt werden, die dann nicht in die Forschung deutscher Professoren investiert werden, sondern in Problemlösungen für irgendwelche Kinder in einem fernen Land, das Belarus heißt.

Es ist schon ziemlich unangenehm, sich mit solchem Widerstand und solcher Kritik auseinandersetzen zu müssen. War es eine abstrakte Atomlobby oder ein ganz bestimmter Geheimdienst, oder waren es ganz gewöhnliche private Meinungsverschiedenheiten und Ansprüche? Das Ganze wirkte recht primitiv, wurde aber doch sehr effektiv betrieben.

Der Philosoph GENNADIJ GRUSCHEWOJ bezeichnete dies als ein gewöhnliches Merkmal dafür, dass das Böse stets auch in Bewegung kommt,

10 Freiwillige und Engagierte der Stiftung

25 Jahre Zusammenarbeit. Faina Iwanowa l.,
Angela Gessler r.

wenn sich das Gute zu bewegen beginnt. Er betrachtete die Menschen, die uns die Steine in den Weg legten, als personifiziertes Übel und hielt es für einen sinnlosen Kräfteverlust, gegen diese Personen in den Kampf zu ziehen. Er meinte, man könne seine Kräfte zielführender und sinnvoller für unser Werk einsetzen, statt gegen Windmühlenflügel zu kämpfen, wie es einst Don Quijote.

Gennadij strebte danach, das Gute zu festigen, zu behaupten und die Wirkungsbereiche des guten Handelns zu erweitern. Vielleicht klingt es zu idealistisch? Mag sein. Aber eine Einstellung stärkte auch seinen Glauben daran, dass man alle Neuerungen, die so bitter nötig sind wie die frische Luft zum Atmen, nur auf freiem Wege erreichen könnte. Diese Neuerungen sollten sich auf einem natürlichen Weg entwickeln, sie sollten zu den

Menschen kommen, nicht im Ergebnis eines Bruchs, nicht von oben, sondern durch ihre eigenen Erfahrungen motiviert sein. »Ja, das ist ein sehr langer und komplizierter Weg, aber schnell und leicht gelingt wohl nur das Zerstören«, meinte Gennadij.

Auf eine persönliche Bitte von GENNADIJ GRUSCHEWOJ, entwarf im Jahre 1990 ein junger Minsker Künstler, SERGEJ SARKISSOW, das Logo der Organisation – eine ganz besondere Blume. Die Idee war künstlerisch so überzeugend, dass diese 1993 auf der berühmten Biennale in Venedig ausgezeichnet wurde. Die Ausdruckskraft des Bildes wurde dort als herausragend angesehen. Die Kunstausstellung Biennale findet nur einmal alle zwei Jahre in Venedig, jeweils von Mai bis November, statt. Seit 1895 wird sie regelmäßig veranstaltet und zählt zu den bekanntesten Kunstausstellungen der Welt. Zu ihren Preisträgern gehört seit dem Jahre 1993 nun auch der Künstler, der die Blume der Stiftung »Den Kindern von Tschernobyl« geschaffen hat.

Warum dieses Symbol? Die Blume ist das Zeichen der Kindheit, einer bunten und hoffentlich lebensfrohen Zeit im Leben eines jeden Menschen. In Belarus drang die radioaktive Strahlung in das Leben der Menschen ein. Darum wurden drei der Blütenblätter schwarz dargestellt. Gleichzeitig stellt die Blume ein stilisiertes Radioaktivitätszeichen dar. Die ganze Arbeit der Menschen in der Stiftung und ihrer Partner war darauf gerichtet, dass

Das Logo der Stiftung und ihrer Partner-Initiativen

die Blume keine schwarzen Blütenblätter mehr hat, und die Kindheit der kleinen Belarussen nicht weiter durch die Katastrophe von Tschernobyl überschattet wird. Das waren Ziel und Sinn der Tätigkeit der Stiftung. Die

10 Freiwillige und Engagierte der Stiftung

drei schwarzen Blütenblätter könnte man als Hinweis auf die drei von der Katastrophe betroffenen Republiken der früheren Sowjetunion sehen: Die Ukraine, Belarus und Russland.

Das neue Symbol gefiel vielen, da es nach deren Empfinden ganz genau den Tatbestand nach der Tschernobyl-Katastrophe darstellte. Es ist deshalb kein Wunder, dass manche das Zeichen ziemlich frech und auch willkürlich und nach Belieben einsetzten. Deshalb blieb nichts anderes übrig, als das Logo der Stiftung »Den Kindern von Tschernobyl« e. V. und ihrer Partner offiziell rechtlich schützen zu lassen. Diese Aufgabe übernahm die Bundesarbeitsgemeinschaft »Den Kindern von Tschernobyl in Deutschland«.e. V. In unserem Land ist alles, was mit Autorenrechten zu tun hat, bloßes Gerede. Der Schutz von Autorenrechten funktioniert kaum.

Bekanntlich stehen hinter der Tätigkeit jeder Organisation konkrete Menschen. Von ihnen soll im folgenden die Rede sein. Beginnen möchte ich mit TATJANA SCHAWEL und FAINA IWANOWA. Sie schlossen sich der Tätigkeit der gemeinnützigen Stiftung praktisch als erste an.

Im Jahre 1992 fand im Ausstellungskomplex BELEXPO eine internationale Ausstellung statt, und TATJANA SCHAWEL wurde von der Firma Bayer AG als Dolmetscherin eingeladen. Bei der Auswertung der Ergebnisse am ersten Arbeitstag lernte sie EVA GALYNSKAJA kennen. In einem informellen Gespräch erfuhr sie von der Tätigkeit der Stiftung »Den Kindern von Tschernobyl«, deren Arbeit sie schon bald auch ganz persönlich und gern unterstützte. Einige Monate später durfte Tatjana ihre erste Kindergruppe nach Norddeutschland begleiten, und in den darauf folgenden fünf Jahren machte sie es dann immer wieder.

Einmal wurde sie im Jahre 1994 auf Vorschlag des Vorstands der Stiftung von GENNADIJ GRUSCHEWOJ angesprochen, um die Koordination des Programms der Kinderferienerholung in Volkersdorf zu übernehmen. Dieses verantwortungsvolle deutsche Projekt lud für einen monatlichen Erholungsaufenthalt Kinder aus Belarus über das ganze Jahr hindurch ein. Das Programm lief 17 lange Jahre, der Beginn datiert schon auf das Jahr

1991. In dieser Zeit kamen mehr als fünfzehntausend Kinder aus den von der Tschernobyl-Katastrophe betroffenen belarussischen Regionen zur Erholung nach Volkersdorf. Jeden Monat kam ins dortige Erholungsheim eine Gruppe mit 50 bis 120 Kindern, die verpflegt und versorgt werden mussten und die während der Schulzeit auch den Schulunterricht besuchten. Es kamen viele Ausflüge und auch der schon fast obligatorische Besuch in der Dresdner Gemäldegalerie dazu. Die Zusammenarbeit mit der Leitung des Erholungsheimes in Volkersdorf, insbesondere mit seinem Direktor, Herrn Born, war die zweite Etappe der Tätigkeit von Tatjana in der Stiftung »Den Kindern von Tschernobyl« e. V.

Volkersdorf muss leben!

Protest gegen die Schließung der Erholungsmaßnahmen
für die Kinder von Tschernobyl in Volkersdorf, 2008

Als dritte Etappe bezeichnet sie die Zusammenarbeit mit der Initiative in der Schweiz. Tatjana war schon zehnmal mit verschiedenen Kindergruppen in diesem gastfreundlichen Land bei der Initiative »Tschernobylhilfe – Hardwald«. Es ist ein Irrtum zu glauben, dass die Betreuung der Kinder eine Art Strandurlaub ist, denn der belarussische Betreuer muss immer für die Kinder da sein und zugleich mehrere Funktionen als Lehrer, Tagesmutter und Erzieher rund um die Uhr erfüllen. Da die Kinder,

Tatjana Schawel, Leiterin des Programms in Volkersdorf

der jeweiligen Gruppen, den Betreuern anfangs völlig unbekannt sind, ist es nicht immer leicht, einen vertrauensvollen Kontakt zu ihnen herzustellen. Die Verantwortung ist somit sehr groß.

Übrigens hat Tatjana eine Zwillingsschwester, sie heißt Ludmila, die viele Jahre in der von der Radioaktivität verseuchten Stadt Mosyr wohnte. Ihr Sohn Dmitrij Chalimon war einige Male zusammen mit anderen Kindern aus verstrahlten Gebieten im Ausland zur Ferienerholung. Während seiner Studentenzeit in Minsk an der medizinischen Hochschule beteiligte er sich sehr aktiv an der Arbeit des sozialen Jugendzentrums der Stiftung in Malinowka. Heute ist er Facharzt und leitet die Abteilung für urologische Krankheiten an einer belarussischen Klinik.

FAINA IWANOWA berichtete, wie sie jedes Mal sehr erschöpft von der Reise mit den Kindern heimkam und nach der Rückkehr bestimmt 24 Stunden am Stück geschlafen hat. Sie kam zur Stiftung als eine der ersten Freiwilligen. Sie kannte IRINA GRUSCHEWAJA noch von ihrer Studienzeit – die beiden teilten das Zimmer im Minsker Studentenwohnheim der Hochschule für Fremdsprachen, wo sie beide studierten.

v. r. n. l. Faina Iwanowa, Ludmila Maruschkewitsch auf dem Tschernobyl-Fussmarsch mit Ursula Timm aus Rostock (zweite von links) und anderen Engagierten in Minsk, 26. 04. 2001
Auf den Transparenten Ortsnamen mit Verseuchung in Curie pro km²
»... wie viele Jahre bleiben uns zum Leben...«

Im Frühjahr 1991, ein Jahr nach der offiziellen Registrierung der Stiftung »Den Kindern von Tschernobyl« e. V., schlug ihr Irina Gruschewaja vor, sich der Tätigkeit der Stiftung anzuschließen. Zunächst übernahm Faina den Telefondienst. Dann wurde sie im Sommer jenes Jahres mit der Betreuung ihrer ersten Kindergruppe beauftragt. Danach betreute sie noch viele Kinder auf ihren Reisen nach Deutschland.

Vielen Kindern konnte man in ihrer Heimat medizinisch leider nicht helfen, aber in Westeuropa wurde eine Genesung doch oft möglich gemacht. Ein gutes Beispiel dafür ist Swetlana Gordiewitsch, das Mädchen, das tatsächlich nicht laufen konnte. Sie war auf einen Rollstuhl angewiesen. In

10 Freiwillige und Engagierte der Stiftung

Deutschland behandelte man zuerst mit Hippotherapie, einer Form des therapeutischen Reitens. Diese Therapie war damals in Belarus noch nicht bekannt. Dank der Pflege und Kommunikation mit Pferden kann eine Verbesserung im Krankheitsverlauf eintreten. Bei Swetlana zeigte sich das sehr deutlich. Das Mädchen wurde zudem nochmals gründlich untersucht, und die deutschen Ärzte schlugen daraufhin eine Operation vor. Ihre Mutter stimmte zu, und Swetlana wurde erfolgreich operiert. Danach lebte sie lange bei ROSA SCHADER, die nach einer Zusatzausbildung Swetlana medizinisch notwendige Massagen geben konnte. Leider starb Rosa nach einiger Zeit an Krebs.

Swetlana bekam noch eine Operation und danach kam erneut die Rehabilitation. Als die böse Krankheit besiegt war und die Heilung eintrat, konnte Swetlana schon wieder selbständig laufen. Später beendete sie die Medizinische Hochschule in Grodno, heiratete und brachte eine gesunde Tochter zur Welt. Sie verdankt alles der Behandlung in Deutschland. In ihrem Herzen behielt sie eine tiefe Dankbarkeit FAINA IWANOWA gegenüber, auch der Stiftung und der deutschen Initiative, durch die die Behandlung überhaupt erst ermöglicht worden war.

Die Zeit verging. Die Tschernobylkinder wurden zu Jugendlichen. Im Jahre 1999 beschloss ANGELA GESSLER von den Kinderreisen auf andere Projekte der Stiftung umzusteigen. Sie wollte in Zukunft gern Jugendprojekte betreuen. Das erste Mal fand die »Zukunftswerkstatt«, deren Kern Treffen deutscher und belarussischer Jugendlicher war, im Jahr 2000 im Haus der Literaten bei Minsk statt. Ein Jahr später wurde Angela auch in der Hauptstadt Minsk als Gast des Jugendfestivals »Hukannje Wjasny« (»Ruf nach dem Frühling«) begrüßt.

Zum Festival kamen Vertreter zahlreicher Partnerinitiativen aus dem Ausland. Die belarussischen Jugendlichen boten ein großes Programm an, in dem sie auch die Besonderheiten ihrer Gastländer, die sie als Kinder besuchen durften, auf der Bühne künstlerisch präsentierten. So verwandelten sich die jungen Künstler in Vertreter vieler Nationalitäten: Deutsche, Ös-

Faina Iwanowa (rechts) und Ludmila Maruschkewitsch erzählen über die Projekte der Stiftung

terreicher, Schotten, Engländer, Norweger, Schweizer, Kanadier, Italiener, Polen und Tschechen. Die Jugendlichen aus Buda-Koschelewo stellten die Traditionen der Sorben, einer kleinen nationalen Minderheit im östlichen Teil Deutschlands, in den Bundesländern Brandenburg und Sachsen beheimatet, vor, wo seit 1990 jährlich die Kinderferienerholung unter der Leitung von GEORG TIETZEN von zwölf deutschen Initiativen organisiert und getragen wurde. Besonders rührend fanden die Gäste die Auftritte ihrer jungen belarussischen Gastgeber, wenn sie sie in der jeweiligen Landessprache der Gastländer gestalteten.

Auch in dieser Zeit arbeiteten Faina und ihre Kollegin WALENTINA ANTONENKO als Freiwillige im Projekt »Beratungsstelle für Mädchen und Frauen«. Irina Gruschewaja war die Gründerin und Leiterin dieses Projektes. Es war gegen den Menschenhandel und häusliche Gewalt gegen Frauen

10 Freiwillige und Engagierte der Stiftung

»Hukannje Wjasny (Ruf nach dem Frühling)«, Minsk, 2001

gerichtet. Die Beratungsstelle beschäftigte sich vor allem mit Präventionsarbeit für Frauen, die vorhatten, ins Ausland zu gehen, um dort einen Job zu finden oder als Au-Pair Kinder zu betreuen. Faina und Walentina betreuten die jungen Frauen, die sich als Au-Pair in Deutschland beworben hatten. Sie führten Workshops, Seminare, Beratungen mit Gruppen und Einzelgespräche durch. Die Nachfrage unter Frauen, ihr Interesse, ein fremdes Land und seine Sprache kennen zu lernen, war groß.

Diese wichtige Arbeit hatte zum Ziel, in erster Linie, jungen Frauen Hilfe zu leisten, die schon als Kinder im Ausland zur Erholung gewesen waren und bisher nur die freundliche Seite des Westens kannten. Sie waren quasi »ungeimpft« gegen das Böse, das hier und da lauerte. Denn mit der Öffnung der Grenzen verbreitete sich die organisierte internationale Kriminalität in ganz Europa. Der Frauenhandel nahm ungeheure Ausmaße an. Deshalb war es besonders wichtig, die ehemaligen Kinder von Tschernobyl vor falschen Einladungen und scheinbar lukrativen Angeboten der vermeintlichen Jobvermittler zu warnen, damit sie nicht leichte Beute für Menschenhändler wurden. Später wurde das Projekt gegen Menschenhandel vom Staat übernommen, und ziemlich schnell wurden die unliebsamen NGOs zu dieser Arbeit nicht mehr zugelassen.

Mit Beginn der 2000er Jahre stießen diejenigen, die sich mit den Erholungsreisen der kranken Kinder aus den verseuchten Regionen ins Ausland beschäftigten, auf neue Regelungen. Für die Organisation der Kinderferienerholung der Kranken benötigten alle Organisationen eine entsprechende Genehmigung des Gesundheitsministeriums, die man extra beantragen musste, zusätzlich zu den schon in Fülle vorhandenen.

Irina Gruschewaja und Walentina Antonenko in der Beratungsstelle für Frauen in Malinowka, 2004 Aktion »Sag' nein zur Gewalt«

Und LUDMILA MARUSCHKEWITSCH, von der ich jetzt erzählen möchte, bekam es am meisten zu spüren, denn sie leitete in der Stiftung »Den Kindern von Tschernobyl« e. V. ein einzigartiges Programm: das Programm »Leben mit Diabetes«, das sehr vielen Kranken eine bessere Lebensqualität ermöglichen konnte. In diesem Projekt engagierten sich belarussische Ärzte und Eltern der an Diabetes erkrankten Kin-

10 Freiwillige und Engagierte der Stiftung

v. l. n. r. Christina Zickler, Ludmila Maruschkewitsch und Georg Tietzen
BAG »Den Kindern von Tschernobyl«, Kassel, 2008

der und auch ausländische Projektpartner, vor allem aus Großbritannien und Deutschland.

Die Chefärztin für Endokrinologie in Belarus KLAUDIA RADJUK und die Allergologin WALENTINA BULAJ konsultierten die Eltern zweimal in der Woche direkt in den Räumlichkeiten der Stiftung. Alle Bedürftigen kannten ja damals die Adresse in der Starowilenskaja Straße, Nr. 14. Die Hoffnung auf Hilfe war sehr groß, denn man wusste: Wenn man hier nicht helfen kann, dann kann man gar keine Hilfe erwarten, die gab es dann nirgends.

In Zusammenarbeit mit der Leitung der Stiftung und den deutschen Gleichgesinnten DR. LANG und Pastor WERNER LINDEMANN, organisierten die Programmkoordinatoren DANUTA BORTNIK, VIKTOR BALAKIREW, JURIJ PANKRATZ und MARINA DISHA die erste medizinische Konfe-

Projekt Diabetesschule. Die Kinder freuen sich über die Teststreifen zur Blutzuckerbestimmung.

renz mit dem Schwerpunktthema Diabetes. Sie fand 1992 in großen Räumlichkeiten der Gesellschaft für Freundschaft mit ausländischen Ländern in Minsk statt. Damit bekam das Programm der Stiftung eine wissenschaftliche Basis. Die erste Schule »Leben mit Diabetes« wurde in der Kinderpoliklinik Nr. 3 in Minsk unter der Leitung von DR. DMITRIJ TSCHESNOW eröffnet.

Aber der freudige Optimismus hielt nicht lange an, obwohl die ersten Samen gesellschaftlicher Zusammenarbeit zwischen staatlichen Strukturen und engagierten Bürgern sehr erfolgreich keimten. Seit Ende 1994 durfte die Kinderpoliklinik das Projekt einer Nichtregierungsorganisation nicht mehr beheimaten. Die Stiftung suchte nach einer anderen Form der Hilfestellung für die kranken Kinder. So entstand das Projekt »Die Schule des Lebens mit Diabetes«, die in den Ferien für die Betroffenen in Sanatori-

10 Freiwillige und Engagierte der Stiftung

Projekt Diabetesschule: Im Schwimmbad planschen gehört auch zum Programm

en und Erholungsheimen in Belarus stattfand. Eine Woche lang lernten die kleinen Patienten unter der Leitung eines fachlich ausgebildeten hochprofessionellen medizinischen Teams, das LUDMILA MARUSCHKEWITSCH zusammenbrachte, den richtigen Umgang mit der Zuckerkrankheit und der Bluttestkontrolle. Dieses Programm, wie auch alle anderen in der Stiftung, wurde ausschließlich durch Spenden finanziert.

Die niedersächsische Stiftung »Den Kindern von Tschernobyl« e. V., zu der PROF. DR. HELGE SCHENK, GÜNTHER WEERS, WOLFGANG KOPF, URSEL STEUERNAGEL gehörten und deren Vorsitzende Frau HILTRUD SCHRÖDER war, die damalige Gattin des damaligen Ministerpräsidenten von Niedersachen, GERHARD SCHRÖDER, unterstützten als erste dieses Programm. Auch der spätere Vorsitzende Prof. Dr. HAYO ECKEL, wie auch seine Nachfolger, sorgten dafür, dass ein Teil der Maßnahmen immer weiter finanziert wurde. Auch jetzt noch besteht diese Verbindung.

Ähnliche Veranstaltungen wurden auch mit anderen deutschen Initiativen organisiert, die URSULA TIMM, GEORG TIETZEN und ANGELA GESSLER leiteten. Die Kinder verbrachten vier Wochen in Deutschland. Die Erholung war mit entsprechenden Schulungen gekoppelt und hatte einen nachhaltigen Effekt.

Nun ist die Erholung für Kinder mit Diabetes komplett unter der Kontrolle und auch Willkür der Behörden, was dem Sinn und Inhalt der Arbeit mit Betroffenen nicht entsprechen kann. Zu diesem Zeitpunkt wurden Kindergruppen mit an Diabetes erkrankten Kindern nach Norddeutschland und Großbritannien eingeladen. Aber es blieb nur bei den Reisen, ein richtiges Projekt wurde es zunächst nicht. GENNADIJ GRUSCHEWOJ beauftragte LUDMILA MARUSCHKEWITSCH, in Erfahrung zu bringen, wo Möglichkeiten der Entwicklung des Projektes liegen könnten.

Ungeachtet der Tatsache, dass Ludmila selbst seit 25 Jahren an Diabetes erkrankt ist, bekam sie in Großbritannien einen regelrechten Schock – sie war positiv überrascht. Es stellte sich heraus, dass man in der damaligen Sowjetunion kaum etwas von der Zuckerkrankheit wusste, insbesondere die richtigen Umgangsformen mit Diabetes kannte man nicht. Das Verfahren mit der Zuckerkrankheit umzugehen, das seit Jahrzehnten in Westeuropa verwendet wurde, war um vieles effektiver.

Ludmila meinte dazu, es sei so unterschiedlich, als ob man ein Pferd mit einem Auto vergleichen würde. Wir werden hier nicht ins Detail gehen, denn nur Fachleute und Betroffene wissen wirklich wovon die Rede ist. Das Wesentliche ist, dass das Programm »Leben mit Diabetes« seit 1992 mehr als tausend Teilnehmer zählen durfte, es funktioniert auch bis heute und hat einen sehr nachhaltigen Effekt.

Bekanntlich wurde die Stiftung »Den Kindern von Tschernobyl« e. V. juristisch im Februar 2015 geschlossen. Ihre eigentliche Tätigkeit musste sie schon im März 2014 einstellen. Die neu gegründete Organisation, die an

10 Freiwillige und Engagierte der Stiftung

Ludmila Maruschkewitsch, Olga Daschkewitsch und Irina Pobjashina

ihre Stelle trat, heißt »Freude den Kindern« mit OLGA DASCHKEWITSCH und IRINA POBJAZHINA an der Spitze. Sie kamen im Jahre 1996 zur Stiftung und fanden dort ihre ersten Arbeitsplätze. Olga wurde über eine Stellenanzeige in der Zeitung auf die Stiftung aufmerksam, und Irina kam auf Empfehlung von Frau GRUSCHEWAJA, ihrer Hochschuldozentin, bei der sie zwei Jahre an der Universität studierte, zur Stiftung.

Der neue Arbeitsplatz wurde zu einer Herausforderung für die beiden, denn zu jener Zeit geschah die erste und fast die schwerste Angriffsaktion gegen die Stiftung »Den Kindern von Tschernobyl« durch das Regime. Die beiden neuen Mitarbeiterinnen, Olga und Irina, erlebten daher gleich zu Anfang ihrer Berufstätigkeit schwere Zeiten. Es wurden neue bürokratische Hürden bei der Vorbereitung der Kinderreisen errichtet, in Form von zahlreichen Nachweisen und unnötigen Bescheinigungen, die man in vielfacher Ausfertigung vorbereiten musste. Es wurde alles strengstens kontrolliert seitens der staatlichen Behörden. Die Arbeitsbedingungen waren schwierig. Als einzige Kommunikationstechnik stand ein altes Faxgerät zur Verfügung. Ein PC mit Internetzugang und E-Mail-Programm konnte erst wesentlich später eingesetzt werden. Es war definitiv eine schwere, aber dankbare Arbeit. Die beiden Kolleginnen leisteten ihren Beitrag dazu, auch oft mit vielen Überstunden.

Im Jahr 2014 wurde klar, dass die Stiftung als juristische Person geschlossen werden musste. GENNADIJ GRUSCHEWOJ und der Vorstand, der fast nie mehr zusammenkam, denn viele Mitglieder des Leitungsgremiums der NGO waren gestorben oder an verschieden Krankheiten erkrankt, meinten, dass die Mission dieser Organisation erfolgreich abgeschlossen sei. Die Kontakte sollten bestehen bleiben, die Zusammenarbeit auch.

Man muss in diesem Zusammenhang wissen, dass die Stiftung de facto aus zwei Teilen bestand: Nämlich einem gesellschaftspolitischen und einem technisch-organisatorischen. Der Letztere befasste sich vor allem mit den technischen Fragen der Zusammenarbeit mit ausländischen Initiativen, die unsere Tschernobyl-Kinder zur Erholung einluden. Offen gestanden, brauchten die meisten nur noch diese technische Hilfe, alles andere wurde direkt mit den örtlichen Partnern organisiert. Bei der vollständigen Schließung der Stiftung wäre es nicht mehr möglich gewesen, diese technische Hilfe zu leisten. Darum beschloss GENNADIJ GRUSCHEWOJ, um die technische Hilfe weiterhin erweisen zu können, die Stiftung erst nach der vollendeten Registrierung der neuen Organisation zu schließen. Ohne große politische Ziele zu verfolgen, wie einst die Stiftung, würde die neue Organisation die gewöhnliche Büroarbeit übernehmen und die Initiativen bei ihren Einladungen unterstützen. Es dauerte fast ein Jahr. Und erst danach, als das Justizministerium im dritten Durchgang endlich der neuen Organisation »Freude den Kindern« grünes Licht gegeben hatte, begann die juristische Auflösung der Stiftung »Den Kindern von Tschernobyl«. Würdig? Zweifellos!

Der Name der neugegründeten Organisation wirft vielleicht bei einigen Fragen bezüglich der Ziele unserer Organisation auf, aber der neue Name ist allein den Besonderheiten der belarussischen Realität geschuldet. Tatsächlich reagieren noch heute einige einheimische Beamte im Justizministerium beinahe allergisch auf bestimmte Worte und Wendungen. Der allerschlimmste Wirkstoff der allergischen Reaktionen ist die Tragödie von Tschernobyl und deren jegliche Erwähnung. Aber man hört mittlerweile auch aus dem Ausland, dass es dort einige Versuche gegeben hat, den Namen einiger Organisationen zu verändern, was sehr verwunderlich ist. Man möchte fragen: »Werden die Bedingungen, das Wort Tschernobyl im Namen des Vereins nicht zu gebrauchen, auch dort vom belarussischen Justizministerium diktiert?«

Wie es zu erwarten war, verschwand der gesellschaftlich politische Faktor in der Arbeit der neuen Struktur. Man muss OLGA DASCHKEWITSCH und IRINA POBJAZHINA Recht geben, dass die Organisation »Freude den Kindern« nun für technische Zusammenarbeit steht und keine zu hohen Ansprüche stellt, jedenfalls keine, wie sie die Stiftung »Den Kindern von Tschernobyl« e. V. hatte. Auch die Zahlen schrumpften, aber immerhin verdient es Respekt, dass jährlich rund 700 belarussische Kinder zur Ferienerholung ins Ausland fahren können. Das sind eben Kinder aus betroffenen Regionen, in denen langjährige Partnerschaften bestehen, und die Initiativen entscheiden, wer mit einer Gruppe reisen darf.

Man muss auch das schon erwähnte Programm »Leben mit Diabetes« würdigen, das unter dem Dach der neuen Organisation ausgebaut und um das Projekt »Kinder und Eltern« ergänzt wurde, indem man die an Diabetes leidenden Kinder im Alter bis 10 Jahre in die »Diabetes-Schule« zusammen mit den Eltern einlud.

Die neue Leitung der Organisation »Freude den Kindern« ist ihren Vorgängern, IRINA und GENNADIJ GRUSCHEWOJ als Leitern der Stiftung

»Den Kindern von Tschernobyl« e. V. zutiefst dankbar für die Möglichkeit, bei ihnen gelernt zu haben. Sie sprechen nach wie vor mit Hochachtung von ihrem alten Vorstand. Leider ist es nicht überall so selbstverständlich und in Belarus nicht immer die Regel, dass sich die Nachfolger positiv an die Zeiten vor ihnen erinnern. Wohlgemerkt, die Situation ist heute ganz anders als vor dreißig Jahren. Es wäre übertrieben zu sagen, dass die Tätigkeit dasselbe Ausmaß erreichen sollte.

Aber einige Projekte, die ihren Ursprung noch in der Tätigkeit der Stiftung »Den Kindern von Tschernobyl« e. V. hatten, werden bis zum heutigen Tag fortgeführt: Zum Beispiel das Jugendfestival, die Arbeit des Jugendzentrums in Mogilew, wo man kostenlos zum Englischunterricht gehen oder seinem Hobby in einer Freizeitgruppe nachgehen kann. Auch die Projekte mit dem Schwerpunkt Umwelt in Luninez und in Baranowitschi sind erwähnenswert.

Es lohnt sich auch gesondert von dem im Jahre 1999 begonnenen Projekt »Wochenendklub« für ältere Menschen zu berichten, dessen Tradition auch heute noch unter Federführung von OLGA ZYVUN gepflegt und fortgesetzt wird. Zusammen mit ihrer Mutter NATALJA kam sie als Freiwillige zur Stiftung »Den Kindern von Tschernobyl« schon Mitte der Neunziger Jahre. Bereits 1999 wurde sie zur Programmkoordinatorin für Projekte im Bereich der Freizeitgestaltung für ältere alleinstehende vereinsamte Menschen und Rentner, die als Umsiedler aus den von der Katastrophe in Tschernobyl verstrahlten Gebieten nach Minsk, in den Bezirk Malinowka, kamen.

Der Grundgedanke war, das Leben der älteren Menschen mit interessanten Erlebnissen und Ereignissen zu gestalten und ihnen zugleich eine bessere Kommunikation untereinander zu ermöglichen. Heute ist es schwer vorstellbar, aber damals hielt man im Büro der Bezirksverwaltung nicht viel von Datenschutz, denn es gab in Belarus kein Datenschutzgesetz. Die Antragsteller – Vertreterinnen der Stiftung – erhielten die gewünschten Listen der Minsker Einwohner, die alleine lebten.

10 Freiwillige und Engagierte der Stiftung

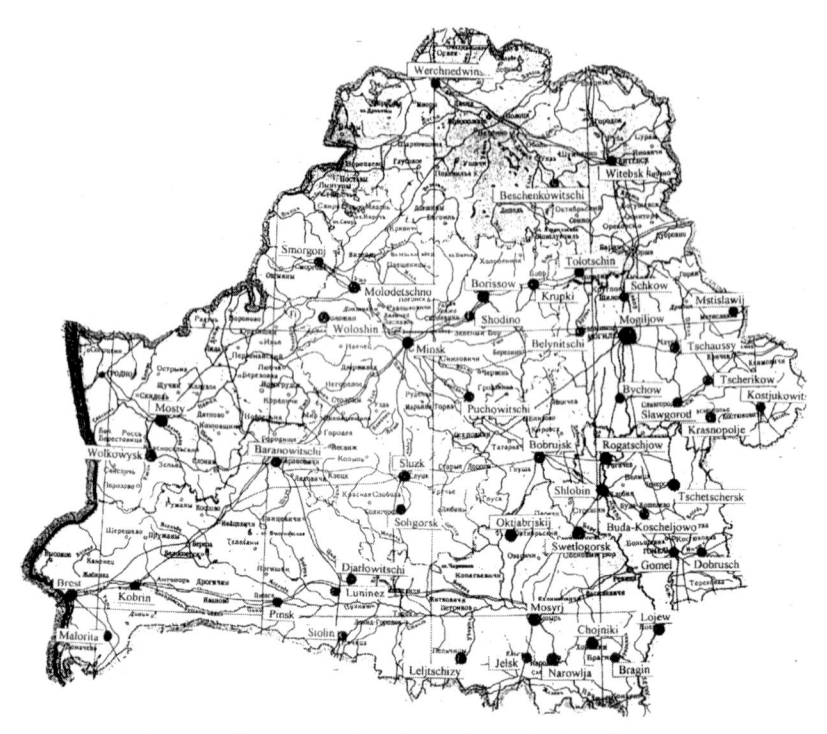

Netzwerk Stiftungsgruppen in Belarus, Jahresbericht der Stiftung 1999

Bald bekam der neue Klub den Namen »Generationenbrücke« und begann seine Arbeit. Der Name ist einfach der Tatsache zu verdanken, dass die Treffen für die neuen Einwohner der Stadt Minsk im ehrenvollen Alter in den Räumlichkeiten der »Zukunftswerkstatt« stattfanden. Die Zukunftswerkstatt war das örtliche soziale Jugendzentrum der Stiftung »Den Kindern von Tschernobyl« e. V. Dieses veranstaltete Treffen und organisierte Veranstaltungen für junge engagierte Menschen. Sie entwickelten Projekte und die Arbeit hatte einen nachhaltigen Effekt.

Netzwerk Jugendzentren in Belarus, Jahresbericht der Stiftung 1999
ungefüllte Kreise: Standorte der drei Beratungsstellen für Mädchen und Frauen

Die Zahl der älteren Klubmitglieder betrug fünfzig Personen, die in zwei Gruppen zu je fünfundzwanzig Menschen eingeteilt wurden. Danach wuchsen diese beiden Gruppen wegen der Mund-zu-Mund-Propaganda von selbst weiter.

Wegen der begrenzten Raumsituation konnte jedoch kein unbegrenzter Zuwachs der Mitgliedschaft zugelassen werden. Die Gäste kamen jeden Samstag in den Klub. Junge Menschen – Engagierte und Praktikanten, Studierende des Instituts des Modernen Wissens, bei dem GENNADIJ GRUSCHEWOJ bis 2001 als Prorektor tätig war – kümmerten sich um die Klub-

10 Freiwillige und Engagierte der Stiftung

mitglieder. Sie organisierten zusammen mit dem Leiter des Klubs, SERGEJ KRUTSCHININ, verschiedene Diskussionsveranstaltungen, über Gesundheitspflege im hohen Alter, juristische Konsultationen und gestalteten zusammen themenbezogene Wandposter.

Lebensgeschichten, gemeinsame Mittagessen und festliche Essen zum Anlass einer Feier mit einem Glas Sekt und selbst gekochten Speisen, Geschenke und Gesellschaftsspiele, Tanz und Gesang brachten junge und ältere Menschen zusammen. Mit dem Bus der Stiftung unternahmen sie zusammen Fahrten an den See, in den Wald, machten Picknicks, einen Ausflug nach Nesvizh oder zum Kloster in Zhirowitschi. Auch ging die Gruppe oft ins Theater und in verschiedene Museen.

Kaum zu glauben, dass diese Freizeitaktivitäten jemand störten, aber man muss der Wahrheit ins Auge sehen, denn es war leider so. Es bleibt eine ungeschminkte Tatsache. Die Staatsmacht war neidisch. Sie hatte wohl den Gedanken, dass die Wohltätigkeit nur durch den Staat geleistet werden darf, denn nur so konnte die Staatsmacht sich als Sozialstaat darstellen. Man kündigte ziemlich schnell der Organisation den Mietvertrag. Somit standen dem Sozialzentrum keine Räume mehr zur Verfügung. Eine Zeit lang hatte man für die Treffen einen Raum in einer Schule zur Verfügung, aber es war nicht jedes Mal möglich. Die Treffen und Veranstaltungen fanden daher immer seltener statt. Der Anlass für Treffen waren von nun an größtenteils Feste »für alle« oder ganz speziell organisierte Veranstaltungen, wie das Neujahrsfest oder der Tag der älteren Menschen. Man reservierte Plätze in dem einen oder anderen Café und bekam aufgrund der Zusammenarbeit mit älteren Menschen eine gute Preisermäßigung dazu. Heute ist die Gruppe sehr übersichtlich geworden, aber sie trifft sich immer wieder, um gemeinsam ins Theater zu gehen oder zusammen zu feiern.

Den Sinn und Zweck der Freiwilligenarbeit muss man heute niemandem erklären, denn alle wissen, was es bedeutet, für andere da zu sein. Aber leider sind nicht alle imstande, diese ehrenamtliche Tätigkeit als Teil des eigenen Lebens zu sehen und diese Realität auch zu leben. Meiner Meinung nach sind die besten Eigenschaften der Menschen, die in der Stiftung »Den Kindern von Tschernobyl« e. V. tätig waren, dass sie in anderen Menschen einen Funken Hoffnung entzündeten und einen Garten bearbeiteten, in dem immer mehr Pflanzen wuchsen und gediehen. Die ehrenamtliche Arbeit beinhaltet auch eine selbstverständliche hingebungsvolle Hilfe für die Anderen.

MARINA KASAKOWA aus Minsk kam zur Stiftung »Den Kindern von Tschernobyl« e. V. im Frühjahr 1991 auf Empfehlung einer mit ihr befreundeten Kollegin, mit der sie zusammen an dem Institut für Kultur, nach ihrem Studium an der Hochschule für Fremdsprachen, Studenten in Englisch und teilweise auch in Deutsch unterrichtete. Sie war von dem Ehrenamt überzeugt, und innerhalb der ersten drei Monate kam sie jeden Sonntag, wie viele andere auch, und übernahm für vier Stunden den Telefondienst. Dann nahm sie auch Urlaub an ihrem Arbeitsplatz im Institut und betreute eine Kindergruppe aus Krasnopolje auf deren Erholungsreise nach Deutschland. Später half Marina sehr aktiv bei der Vorbereitung des ersten Tschernobyl-Kongresses. Nach der erfolgreich durchgeführten Veranstaltung wurde sie eingeladen, als stellvertretende Büroleiterin bei der Stiftung hauptamtlich zu arbeiten. Sie übernahm diese Stelle, indem sie von 1992 bis 1995 die gesamte Arbeit mit dem bürokratischen Aufwand koordinierte und zum Teil auch selbst erledigte. Danach wurde sie wieder zur Freiwilligen, und im Jahre 1997 unterstützte Marina fast neun Monate lang die Arbeit des IC COC[5] in Münster an der Seite von BURKHARD HOMEYER.

In jener Zeit wohnte sie in einem kleinen Zimmer im Studentenwohnheim, nicht größer als zwei mal drei Meter, das etwas später zur Exilunterkunft des Ehepaars Gruschewoj wurde, als Irina und Gennadij wegen politischer Verfolgungen ihre Heimat verlassen mussten. Das war also die »Vil-

---

[5] IC COC – International Council for the Future of the Children of Chernobyl, dt. Internationaler Rat für die Zukunft der Kinder von Tschernobyl

10 Freiwillige und Engagierte der Stiftung

la«, von der die belarussische Presse und auch die deutschen Widersacher der Gruschewojs so farbig berichteten. MARINA KASAKOWA beschäftigte sich auch mit Projekten für Frauen, die unter der Schirmherrschaft des Ökumenischen Forums christlicher Frauen Europas durchgeführt wurden. Es waren unter anderem Projekte gegen alle Formen der Sklaverei und Gewalt an Frauen. Die hoch gepriesene angeblich sozial ausgerichtete Politik Belarus' fokussierte erst zehn Jahre später ihre Aufmerksamkeit auf diese Probleme.

1998 wurden die ersten UNO-Konferenzen zu Problemen der Flüchtlinge organisiert. Und zum ersten Mal in der Geschichte wurden zum Dialog auch Vertreter der Nichtregierungsorganisationen zusammen mit den Staatsvertretern eingeladen. Die Minsker UNO-Vertretung schlug der Stiftung »Den Kindern von Tschernobyl« e. V. vor, auch an diesen Konferenzen teilzunehmen, denn ein Schwerpunktthema in der Tätigkeit der Stiftung war unter anderem auch die Arbeit mit Umsiedlern aus den Regionen der Tschernobyl-Katastrophe, den so genannten ökologischen Flüchtlingen. Dank ihrer perfekten Englisch-Kenntnisse wurde MARINA KASAKOWA für fünf Jahre zur Vertreterin der Stiftung bei den UN-Konferenzen. Heute unterrichtet Marina Englisch für belarussische Flugzeugpiloten. Sie unterstützt ebenfalls den Kontakt zu ihren ehemaligen Kollegen in der Stiftung und hilft immer noch bei Projekten der Stiftung »Den Kindern von Tschernobyl« e. V., selbstverständlich als Freiwillige.

Marina Kasakowa

Der Weg von GALINA KOWALTSCHUK zur Stiftung begann, wie bei TATJANA SCHAWEL im Ausstellungskomplex BELEXPO im Jahre 1991 auf Einladung von EVA UND WLADIMIR GALYNSKIJ, die zur Gründung der Stiftung beigetragen und die ersten Schritte sehr aktiv mitgestaltet haben, wie auch JURIJ PANKRATZ, der später als Professor an einer Universität in Kanada unterrichtete. Galina wurde in Brjanskij Gebiet in der Russischen Föderation geboren und kam erst nach ihrer Heirat 1969 nach Belarus. In der Stiftung schlug man ihr vor, in enger Abstimmung mit der stellvertretenden Leitung ehrenamtlich zu arbeiten. Damals wurde das Büro von SINAIDA SALUZKAJA geleitet.

v. l. n. r. Sinaida Saluzkaja (Büroleiterin), Irina Gruschewaja und Eva Golynskaja (Vorstandsmitglieder), Minsk, 1992

Wenn jemand auf den Gedanken kommt, die Stiftung habe enorm große Räume zur Verfügung gehabt, so irrt er. Denn es war nur ein kleines Zimmer mit einem Schreibtisch, einem Faxgerät und einem riesigen Stapel von Schreiben, die alle dringend beantwortet werden sollten. Diesen Raum im Troizkoje-Vorstadt, in der berühmten Starowilenskaja Straße, benutzte die Stiftung »Den Kindern von Tschernobyl« e. V. von 1990 bis 2006. Oft wurde bis Mitternacht gearbeitet, manchmal auch länger. Der Platzmangel zwang die Freiwilligen oft dazu, bei der enormen Belastung in der Vorbereitung der Gruppenreisen der Kinder zur Ferienerholung ins Ausland die Arbeitstische im Sommer draußen im Freien aufzustellen.

Die Gruppe Kressiwa mit der Moderatorin Galina Kowaltschuk (sitzend), links von ihr der künstlerische Leiter Anatolij Kasak

Nach einigen Monaten kündigte die Büroleiterin der Stiftung SINAIDA SALUZKAJA. GENNADIJ GRUSCHEWOJ schlug GALINA KOWALTSCHUK vor, diese Stelle zu übernehmen. Es war keine leichte Aufgabe, aber die Menschen, die sich gerade von der schweren ideologischen Belastung der zerfallenen Sowjetunion befreit hatten, waren sehr euphorisch gestimmt und wurden jeder Aufgabe gerecht. Diese Euphorie kam von dem Gefühl der Freiheit, die man gerade erst kennengelernt hatte. Es war eine erfüllte Zeit für Galina. Ich möchte ganz besonders ihre Zusammenarbeit mit der Folkloregruppe »Kressiwa« hervorheben, die im Jahre 1993 begann, mehrere Jahre

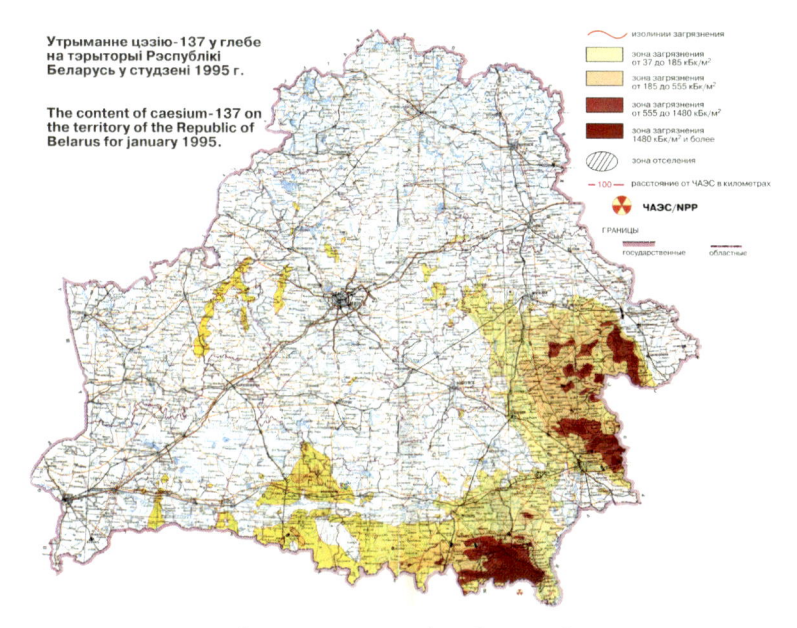

Verteilung von Caesium 137 über Belarus, Stand 1995

dauerte und dann nach einer kurzen Pause 2013 erneut aufgenommen wurde.

IRINA GRUSCHEWAJA sprach mit ANATOLIJ KASAK, dem Leiter der Volksmusikgruppe, und bald darauf wurde die Gruppe schon zur Botschafterin der Stiftung »Den Kindern von Tschernobyl« e. V. Durch ihre ganz besondere Art und Weise belarussische Volkslieder und Musik als ihr erstes Argument präsentierte, dass es ein Land namens Belarus gibt, welches die schweren Folgen der Tschernobyl-Katastrophe nicht allein bekämpfen kann. Die westeuropäischen Gastgeber sammelten Spenden für Hilfsaktionen für belarussische Kinder. Diese Hilfsaktion mit »Kressiwa« fand in Deutschland statt, wo die Gruppe Konzerte gab, aber auch zweimal in den USA, in Österreich und in den Niederlanden, in der Schweiz und in Luxemburg. Trotz der Tatsache, dass das Publikum kein Belarussisch verstand,

10 Freiwillige und Engagierte der Stiftung

die Sprache in der alle Lieder gesungen werden, mochten alle diese Gruppe, weil – wie ein Deutscher sagte – diese Lieder die Seele des belarussischen Volkes widerspiegeln.

Es ist somit kein Zufall, dass die Gruppe »Kressiwa« beim Anlegen des Gartens der Hoffnung in Minsk an jedem Baum ein ganz besonderes Lied gesungen hatte. Die Gruppe schenkte jedem der gepflanzten Bäume sein eigenes Lied aus der Folklorekunst der mit Radioaktivität verseuchten Dörfer, die Anatolij Kasak selber besucht hatte. Deren Einwohner waren wegen der zu hohen Radioaktivität umgesiedelt worden. Heute gibt es diese Dörfer nicht mehr.

Die Jugend hat Heimweh nach der Zukunft.

Jean-Paul Sartre

Jugendfestival in Minsk, Minsker Teilnehmende, 2005

11 Ein Blick in die Zukunft

Zukunftswerkstatt – Rottweil

Wahrscheinlich habe ich ihren Namen am häufigsten unter allen anderen gehört. Und ich hatte sogar die Ehre, diese Frau persönlich kennen lernen zu dürfen – ANGELA GESSLER. Sie ist eine besondere Persönlichkeit.

Angela Gessler

Die Bürgerinitiative »Für die Welt ohne Atomkraft« wurde in Rottweil schon im Jahre 1986 gegründet. Kurz nach der Tschernobyl-Katastrophe. Warum? Weil die Eltern kleiner Kinder in Rottweil und deutschlandweit sofort nach dem Unglück in der ukrainischen Stadt Tschernobyl besorgt waren, wie es mit ihnen und ihren Familien weiter gehen möge, denn die Gefahr der Radioaktivität drohte nicht nur in Belarus, sondern überall im Fallout-Gebiet. Bedroht wurde ganz Europa.

In Rottweil kamen Menschen zusammen und begannen die entsprechenden Informationen zu sammeln. Sie traten gegen die Atomenergie auf, suchten auch nach alternativen Energiequellen. Jährlich fanden sogenannte Tage der Energiewirtschaft statt: In den Veranstaltungen traten die Vereinsmitglieder mit ihren Vorträgen auf, sprachen Menschen an, organisierten Kundgebungen. Sie erklärten, dass ihre Besorgnis einen wahren Grund ha-

11 Ein Blick in die Zukunft

be. Es war dabei sehr erfreulich, dass die lokalen Behörden den Verein »Für die Welt ohne Atomkraft« immer unterstützten, indem sie zum Beispiel, Räumlichkeiten für Veranstaltungen kostenfrei zur Verfügung stellten. Außerdem wurden viele Vorschläge der Bürgerinitiative in die lokale Agenda 21 Rottweil aufgenommen. Das ist für jeden Staat nicht leicht, aber für belarussische Verhältnisse in jeder Hinsicht unüblich.

Aus dem Lateinischen übersetzt heißt Agenda »was zu tun ist«. Die deutsche Initiative verstand darunter einen stufenweisen Ausstieg aus der atomaren Energie. Zur Information darf erwähnt werden, dass in Deutschland schon im März 2011 die ersten acht Atomkraftwerke stillgelegt wurden. Das war wenige Monate nach der Nuklear-Katastrophe von Fukushima. Die deutsche Bundesregierung ging damit die ersten großen Schritte zur Realisierung des Gesetzes über die Abschaffung der Atomenergie in Deutschland bis zum Jahr 2022.

Im Sommer 2015 wurde das in Deutschland älteste Atomkraftwerk in Grafenrheinfeld in Bayern vom Netz genommen. Zur Zeit (2015) sind in Deutschland noch acht Atomkraftwerke in Betrieb, aber bis 2022 müssen auch diese vom Netz gehen. In Belarus geschieht das Gegenteil: In Ostrowetz wird ein neues Atomkraftwerk gebaut. Das ist weit jenseits der Grenzen der Aufnahmemöglichkeit des normalen menschlichen Verstandes. Übrigens liefert meines Erachtens Deutschland die besten Erfahrungen für die Energiewende. Dabei könnte ein gewichtiges Argument im Streit mit Befürwortern der friedlichen Nutzung der Atomenergie nämlich dieses sein: Otto Normalverbraucher würde nie auf etwas verzichten, was nützlich und sicher ist. Aber 80 % der Deutschen fanden den Atomausstieg richtig.

Nun ein paar Worte über Rottweil. Die Stadt mit knapp 25 000 Einwohnern liegt im Südwesten Deutschlands, im Bundesland Baden-Württemberg. Im 1. Jahrhundert wurde eine Siedlung auf dem heutigen Stadtgebiet von Rottweil durch römische Legionäre gegründet. In späteren Kriegen wurde diese aber zerstört. Im 8. Jahrhundert beschloss einer der Fürsten auf den Ruinen römischer Bäder eine christliche Kirche zu bauen. Nach einer Legende fand man beim Bau der Kirche einen roten Ziegelstein, den man auch das »Rote Will« nannte. Daher kommt der Name der Stadt – Rottweil.

Zurück zu ANGELA GESSLER. Sie wurde in Südafrika geboren und verbrachte dort ihre Kindheit. Nach ihrer Rückkehr in Deutschland folgten die Schulzeit in Ravensburg, Studium und Heirat. Sie begann 1983 zu arbeiten, 1990 trat sie der Tschernobyl-Bewegung bei. Durch die Gesellschaft für Deutsch-Sowjetische Freundschaft, vertreten durch Frau Mayer-Lutz, wurden auf einen Schlag einhundert belarussische Kinder aus den durch die Folgen der Tschernobyl-Katastrophe betroffenen Gebieten nach Deutschland eingeladen. Sie kamen nach Deutschland mit einem speziellen Lufthansa-Flug. Die Teilnahme an diesem Flug musste sich die Flugbesatzung in einem Wettbewerb erstreiten! Die Kinder wurden, aufgeteilt in Gruppen von 10–12 Kindern, den kleinen örtlichen Initiativen in Baden-Württemberg zugeteilt.

Angela Gessler mit ihrem Ehemann Fritz

Die Vertreter der Initiative aus Rottweil fielen auf dem Flughafen deshalb auf, weil sie alle Luftballons mit der Aufschrift »Herzlich Willkommen!« in der Hand hatten. Das war damals, während der ersten Reisen, für alle Belarussen recht überraschend. Nicht zuletzt, wenn man die belarussischen Besonderheiten und die Angst, die von der offiziellen Seite suggeriert wurde, in Betracht zieht. Es wurde nämlich die Meinung verbreitet, sogar durch das Bildungsministerium, dass es gefährlich sei, mit der Stif-

11 Ein Blick in die Zukunft

tung »Den Kindern von Tschernobyl« e. V. die Kinder ins Ausland fahren zu lassen, da deren Mitglieder so genannte Informelle seien, denen man überhaupt keinen Glauben schenken dürfe. Es hieß auch, dass belarussische Kinder in den feindlichen imperialistischen Ländern als eine Art Versuchskaninchen missbraucht würden. Übrigens leitete der Urheber dieses Spruches später selbst einige Jahre lang das Programm der Kinderferienerholung im Ausland. Eine interessante Geschichte. Aber das ist schon wieder eine andere Episode.

Trotz Schauermärchen, die die offizielle Propaganda vermittelte, wurde die erste Reise ins Ausland mit dem Flugzeug für Kinder, die noch nie gereist waren, aus der Umgebung der Städtchen Wetka und Choiniki im Gebiet Gomel ein voller Erfolg. Stereotypen wurden abgebaut. Insbesondere in dem Moment, als die Bürgerinitiative von ANGELA GESSLER an die kleinen Belarussen bei ihrer Ankunft kleine Puppen überreichte.

Und seit jener Zeit werden belarussische Kinder von der Initiative eingeladen, und Angela kommt jedes Jahr nach Belarus. Sie arbeitet schon seit einem Vierteljahrhundert mit dem belarussischen Gebietszentrum Luninez und dem Dorf Djatlowitschi zusammen. Die Schwerpunkte in ihrem Engagement sieht ANGELA GESSLER nicht nur in der Ferienerholung für Tschernobylkinder. Eine prinzipielle Aufgabe lag für sie vor allem darin, dass Belarussen auch mitbekommen, wie die Bürgerinitiativen in Westeuropa funktionieren, wie dort die Bürgergesellschaft aufgebaut wird, was man sich in der EU unter europäischen Ideen und Werten, sowie Solidarität und sozialem Engagement vorstellt, was in Europa der Einfluss auf die bestehende Macht bedeutet und vieles andere mehr. Sie zeigte immer, wie die Verbindung der Bürgerinitiative und der Stadtverwaltung funktioniert, indem praktisch alle Tschernobylgruppen bei ihrem Aufenthalt in Rottweil im Rathaus eingeladen und dort persönlich vom Bürgermeister empfangen wurden. ANGELA GESSLER wollte auch im belarussischen Luninez diese Traditionen initiieren, als sie die Vertreter der Stadtverwaltung aus Rottweil nach Belarus brachte. Aber die Beamtenmentalität dort war dermaßen

Empfang im Rathaus Rottweil für belarussische Gäste und Mitglieder der
BAG »Den Kindern von Tschernobyl« e. V., 2011 In der Mitte Angela Geßler

unterschiedlich, dass es unmöglich war, vom offiziellen Protokoll abzuweichen. Es ist bekannt, dass die belarussischen Vertreter der staatlichen Macht den politischen Rahmen so gestalten, dass NGOs keinen Schritt selbständig nach vorn wagen können.

In den Ländern mit entwickelter Demokratie hat man eine andere Herangehensweise in Bezug auf Nicht-Regierungs-Organisationen (NRO[1] englisch: NGO). Deshalb waren die Gäste aus dem Westen nicht überzeugt, dass es mit staatlichen Strukturen in Belarus doch klappen würde. Sie setzten ihre Arbeit mit Selbsthilfegruppen, dem Frauenforum und anderen Organisationen fort, aber nicht mehr mit den offiziellen Behörden. Im Mittelpunkt standen diejenigen, die für ihr Engagement keine Erlaubnis von Bürokraten erwarteten. Die Erfahrung der Initiative aus Rottweil gefiel ihren

---
[1] Nicht-Regierungs-Organisationen

11 Ein Blick in die Zukunft

belarussischen Partnern – der gemeinnützigen Stiftung »Den Kindern von Tschernobyl« e. V.

Alles, was von den Behörden abgelehnt wurde, übernahmen diejenigen, die gelernt hatten, sich selbst zu helfen. Ein Beispiel dafür waren unter anderem die Seniorenklubs. Um es klar zu stellen: In Westeuropa funktionieren solche Klubs nicht nur anlässlich bestimmter Feiertage, sondern permanent. Es ist eine Art Kita, aber für ältere Menschen. Morgens werden sie von ihren erwachsenen Kindern in den Klub gebracht, wo man zusammen mit den Anderen etwas Interessantes unternimmt, und abends wird man abgeholt.

Natürlich ist es unter belarussischen Verhältnissen beinahe unmöglich, so ein Modell umzusetzen, aber die Stiftung »Den Kindern von Tschernobyl« e. V begann in dieser Richtung die ersten erfreulichen Schritte zu machen. Im Stadtteil von Minsk, wohin die Umsiedler aus den von der Tschernobyl-Katastrophe verseuchten Gebieten kamen, wurde ein soziales Jugendzentrum »Zukunftswerkstatt« gegründet. Da machte man ein soziales Projekt »Generationenbrücke«. Am Wochenende lud man bis zu 50 ältere Menschen ein und veranstaltete mit ihnen interessante Programme. Vom einfachen Kennenlernen bis zur gemeinsamen Erholung.

Die Herangehensweise in der Arbeit der deutschen Initiative aus Rottweil bestand darin, was man bei uns als Hilfe für Menschen mit Behinderung und soziale Inklusion bezeichnet. ANGELA GESSLER unterstützte die Kontakte zu verschiedenen Behinderten-Organisationen schon seit langer Zeit. Es zählt zu ihrem persönlichen Beitrag, dass den Menschen mit Behinderungen ein Aufenthalt in Rottweil ermöglicht wurde. Sie hatten dort nützliche Kontakte geknüpft und bekamen entsprechende konkrete Hilfe.

Besonders stolz ist man auf die Geschichte der Hilfe für Tatjana Kelich, deren Körper vollständig gelähmt war. Ihre Mutter Walentina kämpfte um ihre Gesundheit selbstlos und rettete sie oftmals vor dem Tod. Walentina war glücklich, dass sie Dank der Hilfe aus Rottweil ihre Tochter richtig unterstützen konnte. Es wurden einige Operationen durchgeführt, nach wel-

Angela und ihre Mitstreiter/innen gedenken 25 Jahre Tschernobyl

chen sich diese junge Frau zu Hause einigermaßen bewegen und sogar ein Fernstudium absolvieren konnte. Zur Zeit hat sie ein neues Studium an der renommierten britischen Universität in Oxford aufgenommen. Und das alles nur dank tatkräftiger Hilfe der Freunde aus Rottweil und natürlich der tagtäglichen Unterstützung ihrer Mutter. Im Jahre 2000 hatte ANGELA GESSLER eine Idee, die Weichen von den Kinderferienerholungen auf Projekte für Jugendliche umzustellen. Diese Idee ist m. E. absolut richtig. Vor allem, weil junge Leute vom Jugendzentrum in Malinowka, aber auch junge engagierte Einwohner der Stadt Luninez oder anderer Kleinstädte mit Gleichaltrigen aus dem Ausland zusammenkommen konnten, um sich über ihre Situation und Jugendprobleme auszutauschen.

Damit keine der beiden Seiten zu kurz kam, fand die Zukunftswerkstatt im Wechsel ein Jahr in Belarus, ein anderes Mal in Deutschland statt. Einmal schloss sich der Initiative aus Rottweil auch die Stadt Betzdorf an. Dort

11 Ein Blick in die Zukunft

Zukunftswerkstatt in Belarus

wird die Tschernobylinitiative vom Direktor der Vertretung der bekannten katholischen Organisation Caritas, RUDOLF DÜBER geleitet. auch die Gruppe aus Leonberg, die unter der Leitung von MONIKA GRAU die Jugendarbeit der Stiftung jahrelang unterstützte, beteiligte sich an einem trilateralen Seminar über alternative Energiequellen. Netzwerken ist Angelas modus vivendi, ihre Lebensweise. Nach der Katastrophe im japanischen Fukushima brachte ANGELA GESSLER die belarusische Jugend mit den jungen Menschen aus Deutschland und Japan zusammen. Alles, was sie tut, ist an sich schon eine richtige Zukunftswerkstatt. Eine Werkstatt, in der junge Leute daran arbeiten und lernen, wie sie ihre Zukunft am Besten aufbauen können.

Zukunftswerkstatt – Leonberg

Beate und Frowin Junker

In vielem ist das baden-württembergische Leonberg der Stadt Rottweil ähnlich. Beide sind keine großen Städte. Leonberg zählt ca. 45 000 Einwohner. Beide Städte liegen in einer ruhigen deutschen Landschaft, in der Provinz, sozusagen. Leonberg befindet sich 13 km westlich von Stuttgart und Rottweil etwa 90 km südlich von der Hauptstadt Baden-Württembergs. In beiden Städten züchtete man bekannte Hunderassen »Rottweiler« und »Leonberger«. Aber es gibt noch eine Gemeinsamkeit, die weit außerhalb des enzyklopädischen Wissensgebietes liegen mag. In den beiden Städten wirken ganz aktiv die Tschernobylinitiativen. Und da kommt ein neuer Name ins Spiel. BEATE JUNKER. Ein großes Interesse für die Umweltproblematik hatte sie schon in der zweiten Hälfte der achtziger Jahre.

11 Ein Blick in die Zukunft

Damals war sie Mitglied des Umweltrates der evangelischen Landeskirche und Mitbegründerin der Umweltgruppe des BUND[2] Leonberg, wo sie zudem zehn Jahre lang als Stadträtin aktiv war. Sie wollte durch ihr Engagement die Fragen der Umwelt mit anderen aktuellen Fragen verbinden. Zum Beispiel mit der Frauenarbeit. Sie brachte ökologische Themen in die christliche Frauenarbeit ein. Beate fing an, Vorträge zu halten und Informationsbroschüren zum Thema Umwelt herauszugeben. Es ging darin um die Müllverarbeitung, Gentechnologien, Wasserreinigung. Plötzlich bekam diese Arbeit eine recht unerwartete Fortsetzung. Im Jahre 1996 wurde BEATE JUNKER nach Minsk zum Frauenseminar »Frauen und Energie« des ökumenischen Forums christlicher Frauen Europas eingeladen. Es ging um den 10. Jahrestag und die Folgen der Tschernobyl-Katastrophe. Dort lernte Beate viele Aktivistinnen der jüngsten Frauenbewegung in Belarus kennen. Unter anderen auch IRINA GRUSCHEWAJA. Seit dieser Zeit besteht eine tiefe Freundschaft zwischen beiden Frauen und ihren Familien. Interessanterweise begann sich damals auch die neue persönliche Lebensphilosophie von BEATE JUNKER herauszubilden. Der Sinn dieser Philosophie bestand im Wandel der Begriffe von *viel haben* zu *gut leben*.

Das neue Paradigma wurde zur Grundlage ihres neuen Lebensstils. Später in Madrid, in der Generalversammlung des ökumenischen Forums christlicher Frauen Europas schlug BEATE JUNKER vor, eine Arbeitsgruppe zu diesem Thema zu bilden. Leider unterstützte das Organisationskomitee dieses Vorhaben nicht. Die Verbrauchergesellschaft war damals noch nicht bereit, solche Themen zu aktualisieren, und die Vertreterinnen Osteuropas sahen darin ja überhaupt kein Problem. Der Satte weiß wohl nicht, wie dem Hungrigen zumute ist.

Für ihre aktive Arbeit erhielt BEATE JUNKER die höchste Auszeichnung, das Bundesverdienstkreuz. Diese Verdienstmedaille wird vom Bundesprä-

---

[2] BUND – Bund für Umwelt und Naturschutz Deutschland

sidenten für besondere Leistungen im gesellschaftlichen Leben des Landes verliehen.

In dieser Zeit initiierte IRINA GRUSCHEWAJA die Durchführung der »1. Europäischen Frühlingsakademie der Frauen«. Sie hatte entsprechende Erfahrung, denn 10 Jahre lang arbeitete Irina im Organisationskomitee einer ähnlichen Veranstaltung in der Schweiz mit. Für die Stiftung »Den Kindern von Tschernobyl« e. V. war die Akademie sehr aktuell, denn 95 % der Freiwilligen in den regionalen Vertretungen waren Frauen. In einigen Gebieten lag die Frauenquote sogar bei 100 %. Diese Idee teilte Irina begeistert Beate mit. Die Unterstützung war bedingungslos, und im Frühjahr 1999 fand in Minsk die »1. Europäische Frühlingsakademie der Frauen« statt. Frauen aus neun Ländern nahmen daran teil. Dabei entstand auch eine neue Idee: Es war die neue »Sommerschule für ökologisch interessierte Frauen«, ein Projekt mit europäischer Reichweite. Zweimal fand die Sommerschule in der Slowakei, dann in , zweimal in Berlin und einmal bei Dresden statt.

Jetzt, im Jahre 2016, ist BEATE JUNKER 88 Jahre alt, wie ihr Mann Frowin. Wahrscheinlich ist es schon vielen aufgefallen: Unter meinen Interviewten gibt es viele Ehepaare. Das ist kein Zufall. Im Zusammenhang mit den Tschernobylaktivitäten agierten Mann und Frau, noch mehr als Ehemann und Ehefrau immer zusammen.

Das beste Beispiel dafür sind IRINA und GENNADIJ GRUSCHEWOJ. Ohne solche Partnerschaft ist es unmöglich, eine öffentliche Tätigkeit erfolgreich auszuüben. FROWIN JUNKER ist Architekt, aber er unterstützte seine Frau Beate vielmals in ganz anderen Angelegenheiten und Aufgaben. Gewöhnlich übersetzte er aus dem Deutschen ins Englische und umgekehrt.

Im Unterschied zu ANGELA GESSLER aus Rottweil, begann sich MONIKA GRAU aus Leonberg mit Tschernobylprojekten erst zu Beginn des neuen Jahrhunderts zu beschäftigen. Aber schon am Anfang kam eben die gleiche Einsicht wie bei Angela zu ihrer Zeit. Sie war von der Notwendigkeit der Arbeit mit jungen Menschen überzeugt, wie es schon beschrieben wurde.

11 Ein Blick in die Zukunft

Monika und Bernhard Grau

MONIKA GRAU wurde am 25. September 1956 geboren, ihr Bruder kam 13 Jahre früher auf die Welt. Dieser große Altersunterschied kommt daher, weil ihr Vater bis 1955 in sowjetischer Gefangenschaft war. Dies beeinflusste in Vielem seine Weltanschauung, und den Hauch der Leiden des Vaters bekam in ihrem Leben auch seine Tochter mit. Die unerträglichen Lebensumstände der Kriegsgefangenschaft damals beschädigten die Gesundheit des Vaters und verursachten später eine schwere Krankheit, woran er 1968 starb. 1974 beendete Monika die Schule und begann eine Lehre als technische Zeichnerin.

MONIKA GRAU war in der Evangelischen Kirche aktiv. Zuerst war sie in einer Gruppe für Kinder, dann kam sie zu Jugendlichen, später wurde sie Vorstandsmitglied und begann sich auch mit Jugendproblemen auseinander zu setzen. Dank ihrer Arbeit festigte Monika ihren Glauben, und sie lernte dabei auch ihren künftigen Ehemann kennen. 1976 heirateten sie. Und bald darauf kamen ihre beiden Töchter zur Welt.

Als am 26. April 1986 die Katastrophe im ukrainischen Tschernobyl geschah, war Monika mit den Kindern auf dem Spielplatz neben einem Wald, erst abends erfuhr sie von den Ereignissen. Sie war tief erschüttert. Und bekam ein Gefühl völliger Verlorenheit, von Unruhe und Hilflosigkeit. Ein Jahr später kam in einer befreundeten Familie ein Kind mit Behinderung zur Welt. Der Grund der Erkrankung war unklar, aber die Deutschen waren immer mehr um die Sicherheit der Atomkraftwerke besorgt bzw. um die Abwesenheit der nötigen Sicherheit. Den Umweltproblemen widmete MONIKA GRAU 18 Jahre ihres Lebens.

Die Auszeichnung der BAG mit dem Martinipreis der SPD. Beate Junker 2. v.l.

Im Jahre 1999, vor dem traditionellen Deutschen Evangelischen Kirchentag, dem Großereignis nicht nur für evangelische Christen, das einmal in 2 Jahren stattfindet, fragte BEATE JUNKER die Gemeindemitglieder, ob sich jemand bereit erklären würde, die Delegation der Stiftung »Den Kindern von Tschernobyl« e. V., die extra zum Anlass des Kirchentages kommen würde, als Gast zu Hause aufzunehmen. Es gab nicht viele Freiwillige. Aber in Leonberg wurden die Belarussen sehr freundlich empfangen. Die Gemeinde stellte ihre Räumlichkeiten zur Verfügung. Dann schlug IRINA GRUSCHEWAJA die Realisierung ihrer Idee vor: Sofort nach den feierlichen Veranstaltungen ein gemeinsames Projekt für junge Menschen zu starten. Und zwar eine gemeinsame Zukunftswerkstatt. Bald wurde das Projekt ins Leben gerufen, und das erlaubte Monika noch mehr von der Tschernobyl-Katastrophe zu erfahren. Dazu entsprach so eine Entwicklung völlig ihrer

11 Ein Blick in die Zukunft

Meinung – man muss nicht nur mit Tschernobylkindern arbeiten, sondern auch mit Jugendlichen. Nur so kann man bestimmte Erfolge erreichen. Aktuelle Jugendprobleme verstand Monika, und nahm sie auch deshalb sehr ernst, weil ihre beiden Töchter damals gerade 14 und 16 Jahre alt waren.

Belarussische Jugendliche hospitieren in den NGO-Projekten in Leonberg

Die Stiftung »Den Kindern von Tschernobyl« e. V. und die Assoziation für humanitäre Zusammenarbeit e. V. halfen Monika dabei, die Organisation »Begegnung mit Belarus« zu gründen, und somit erfolgte im Jahre 2001 das gemeinsame Projekt »Zukunftswerkstatt in Leonberg«. Bereits nach kurzer Zeit fand das erste dreitägige Seminar statt, an dem belarussische und deutsche Jugendliche teilnahmen. Diese Veranstaltung brachte für Monika einen sehr guten Kontakt zum sozialen Jugendzentrum in Minsk.

Der Themenbereich um Belarus rief ein großes Interesse bei jungen Menschen aus Deutschland hervor. Im Dezember 2001 kam eine deutsche Gruppe nach Minsk, um an der jährlichen Konferenz anlässlich des Tages der Menschenrechte teilzunehmen. MONIKA GRAU dachte zuerst, dass es nur eine einzelne Veranstaltung sein würde, die sie organisiert, aber dann überzeugte sie sich davon, dass es besser wäre weiter zu machen.

Von 2002 bis 2007 organisierte Monika für junge Leute aus Belarus zweimal im Jahr einen Aufenthalt in Deutschland und suchte für sie Praktikumsplätze in Schulen, Kindergärten und staatlichen sozialen Einrichtungen in Leonberg. Zwei Jahre danach führte sie gemeinsame Projekte für den Umweltschutz und bewussten Energieverbrauch durch.

Es fanden auch einige Reisen nach Belarus statt. Die Delegationen aus Leonberg besuchten in den Jahren 2003 und 2005 die Hauptstadt von Belarus Minsk. In die Arbeit der Tschernobyl-Initiativen wurde nach kurzer Zeit fast die ganze

Monika Grau mit der Familie beim Oktoberfest, 2009

Stadt Leonberg einbezogen. Die belarussische Folklore-Gruppe »Hramnitzy« war mit Konzerten in Leonberg, es wurden auch Filmabende organisiert und zahlreiche Dokumentarfilme über die Tschernobyl-Katastrophe gezeigt. Aus Anlass des 20. Jahrestages der Katastrophe fand dort die sehr schöne Aktion »Zünde eine Kerze an!« statt.

Leider entstanden seit 2010 immer mehr Probleme, die die Arbeit der Initiative nicht begünstigten. Zum einen bekam die internationale Zusam-

11 Ein Blick in die Zukunft

menarbeit ständig mehr Druck seitens der belarussischen Regierung. Es war kaum möglich, diesem Druck zu widerstehen. Auf der anderen Seite gab es unter den Deutschen nicht mehr so viele Engagierte und Freiwillige, die vor Ort blieben. Die jungen Leute wurden erwachsen und zerstreuten sich aus beruflichen und familiären Gründen deutschlandweit. Viele von ihnen konnten die Jugendarbeit nicht mehr unterstützen. Auch der Gesundheitszustand von Monika erlaubte ihr nicht mehr, die Arbeit mit hoher Belastung weiterhin zu leisten. Die aktive Arbeit im Projekt »Begegnungen mit Belarus« wurden im Jahre 2012 eingestellt, aber sie wird heute noch, wenn auch nur auf der Ebene der persönlichen Kontakte, fortgesetzt.

Jugendliche aus dem Jugendzentrum »Zukunftswerkstatt« in Minsk demonstrieren für eine Zukunft ohne atomare Bedrohung, Minsk, 2001

Tschernobyl vereinigte Menschen und trug damit zur Formierung einer Zivilgesellschaft bei.

Tschernobyl bewog die Menschen zum Kampf gegen die Willkür der Macht und verwandelte die Bevölkerung zu Bürgern.

Tschernobyl verlangte, die Vergangenheit durch die Beseitigung von deren Folgen zu überwinden.

Tschernobyl verpflichtete künftige Belarussen, keine Wiederholung zuzulassen.

Konstantin Skuratowitsch

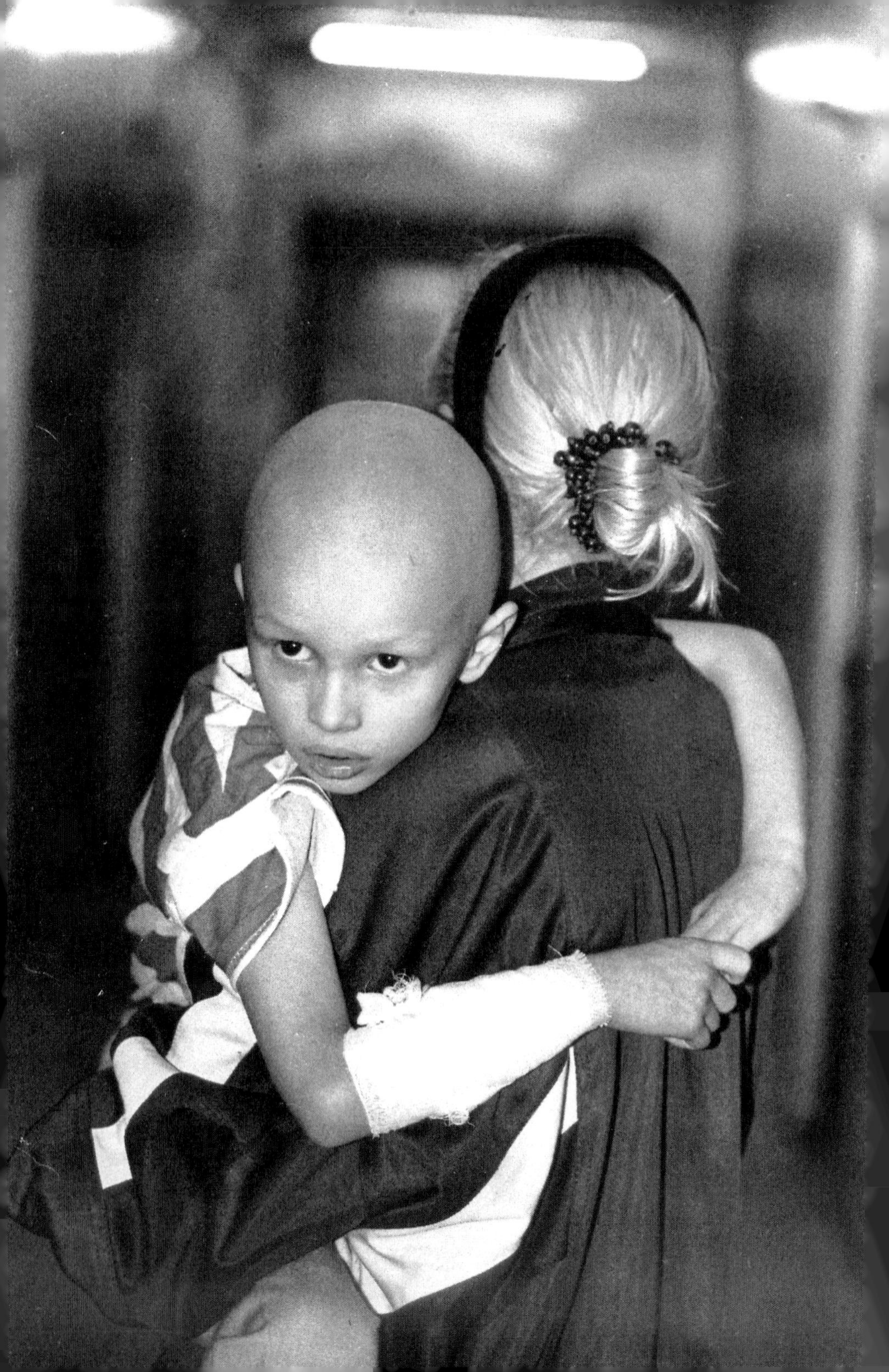

12 Requiem

Ein wehmütiger Pessimismus

Möglicherweise wird die Erzählung der bekannten Journalistin beim Sender Radio Liberty manch einem etwas pessimistisch vorkommen. Es ist durchaus möglich, dass sie zu wehmütig erscheinen mag. Aber aus meiner Sicht hat Jelena Pankratowa das zusammengefasst, was diejenigen erleben, die mit der Stiftung »Den Kindern von Tschernobyl« e. V. sehr eng verbunden waren: Es bleibt eine pessimistische Wehmut.

Die Erinnerungen fallen nicht leicht und lassen sich nicht leicht zu Papier bringen. Ich möchte mich nicht gerne lange Zeit im Bereich meiner Erinnerungen aufhalten. Von recht großen Enttäuschungen ist jene Zeit geprägt: Eine der Enttäuschungen ist das Schicksal der Bewegung »Den Kindern von Tschernobyl« von GENNADIJ GRUSCHEWOJ, den ich immer für einen genialen sozialen Technologen gehalten habe und halten werde. Dass er und die damals um ihn zusammengefundenen talentierten Dreißig- und Vierzigjährigen, voller Ideen und Tatkraft, mit bester Ausbildung, später von ihrem Land nicht gefordert wurden, ist ein großes Problem dieser Nation selbst.

Gruschewoj habe ich in der zweiten Hälfte der 1980er Jahre kennengelernt. Ich war damals beim belarussischen Auslandssender tätig und bereitete Programme auf Deutsch vor. Ich habe seine Frau Irina mit ihren brillanten Kenntnissen der deutschen Sprache (damals war sie Dozentin an der Hochschule für Fremdsprachen) als Moderatorin eingeladen. Genna-

Bild links: Mutter mit Kind in der Kinderkrebsstation von Borowljany.

dij trat mehrmals auf, übrigens auf Deutsch, mit Kommentaren zu aktuellen Themen. Die Themen wurden von den Hörern aus beiden Teilen Deutschlands und Österreich initiiert. Es ging dabei um die weitere Entwicklung der UdSSR, darum, was Belarus (damals bestenfalls als Weißrussland bekannt) war, und selbstverständlich interessierten sich alle ohne Ausnahme für die Folgen der Katastrophe im Atomkraftwerk von Tschernobyl. Die Kommentare von einem wenig bekannten Wissenschaftler und Philosophen aus Minsk fanden einen besonders starken Nachhall.

Unsere Programme auf Deutsch, die von einem jungen fortschrittlichen Team vorbereitet wurden, waren in jenen Jahren generell beliebt. Wir lernten die Zensur zu hintergehen, die ohne Deutsch zu können, ausschließlich belarussische und russische Übersetzungen las. Natürlich gab es Unterschiede zwischen Übersetzung und Original.

Zu jener Zeit wohnten Irina und Gennadij zusammen mit ihren Kindern in einer sogenannten Breschnew-Zweizimmerwohnung im Wohnviertel Prityzkij-Straße, nicht weit von dem Ort, an dem jetzt im

Jelena Pankratowa

Garten der Hoffnung die Birnbäume von Gruschewoj gedeihen.[1] Damals war es üblich, sich zu Hause zu treffen, und die höchste Freude war die Kommunikation. Zu Irina und Gennadij kamen sehr interessante Leute zu Besuch. Dabei brachte immer jemand einen anderen mit. Nach der sowje-

---

[1] Gruschewoj bedeutet »einer von dem Birnbaum«. Gruscha bedeutet auf Deutsch sowohl Birne als auch Birnbaum

tischen Tradition mussten Gäste trotz mangelhafter Versorgung und leerer Lebensmittelgeschäfte beköstigt werden. Irina machte dies hervorragend, sogar mit einer äußerst schlichten Auswahl von Lebensmitteln. Eines Tages brachte ich einen bekannten Journalisten aus der BRD mit. Er geriet in helle Begeisterung über alles, was er hörte und aß, und erzählte offensichtlich seinen Kollegen im Korrespondentenbüro in Moskau darüber. Nach einiger Zeit kam nach Minsk noch ein westdeutscher Korrespondent und bat inständig, ihn zu den Gruschewojs zu bringen. Nachher gab es von vielen Deutschen zu hören, dass es in Minsk eine Wohnung gibt, wo man absolut freie Menschen ohne Schere im Kopf treffen kann, wo alle fließend Hochdeutsch sprechen. Vielleicht hatten die deutschen Gäste Glück, bei den Gruschewojs Irinas Kollegen zu treffen, deren Bildungsniveau an der Hochschule für Fremdsprachen zu Minsk außerordentlich hoch war. Nach solchen Treffen waren einige Menschen in Deutschland der Auffassung, dass die belarussische Hauptstadt überhaupt die deutschsprachigste Stadt der Welt sei.

Ich erinnere mich daran, dass die Idee der Gesundung der Kinder von Tschernobyl im Ausland damals eben dort besprochen wurde, etwas später wurde darüber in den Artikeln der deutschen Journalisten berichtet. Dann kam alles in Schwung. Die Artikel wurden in den Kirchengemeinden diskutiert. Allmählich entstand in den Kirchengemeinden auf dem Land, die üblicherweise den hungernden Kindern in Afrika, Asien und Lateinamerika halfen, das Interesse für die strahlungsbelastete belarussische Region. Ein wahrer Durchbruch geschah, als Irina nach Deutschland kam und Interviews für alle möglichen Fernseh- und Rundfunkkanäle gab. Ihr Können, das Publikum zu beeinflussen und Tränen und Mitleid bei einem so gar nicht sentimentalen Menschen hervorzurufen, ist ihre besondere phänomenale Gabe. Kurzum, es ging richtig los.

Über die Gesundung der Kinder von Tschernobyl wurde später in Belarus viel gesprochen. Aber nur Gruschewoj war es gelungen, diese Ideen auf solch einem Massenniveau so umzusetzen, dass die Möglichkeit für Erholung, Besserung der Gesundheit und im Bedarfsfall für eine gründliche medizinische Untersuchung oder Behandlung nicht nur einige, sondern tausende Kinder bekamen. Den Staat kostete das keine einzige Kopeke.

Die Erholung selbst, die Fahrten der Kinder, die notwendige medizinische Hilfe – dies alles wurde von ausländischen Partnern finanziert. Für die Abfertigungen von Pässen, Visabeschaffung, Fahrten zur Botschaft, Logistik im Inland waren die Freunde von Gruschewojs sowie Freunde ihrer Freunde verantwortlich. Alles geschah mit großem Enthusiasmus, mitunter musste man manches nachts abfertigen und neu abfertigen. An eine materielle Vergütung dachte keiner. Es war die Zeit, da alle arm waren, und das Geld selbst bedeutete nichts. Alle glaubten, dass man die Menschen so einfach glücklich machen kann: Sie sollen nur die Möglichkeit haben, hinter den Eisernen Vorhang hinaus zu gelangen und zu sehen, wie man leben kann. Es war das Ende der Epoche, als es noch Idealisten gab, als Intellektuelle, intelligente Personen und einfach anständige Menschen zusammen waren. Damals verstand man das nicht. Es war einfach nur interessant zu leben.

Heute bin ich betrübt, dass nur ein Projekt der Stiftung »Den Kindern von Tschernobyl« e. V., die Reisen zur Gesundung, in vollem Maße umgesetzt wurde. Jene Zeit war einmalig für das Anknüpfen humanitärer Beziehungen jeder Art. Dolmetscher, die Kinder begleiteten, und das waren nicht nur Absolventen der Hochschule für Fremdsprachen, sondern auch Deutsch eher schlecht als recht sprechende Pädagogen, Journalisten, Ärzte, Techniker. Sie bekamen die Möglichkeit, sich mit ihren Kollegen zu treffen, die Durchführung eines Fachpraktikums in Krankenhäusern, sozialen und pädagogischen Einrichtungen, kleinen und mittelständischen Unternehmen, Sportvereinen zu besprechen. Dies war eine vielversprechende Richtung, denn es ging um die Schaffung von Arbeitsplätzen für die heranwachsenden Kinder von Tschernobyl. Für die Umsetzung dieser langfristigen Projekte benötigte man viel Zeit und Kraft. All das musste man haben, um die vielen behördlichen Hindernisse zu überwinden und gegen den

Neid in der Umgebung zu bestehen. Eine alte Bibelgeschichte lautet, dass die Menschen denjenigen nicht verzeihen, die früher hinter ihnen gingen und heute nebenan, geschweige denn, dass einige vorangegangen sind.

Die Erinnerungen an alle diese Ränke bereiten auch heute noch Schmerzen. Das war sogar für einfache Teilnehmer am Projekt, wie ich es war, mehr als genug. Was soll man da erst über die Leader wie die Gruschewojs sagen? Auf Schritt und Tritt hörte man empörte Äußerungen: »Wieso fährt er (sie) als Begleiter(-in) zum zweiten Mal nach Deutschland, Italien, Belgien?!« – »Ob die Kandidatur von den staatlichen Organen genehmigt wurde?« – »Und wer ihm (ihr) erlaubt hat, knifflige Fragen der westlichen Provokateure so zu beantworten, wie sie das tun?!« – Und überhaupt: »Für welchen Betrag in frei konvertierbarer Währung verkaufen diese Menschen so unverschämt ihre Heimat?!«

Heute klingt dies komisch, damals aber war es nicht zum Lachen. Später übrigens war es anders, allerdings noch schlimmer.

Es hat sich so ergeben, dass ich eine Zeit lang mit der Stiftung nicht so viel zusammengearbeitet habe. Es kamen meine eigenen Projekte. Mit den Kindern fuhr ich zur Gesundung nur Anfang und Ende der 1990er Jahre nach Deutschland. In dieser Zeit hatte ich keine Arbeit und keine finanziellen Mittel. Diese Reisen, offen gestanden, halfen mir recht gut aus, wie vielen anderen begleitenden Dolmetschern, die die einzigen Ernährer der Familie waren. Je nach der Initiative, die Ferien unserer Kinder organisierte, schwankten unsere Honorare zwischen 100 und 150 oder 200 DM. Für die damaligen Zeiten, insbesondere Anfang des Jahrzehnts, war diese Summe sehr groß. Außerdem erlaubte die einladende Seite manchmal, eigene Kinder mitzubringen, falls diese ohne Aufsicht bleiben konnten.

Das Erhalten des Geldes war zuerst unbehaglich, sogar irgendwie beschämend. Danach wurde es üblicher. Heute aber fühlt man sich bei der Kommunikation mit denjenigen, von denen man damals unterstützt wurde, nicht ganz wohl. Man kann diesen Menschen nie das zurückgeben, was man von ihnen erhalten hat. Anderseits ist man ihnen für die Lehre der uneigennützigen Spenden sehr verbunden. Aber das sind meine, für viele vielleicht auch unbegreiflichen Empfindungen. Mir scheint, dass man das Anfang der 1990er Jahre besser verstanden hatte. Später konnte man nicht selten hören: »Pfui, wie wenig uns gegeben wurde.«

Meine erste Kindergruppe war aus der Region Wetka. Wir erholten uns in den bayerischen Alpen, irgendwo bei München. Wir wurden bei Familien untergebracht. Damals waren wir ärmlich gekleidet. Die Kinder aus der Region Tschernobyl sahen überhaupt ärmlich aus. Sie kamen in der Regel mit einem Paar Schuhe und mussten diese noch zu Hause bestenfalls bis zum Ende des Sommers tragen.

In den ersten Tagen aßen die Kinder nichts. Man musste zusammen mit den Gastgebern klären, aus welchem Grunde sie sich so verhielten. Einigen schmeckte das Essen nicht. Sie waren gewohnt, nur Kartoffeln und Speck zu essen, und das war kein übliches Essen in Deutschland. Es gab allerlei Gemüse, unbekannte Spargel und Spinat, Meeresfisch und »eklige grüne Birnen, die man nicht beißen kann« (es waren Avocados gemeint). Die anderen scheuten sich vor dem unbekannten Besteck. Zu Hause kamen sie ausschließlich mit einem Löffel aus, und manchmal aßen sie überhaupt mit den Händen. Dort beim Frühstück und Mittagessen aßen alle, einschließlich ganz kleine deutsche Kinder, mit Messer und Gabel. Das konnten unsere Kinder nicht. Als Alternative zum Speck begannen die Gastgeber Würstchen anzubieten. Das Speiseangebot für die nach einigen Tagen des Verzichtes Ausgehungerten sah wie folgt aus: Morgens und abends je sieben Würstchen mit genau so vielen Brötchen, große Mengen Cola, ab und zu gab es Joghurt. Nach kurzer Zeit entstanden Probleme mit dem Magen. Die Toilettenbecken konnten durchaus nicht alle richtig benutzen. Einige gingen in den Garten oder ins Rosengebüsch. Für Deutsche war dies ungewöhnlich, aber sie bewahrten ihre Gelassenheit. Sie waren christlich gutherzig. So konnten ihre kleinen Gäste zum Schluss ihrer Ferien mit Messer und Gabel essen und wussten genau, wohin sie auf die Toilette gehen mussten, sie konnten etwas auf deutsch sagen und nannten ihre Gastgeber »Mutti«

und »Vati«. Die Kinder kamen zu Kräften, kehrten frisch, neu eingekleidet und mit einer Menge Geschenke für ihre zahlreiche Verwandtschaft heim.

Die Kinder aus Tscherikow, die ich Ende der 1990er Jahre betreute, unterschieden sich von den »Erstlingen« wie Tag und Nacht. Tscherikow ist ein Rajonszentrum mit umliegenden Gemeinden, das damals viele direkte Partnerbeziehungen hatte. Dabei nicht nur mit deutschen, sondern auch mit italienischen, belgischen und anderen Initiativen. Einige Kinder waren sogar in den USA. Bereits nach den ersten im Bus verbrachten Minuten erfuhr ich von ihnen, dass Deutschland für Tscherikow nicht die beliebteste Erholungsstelle war. Im Vergleich zu den italienischen Geschenken sähen die deutschen ärmlich aus. Inständige Wünsche, insbesondere der Mädchen, seien wenig berücksichtigt worden. Das Einzige, was ihnen gelang, sei von den Gastgebern Barbie-Puppen geschenkt zu bekommen. Die geschenkten Joggingschuhe waren aus der Sicht der Schüler aus Tscherikow keine Markenwaren. Alle wollten irgendwie »Reebok« tragen.

Oft nahm ein Junge namens Kolja neben mir Platz im Bus. Er war der älteste in der Gruppe, 14 Jahre alt. Als ein ausgewachsener Junge fuhr er auf eine Privateinladung der Freunde seines Vaters. Koljas Vater machte mit Deutschen wohl nicht ganz legale Geschäfte. Er brachte in Deutschland gekaufte ausländische Autos nach Belarus. Die erste Frage Koljas an mich war, welche ausländischen Autos ich gebracht habe. Es schien, dass Kolja über die Preisinformationen auf dem deutschen Markt Bescheid wusste. Er beriet, welche Ware man nach Hause besser bringen kann. Er klatschte gerne über die jüngeren Kinder, die zur Gesundung fuhren. Nach seinen Worten waren einige aus der Gruppe Kinder der Mitarbeiter der Bildungsabteilung der Kreisverwaltung, der Polizei und führen in diesem Jahr zum zweiten Mal und seien schon mehrmals im Ausland gewesen. »Schauen Sie nicht auf ihre alte Kleidung«, warnte Kolja. Ihre Eltern hätten sie so instruiert: »Im Ausland ist es wichtig, zu sagen, wir sind arm. Dann kriegt man mehr Geschenke.«

12 Requiem

Tatjana traf ich während meiner letzten Reise in den Norden Deutschlands. Sie war Mutter eines Kindes von Tschernobyl, das dort den Sommer verbrachte. Tatjana lag in einer Klinik. Sie wurde gerade an den Hüftgelenken operiert. Die Deutschen, die diese Behandlung organisierten, baten mich, beim Dolmetschen zu helfen. Solch eine Operation kostete viel Geld. Den Mitgliedern der Initiative gelang es, den größten Teil der Summe zu sammeln und sich mit den Ärzten zu verabreden, die die belarussische Kranke unentgeltlich operierten, irgendwelche komplizierten Prothesen zu erwerben. Auch der Flug von Belarus nach Deutschland und zurück wurde bezahlt. Es war verabredet, dass Tatjana etwa zehntausend Euro selber ausfindig macht. Die Familie von Tatjana nahm die Bedingungen an. Sie hatten eine leere Wohnung und waren bereit, sie zu verkaufen, denn sie wohnten in einem eigenen Haus. Tatjana versprach es, gab aber kein Geld. Sie hatte es sich anders überlegt. Es sei ihr zu teuer. Auf die Worte der Veranstalter »Sie haben es doch versprochen«, erwiderte sie: »Wenn Sie so reich sind und hunderttausend finden eben, warum können Sie nicht noch zehntausend finden?« Die deutsche Seite fand diese Summe. Und Tatjana kehrte auf deutsche Kosten heim. Es ist schön, dass sie auf eigenen Beinen laufen kann, früher konnte sie nur kriechen. Wer weiß, vielleicht erinnert sie sich mit Dankbarkeit an diejenigen, die ihr geholfen haben.

»Geld hat alles verdorben, das nach Belarus gekommen ist«, sagte Gruschewoj während unseres letzten Treffens. Das war am Runden Platz, wo wir früher wohnten, am Café »Berjoska«. Zwei Jahre davor feierte Gennadij seinen 59. Geburtstag. Er hatte viele Gäste. Die Atmosphäre erinnerte an diejenige, die damals in der Wohnung der Gruschewojs in der Prityzkij-Straße herrschte. Alle wunderten sich: So viele Gäste, es war noch kein Jubiläum. Keiner dachte daran, dass er schon ernsthaft krank war.

Das vorletzte Mal unterhielten wir uns wenig. Jemand wartete auf Gennadij. Ich konnte ihm nur die Dankbarkeit von einer Großmutter aus Minsk ausrichten, deren Enkelsohn durch die Stiftung einige Male nach Italien fuhr. Der Junge passte formal nicht für die Auswahl. Er war Teenager und überschritt das Jahresalter für eine Auslandsreise, außerdem war er aus Minsk und dazu recht kräftig, nie war er krank. Aber Gruschewoj schloss ihn in die Gruppe ein. Der Junge, dessen Eltern drogensüchtig waren und der nur von der Großmutter erzogen wurde, war ein Problemkind. Er wollte nicht in die Schule gehen, übernachtete nicht immer zu Hause, geriet unter die Polizeiaufsicht. Jedes Jahr häuften sich die Probleme. Die Ferien in Italien beeinflussten positiv für eine bestimmte Zeit den Jungen, aber zu Hause begann alles aufs Neue. Die Italiener luden den Jungen fast jedes Jahr ein. Sie versprachen der Großmutter, mit ihm zu arbeiten, »bis er sich die Hörner abstößt«. Und er hat sich die Hörner abgestoßen. Beim italienischen Gastgeber lernte er vieles mit eigenen Händen zu machen. Jetzt hat der Junge seine eigene gute Familie.

»Ich muss dir einen Kniefall der Großmutter ausrichten«, sagte ich zu Gennadij. »Das, worauf man nicht wartet«, erwiderte er. Es schien, dass er sich nicht daran erinnerte, um wen es sich handelte. Er fügte noch hinzu, dass ehemalige Kinder von Tschernobyl eigene Kinder haben. Wir beide hatten es eilig und verabredeten uns, dass wir unbedingt einander anrufen und uns treffen und unsere Gespräche fortsetzen werden. Später rief ich ihn an, hatte aber Pech, er war nicht zu erreichen. Man denkt niemals daran, dass man einen anderen Menschen zum letzten Mal sieht.

Eine Handvoll Asche

»Stimmgabel«, so heißt die Kolumne von Sergej Waganow, einem Maître des belarussischen Journalismus, in der unabhängigen Zeitung »Nascha Niwa«. Dieser Beitrag von Sergej Waganow wurde als Nachruf auf Gennadij Gruschewojs Tod verfasst:

Am 28. Januar 2014, als in Moskau JURIJ IZRAEL bestattet wurde, ist GENNADIJ GRUSCHEWOJ in Minsk verstorben.

Es ist unbekannt, an welcher Krankheit JURIJ IZRAEL starb. Mit 83 Jahren ist das hohe Alter im Grunde genommen eine ausreichende Todesursache. Bekannt ist, an welchen Krankheiten man mit 63 stirbt: Herzleiden oder Krebs. Das Herz von GENNADIJ GRUSCHEWOJ versagte wegen Blutkrebs. Die Zeit hat diese beiden Männer, die kaum einander gekannt haben dürften, mit zwanzig Jahren Abstand in die Welt kommen lassen, aber in mystischer Weise beim Abschied vom Leben zusammengeführt.

JURIJ IZRAEL, Mitglied der Akademie der Wissenschaften, weltberühmter Experte für Meteorologie, Ökologie und Klimaforschung, schon als Nachwuchswissenschaftler in der Sowjetunion, dann auch in Russland mit hohen Titeln, Posten und Auszeichnungen gewürdigt. Eine Auszeichnung, der Lenin-Orden, wurde ihm für Tschernobyl verliehen. Er war es, der Karten der radioaktiven Verseuchung mit Belastungswerten erstellte, die bei ihm allerdings nahezu täglich anders ausfielen. Als sein besonderes Verdienst

Sergej Waganow

gelten die Prävention einer Massenpanik in Kiew und die Verhinderung radioaktiven Regens über Moskau.

GENNADIJ GRUSCHEWOJ wurde vom belarussischen Staat mit keinen Auszeichnungen gewürdigt. Philosoph, Politiker, Humanist. Fast 25 Jahre lang leitete er die Stiftung »Den Kindern von Tschernobyl« e. V. Ohne Staub aufzuwirbeln, brachte er Kinder zur Erholung in verschiedene unbelastete Gegenden weltweit, organisierte die humanitäre Hilfe. Zwei Millionen Menschen sollen von dieser Hilfe profitiert haben und die Zahl der Kinder, die sich so erholen konnten, liegt bei über einer halben Million.

In den Meldungen vom Tod JURIJ IZRAELS hieß es, er habe noch in den 1950er Jahren quasi an sich die Auswirkungen der Strahlung nach Kernwaffenversuchen bei Semipalatinsk getestet und sich deswegen das richtige Bild von den Geschehnissen in Tschernobyl machen können, wo er als damaliger Präsident des sowjetischen Komitees für Hydrometeorologie und Umweltaufsicht am 27. April, am nächsten Tag nach dem Unfall gelandet sei.

GENNADIJ GRUSCHEWOJ bot sich nicht als Proband für Forschungszwecke an. Es lässt sich kaum medizinisch nachweisen, dass seine Leukämie durch Tschernobyl verursacht wurde, obwohl er nie Bedenken hatte, in die verstrahlten Gebiete zu fahren. Aber die Belarussen brauchen keine Nachweise, dass der Blutkrebs eine Tschernobyl bedingte Krankheit ist. In diesem Sinne hat GENNADIJ GRUSCHEWOJ – ebenso wie Millionen andere Belarussen es nach wie vor tun – an sich getestet, wie sich die so genannten kleinen Strahlendosen, aber auch die riesengroßen Dosen an Lügen auf den Menschen auswirken.

Lügen, an denen JURIJ IZRAEL von Anfang an, seit den ersten Tagen nach der Katastrophe beteiligt war.

Das voluminöse Tschernobyl-Dossier, von dem allein Wissenschaftler heute noch wissen, enthält Dutzende und Hunderte Fakten, Beispiele und Beweise jener Lügen. Um nur einige zu nennen: Mit IZRAELS Mitwirkung wurden die Strahlengrenzwerte um das 10- oder auch – bei »besonderem Bedarf« – um das 50-fache erhöht; er bewilligte die Rückführung von Schwangeren und Kindern in die Gegenden, die er selbst erst vor einem Monat als gefährlich eingestuft hatte. Er ließ mithilfe von Flugzeugen die Todeswolken über Belarus ausregnen und versuchte dann, die »gelben Regen« verworren und widersprüchlich, Daten und Ziele durcheinanderbringend zu erklären, als ALESJ ADAMOWITSCH ihn in der Zeitung »Komsomolskaja Prawda« zur Rede stellte.

Ich bin sicher: Würde man nicht nur der Leitung des Atomkraftwerks Tschernobyl, sondern dem ganzen System der totalen Lüge den Prozess machen, wäre JURIJ IZRAEL nicht als Zeuge, sondern als Angeklagter dabei.

12 Requiem

Anklage bei diesem Prozess würde natürlich GENNADIJ GRUSCHEWOJ erheben im Namen der geschädigten belarussischen Kinder. Weil er, wie kein anderer, die ganze Wahrheit von den armen »Tschernobyl-Igeln«[2] wusste. Und die Ärzte? Die Ärzte logen auch mit: Manipulierten Statistiken, verheimlichten, dass Krankheiten und vorzeitige Todesfälle Tschernobyl als Ursache hatten. Ein Strafverfahren hat nicht stattgefunden. Und heute sehen wir das System der totalen Lüge reibungslos funktionieren, in Bezug auf Tschernobyl ebenso wie auf den Majdan.

Dabei steht in der offiziellen Nachricht vom Tod IZRAELS wie in inoffiziellen Nachrufen kein Wort von seiner bösen Rolle in der Tschernobyl-Geschichte. Mehr noch: Er wird als feinfühliger Intellektueller gepriesen. Wieso musste denn der »feinfühlige Intellektuelle« lügen? Unter welchen Bedingungen werden feinfühlige Intellektuelle zu Adepten der totalen Lüge? Es kann unzählige Gründe dafür geben, vor allem Angst. Wovor soll sich aber einer fürchten, der sich noch als junger Mensch angeblich um der Wissenschaft willen geopfert, mutig über Kernwaffentestgeländen gekreist und sich auch in Tschernobyl nicht feige verhalten hat?

Nein, nicht die Angst ließ IZRAEL die Lüge befördern. »Er hatte ein ausgeprägtes Staatsbewusstsein«, sagt der bekannte Ozean- und Naturforscher und ehemalige Staatsduma-Abgeordnete Artur Tschilingarow von ihm. Und das stimmt auch. Weil alles, womit sich IZRAEL als Wissenschaftler, als Beamter und überhaupt im Leben beschäftigte, dem Selbstschutz des totalitären und dann des autokratischen Staates, seiner Machthaber diente. Dem Regime, das ohne Lügen organisch nicht bestehen kann. Nicht umsonst hielten ihn einige Forscher im Ausland für einen »fossilen Kommunisten«, der für »fossile Brennstoffe« kämpfte.

---

[2] Tschernobyl-Igel: spöttischer/zynischer/selbstironischer Ausdruck für Menschen, die durch die Einwirkung der radioaktiven Strahlung ihre Haare verloren hatten. Wurde später auch auf Kinder aus den belasteten Gebieten angewandt.

Das ist es, was IZRAEL und GRUSCHEWOJ miteinander gemeinsam haben und warum sie sich beim Gericht Gottes als Gegner gegenüberstehen werden: Sie beide haben sich geopfert.
IZRAEL für einen Staat, für das Regime.
GRUSCHEWOJ für einen Staat, für die Menschen.
Nicht für den, der seinen Bürgern eine neue Bombe in Ostrowez[3] bereitet, sondern für den, der rettet. Denn was soll das für ein Staat sein, ohne Menschen?!

Ich weiß nicht, ob sie sich irgendwo im Jenseits begegnen, ob die Hoffnung auf das Gericht Gottes wahr wird. Eines ist sicher: die Handvoll Asche, die von GENNADIJ GRUSCHEWOJ übrig geblieben ist, wird auf der Waage der Höchsten Gerechtigkeit mehr wiegen als der schwere prächtige Sarg des »staatsbewussten Menschen«. Weil diese Handvoll Asche zur Asche von Tschernobyl gehört, die sich für ewig über mein Heimatland gelegt hat.

Rückblick

Dieser Artikel wurde mir aus Russland übermittelt. Der Vorsitzende des Moskauer antifaschistischen Zentrums, Jevgenij Viktorowitsch Proschetschkin, ist ein ehemaliger Student von Gennadij Gruschewoj. Am Originaltext habe ich fast nichts geändert. Das Einzige, was ich grundsätzlich geändert habe, ist der Name unseres Landes. Sogar fortschrittlichen Russen fällt es schwer, zu verinnerlichen, dass wir nicht in Belorussland, sondern in Belarus leben (meiner Meinung nach würde Gruschewoj das auch korrigieren).

JEVGENIJ PROSCHETSCHKIN schreibt: Von 1978 bis 1984 hatte ich am Granit der Wissenschaft genagt an der mit dem Orden des Roten Banners der Arbeit ausgezeichneten Belarussischen Staatlichen W.I. Lenin-Universität, der historischen Fakultät, in der Fachrichtung Philosophie. Un-

---

[3] Standort des im Bau befindlichen belarussischen Atomkraftwerks, das vermutlich auch atomwaffenfähiges Material produzieren soll. Siehe auch Kapitel 14, S. 457

ter zahlreichen Fächern mussten wir ein Fach »Kritik der modernen bürgerlichen Philosophie« studieren. Dieses Fach hat GENNADIJ WLADIMIROWITSCH GRUSCHEWOJ unterrichtet.

Es gab noch viele Fächer, und wir schöpften sehr viel Interessantes daraus. Zum Beispiel hatten wir einen Spezialkurs darüber, wie die Landwirtschaft der USA (insbesondere, wenn man sie mit der Landwirtschaft

Jewgenij Proschetschkin

in unserem Vaterland verglich!) sehr tief in den Sumpf der Krise versinkt und bereits versunken war. Ich scherze nicht, es ist kein Witz, und ich will niemanden zum Narren halten. Diesen Spezialkurs unterrichtete Doktor der Philosophie, Michail Pawlowitsch Kwotschkin. Es gab kein Lehrbuch in diesem Fach, aber ein Standardwerk von Michail Pawlowitsch ersetzte es mit Erfolg: »In der Klemme der Antagonismen«.[4] Alle Studenten ohne Ausnahme erwarben dieses Standardwerk über den wissenschaftlichen Kwotschkinismus bei dem Autor! Und was blieb uns denn übrig?

Das Fach Geschichte der Kommunistischen Partei der Sowjetunion. Eine ältere und sehr verdiente Lektorin berichtet wie im Staatsrundfunk: »Eine wohltuende Wirkung des Beschlusses vom Organisationsbüro des Zentralkomitees der Allrussischen Kommunistischen Partei Russlands (Bolschewiken) vom 14. August 1946: Über die Zeitschriften ›Swesda‹ und ›Le-

---

[4] Verschärfung der Widersprüche zwischen der Stadt und dem Dorf unter den Bedingungen des modernen Kapitalismus. 160 S. Minsk, Verlag BGU, 1980.

ningrad‹ spüren wir bis jetzt noch…«. Einer von unseren Hörern sagte: »Oh, ja!«

Jetzt einfach über die Geschichte, ohne KPdSU. Uns wurde aus irgendwelchem Grund lange und langweilig eingeredet: »Die Bedeutung der Opritschnina von Iwan dem Schrecklichen wurde in den 50er Jahren ausschließlich als positiv betrachtet, in unserer Zeit aber muss man auch an ihre negativen Seiten denken…«. Ein offenbarer Fortschritt! So waren die Zeiten, es war sozusagen der Höhepunkt der Stagnation! Und ausgerechnet in jener Zeit unterrichtete bei uns Gennadij Wladimirowitsch »Kritik der modernen bürgerlichen Philosophie«! Trotz seiner Jugend (für viele von uns war er unser Altersgenosse. Wir waren doch Fernstudenten. Ich war vielleicht einer der jüngsten Studenten, denn ich wurde an der Belarussischen Staatlichen Universität nach dem Armeedienst immatrikuliert), war sein Unterricht so hervorragend, dass meine Freunde bemerkten: »Er hält seine Vorlesungen so, als ob er ein treuherziger Anhänger von irgendeinem Sartre war!« Wer weiß, wer weiß…

Ich schrieb meine Studienjahresarbeiten und meine Diplomarbeit nach dem Werk »Philosophie der gemeinsamen Sache« von N. F. Fjodorow, meine Interessen lagen nicht in der Gegenwart. Dagegen schrieb mein guter Freund, Anatolij Fjodorow (zu meinem großen Bedauern ist er gestorben), seine Diplomarbeit, und diese wurde von Gruschewoj betreut.

»Meine Arbeiten betreute Gruschewoj selbst«, sagte er immer fast mit Ehrfurcht über seinen wissenschaftlichen Betreuer, obwohl sie im gleichen Alter waren. Die Diplomarbeit war extraordinär. Es war so, dass Anatolij damals als Mitarbeiter des Unternehmens »Sovtransavto« schon eine der sehr seltenen Möglichkeit hatte, verschiedene europäische Länder, insbesondere oft Jugoslawien, zu besuchen.

Er kaufte dort verschiedene philosophische Literatur, gesellschaftspolitische Zeitschriften, machte Fortschritte in der serbokroatischen Sprache und beschloss, seine Diplomarbeit über die philosophischen Ansichten der Gruppe »Praxis« zu schreiben und zu verteidigen.

12 Requiem

Es waren nicht mehr die Stalinschen Zeiten, und wegen der Niederlage im Fußballspiel gegen die jugoslawische Fußballauswahl wurde die Fußballmanschaft der UdSSR bereits keinen Repressalien mehr ausgesetzt, aber immerhin, immerhin, immerhin … Jugoslawien war quasi ein sozialistisches Land, aber ohne Beteiligung am Warschauer Vertrag. Die Bewegung der blockfreien Staaten wurde nicht in Rechnung genommen oder ging auf »andere Rechnung«. Revisionismus, feindliche Beziehungen Ende der 40er – Anfang der 50er Jahre, gemischtes Eigentum, erotische Zeitschriften (oh, Madonna!), Intellektuelle, welche die ganze Zeit nach irgendetwas außerhalb des entwickelten Sozialismus suchten und so weiter und sofort.

Wer hätte gewagt, wissenschaftlicher Betreuer einer solchen Diplomarbeit zu sein? Klar, nur Gruschewoj!

Im Endergebnis bekam mein Freund sein Diplom mit Auszeichnung. Seine Diplomarbeit, welche die Philosophen und, sagen wir, Revisionisten anpries, wurde durch den Beschluss der staatlichen Prüfungskommission zur Veröffentlichung empfohlen! Übrigens, das war der einzige Fall in unserem Lehrgang.

Nach dem Abschluss der Universität zog ich nach Moskau um. Trotzdem pflegte ich die Beziehungen mit Gennadij Wladimirowitsch weiter. So half ich ihm im Jahr 1988 auf seine Bitte bei der Beantragung eines norwegischen Visums, indem ich seine Unterlagen bei der norwegischen Botschaft in Moskau einreichte.

Ende der 80er Jahre, Anfang der 90er… Sowohl mein Lehrer als auch ich übten ungefähr in der gleichen Zeit gesellschaftspolitische Tätigkeiten aktiv aus. Gennadij gründete und leitete die Stiftung »Den Kindern von Tschernobyl« e. V., ich gründete das Moskauer antifaschistische Zentrum. Er wurde in den Obersten Sowjet der BSSR gewählt, ich in die Moskauer Stadtduma. Unsere Beziehungen wurden selbstverständlich auf einem neuen Niveau wiederhergestellt.

Während meiner häufigen Besuche in der Stadt Minsk (Belarus ist für mich wie meine zweite Heimat, hier wurde ich im Dorf Lapitschi an der

Swislotsch, Kreis Ossipowitschi, eingeschult, von der dritten bis zur fünften Klasse besuchte ich die Schule in Stanjkowo, im Heimatort von Marat Kasej, in Minsk wohnt auch jetzt meine Mutter, wohnen meine Schwester, Neffen, mein Vater ist auf dem Friedhof Sewernoje begraben), begegnete ich Gennadij Wladimirowitsch in verschiedenen Konferenzen zu Tschernobyl- und anderen Themen. Es war immer angenehm zu spüren, dass mein ehemaliger Lehrer ein unangefochtenes Ansehen in der Öffentlichkeit der Republik besaß. Während verschiedener Treffen mit Demokraten, Menschenrechtsverteidigern, Medienvertretern in Minsk spürte ich oft, dass mir die kalte Schulter gezeigt wurde, immerhin kam ich aus Moskau, womöglich hätte ich Ambitionen als Vertreter des Großreichs Russland, wenn ich ihre Unabhängigkeit nicht anerkennen würde oder ähnliches.

Wie sich alles änderte, wie erwärmten sich meine Gefühle, wenn ich über meine Beziehungen mit Alesj Adamowitsch, Gennadij Gruschewoj, Roman Jakowlewskij, der mein Studienkollege und natürlich Student von Gruschewoj war, sprach. Unsere Zusammenarbeit war damit längst nicht erschöpft. Mehrmalig nahm Pjotr Kasnatschejew, Leiter der Organisation »Junge antifaschistische Aktion«, die auf der Basis der Jugendabteilung des Moskauer antifaschistischen Zentrums gegründet wurde, mit seinen Gleichgesinnten am Tschernobyl-Marsch (»Tschernobylskij Schljach«) teil. Öfters wurde Pjotr von Polizeibehörden festgenommen. Man musste ihn dann herausholen ...

Dass Gennadij Wladimirowitsch verfolgt wurde, dass er so früh aus dem Leben schied, dass er daran starb, wovor er viele und sehr viele Menschen zu retten versuchte und rettete, wundert mich leider nicht. Es wurde nicht von uns gesagt: »Es tut mir Leid, dass das Wort Ehre vergessen ist und dass eine üble Nachrede hinter dem Rücken in Ehren ist!«. So ist das Schicksal der echten Ritter der Gegenwart, zu denen zweifelsohne GENNADIJ WLADIMIROWITSCH GRUSCHEWOJ gehört. Ich bin stolz darauf, dass ich in der gleichen Zeit mit diesem Menschen lebte, sein Schüler in jedem Sinne dieses Wortes war!

Garten der Hoffnung

Die Journalistin TATJANA MELNITSCHUK ist eine der besten in ihrem Beruf: Im Garten der Hoffnung bei der Minsker Kirche »Allen Trauernden

Tatjana Melnitschuk (links) und Irina Gruschewaja (rechts) in Utrecht

zur Freude« feierten wir ein Jubiläum von Gennadij Wladimirowitsch Gruschewoj. Er wäre 65 Jahre alt geworden. Das Übliche »wäre jetzt« klingt unpassend, solange das von Gruschewoj Gepflanzte, Gegründete und Gehätschelte gedeiht.

Jeder kann diesen Garten betreten, wie damals jeder das Büro der Stiftung »Den Kindern von Tschernobyl« e. V. betreten und sich vergewissern konnte, dass gerade er hinter der bis spät in die Nacht hinein weit offen stehenden Tür erwartet wurde. Eine »jede« um »Kleinkram« und private Angelegenheiten besorgte statistische Einheit verwandelte sich in eine Persönlichkeit, dabei wurde sie motiviert, zu denken, zu vergleichen und zu entscheiden. Zuerst sind es eigene Probleme, dann scheinen sie fremd zu sein und unauffällig, aber unbedingt werden sie zur Aufgabe der Sanierung der Gesellschaft. Es ging nicht nur um die Folgen der Strahlungsbelastung.

Gruschewoj hatte ein Team geschaffen, dessen Vitalität und Ganzheit zu wiederholen leider keiner korporativen Gemeinschaft gelang. Nachdem die Menschen aus seinem Team verloren hatten, ließen sie es nicht zu, sich selbst zu verlieren. Sie verloren auch nicht ihr gemeinsam definiertes und ausgelittenes Ziel, die Welt sauberer und besser zu gestalten. Sie blieben, wie früher, miteinander stärker als mit Blutsbande verbunden, sie waren durch eine gemeinsame Sache, eine Weltanschauung, eine Verantwortung für jeden, den man »gezähmt«[5] hatte, verbunden.

Gruschewoj legte einen neuen Typ der Beziehungen im Umfeld derjenigen an, welche die nach der Satzung der Stiftung »Den Kindern von Tschernobyl« e. V. vorgesehene (und nicht vorgesehene) Hilfe von seinem Team erhielten. Durch Gesundung, Behandlung, Fachpraktikum, thematische Workshops bekamen die Menschen Impulse zum Handeln. Die Fachleute empörten sich nach der Rückkehr über die Unvollkommenheit der bestehenden Ordnung in ihrem Heimatland nicht einfach, sie begannen zu ändern, umzugestalten, zu verbessern, und zwar auf eine solche Art, dass sie das Ansehen in ihrer Fachwelt gewannen.

Die Kinder, die in den deutschen, englischen, schweizerischen Familien wohnten, brachten den Eltern nicht nur reichlich Geschenke, sondern auch die Anforderungen, so zu handeln, wie sie es bei den Gasteltern gesehen hatten. Ich erinnere mich daran, wie mein damals 11-jähriger Sohn, der mit der Stiftungsgruppe in einem Ort bei Dresden wegen einer schlechten Schilddrüse war, mich in Verlegenheit gebracht hat. »Mutti, iss Bananen, dann wirst du jünger«, sagte mein Kind nach seiner Rückkehr. Ich seufzte nur: »Was für Bananen in den postsowjetischen Zeiten von Perestroika?«

---

[5] Eine kleine Anspielung auf die Geschichte vom Fuchs und dem kleinen Prinzen

12 Requiem

Die Kinder der Stiftung, während der Tätigkeit der Stiftung wurden zehntausende Kinder zur Gesundung geschickt, bildeten in der Heimat ihre Gemeinschaften mit dem Wunsch, jene besondere Tuchfühlung, die während ihres Gesundungsaufenthalts entstanden war, nicht zu verlieren und nicht zu vergessen. Ich traf sie nach einigen Jahren: Jugendliche, Jungen und Mädchen im heiratsfähigen Alter zogen aus verschiedenen Ecken von Belarus für Jugendforen zusammen, die vom Team von Gruschewoj veranstaltet wurden. Sie brachten in die Hunderte Kilometer weit liegende Hauptstadt ihre erstellten und funktionierenden Projekte mit, um eine Beurteilung ihrer Freunde und Gleichgesinnten zu hören. Die Kreativität dieser Projekte faszinierte ihre Altersgenossen aus der Hauptstadt. Auf den Foren entstanden neue Ideen, wurden neue Pläne ausgearbeitet. Die bis heute für viele Belarussen unverständliche *Zivilgesellschaft* wurde mit Hilfe des Teams von Gruschewoj eine begreifbare und freudige Erscheinung.

Für viele von uns entdeckten die Kinder Europa. Reporter reisten gern und engagiert in die Gemeinden von Deutschland, Österreich und der anderen Länder, um zu erfahren, wie und warum man belarussische Kinder, die von Tschernobyl betroffen wurden, aufnahm. Wir entdeckten für uns Moralkategorien und Grundsätze des Weltbaus wieder, wo die Barmherzigkeit kein Mittel ist, den Staat zufrieden zu stellen. Gruschewoj sagte einmal, dass aus »seinen« Kindern, die eine europäische Gesundung hinter sich haben, eine Generation der neuen Menschen für Belarus aufwächst, die eine rationelle Gestaltung des Lebens und des Alltags zum Ziel hatten. Aber wesentlich schneller wuchs bei diesen Reisen-Gesprächen-Vergleichen eine neue Generation der belarussischen Journalisten. Viele von uns wurden von der Stiftung gezwungen, unser Heimatland in solchen Einzelheiten der menschlichen Schicksale anzusehen, dass eine an der Fakultät für Journalistik erzogene Fähigkeit, die nicht im offiziellen Wohlstand hineinpassenden »Einzelheiten«, wie Falten im Gesicht, zu kaschieren, für immer entfiel.

Diese Strebungen, Beziehungen, zivilrechtliche Verantwortlichkeit für das Geschehen im Umfeld entwickeln und verbreiten sich unvermeidlich und ständig, wie der Garten der Hoffnung gedeiht, der seit vielen Jahren von Frauen der verschiedenen Konfessionen bei der Kirche »Allen Trauernden zur Freude« angelegt wurde, deren Bau damals erst begann.

Ich habe viel überlegt, warum Gruschewoj, der die beneidenswerten Organisationsfähigkeiten besaß, nicht in die Politik gegangen ist und einen Schwerpunkt auf Öffentlichkeitsarbeit gelegt hat. Ich weiß, wenn er sich beispielsweise zur Präsidentenwahl hätte aufstellen lassen, so hätten ihn nicht nur zehntausende Familien, die mit der Stiftung »Den Kindern von Tschernobyl« e. V. in Verbindung standen, sondern auch eine Reihe der politischen Parteien und der gesellschaftlichen Organisationen unterstützt. Klug, gebildet, hoch intelligent und ehrlich wäre er ein ausgezeichneter Staatschef! Zumindest noch für zehn Jahre. Er nahm sich das nicht deswegen vor, weil die Intellektuellen nicht imstande wären, den Augiasstall des souveränen Belarus zu säubern. Weil Gruschewoj anstatt der »Pferdeställe«, verritterner Pferde und eines kopfhängerischen Kutschers eine neue Lebensart sah und aufbaute. Wie es einem ehrlichen Menschen zusteht, beim Fundament und nicht beim Dach zu beginnen.

Die Stiftung und ihr Leiter

Der bekannte Journalist Gennadij Kesner *gehörte ebenfalls zu den Schülern Gennadi Gruschewojs. Doch war dies keine Schule im akademischen Sinne, sondern die Schule des Lebens:*

Das Schicksal brachte mich im Jahr 1990 mit der Belarussischen gemeinnützigen Stiftung »Den Kindern von Tschernobyl« e. V. und ihren Leitern GENNADI GRUSCHEWOJ und IRINA GRUSCHEWAJA zusammen. Damals studierte ich im zweiten Studienjahr, um Übersetzer für Deutsch an der Minsker Pädagogischen Hochschule für Fremdsprachen zu werden. Die Empfehlung, zur Stiftung zu gehen, gab mir meine Lieblingshochschullehrerin und Betreuerin unserer Studentengruppe Ljubow Ilinitschna Fjodo-

12 Requiem

rowa (Ehre ihrem Andenken), die in der Stiftung die Zusammenarbeit mit österreichischen Initiativen leitete.

Zunächst wurde ich zur Reinigung des Hofs eingesetzt, dann kam der Dienst am Telefon. Vom frühen Morgen bis spät in den Abend hinein gingen aus dem ganzen Land Anrufe ein. Die Menschen wandten sich an uns

Gennadij Kesner

als die letzte Instanz, die mit einer Kur oder einem Erholungsaufenthalt für ein Kind, mit Medikamenten oder Sachen aus den humanitären Hilfstransporten helfen konnte, die die Stiftung tonnenweise von ihren internationalen Partnern erhielt. Alle Telefonate (wer, woher, für wen und mit welchem Anliegen) wurden präzise in ein spezielles Großbuch eintragen. Es ist unmöglich, alles zu beschreiben, was mit der Stiftung in Zusammenhang stand. Hier sind nur ein paar aufschlussreiche Beispiele, die sich bei mir wahrscheinlich für mein Leben eingeprägt haben.

Erstens die Hingabe derjenigen, die sich der Tätigkeit der Stiftung »Den Kindern von Tschernobyl« e. V. anschlossen. Die heißeste Zeit war von Frühling bis Herbst, wenn Hunderte Auslandsinitiativen (Partner unserer Organisation) belarussische Kinder aus durch die Tschernobyl-Katastrophe verseuchten Regionen zu einem Erholungsaufenthalt einluden. Ihre Anzahl erreichte in manchen Monaten Anfang der 90er Jahre an die zigtausend. Können Sie sich so etwas vorstellen? Können Sie sich vorstellen, welche Belastung unsere nichtstaatliche, gemeinnützige Stiftung hatte? Die Stiftung hatte keine Fachleute zur Erteilung von Visa oder Ausfertigung von Dokumenten. Wir mussten alles von Grund auf lernen. Und das taten wir auch! Ich kann mich – jedenfalls während meiner Zeit bei der Stiftung – an keinen Fall erinnern, in dem eine Kindergruppe aus technischen Gründen nicht ausreisen konnte.

Damals mussten zur Visaerteilung die Fotos der Kinder in den Pass der Betreuer (Dolmetscher, Betreuer und Lehrer) eingeklebt werden, die mit ihnen ins Ausland reisten. Manchmal mussten diese Mitreisenden der Stiftung ihren Pass fast jährlich wechseln (oder sogar öfter), denn die Seiten im Ausweis waren schnell voll. Später durfte man einen Anhang anfertigen: Die Fotos der Kinder konnten auf einzelnen A4-Blättern ergänzt werden, verschnürt, versiegelt und unterzeichnet durch die jeweils zuständigen Beamten des OWIR (Amt für Visa und Registrierung). Das war eine Menge Arbeit! Noch später musste jedes Kind einen Pass beantragen und bekommen. Da waren wir auch diejenigen, die dabei halfen.

Einige Jahre lang tauchten im Hof des Stiftungsbüros in der Starowilenskaja Straße 14 dutzende Tische auf (ich weiß nicht mehr, woher so viele Tische kamen), und dutzende Lehrer, Aktivisten und andere Menschen saßen Tag und Nacht und bereiteten Unterlagen vor, damit diese möglichst schnell die entsprechende Botschaft erreichten. Damals gab es noch kein Schengen-Abkommen. Alle brachten ihre Brotdosen mit, um zwischendurch etwas zu essen. Im Büro konnte man Kaffee und Tee kochen. Übrigens war es eine gute Tradition, von den Kinderreisen etwas Leckeres für die Kollegen mitzubringen, oft auch Kaffee oder Tee. Das war völlig normal. Alle waren mit ganzer Seele bei der Arbeit, denn sie wussten, wofür es gut war.

Zweitens: Nach einiger Zeit stellte man mich als stellvertretenden Büroleiter bei der Stiftung ein. Büroleiterin war zu dieser Zeit MARINA KASAKOWA. Plötzlich hatte ich viel mehr Aufgaben als am Telefon zu sitzen und humanitäre Hilfsgüter zu entladen. So galt es, eine Unmenge ausländischer Faxe zu beantworten: Ich legte die Antworten Gruschewoj zur Unterschrift

12 Requiem

vor, er überflog sie kurz und zeichnete sie ab. Dazu kamen die Kontakte mit verschiedenen Initiativen in den belarussischen Regionen und vieles mehr.

Einige Male in der Woche berief Gennadij Wladimirowitsch den Vorstand der Stiftung ein. Üblicherweise wurde 19 Uhr als Sitzungsbeginn festgesetzt, aber ehrlich gesagt, begann sie praktisch nie um diese Zeit. Der Chef hatte so viel zu tun, dass er bis zu diesem Termin einfach nicht alle Angelegenheiten erledigen konnte. Er erschien also später, manchmal deutlich später. Dennoch warteten die Mitglieder des Leitungsgremiums der Stiftung auf ihn und diskutierten heiß zu den anstehenden Fragen. Wenn Gruschewoj dann da war, konnte die Versammlung oft bis um drei Uhr nachts oder sogar länger dauern, je nachdem, wie viele Probleme umgehend besprochen werden mussten. Wir hatten nämlich dutzende Wohltätigkeitsprojekte, die dringende Entscheidungen brauchten. Gruschewoj sprudelte vor Ideen! Wir doch auch! Wir merkten deshalb gar nicht, wie spät es wurde und meckerten nicht, dass es spät wurde. Wir nahmen die Umstände hin. Und das obwohl die Hochschul- oder Schullehrer morgens schon wieder in Klassenräumen und Hörsälen stehen, die Mitarbeiter wieder im Stiftungsbüro, und die Ärzte wieder in den Krankenhäusern sein mussten. So sah eben unser Arbeitsalltag aus.

Drittens: Unsere Feste. Natürlich sind die Mitarbeiter, Freiwilligen und Aktivisten der Stiftung in erster Linie Menschen. Schon nach kurzer Zeit gemeinsamen Arbeitens wurde die Organisation zu einer großen Familie. Wir feierten alle wichtigen Feste gemeinsam, und zwar immer am Vorabend: Neujahr, Weihnachten, den 8. März und natürlich unsere Geburtstage. Das Besondere an diesen Feiern war, dass unsere wunderschönen »Stiftungsfrauen« verschiedene Köstlichkeiten zubereiteten: warme Gerichte, fantastische Salate, Kuchen und Süßigkeiten, und dass jedes Mal ein interessantes und unterhaltsames Programm vorbereitet wurde. Gennadij Wladimirowitsch liebte diese Versammlungen, deren Gäste manchmal gar nicht alle im Büro Platz fanden. Dann lagerten wir die Feier einfach in unseren ge-

Feier Im Stiftungshof, rechts Gennadij Gruschewoj

liebten Hinterhof vor dem Büroeingang aus. Am Ende hatten immer alle genug Platz, ebenso wie festliche Stimmung, Getränke und Speisen.

Diese Tradition hat in gewisser Weise sogar den Tod von Gennadij Wladimirowitsch überlebt. Am 24. Juli 2015 feierten die ehemaligen und jetzigen Stiftungsmitarbeiter im »Garten der Hoffnung« (in der Prityzki-Straße neben der orthodoxen Gemeinde der Ikone der Gottesmutter »Allen Trauernden zur Freude« zum Andenken an die Tschernobylopfer) den 65. Geburtstag unseres ehemaligen Chefs, der wahrscheinlich vom Himmel auf die Anwesenden hinabschaute. Die Frauen hatten viele selbstgemachte Leckereien mitgebracht. Es ging lustig zu, als wäre er immer noch unter uns. Die Menschen gehen, aber die Erinnerungen und Traditionen der Stiftung bleiben, Gott sei Dank, erhalten.

Die Silvesterfeier in den Räumlichkeiten der Stiftung. Eng, aber lustig und kuschelig. In der Mitte Marina Kasakowa, Lubowj Lessowa und Lorenz Köhler, der 1. Freiwillige der Aktion Sühnezeichen

Das letzte Treffen: Am 25. Januar 2014, einem Samstag, besuchte ich Gennadij Wladimirowitsch Gruschewoj in seiner Wohnung, bereits zum zweiten Mal in dieser Woche. Mein älterer Freund war bereits einige Jahre lang an Leukämie erkrankt. Diesmal war unser Treffen ganz kurz, denn er hatte um 14 Uhr einen Termin beim Arzt. Mein ehemaliger Chef hatte Appetit auf Mandarinen und Äpfel, und ich brachte sie ihm vorbei. Ich hatte auch eine seltene Ausgabe der Zeitschrift »Russisches Leben« von 1926 über das Leben russischer Emigranten nach der Oktoberrevolution dabei.

»Ich möchte die Verhaltenslogik der damaligen russischen Intelligenzija verstehen. Was dachte sie nach dem Oktoberumsturz? Ich möchte dies mit dem heutigen Verhalten und den Gedanken der russischen Intelligenzija und überhaupt des gegenwärtigen Establishments vergleichen. Was wollen sie von uns und von den anderen Nachbarn? Diese Zeitschrift brauche ich für meine weitere Arbeit«, hatte mir Gruschewoj am Dienstag bei unserem vorletzten Gespräch gesagt. Ja, er wollte arbeiten, schreiben. Nichts ließ mich annehmen, dass jenes Treffen am Samstag unser letztes sein könnte.

GENNADIJ GRUSCHEWOJ kämpfte fast fünf Jahre lang gegen diese schwere Krankheit. Ich bin mir sicher, dass sie eine Folge der zahlreichen Reisen als Leiter der Stiftung »Den Kindern von Tschernobyl« e. V. in die verstrahlte Zone von Belarus sowie unzähliger schlafloser Nächte und Verfolgungen war, denen er, seine Familie und sein wichtigstes Kind – die Belarussische gemeinnützige Stiftung »Den Kindern von Tschernobyl« e. V. – ausgesetzt waren. Von denjenigen, die heute immer noch an der Macht sind.

Wir sollten dem Mut von Gennadij Gruschewoj unsere Ehrerbietung erweisen. Die Ärzte, wie mir Gennadij Wladimirowitsch persönlich erzählte, gaben ihm nur wenige Monate, aber er schaffte es, sie in fünf Jahre vollwertiges Leben zu verwandeln. Mit seinen jungen Nachfolgern veranstaltete er Jugendforen, an denen hunderte Jungen und Mädchen aus allen belarussischen Regionen teilnahmen. Trotz der Krankheit kam Gruschewoj sogar in den letzten Jahren noch für ein paar Stunden zu den Festen der Jugendlichen. Auch im Bereich der Menschenrechte wollte er unterstützen, worüber die Aktivisten der »Plattform Innovation« erzählen könnten.

Fast 25 Jahre lang verband mich mit Gennadij Wladimirowitsch eine enge Bekanntschaft und die Zusammenarbeit in der Stiftung. In den letzten Jahren wurden wir gute Freunde. Darauf bin ich sehr stolz. Ich schätze mich glücklich, dass mir das Schicksal einen solchen Menschen geschenkt hat, den man verehren und dem man vertrauen konnte. Das ist die reine Wahrheit.

Über Gruschewojs fruchtbare Arbeit – sowohl als Vorsitzender der Belarussischen gemeinnützigen Stiftung »Den Kindern von Tschernobyl« e. V., als auch als Wissenschaftler und Abgeordneter des Obersten Sowjets der 12. und 13. Legislaturperiode – werden andere Leute noch viel erzählen und schreiben.

Ich möchte Gennadij Wladimirowitsch an dieser Stelle nur noch sagen: Meinen aufrichtigen Dank! Danke für alles! Danke für all die glücklichen und interessanten Tage, Stunden, Minuten, die ich dabei sein durfte.

Das Freisein lernen

WALJARYNA KUSTAWA ist Lyrikerin, Schriftstellerin, Drehbuchautorin, Produzentin und Moderatorin von Fernsehprojekten in Belarus:

Mit GENNADIJ GRUSCHEWOJ hat mich WLADIMIR NEKLJAJEW bekannt gemacht. Er sagte: »GENNADIJ GRUSCHEWOJ lädt dich zu seiner Geburtstagsfeier ein, bring einen sympathischen Burschen mit, damit ihr ein anständiges und schönes Paar ausmacht, Gruschewoj will dich kennenlernen. Er ist toll.« Ich fragte: »Wer ist er denn? Was soll ich ihm schenken?« Nekljajew antwortete darauf, Gruschewoj habe alles, was er brauche, keine Geschenke seien nötig, er habe mit der Stiftung »Den Kindern von Tschernobyl« e. V. alle belarussischen Kinder zur Erholung ins Ausland gebracht.

Valeryja Kustava

Da erinnerte ich mich, dass ich mit acht Jahren für einige Monate in einer gemischten Gruppe (Kinder aus den Tschernobyl-Gebieten und begabten Kindern, junge Künstler und Dichter) nach Deutschland gereist war. Die Gruppe wurde vom Kunstwissenschaftler Michas Barasna, dem zukünftigen Rektor der Kunstakademie in Minsk, betreut.

Ich war eine der jüngsten in der Gruppe. Am ersten Tag in Deutschland brachte man mich in meine Gastfamilie, die draußen, weit weg von den anderen lebte. Meine junge Gastmutter hieß Dorothy, ihr Mann Norbert war Feuerwehrmann, und sie hatten eine Tochter. Alexandra war dunkelhäutig, ich glaube, sie war eine Adoptivtochter des blonden Ehepaars. Ich hatte ein Zimmer für mich allein, und sie hatten einen Kuchen zu meiner Ankunft gebacken. Ich konnte ihn nicht essen, weil ich in Tränen ausbrach, weil ich müde war, weil ich sehr starkes Heimweh hatte.

Ich verstand kein Deutsch, nur ein bisschen Englisch. Aber ich erinnerte mich an bunte Märchenzwerge, die wir belarussischen Kinder, die zum ersten Mal ohne Eltern ins Ausland reisten, unterwegs nach Deutschland durch die Busfenster gesehen hatten. Die Reise dauerte einige Tage. Ein ganzer Bus voll kleiner Kinder. Die Eltern hatten mir drei Beutel mit Essen mitgegeben, ich verteilte alles an die anderen Kinder, an die Jungs im Bus. Und ich selbst saß da und bewunderte die Zwerge, die leuchteten. Zum ersten Mal sah ich Toiletten und Waschbecken, wo – oh Wunder! – Wasser floss, wenn man die Hand vor einem Knopf bewegte. Und immer wieder Zwerge.

Dorothy und Norbert beschlossen noch ein Mädchen aus meiner Gruppe aufzunehmen. Wika war vierzehn und konnte gut Englisch. Einige Wochen wohnten wir bei meiner Gastfamilie, und dann brachte man uns zusammen zu der ihrigen.

Dorothy, Norbert, Alexandra, Wika und ich gingen ins Schwimmbad, aßen Eis aus gefrorenem Saft, das ich davor nie gesehen hatte, gingen in den Zoo mit Riesenpapageien, die sich einem wie in einem Märchen direkt auf den Kopf setzten, ins Ozeanarium mit riesigen Fischen, die wie in Träumen eine Armlänge entfernt hinter der Scheibe schwebten.

Wir löteten Kinderhalsketten und klebten Muster aus bunten Puzzleteilen. Wir machten große Seifenblasen und wanderten, sprangen auf dem Bungeetrampolin und lernten Sprachen.

Wir wählten coole Shorts und bequeme bunte Hemden aus denen, die sie uns brachten, so wie es uns gefiel. Wir rangen und rauften, alberten herum, wir lernten frei sein.

Diese deutschen Erwachsenen machten uns Geschenke und interessierten sich dafür, wie unsere Familien lebten und was wir später werden wollten.

Ich habe zum ersten Mal Softeis und Ausdrucksfreiheit gekostet. Und noch musste ich die Schirmmütze beim Essen nicht abnehmen, weil ich nach Schirmmützen verrückt war, und lieber Jungenklamotten statt Kleider trug. Ich durfte Skateboard fahren und stundenlang den Ball schlagen, bis ich müde wurde.

Meine erste Liebe war Markus aus Wikas Gastfamilie. Er war dreizehn und er brachte mir bei, wie man Rad fährt und wie man seine Scham loswird. Wir gingen zusammen in die Schule. Mit acht wusste ich bereits, was sie mit 12 oder 13 lernten. Im Englischunterricht konnte ich, das weiß ich heute noch, genau sagen, welche Zeit die Uhr zeigte. Und die Klasse klatschte Beifall. Beifall bekam aber jeder, auch wer die Zeit erst beim dritten oder vierten Versuch richtig nannte.

Hier gab es keine Schuldigen, man konnte nichts falsch machen. Dazu saß hier der Lehrer auf dem Tisch, die Schüler flüsterten, jemand blätterte in einer Zeitschrift, jemand hörte Musik und erfüllte eine kreative Aufgabe. Man fühlte sich leicht und heiter. Niemand hatte Angst. Später schrieb mir Markus Briefe nach Minsk. Ich wartete sehr auf sie. Diese Leichtigkeit lebt in mir bis heute.

Einmal lief ich sehr bekümmert durch die Stadtmitte: Am nächsten Tag sollte ein von mir veranstaltetes Lied- und Poesiefestival im Ort Krewo stattfinden, der Transfer für die Teilnehmer war aber immer noch nicht organisiert, und es bereitete mir Kopfschmerzen. Mit diesen Sorgen stieß ich auf den nachdenklichen Gennadij Gruschewoj, der aus einem Laden trat. Er war froh, mich zu sehen. Er sagte bloß, dass alles in Ordnung sein wird, und am nächsten Tag wurden meine Gäste und ich an der Brücke in der

Troizkoje-Vorstadt von einem großen Bus abgeholt, den uns Herr Gruschewoj kostenlos zur Verfügung stellte. Er brachte uns alle nach Krewo, hörte sich das Konzert an und fuhr alle wieder nach Hause. Seine einzige Bitte war, dass die angehenden Lyriker und ich ihm unsere Bücher bringen, er wollte dafür bezahlen.

Unterwegs, als Gruschewoj erfuhr, dass mein Handy abgestürzt war, bot er mir sein neues als Geschenk an: Das neue Mobiltelefon habe er zum Geburtstag bekommen, aber er habe ja schon eins. Ich war beeindruckt, lehnte es aber ab. Wie toll, dass er den Bus organisieren konnte!

Beim Jugendforum für gerechte Welt im Jahr 2012 in Drosdy, auf dem Jurasj Meleschkewitsch, Natalja Motus und ich als Freiwillige Workshops leiteten und den Jugendlichen bei der Gestaltung thematischer Aufführungen halfen (bei meiner ging es darum, dass man in Westeuropa auf dem Rasen sitzen darf, weil der Rasen für Menschen und Erholung gedacht ist, und bei uns jedoch nicht, weil Rasen nur zur Schönheit da ist), stieg Gennadij Gruschewoj nach der Präsentation auf die Bühne. Er sagte, dass er erraten hätte, wer die Idee für unsere Aufführung geliefert hatte, und dass diese Idee im Grunde völlig richtig sei und alles darlegt, was er mit der Kindererholung im Ausland in den Köpfen verändern wollte.

Noch konnte er so sprechen, dass ich unbedingt für ihn stimmen würde: würdevoll, vernünftig, überzeugend, sachlich, offen und freundlich. Menschlich halt. Er wusste, dass es sehr, sehr wichtig ist, anderen beim Umdenken zu helfen. Er dachte an alle, obwohl man sich fragen konnte: Was gingen ihn alle an, als er schon selber an der Krankheit litt, vor der er belarussische Kinder retten wollte?

Gruschewoj war es, der mich an Latte Macchiato gewöhnte. Er lud mich ins »Oliva« ein und fragte: »Welchen Kaffee magst du? Eine junge Frau wie du kann feinen Kaffee mit gewissem Anspruch mögen. Zum Beispiel Latte Macchiato.« Das Wort hörte ich damals zum ersten Mal. Dieses Getränk war noch neu in den Cafés von Minsk. Der Kellner brachte das Glas. Aber nach Gennadijs Geschmack gab es zu wenig Milch und er ließ einen echten Latte zubereiten. Wir unterhielten uns lange, für mich war das Gespräch spannend und er sagte, dass er die Unterhaltung angenehm fand. Ich glaubte ihm.

Jetzt bestelle ich nur Latte Macchiato und erinnere mich jedes Mal an die bunten Zwerge unterwegs nach Deutschland, an Markus und Soft-Eis, an die farbenfrohen Riesenpapageien und die Schule, in der Lehrer auf dem Tisch sitzen, an meine bunte Lieblingsmütze, an die Busfahrt nach Krewo, an Gennadijs Geburtstagsfeier, an seine Ansprache auf dem Forum und, wie er dich in einem vollen Saal entdecken konnte, an den Kaffee, der zu mir passt, daran, wie Gennadijs Frau Irina mich als eine der wenigen Belarussen bei meinem Auftritt im Literaturcolloquium Berlin unterstützte, wie sie ein Jahr davor zu meinem ersten Auftritt in Deutschland ins Kunsthaus Tacheles gekommen war, um mich kennenzulernen, an Gennadijs Sohn Max, dem ich durch Zufall in Vilnius, in einem Verein begegnete, der den Belarussen weltweit helfen wollte, und mit dem ich danach in einem Nachtklub in Vilnius tanzte. Ich erinnere mich… Und trinke meinen Latte Macchiato aus. Und bestelle noch ein Glas und noch eins. Danke für das alles, mein lieber Herr Gruschewoj!

Man sagt, am besten sei es, aus den Fehlern der Anderen zu lernen. Aber es scheint, dass wir weder aus den eigenen noch aus den fremden Fehlern lernen.

Nur dadurch kann man den Bau eines eigenen Atomkraftwerks in Belarus erklären. Und auch dadurch, dass die Anhänger dieses »Jahrhundertprojektes« nicht wirklich an seine Umsetzung glauben und kaum sich selbst und ihr Leben neben einem neuen Atomkraftwerk sehen …

Alexander Tamkowitsch

Das Atomkraftwerk Ostrowez im Bau, Belarus, 2016
Mit freundlicher Genehmigung von Alexander Wasjukowitsch,
TUT.BY http://news.tut.by/politics/506013.html

13 Ostrowez als Platz der Unabhängigkeit

Dies ist das letzte Interview, das Gennadij Gruschewoj in seinem Leben gegeben hat. Nur wenige Tage vor seinem Tod zeichnete mein Kollege und langjähriger Freund Gruschewojs, Jewgenij Ogurzow, dieses Gespräch auf. Heute liest es sich wie eine Botschaft, die die Belarussen vereinen könnte und sollte.[1]

Jewgenij Ogurzow: Was bedeutet Tschernobyl für Sie?

Einerseits ist das ein tragisches Ereignis, sowohl in meinem Leben als auch in der Geschichte unserer Nation. Andererseits ist damit die höchste zivilgesellschaftliche Aktivität in der neuesten belarussischen Geschichte verbunden. Durch diese zwei Punkte kann man eine direkte Verbindung in unsere Zukunft zeichnen.

Tschernobyl war für uns alle das schrecklichste Ereignis seit dem Zweiten Weltkrieg. Die Strahlung bedrohte die Gesundheit und das Leben praktisch aller Bürger unseres Landes. Viele Menschen – auch wenn das teilweise bis heute geleugnet wird – verloren ihre Gesundheit, ihr Heim, ihre Arbeit, ihre Familie. Hunderttausende zerstörte Schicksale!

Ich möchte nicht behaupten, dass Tschernobyl unser Volk physisch hätte vernichten können, aber es wurde doch zutiefst traumatisiert. Diesen Fakt kann niemand bestreiten. Hätte man es damit bewenden lassen, wäre das für die Belarussen eine totale Niederlage gewesen.

Es ist also auch Hoffnung damit verbunden?

In den finstersten Zeiten vereinen sich die Belarussen, richten sich auf und erweisen auf das Vielfältigste Opferbereitschaft, Kraft und Geduld.

---

[1] Quelle: www.belarspartisan.org

13 Ostrowez als Platz der Unabhängigkeit

Jewgenij Ogurzow und Gennadij Gruschewoj

Wenn es keine Bemühungen des Gegenwirkens gibt, dann bedingen solche Katastrophen, dass die Gesellschaft zugrunde geht und der Staat zerfällt. Tschernobyl vereinte unbestreitbar tödliche Gefahr und Konsolidierung der Gesellschaft. Die größte Gefahr bestand für die Kinder, denn ihr Stoffwechsel ist viel aktiver als bei Erwachsenen und so nahmen ihre Organe die Strahlung viel eher auf als ihre Eltern.

Die noch nicht voll ausgebildeten Organe erkrankten also durch die Strahlendosis, mutierten und dies führte zum Tod oder zur Invalidität. Kinder sind naiv und sorglos und damit am stärksten durch das »friedliche Atom« gefährdet. Vor einem Feuer laufen sie weg, vor der unsichtbaren Strahlung nicht.

Und deshalb gründete Gruschewoj die berühmte gemeinnützige Stiftung »Den Kindern von Tschernobyl« e. V.?
Ja, auch das war ein Beweggrund. Die Gefahr mobilisierte die aktivsten Teile der Gesellschaft, die Menschen begannen, selbst zu handeln, anstatt bei der Regierung um Hilfe zu bitten. Hinzu kam, dass die Parteigenossen und die sowjetischen Arbeiter ausnahmslos logen und die Gefahr, die von der Strahlung ausging, herunterspielten. Mit voller Überzeugung kann ich sagen, dass sich die Belarussen nach der Havarie als wahre Bürger in Höchstform erwiesen haben. Durch die Tschernobyl-Bewegung erwachten sie, wurden von unterwürfigen, schweigenden Sowjetmenschen zu bewussten Bürgern.

Die Menschen erkannten also, dass sie sich auch eigenverantwortlich, ohne die führende Hand von Kreis- und Stadtverwaltung, um ihre Kinder kümmern können.

Die Menschen erkannten, dass sie mit ihren eigenen Kräften tatsächlich ihr Leben verändern können. Damals wie heute denkt doch die Mehrzahl der Belarussen: »Ich bin klein, was kann ich denn ausrichten? Von mir hängt doch nichts ab!« Und dann konnten die Kinder aus den kleinsten Dörfern plötzlich ohne irgendwelche Gewerkschaftszettel oder Schlangestehen in der Kreisverwaltung nach Deutschland, Italien oder in die Schweiz fahren! Und ohne jegliches Zutun der Verwaltung kamen humanitäre Hilfstransporte an.

Die Menschen organisierten das einfach selbst, ohne Unterstützung staatlicher Stellen und standen im direkten Kontakt zu Initiativen aus dem Ausland.

Damit kehrte der bereits vergessene Glaube in die eigene Kraft als Bürger in die Menschen zurück. Aus eigener Kraft Resultate zu erzielen, das eigene Leben zu verbessern und schließlich durch gemeinsames Handeln auch den Staat zu verändern – dafür wurde das Bewusstsein geweckt.

13 Ostrowez als Platz der Unabhängigkeit

Mit Blick auf die aktuelle Situation der Zivilgesellschaft in unserem Land – genauer gesagt, ihr Fehlen – stellt sich die Frage: Wohin verschwanden diese unzähligen Tschernobyl-Initiativen, die doch teilweise schon die Verwaltung in kleinen Städten und Dörfern übernommen hatten?

Das war höhere Gewalt, der Zerfall der Sowjetunion. Diese Welle des zerfallenden sowjetischen Systems überrollte die gerade aufkeimenden zivilgesellschaftlichen Kontakte. Die Welt zerbricht, und eine neue historische Realität entsteht. Wie soll Zivilgesellschaft funktionieren, wenn massenhaft Fabriken schließen, Löhne über Monate nicht gezahlt werden, Schulen, Kliniken und Universitäten nicht wissen, wie es weitergehen soll. Belarus wurde vom Chaos überrollt, und die Menschen waren nur mit dem Überleben beschäftigt.

Die Nation war gerade erst auf die Beine gekommen, fühlte sich langsam stark und einflussreich, nicht nur auf regionaler, sondern auch auf staatlicher Ebene, und dann bricht plötzlich das sozialistische System zusammen! Eine Zivilgesellschaft bedarf einer gewissen Stabilität, um sich entwickeln zu können. Auf dem Höhepunkt unserer Aktivitäten, im Jahr 1992, waren 14 000 registrierte Mitglieder in den Organisationen, und hinter jedem Mitglied standen noch einmal dutzende, wenn nicht hunderte Aktivisten, die freiwillig und uneigennützig für unsere Idee arbeiteten. Dann kam der Kollaps, nicht nur der Regierung, sondern des gesamten Alltags!

Ganz nachvollziehbar ist das nicht. Die Kommunisten hatten doch die Macht verloren, es fanden freie Wahlen statt, die Menschen bekamen mehr Freiheiten in ihrem Denken und Handeln. Die menschliche Initiative hätte sich dabei doch noch mehr ausbauen müssen, wie es bei Ihren Strukturen geschah, die in ihrer Qualität und Quantität auch Änderungen erlebt haben müssten. Wie kam es dazu?

Sie irren sich gewaltig, denn es war ja keine Demokratie im Land entstanden. Über eine kleine, demokratisch eingestellte Elite ging das bei uns nicht hinaus. Die alten Lichter gingen tatsächlich aus, man entzündete jedoch kein neues Licht. Wir steckten im Nebel fest. Dieses Ereignis hatte vorherbestimmt, dass die Tschernobylbewegung langsam zerfaserte und verwischte, da sie es nicht geschafft hatte, zu einer stabilen Plattform für die zukünftige Zivilgesellschaft zu werden. So wurde sie zu einer normalen gemeinnützigen Organisation, der zudem noch von allen Seiten bürokratische Zangen angelegt wurden. Dennoch hat die Bewegung gezeigt, dass in unseren Menschen das Potential des Bürgers und Demokraten steckt, und zwar ein großes.

Ende der 80er Jahre, fand am 26. April, dem Jahrestag der Tragödie, der erste »Tschernobyl-Marsch« statt ...

Am 26. April 1989 fand nicht der »Tschernobyl-Marsch« statt, sondern eine Aktion mit dem Titel »Stunde der Trauer und des Schweigens«, es wurden Kränze niedergelegt und Kerzen entzündet. Dies war der erste Punkt, der im kollektiven Bewusstsein gesetzt wurde, um Leid, Schweigen und Trauer um alle, die der Katastrophe zum Opfer gefallen waren, zum Ausdruck zu bringen. Der zweite Punkt war sicher der »Tschernobyl-Marsch«, der im selben Jahr am 30. September stattfand. Es war Ausdruck des Protestes der Massen gegen den Umgang der Politik mit der Tschernobyl-Problematik. Schon im folgenden Jahr wurden diese beiden Punkte – das Gedenken und der Protest – zu einem Ereignis vereint: dem »Tschernobyl-Marsch« am 26. April.

Was halten Sie vom »Tschernobyl-Marsch«, wie er heutzutage stattfindet?

Nun ja, heute sehen wir leider den totalen Verfall der früheren Ideale der Bürger, die nun zu einem unverständlichen Ritual geworden sind. Was ist das für ein Protest, wenn die Leute aufgerufen werden, über einen ausgetretenen Pfad in den »Park der Völkerfreundschaft« zu laufen, Blumen an der Tschernobyl-Kapelle niederzulegen und das dann »Tschernobyl-Marsch« zu nennen? Wohin soll das führen? Nirgendwohin! Im Grunde ist das eine abgedroschene Version der »Stunde der Trauer und des Schweigens«.

13 Ostrowez als Platz der Unabhängigkeit

Warum ist das so gekommen?

Am Ende der 90er Jahre kam es zu einem Bruch zwischen den politischen Bewegungen und den spezifischen Tschernobyl-Bewegungen. Die oppositionelle Bewegung der politischen Parteien hörte auf, sich für die Interessen der einfachen Leute einzusetzen. Die Gesellschaft und die Parteien gingen getrennte Wege. Die Oppositionspolitiker waren ihrer Aufgabe nicht gewachsen. Sie sagten sich von den Menschen los und konzentrierten sich auf den politischen Protest. Die Gesellschaft stand also allein den Machthabern gegenüber. Vorher konnte unsere Bewegung Protest und wirkliche Beteiligung vereinen, Protest und Einfluss auf das Leben der Menschen: Erholungsaufenthalte für die Kinder, Unterstützung der Umsiedler, humanitäre Hilfe für die Bedürftigen, Betreuung von Krankenhäusern und Hospizen, Familienkinderheime.

Sie haben vermutlich konkrete Vorschläge, wie man Protest und Aktivitäten aller demokratischen Kräfte wieder einen könnte?

Die habe ich. Und ich nenne Ihnen auch den Titel dieses Projektes: Ostrowez! Schauen Sie, die Menschen reagieren doch auf keinen der Aufrufe der Opposition. Wenn wir wollen, dass Ostrowez nicht zum nächsten belarussischen berühmten Kriegsdenkmal »Stalin-Linie«[2] wird, dann muss genau jetzt der »Tschernobyl-Marsch« wieder auferstehen, um die politische Elite und das Volk zusammenzubringen.

Und wie kann das erreicht werden?

Das war kein Witz, ich denke wirklich, dass der Standort für das belarussische Atomkraftwerk ebenso wie die »Stalin-Linie« auf politischen Motiven gründet. Jeder weiß, dass es keinerlei wirtschaftliche Begründung für

---

[2] Wikipedia: Die Stalin-Linie war eine Verteidigungslinie, die ab 1929 an den Westgrenzen der UdSSR errichtet wurde. Sie bestand aus einer Vielzahl von Betonbunkern, welche über leichte sowie schwere Bewaffnung verfügten. Sie erstreckte sich über die gesamte Westgrenze von der Ostsee bis zum Schwarzen Meer. Sie verlief von Narwa und Pskow über Witebsk, Mogilew, Gomel und Schitomir sowie entlang des Dnjestr bis Odessa.

den Bau in Ostrowez gibt. Weshalb gerade die ökologisch sauberste Region des Landes dem Risiko der Verseuchung mit Radionukliden ausgesetzt werden soll, kann kein Wissenschaftler plausibel erklären. Es kommt doch auch niemand auf die Idee, ein chemisches Kombinat in die Belaweshskaja Puschtscha[3] zu bauen? Wirtschaftlich wird das geplante Atomkraftwerk nur Verluste bringen, es löst nicht das Problem der sicheren Energieversorgung. Um uns herum wird genügend Strom produziert, zudem planen Litauen, Russland und Polen ebenfalls Kraftwerke in der Region. Wohin mit all dieser Energie?

Wollen Sie damit sagen, dass hier ein rein politisches Problem gelöst werden soll?

Unbedingt! Erinnern Sie sich, wie viele Worte unser Staatsoberhaupt darüber verlor, dass das unabhängige Belarus sich unnötigerweise von den sowjetischen Raketen mit Nuklearsprengköpfen getrennt habe? Das war nicht so dahingesagt. Es ist doch der Traum eines jeden Diktators, wenigstens eine kleine Atombombe zu besitzen.

Denken Sie, dass das Atomkraftwerk Ostrowez diesen Wunsch in gewisser Weise erfüllt?

Warum denn nicht? Allein die Gefahr der Entweichung von Radionukliden ruft doch bei den friedlichen Bürgern Europas eine große Angst hervor.

Wohin soll uns der »Tschernobyl-Marsch« also führen?

Sicher nicht in den »Park der Völkerfreundschaft«. Dieser erste, richtige Marsch führte über den zentralen Prospekt der belarussischen Hauptstadt und endete mit einer Kundgebung von 200 000 Menschen vor dem Haus der Regierung am Platz der Unabhängigkeit.

---

[3] Wikipedia: Der Białowieża-Nationalpark bzw. Nationalpark Belaweshskaja puschtscha (polnisch Białowieski Park Narodowy, weißrussisch Нацыянальны парк Белавежская пушча, Nazyjanalny park Belaweshskaja puschtscha ist ein Nationalpark in Polen und Weißrussland. Er befindet sich in der Bialowiezer Heide und gilt als letzter Tiefland-Urwald Europas.

13 Ostrowez als Platz der Unabhängigkeit

Heute ist dieser Platz der Unabhängigkeit Ostrowez! Dort wird die Zukunft Belarus' entschieden. Dort, und nirgendwo anders, kann sich die politische Opposition wieder mit der zivilgesellschaftlichen Bewegung vereinen – denn ein zweites Tschernobyl würde unser Land nicht überleben.

»Der Schmerz von Tschernobyl ist unser Schmerz«

Danksagung

Dieses Buch wäre, wie die belarussische gemeinnützige Stiftung »Den Kindern von Tschernobyl« e. V. nicht ohne das mutige und große Engagement von vielen, vielen Menschen entstanden. Es kann kein einzelner für sich in Anspruch nehmen, allein die Ursache oder die Wirkung gewesen zu sein. Das Ganze ist immer weit mehr als die Summe der einzelnen Teile. Dennoch wäre dieses Buch nicht erschienen, wenn nicht einzelne Menschen und Organisationen ihren ganz besonderen Anteil dazu gegeben hätten.

Zu allererst gilt mein aufrichtiger Dank dem Autor Alexander Tamkowitsch. Obwohl er sich bewusst war, nur einen kleinen Teil des großen und vielfältigen Engagements für die Kinder von Tschernobyl seinen Zeitgenossen erzählen zu können, hatte er den Schritt gewagt. Aus den vielen von ihm geführten Interviews und Gesprächen ist dieses Buch entstanden. Und er musste aus der Vielfalt der Erzählungen eine Auswahl treffen. Es ist ihm sehr gut gelungen, die unterschiedlichen Erfahrungen zu Wort kommen zu lassen.

Außerdem gilt mein Dank besonders den namentlich im Buch genannten Autorinnen und Autoren für ihre Texte, die sie für dieses Buch geschrieben haben.

Den Übersetzerinnen und Übersetzern aus dem Russischen und Belarussischen Irina Narkewitsch, Julia Gribko, Alexej Schtscherbakow, Siarhei Paulavitski und Tina Wünschmann gilt ebenfalls mein Dank. Sie haben mit viel Mühe und Leidenschaft das Buch ins Deutsche übertragen.

Artur Wakarow gilt mein Dank für die ausdrucksvolle Gestaltung des Buchumschlags der belarussischen/russischen Ausgabe.

Danksagung

Das Buch lebt auch von den vielen Fotos. Ich bedanke mich sehr für die Fotos von Jewgenij Koktysch, Andrej Davydchik, Andrej Wyschinskij und bei den vielen anderen, die ebenfalls liebenswürdigerweise ihre privaten Archive geöffnet und die mir alle ihre Fotos für dieses Buch überlassen haben.

Ein besonderer Dank gilt Rainer-Maria Fritsch. Seine Großzügigkeit, mit der er dieses Projekt von der ersten Begegnung an unterstützt hat, ist bewundernswert. Mit viel Herz und Verstand hat er am Manuskript gearbeitet. Mit Geduld und scharfem Auge, mit unglaublicher Arbeitsausdauer hat er akribisch den Text korrigiert, kreativ gestaltet und alle technischen und handwerklichen Probleme gelöst. Dabei schaffte er es auch, mit selbstgebackenen Dinkelkuchen und Kaffee mir zu helfen, auch mutlose Phasen zu überbrücken.

Die Zusammenarbeit mit den Lektoren war wichtig für mich und brachte mir viele neue Erkenntnisse über die deutsche Sprache. Zuerst Bernhard Maleck, dann Rainer–Maria Fritsch und schliesslich Gisela Schmidt-Wiesbernd haben die Sisyphusarbeit übernommen, sich um die Korrektheit der Texte zu kümmern. Für die besonders feinfühlige Sensibilität bei der Korrektur der letzten Version, für die Genauigkeit und behutsame Kritik danke ich meiner lieben Freundin Gisela Schmidt-Wiesbernd von Herzen. In der heißen Phase vor der Drucklegung haben Erhard Frank, Claudia Heldt, Gudrun Löschke diesem Buch den letzten Schliff gegeben. Ihnen allen danke ich ganz herzlich.

Auch der Beitrag von meiner Tochter, Prof. Dr. Marina Gruševaja, die die ersten Kapitel aufmerksam und kritisch lektoriert hat, trug dazu bei, dass die Texte an Klarheit gewonnen haben. Ich danke ihr herzlich für ihre Geduld und Verständnis, sowie auch meinem Sohn Maxim Grouchevoi, der einen großen Teil von den vielen Fotos, die die Zeit dokumentieren, ebenso mit viel Geduld und hohem Zeitaufwand für den Druck vorbereitet hat.

Das Buch erzählt die Geschichte der vielen Menschen, die sich in Belarus und im Westen für die Kinder von Tschernobyl engagiert haben. Es ist kein kommerzielles Buch, das Gewinne erzielen soll und kann. Deshalb danke ich allen Menschen und Institutionen, ohne deren finanzielle Unterstützung dieses Buch weder in der russisch-belarussischen Originalfassung noch als deutsche Ausgabe erschienen wäre.

Besonderer Dank gebührt als allererstes der Deutschen Botschaft in Minsk, die die russisch-belarussische Ausgabe sowie die Präsentation des Buches in Belarus finanziell unterstützt hat. Damit war auch der Grundstein für die deutsche Ausgabe gelegt.

Die Bürgerinitiative »Tschernobylhilfe-Hardwald« aus der Schweiz, insbesondere Andreas Goerlich, Peter Graf und Veronika Reuschenbach, haben das Erscheinen des Buches in deutscher Sprache finanziell unterstützt und damit ermöglicht. Weitere Unterstützung hat das Buch erfahren durch Beat und Jolanda Erb aus Ilanz, Dorly Filippi aus Glattbrugg und durch die Kirchengemeinde in Pfungen, die bei der Betreuung des belarussischen Buchteams während der Interviews und der Präsentationen in der Schweiz mitgeholfen haben. Ihnen allen gilt mein allerherzlichster Dank.

Ohne Dr. Joerg Forbrig, Direktor des Fund for Belarus Demokracy of The German Marshall Fund of the United States (GMF), der das Lektorat und die Vorbereitung des Manuskripts dieses Buches in der deutschen Sprache für den Druck finanziell unterstützt hat, ohne die Ermutigung von Marina Rahlej, Referentin in der GMF, wäre die deutsche Ausgabe wohl nie richtig vorangekommen. Bei beiden bedanke ich mich aufrichtig.

Der Enthusiasmus, mit dem Angela Gessler und die Bürgerinitiative »Für die Welt ohne atomare Bedrohung« e. V. aus Rottweil, Monika Grau aus Leonberg, Frank Lasch, Angelika Gold und ihre Bürgerinitiative »Umweltschutz Offenburg« e. V. nach Unterstützung für das Buch suchten und für das Projekt Fördermittel besorgten, ist großartig.

Die Begleitung und Unterstützung durch die langjährigen Partner, Freunde und Freundinnen, insbesondere Burkhard Homeyer, der trotz seiner schweren Erkrankung mir immer mit Rat und Tat zur Seite stand, die Bundesarbeitsgemeinschaft »Den Kindern von Tschernobyl in D.« e. V.,

Danksagung

Karla Behnes, Inge Bell und Gisela Schmidt-Wiesbernd waren bei der Entstehung dieses Buchprojektes und seiner Verwirklichung, die allen größte Mühe abverlangte, unentbehrlich.

Ich danke ihnen allen für ihre treue Freundschaft und großzügige, auch finanzielle Unterstützung – gerade in schwierigen Zeiten.

Irina Gruschewaja
im Dezember 2016

Verzeichnis der Abkürzungen

BAG BAG – Bundesarbeitsgemeinschaft »Den Kindern von Tschernobyl« Deutschland e. V.

BNF BNF – russische Abkürzung für Belarusskij Narodny Front, dt. Belarussische Volksfront

BRSM BRSM – Wikipedia: Die Weißrussische Republikanische Junge Union (rus.: Белорусский республиканский союз молодежи) ist eine weißrussische regierungstreue Jugendorganisation. Die Organisation bezeichnet sich auf der eigenen Internetseite als Nachfolger der Komsomol. Die Weißrussische Republikanische Jugend ist patriotisch und steht loyal zum Präsidenten Aljaksandr Lukaschenka. Von seinen Kritikern wird der Verband verächtlich »Lukamol« (in Anlehnung an den Komsomol) genannt. https: //de.wikipedia.org/wiki/Wei%C3%9Frussische_Republikanische_Junge_Union

BSSR BSSR – Belorussische Sowjetische Sozialistische Republik

BUND BUND – Bund für Umwelt und Naturschutz Deutschland

DDR DDR – Deutsche Demokratische Republik

GAU GAU – größter anzunehmender Unfall in einem Atomkraftwerk

GONGO GONGO – *g*overnment-*o*rganized *n*on-*g*overnmental *o*rganization, dt. von der Regierung organisierte/initiierte Nichtregiegierungsorganisation. Häufig um stattliche/politische Interessen durchzusetzen und/oder zivilgesellschaftliches Engagement zu unterlaufen oder stattliche/politische Interessen zu verbergen.

IAEO IAEO – International Atomic Energy Agency, dt. Internationale Atomenergie-Organisation soll laut Satzung »den Beitrag der Kernenergie zu Frieden, Gesundheit und Wohlstand weltweit beschleunigen und vergrößern.«

IAHZ IAHZ – Internationale Assoziation für Humanitäre Zusammenarbeit e. V.

IC COC IC COC – International Council for the Future of the Children of Chernobyl, dt. Internationaler Rat für die Zukunft der Kinder von Tschernobyl

IPPNW IPPNW – Deutsche Sektion der Internationalen Ärzte für die Verhütung des Atomkrieges/Ärzte in sozialer Verantwortung e. V. https://www.ippnw.de

KGB KGB – Комитет государственной безопасности, dt. Komitee für Staatssicherheit war der sowjetische In- und Auslandsgeheimdienst.

KPdSU KPdSU – Kommunistische Partei der Sowjetunion

NGO NGO – non-governmental organization, dt. Nichtregierungsorganisation, nichtstaatliche Organisation

NKWD NKWD – Narodny kommissariat wnutrennich del (russisch НКВД = Народный комиссариат внутренних дел – Volkskommissariat für innere Angelegenheiten)

NRO Nicht-Regierungs-Organisationen

OMON OMON – russisch ОМОН für Отряд мобильный особого назначения, dt. Mobile Einheit besonderer Bestimmung, Einheit der russischen Polizei, im Unterschied zu normalen Polizeieinheiten direkt dem Innenministerium unterstellt.

ÖFCFE ÖFCFE – Ökumenisches Forum christlicher Frauen in Europa

UdSSR UdSSR – Union der Sozialistischen Sowjetrepubliken

UNO UNO – United Nations Organization (deutsch Organisation der Vereinten Nationen), häufig auch verkürzt zu UN – United Nations, dt. Vereinte Nationen

WILPF WILPF – Womens International League for Peace and Freedom, http://wilpf.org

Ortsregister

Aksakowschtschina, 39, 46, 48
Anapa, 95

Bad Urach, 181
Baden-Württemberg, 181, 344, 406, 407
Baranowitschi, 393
Barskamp, 264
Beelitz, 368
Belaweshskaja Puschtscha, 463
Belynitschi, 79, 85–88, 127
Beresinskij, Naturschutzgebiet, 155
Berlin, 84, 368, 415
Betzdorf, 110, 252, 254, 255, 344, 411
Borowljany, 106, 367
Bragin, 268
Brandenburg, 383
Brest, 61, 74, 75, 285, 296, 361
Buda-Koschelewo, 91–93, 96, 97, 99, 100, 158
Bychow, 106–108, 111, 127, 255, 359

Choiniki, 37, 45, 48, 126, 267, 355, 408
Coesfeld, 239, 248

Detmold, 110, 210, 243
Djatlowitschi, 284–286, 296, 299, 303, 408
Dobrusch, 274, 280, 289, 290, 292–295, 357
Dresden, 83, 352, 415
Drosdy, 90, 453

Erbach, 209

Fukushima, 406, 412

Gdjen, 268
Glattbrugg, 276–278, 280
Gluchi, 106
Gomel, 41, 45, 61, 78, 79, 95, 103, 158, 208, 220, 249, 250, 274, 289, 348, 361, 408
Grafenrheinfeld, 406
Grodno, 71, 99, 285
Grosny, 95
Göttingen, 357

ORTSREGISTER

Heidenheim, 103
Herford, 88
Hiroshima, 324

Ibbenbüren, 240, 241
Ilanz, 274

Jelsk, 283

Kalinkowitschi, 127
Kamenz, 98
Komarin, 268
Korma, 333
Koschelewo, 90
Kostjukowitschi, 78, 154
Krasnopolje, 71, 78
Krewo, 452, 453
Krim, 35
Kryshowka, 35
Köln, 358

Leningrad, 95
Leonberg, 412–414, 417–419
Luninez, 61–63, 65–67, 69, 158, 277–279, 284, 285, 296, 303, 393, 408, 411
Lüneburg, 263, 266, 268–270

Malinowka, 108, 117, 130, 186, 285, 338, 365, 366, 411
Mikaschewitschi, 62, 68
Minsk, 72, 74, 84, 86, 90, 97, 107, 179, 255, 274, 311, 320, 332, 361, 410, 414, 418, 419, 453
Mir, 285
Mogilew, 61, 71, 78, 79, 153, 158, 220, 239, 255, 274, 361, 393
Molodetschno, 172
Mosyr, 210, 243
München, 428
Münster, 194, 196, 238, 239, 241, 245, 249, 397

Narowlja, 37, 80, 81, 83, 355
Neswish, 285
Neuwied, 252
Nordrhein-Westfalen, 248, 311, 344

Oktjabrskij, 79–82, 84, 85, 158
Opfikon, 283
Opfikon-Glattbrugg, 283
Ostrowetz, 406
Ostrowez, 89–91, 223, 435, 462–464

Pfungen, 273, 304
Pinsk, 285
Pripjat, 35

Retschiza, 242
Rottweil, 67–69, 168, 405–411, 413, 415

ORTSREGISTER

Rschawka, 155
Rshwaka, 70–78

Sachsen, 383
Santa Severa, 315
Schklow, 181
Serbien, 415
Shary, 268
Shdanowitschi, 35
Shlobin, 129
Slawgorod, 39, 44, 46, 48, 69, 71, 73, 75–78, 112–114, 116, 117, 155, 239, 274, 280, 355
Slowakei, 415
Solingen, 86–88
Spitak, 90
Stolbzy, 314
Stolin, 62
Strelitschewo, 48, 49, 355
Surselva, 289
Swensk, 72, 76, 239, 240
Swetilowitschi, 86

Troistedt, 208
Troizkoje-Vorstadt, 356, 399, 453
Troizkoje-Vorstadtt, 81
Tscherikow, 78, 429
Tschetschenien, 95
Tschetschersk, 44, 103, 104, 111, 117, 154
Tschishowka, 365

Ukraine, 59, 61
Uwarowitschi, 93

Volkersdorf, 83, 352, 378, 380

Wetka, 355, 408, 428
Wilejka, 104
Witebsk, 88, 285
Wladiwostok, 41
Wolkowysk, 99
Woloshyn, 208
Wosnessensk, 102–105

Zürich, 276

Personenregister

Adamowitsch, Alesj, 31, 39, 40, 102, 197, 433
Aleschkewitsch, Wladimir, 367
Alexijewitsch, Swetlana, 166, 194, 201
Alpermann, Jürgen, 356
Antonenko, Anatolij, 370
Antonenko, Anatolij, Walentina und Jurij, 362
Antonenko, Walentina, 383
Antonowa, Natalja, 370
Asmykowitsch, Jelena, 196, 367

Bachurewitsch, Tamara, 365
Balakirew, Viktor, 362, 365, 386
Balke, Eva, 196, 243, 265, 356, 371
Becker, Isabell, 240
Becker, Jannis, 240
Behnes, Jürgen, 245
Behnes, Karla, 243, 245, 249–251, 470
Belenkow, Andrej, 362
Belikov, Alexander, 370
Bell, Inge, 470
Bisa, Galina, 362

Bogdanowa, Marina, 365
Bollini, Sergio, 196
Bolsunowskaja, Ludmila, 367, 368
Borodin, Vitalij, 364
Bortnik, Danuta, 365, 386
Bortschuk, Olga, 363
Branowez, Anastasija, 363, 370
Bril, Jelena, 368
Budjko, Antonina, 363
Budnitschenko, Anatolij, 79
Bukajew, Alexander, 363
Bulaj, Walentina, 370, 386
Burlak, Tamara, 363
Butkowskaja, Jelena, 368
Bykow, Wassil, 128

Chadika, Jurij, 185
Chadyka, Jurasj, 40
Chalpukowa, Swetlana, 370
Charitontschik, Galina, 363
Chrolowitsch, Nikolaj, 367

Daschkewitsch, Olga, 367, 390
Daschtschynskij, Alesj, 206

479

PERSONENREGISTER

Davydchik, Andrej, 468
Davydchik, Mascha, 367
Dawidowitsch, Tamara, 363
Dayneko, Marina, 368
Demtschin, Anatoli, 370
Denissenok, Nikolaj, 363
Detskina, Raissa, 180
Dieterich, Paul, 273, 274
Disha, Marina, 386
Duntschenko, Anatolij, 79, 85
Düber, Rudolf, 111, 196, 252, 254–258, 344, 356, 412

Eckel, Hayo, 388
Erb, Beat, 289, 294
Erb, Beat und Jolanda, 274, 469
Erb, Jolanda, 292–294

Fernex, Solange, 371
Fidjestøl, Eva, 151, 196
Filippchik, Galina, 365, 367
Filippi, Dorly, 295, 296, 299, 300, 469
Filomenko, Zhanna, 342, 365
Fjodorowa, Ljubow, 370
Fjodorowa, Lubowj, 179, 363
Flotow, Johannes, 344
Forbrig, Dr. Joerg, 469
Frick, Helmut, 348
Frick, Petra, 348
Fukuzawa, Hiroomi, 167

Furaschowa, Natalja und olga, 363

Galynskaja, Eva, 378
Galynskij, Eva und Wladimir, 274, 363, 398
Galynskij, Wladimir, 130
Galzowa, Natalja, 365
Garmasch, Regina, 103, 363
Gessler, Angela, 67, 168, 169, 382, 389, 405, 407, 408, 410–412, 415, 469
Gladysch, Barbara, 111, 196, 356, 359
Gluschak, Tamara, 363, 370
Goerlich, Andreas, 196, 273, 274, 276, 280–283, 285, 289, 295, 296, 300, 304, 469
Gold, Angelika, 469
Golombeck, Helen, 196
Gorlatow, Anatolij, 363
Goroschtschenja, Swetlana, 363, 370
Gowor, Jaroslawa, 196, 363
Graf, Peter, 300, 302, 303, 305, 469
Grau, Monika, 412, 415–417, 419, 469
Grigorjewa, Swetlana, 363
Gromyko, Walentina, 370
Gruschewaja, Irina, 29

Gruschewoj, Gennadij, 3, 370
Gural, Slawa, 363

Haubrich, Barbara, 196, 356
Havel, Václav, 161, 369
Havel, Václav , 309
Heiden, Christina, 180
Homeyer, Burkhard, XV, 137, 149, 194, 196, 238, 245, 261, 344, 356, 397, 469
Homeyer-Mikin, Ingrid, 149
Hulbert, Fiona, 196
Hönig, Walter, 241

Ismailow, Telman, 114
Iwanow, Nikolaj, 370
Iwanowa, Faina, 378, 380, 382
Iwanowa, Tatjana, 363
Iwanowa, Walentina, 363
Iwanuschina, Galina, 363
Iwolgina, Tamara, 102, 103, 105
Izrael, Jurij, 431–433

Jablokow, Alexej, 170
Jakutowitsch, Natalja, 196
Janusch, Olga, 363
Jarasch, Anatolij, 220
Jaroschewitsch, Ludmila, 363
Jegorow, Sergej, 370
Jelena Pachomowa, 366
Jelisejewa, Jelena, 367
Jemeljanowa, Galina, 363

Jermakowa, Galina, 71, 73–77
Jermolowitsch, Wasilij, 363
Jeserskaja, Eleonora, 245
Jewzhenko, Irina, 363
Junewitsch, Oleg, 367
Jung, Wolf, 196, 332
Junker, Beate, 341, 413–415, 417
Junker, Beate und Frowin, 196
Junker, Frowin, 415
Jurowa, Soja, 363
Juschkewitsch, Gennady, 367

Kalaschnikowa, Galina, 342, 365
Kapura, Tatjana, 363
Karawaj, Larissa, 363
Kartschigina, Alina, 368
Kasakowa, Marina, 276, 397, 445
Kasarzewa, Natalja, 180, 368
Kesner, Gennadij, 363, 443
Khashchavatski, Yury, 227
Kirschina, Natalja, 365
Knabl, Ludwig, 179
Koktysch, Jewgenij, 314, 468
Komarowa, Chalina, 363
Konoplja, Prof. Jewgenij, 102, 318
Kopelew, Lew, 334, 358
Kopf, Wolfgang, 196, 356, 388
Korobkina, Jelena, 367
Korolko, Tamara, 370
Korostyljow, Vater Igor, 320, 368
Koshar, Swetlana, 363

PERSONENREGISTER

Koslowa, Tatjana, 63, 65–67
Koslowskaja, Ludmila, 363
Kowaltschuk, Galina, 398, 400
Kowaltschuk, Stella, 370
Kowaltschuk, Walerij, 342, 368
Kramer, Gerhild und Wolfgang, 317
Kramer, Wolfgang, 371
Krassikowa, Swetlana, 90–92
Krawtschenko, Alexander, 370
Krawtschenko, Jelena und Alexander, 363
Kress, Ursula, 344
Kressiwa, belarussisches Gesangsensemble, 277, 296, 359, 400–402
Kriwko, Tamara, 363
Krutschinin, Sergej, 340, 396
Kulikowa, Galina, 355
Kupawa, Mikola, 38
Kurewitsch, Larissa, 363, 370
Kusnezowa, Olga, 106, 107
Kustawa, Waljaryna, 450

Ladissow, Aleksander, 363
Lang, Dr. Egbert, 248, 249, 386
Laptew, Sergej, 353, 368
Lasch, Frank, 469
Lawrenko, Tatjana, 363
Leksina, Swetlana, 368
Leschtschowa, Ludmila, 314, 363

Lessowa, Lubowj, 363, 366
Lindemann, Werner, 141, 238, 245–249, 356, 386
Lippert, Peter, 245
Lippert, Ursula, 249, 250
Lippert, Ursula und Peter, 245
Lobko, Konstantin, 38
Loresch, Mina, 363
Lukewitsch, Swetlana, 363

Mahlke, Heike, 322
Malinowskaja, Nila, 363
Malinowskij, Alexander, 114
Malischewskaja, Jadwiga, 363
Marezkaja, Swetlana, 363
Margolin, Isaak und Swetlana, 363
Marotschkin, Alexej, 38, 201, 212, 216
Mars, Elisabeth, 258–263
Marshak, Weniamin, 368
Martschenko, Tatjana, 367
Maruschkewitsch, Ludmila, 169, 385, 386, 388, 389
Mayerhofer, Fritz, 179
Medwezki, Oleg, 370
Meleschkewitsch, Juras, 115
Meleschkewitsch, Viktor, 112
Melnitschuk, Tatjana, 440
Merkul, Tatjana, 196, 363
Mesch, Claire, 237, 238

PERSONENREGISTER

Meteliza, Ludmila, 363
Mirskij, Anatolij, 363
Mirsky, Anatolij, 370
Moros, Anatolij, 368
Myschko, Raissa, 363
Möller-Reemts, Gregor, 241, 242

Nagel, Angela, 111
Nastenko, Galina, 363
Nekljajew, Wladimir, 450
Nesterenko, Alexej, 170
Nesterenko, Prof. Wassilij, 102, 155, 170, 318
Nesterowitsch, Alexander, 367, 370
Nikiforow, Wjatscheslaw, 39
Nikitschenko, Prof. Iwan, 102, 318
Nowakowskaja, Walentina, 363
Nowik, Jelena, 366
Nowikowa, Natalja, 363, 366
Nägele, Frank, 86, 196, 356, 358, 359

Ogurzow, Jewgenij, 39, 457
Olejnik, Walentina, 363, 370
Ott, Marlies, 371

Pachomenko, Tamara, 368
Pachomowa, Viktoria, 370
Pankratowa, Jelena, 423
Pankratowa, Swetlana, 363

Pankratowitsch, Alexander, 196, 364
Pankratz, Jurij, 363, 386, 399
Paremskaja, Diana, 363
Pasnjak, Sjanon, 40
Pater Nadson, 369
Paul, Reinhard, 241
Pawlowskij, Walentin, 363
Perkewicz, Harry, 355
Perwuschina, Lubowj, 363
Pesetskaja, Sinaida, 363
Petrazhitskaja, Nina, 365
Petrowa, Marina, 363
Petruschenko, Jewdokija, 363, 370
Pissarenko, Alessja, 370
Pobjazhina, Irina, 367, 390
Podobedowa, Tamara, 363
Potapowa, Marina, 363
Powny, Vater Fjodor, 368
Prokofjew, Michail, 114
Proschetschkin, Jevgenij Viktorowitsch, 435
Putschko, Antonina, 366

Quistorp, Eva, 135, 160–162, 164

Radjuk, Klaudia, 386
Radomyslskij, Vater Witalij, 368
Rafto, Thorolf, 155
Ragina, Tatjana, 342, 370

PERSONENREGISTER

Raiser, Dr. Elisabeth, 312
Reuschenbach, Veronika, 282, 297, 300–302, 469
Rockenschaub, Regina, 179
Romanjuk, Nina, 363
Roslowa, Natalja, 370
Ruosch, Sylvia, 371
Russanowa, Raissa, 366
Rutskaja, Jelena, 367
Ryshanowa, Tamara, 93–95

Saluzkaja, Sinaida, 363, 399, 400
Samoljotowa, Regina, 363
Sarezkaja, Jekaterina, 363
Sarizkij, Alexander, 363
Sarkissow, Sergej, 377
Sawalnjuk, Wladislaw, 369
Schader, Rosa, 382
Scharanda, Galina, 363
Schawel, Tatjana, 378, 398
Schejka, Lubowj, 81
Schellong, Prof. Dr. Günther, 246
Schenk, Ellen, 356
Schenk, Ellen und Helge, 356
Schenk, Helge, VIII, 196, 356, 357, 359, 388
Schirnewitsch, Leokadija, 367
Schkirmankow, Felix, 114
Schnoor, Dr. Herbert, 311
Schröder, Gerhard, 388

Schröder, Hiltrud, 237, 388
Schtscherbakow, Aleksej, 363
Schtscherbakowa, Larissa, 363
Schuchardt, Prof. Erika, 196, 356
Schulz, Hannelore, 239
Schwester Vera, 367
Schäfer, Heidrun und Erhard, 241, 371
Schütze, Bernd, 344
Sedow, Walerij, 38
Setschko, Olga, 363, 365
Sgirowskaja, Alina, 106
Sgirowskij, Alexander, 363
Shukowskij, Dmitrij, 364, 370
Sidenko, Vera, 368
Siedentopf, Dörte, 196
Sikorskaja, Maria, 363
Siwakowa, Galina, 71, 73, 74
Siwtschik, Wjatscheslaw, 185
Sjusenkowa, Olga, 363
Skuratowitsch, Konstantin, 221
Smolnikowa, Walentina, 89, 91, 93, 97, 100
Sobowa, Nina, 370
Sokol, Jelena, 365
Sokol, Ludmila, 368
Sokolowa, Ludmila, 363
Solina, Ada, 363
Solowjowa, Raissa und Olga, 363
Spack, Nikolaj, 196, 364
Spak, Nikolaj, 370

PERSONENREGISTER

Starowojtowa, Alexandra, 114
Stepanowa, Jelena, 368
Steuernagel, Gert, 264, 266–268, 270, 356
Steuernagel, Ursel, 263–270, 356, 388
Strelzowa, Tamara, 363
Störig, Petra, 243
Subkowa, Nina, 363
Suworow, Alexander, 93, 94
Swerew, Leonid, 368
Süssmuth, Dr. Rita, IX, 357

Taras, Ivan, 370
Tichomirow, Andrej, 240, 363
Tietzen, Georg, 98, 196, 356, 383, 386, 389
Timm, Ursula, 196, 356, 389
Tjomkin, Wladimir, 363
Tkatschew, Michasj, 40
Tolstik, Nikolaj, 38
Tregubowitsch, Artur, 370
Tregubowitsch, Tamara, 370
Tregubowitsch, Tamara und Artur, 363
Tretjak, Genrich, 314, 315

Trochina, Rita, 363
Tscharkowskij, Alexander, 196, 364
Tscheschko, Alexandera, 364
Tschesnow, Dr. Dmitrij, 387

Vittinghoff, Kurt, 371
Volkmer, Rita, 241

Waganow, Sergej, 431
Wakarow, Artur, 467
Wanitskij, Arsenij, 355
Weers, Günther, 185, 186, 196, 356, 371, 388
Weißenfels, Christel, 104
Werman, Soja, 364, 370
Wernstedt, Rolf, 122
Winokurowa, Walentina, 364
Wreesmann, Ludwig, 241, 242
Wyschinskij, Andrej, 468
Wystawkina, Galina, 364

Zickler, Christina, 386
Zokolova, Tatjana, 367
Zyvun, Natalja, 393
Zyvun, Olga, 393

Karten

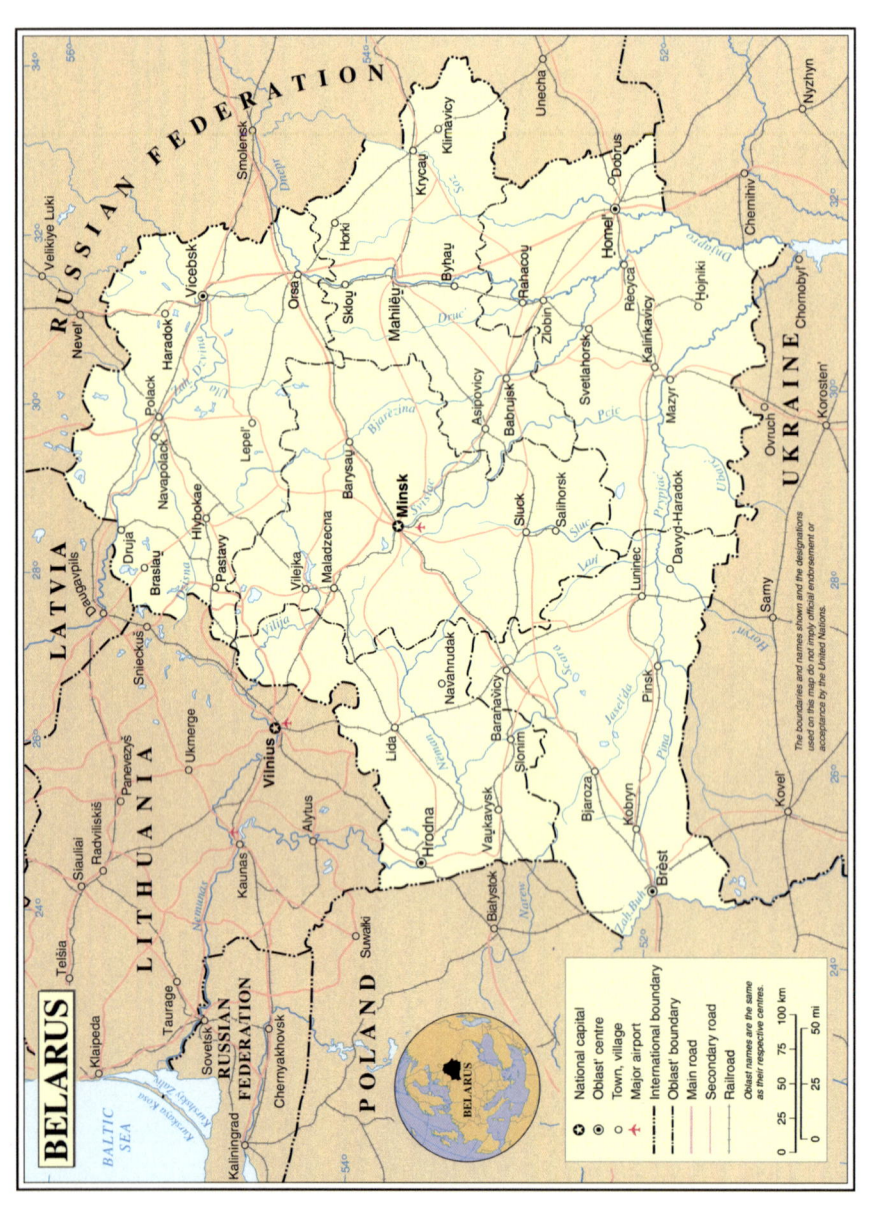

Karte Belarus – gemeinfrei, Autor: United Nations
Quelle: http://www.freemapviewer.com/de/map/Landkarte-Belarus_1514.html

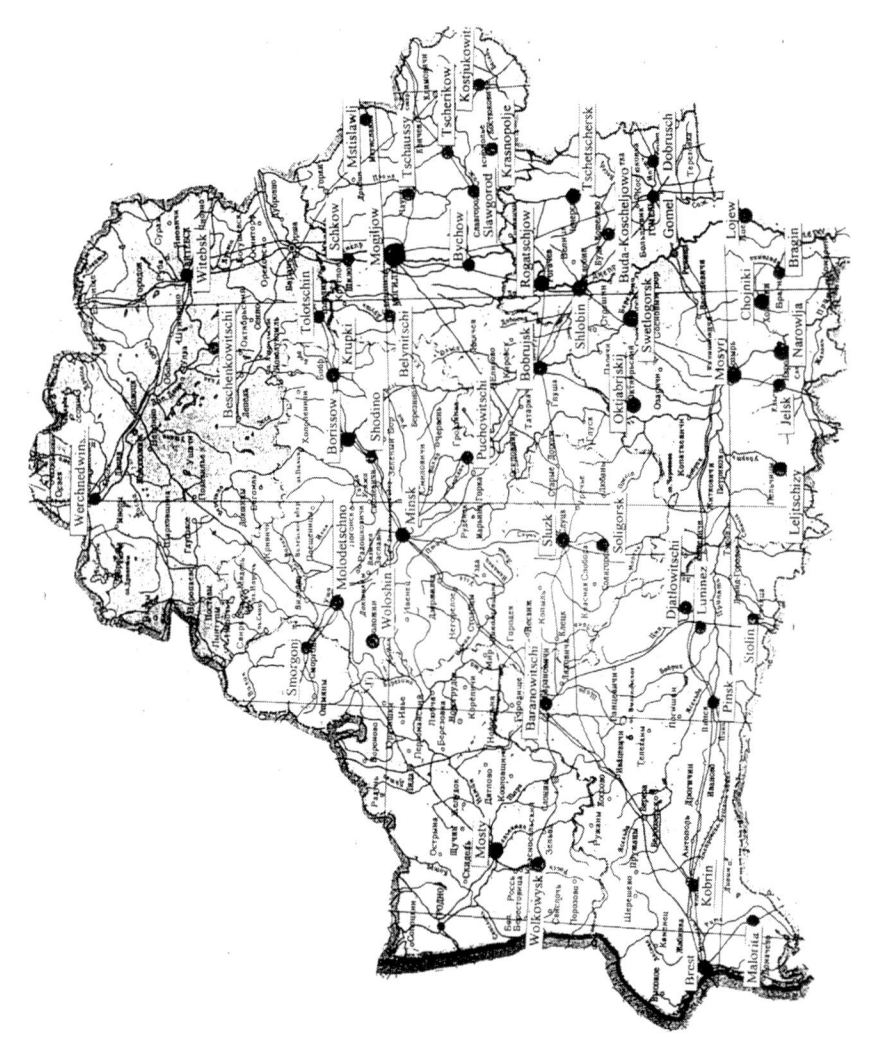

Netzwerk Stiftungsgruppen in Belarus, Jahresbericht der Stiftung 1999

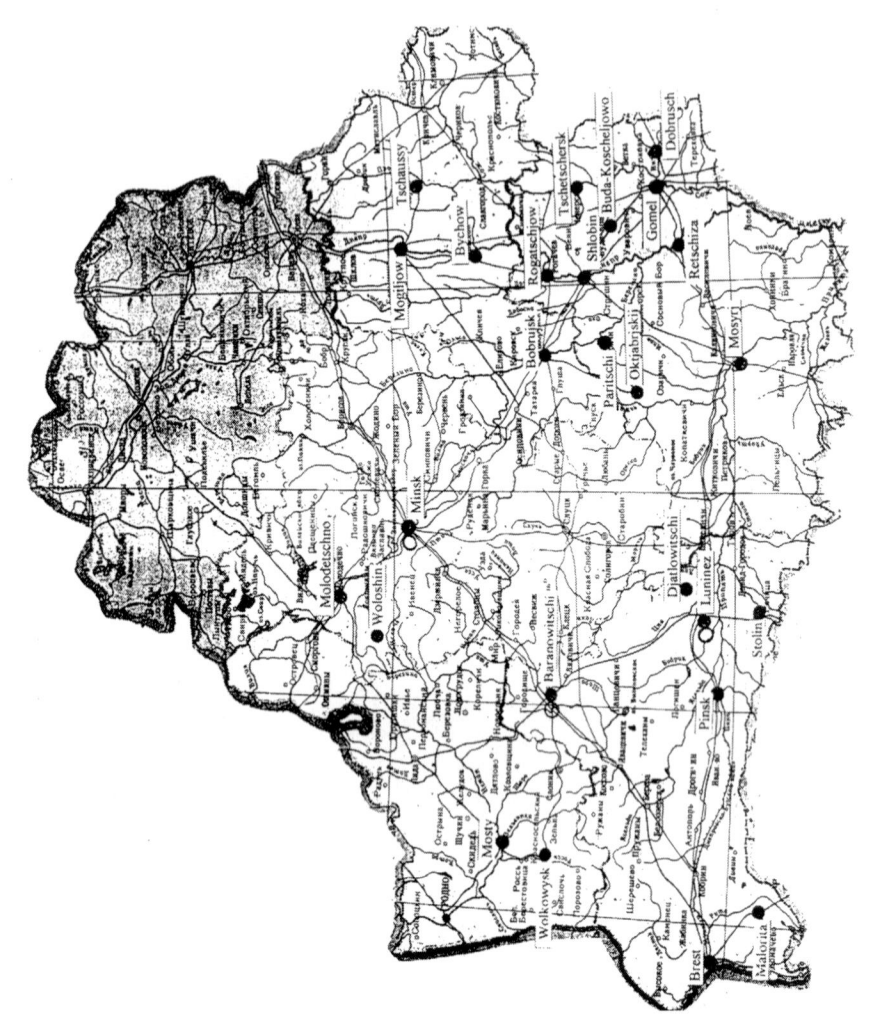

Netzwerk Jugendzentren in Belarus, Jahresbericht der Stiftung 1999
ungefüllte Kreise: Standorte der drei Beratungsstellen für Mädchen und Frauen

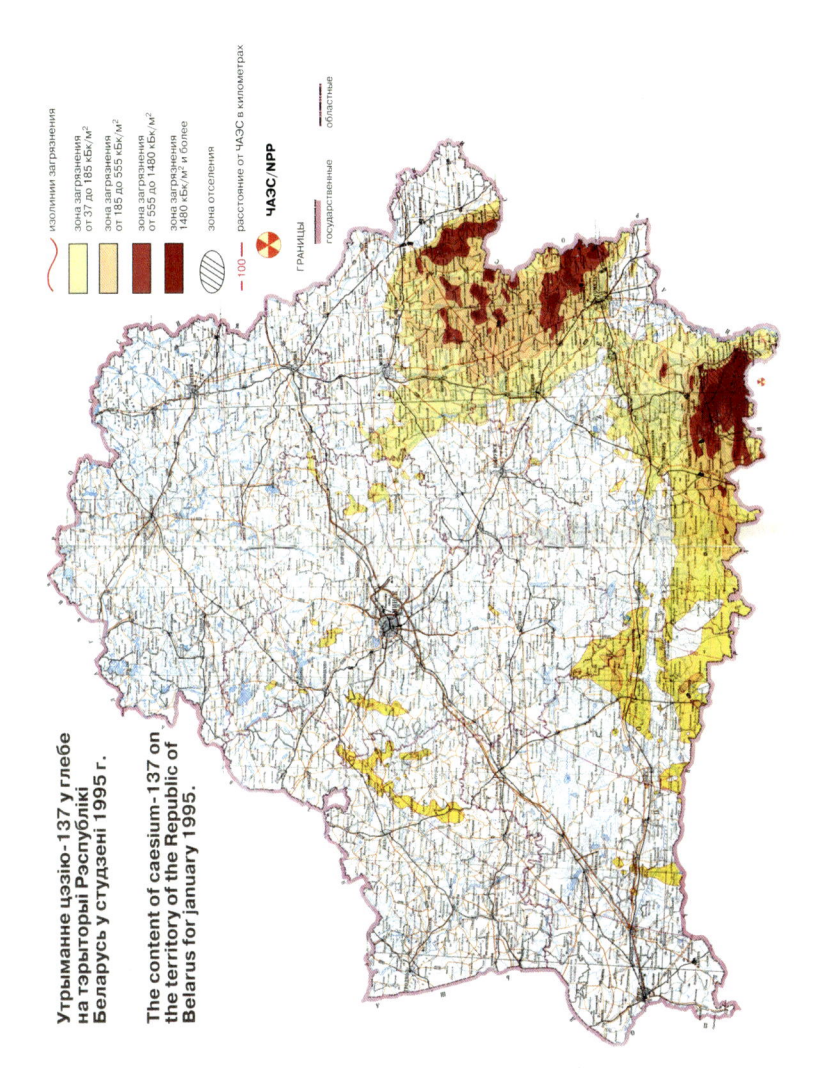

Verteilung von Caesium 137 über Belarus, Stand 1995

Weitere Informationen und Kontakt

Weitere Informationen zum Buch finden Sie auf
https://Tschernobyl-Weg.de

Weitere Informationen zur Herausgeberin
Prof. Dr. Irina Gruschewaja finden Sie hier:
https://irina-gruschewaja.de

Für Ihre Anregungen, Fragen und Kritik schreiben Sie bitte eine
E-Mail: mail@irina-gruschewaja.de

IC COC – International Council for the Future of the Children of Chernobyl

Dieses Buch wurde gesetzt mit X$_\exists$LATEX und KOMA-Script – Open Source Textsatz. Nähere Informationen zu LATEX und X$_\exists$LATEX unter www.dante.de und zu KOMA-Script unter www.komascript.de.